劳动合同法教程

第三版

程延园 王甫希 编著

首都经济贸易大学出版社
Capital University of Economics and Business Press
·北京·

图书在版编目(CIP)数据

劳动合同法教程 / 程延园,王甫希编著. -- 3 版.
-- 北京:首都经济贸易大学出版社,2023.9
ISBN 978-7-5638-3570-6

Ⅰ.①劳… Ⅱ.①程… ②王… Ⅲ.①劳动合同法-中国-教材 Ⅳ.①D922.52

中国国家版本馆 CIP 数据核字(2023)第 153055 号

劳动合同法教程(第三版)
LAODONG HETONGFA JIAOCHENG
程延园　王甫希　编著

责任编辑	王　猛
封面设计	风得信·阿东 FondesyDesign
出版发行	首都经济贸易大学出版社
地　　址	北京市朝阳区红庙(邮编100026)
电　　话	(010)65976483　65065761　65071505(传真)
网　　址	https://sjmcb.cueb.edu.cn
经　　销	全国新华书店
照　　排	北京砚祥志远激光照排技术有限公司
印　　刷	北京市泰锐印刷有限责任公司
成品尺寸	170 毫米×240 毫米　1/16
字　　数	374 千字
印　　张	20.25
版　　次	2009 年 7 月第 1 版　2014 年 7 月第 2 版 **2023 年 9 月第 3 版**
印　　次	2025 年 6 月总第 11 次印刷
书　　号	ISBN 978-7-5638-3570-6
定　　价	42.00 元

图书印装若有质量问题,本社负责调换
版权所有　侵权必究

第三版前言

2008年1月1日正式实施的《中华人民共和国劳动合同法》(以下简称《劳动合同法》)从起草、颁布到实施,引起了社会各界的广泛关注,利益博弈、观点争鸣、法理思辨贯穿始终。《劳动合同法》实施以来,劳动争议数量大幅度上升,部分地区劳动争议呈现"井喷"态势。一些企业为了减少和规避《劳动合同法》带来的影响,采取了诸如"买断工龄""重签合同""强行将员工派遣到新用人单位""另行注册公司"等办法,试图将劳动者以往的工龄归零,以规避无固定期限劳动合同。另一方面,一些劳动者为方便"跳槽"而拒签劳动合同,甚至采用"过度维权""非理性维权"的不当维权方式。企业、劳动者和社会有关方面对《劳动合同法》的一些规定存在模糊认识和理解分歧,使其在实施中遇到了一些矛盾和问题。2008年9月18日,国务院公布实施《劳动合同法实施条例》(以下简称《实施条例》),对《劳动合同法》进行了梳理和补充,并对《劳动合同法》表述上存在的一些容易产生误解和歧义的条款作了具体解释和完善;《实施条例》的规定更趋理性、务实,法条表述更为直接,大大提高了《劳动合同法》的可操作性。

2012年12月28日,第十一届全国人民代表大会常务委员会第三十次会议决定对《中华人民共和国劳动合同法》作出修改,并决定自2013年7月1日起施行。为配合劳动合同法修改案的实施,人力资源和社会保障部制定了《劳务派遣行政许可实施办法》(2013年7月1日起施行)和《劳务派遣暂行规定》(2014年3月1日起施行)两个部门规章。

2015年3月21日,中共中央、国务院发布了《关于构建和谐劳动关系的意见》,提出要健全劳动关系协调机制,加强企业民主管理制度建设,健全劳动关系矛盾调处机制,加强组织领导和统筹协调。这反映了党和国家对劳动关系问题的重视。

2014年后中国平台经济获得大发展,移动互联网和数字技术快速发展,推动了以外卖骑手、网约车司机、互联网营销师等为代表的依托互联网平台就业的灵活用工的发展。国家统计局数据显示,2021年我国灵活就业人员已达2亿人左右;一些平台外卖骑手达到500多万。2021年7月,人力资源和社会保障部等八部委发布指导意见,细化了平台用工的三种情形:一是符合确定劳动关系情形的,企业应当依法与劳动者订立劳动合同;二是个人依托平台自主开展经营活动、从事自由职业(如兼职代驾)的,按照民事法律调整双方的权利义务;三是不完全符合确立劳动关系的情形,但企业对劳动者进行劳动管理的,要指导企业与劳动者订立书面协议,合理确定双方的权利义务。

劳动法是调整企业和劳动者之间劳动权利义务的法律规范,它规定了劳动合同的订立、履行、变更、解除和终止等内容,贯穿于企业人力资源管理活动的整个过程。企业如何适应劳动关系法律的新调整、顺应劳动关系立法的新趋势、利用人力资源管理对企业管理制度进行完善,成为一个新的挑战。随着我国劳动法制日益健全,企业只有依法管理才能趋利避害,化挑战为机遇,进一步规范招聘、培训、用人、留人、裁人等各个环节和流程,只有做好人力资源工作、提升管理水平,才能避免劳资冲突……这些问题已成为人力资源管理研究者关注的重点。

近年来,笔者为国内几十家知名企业提供了劳动关系和人力资源整合制度设计、人员分流安置方案,为数百家国企、跨国公司提供了劳动关系和人力资源管理内训,帮助企业修改完善内部管理制度,深感劳动关系问题已经成为人力资源管理的难点和焦点。劳动关系是否和谐稳定,直接影响企业的社会形象、品牌价值,甚至经营业绩。劳动法作为一个操作性很强的法律制度,处理劳动争议,无论在制度上还是实践中都遇到了很多问题。

本书在对劳动合同法及其实施条例的关键条款及适用进行解读的基础上,针对近年实践中出现的典型劳动争议作了大量更新,对劳动法执行和适用过程中遇到的问题进行了重点补充。

本书注重培养学生分析问题和解决问题的能力,力求做到科学性、系统性和实用性的统一,既可以作为高等院校相关专业的教学用书,也可供人力资源从业人员阅读参考。

目 录

第一章　劳动合同法概述 …………………………………… 1
第一节　劳动合同的概念和法律特征 ………………………… 1
第二节　《劳动合同法》的立法宗旨 …………………………… 7
第三节　《劳动合同法》的适用范围 …………………………… 11
第四节　劳动合同订立原则 …………………………………… 16
第五节　劳动合同立法发展 …………………………………… 20
复习思考题 ……………………………………………………… 24

第二章　劳动合同的订立 …………………………………… 26
第一节　劳动关系的建立 ……………………………………… 26
第二节　无固定期限合同的订立 ……………………………… 30
第三节　劳动合同的内容和形式 ……………………………… 38
第四节　试用期管理 …………………………………………… 48
第五节　培训协议制度 ………………………………………… 53
第六节　保密和竞业限制制度 ………………………………… 59
第七节　无效劳动合同的确认和处理 ………………………… 67
复习思考题 ……………………………………………………… 73

第三章　劳动合同的履行和变更 …………………………… 74
第一节　劳动合同的履行 ……………………………………… 74
第二节　工资的法律保障 ……………………………………… 78

第三节　工作时间和休息休假 ………………………………… 89
　　第四节　劳动安全与卫生 ……………………………………… 99
　　第五节　劳动合同的变更 ……………………………………… 105
　　复习思考题 ……………………………………………………… 108

第四章　劳动合同解除和终止 …………………………………… 109
　　第一节　劳动合同解除 ………………………………………… 109
　　第二节　劳动合同终止 ………………………………………… 135
　　第三节　经济补偿和经济赔偿 ………………………………… 139
　　复习思考题 ……………………………………………………… 149

第五章　劳务派遣和非全日制用工 ……………………………… 150
　　第一节　劳务派遣 ……………………………………………… 150
　　第二节　非全日制用工 ………………………………………… 174
　　复习思考题 ……………………………………………………… 179

第六章　集体合同 …………………………………………………… 180
　　第一节　集体合同概述 ………………………………………… 180
　　第二节　集体合同条款研究 …………………………………… 186
　　第三节　集体合同的具体实施 ………………………………… 192
　　第四节　集体合同的立法实践 ………………………………… 198
　　复习思考题 ……………………………………………………… 203

第七章　三方协商机制 ……………………………………………… 204
　　第一节　三方协商机制概述 …………………………………… 204
　　第二节　三方协商机制的主要内容 …………………………… 213
　　复习思考题 ……………………………………………………… 222

第八章　劳动合同争议的预防和处理 ······ 223
第一节　劳动争议处理概述 ······ 224
第二节　劳动争议的时效与期限 ······ 236
第三节　劳动争议证据的保护和运用 ······ 239
第四节　劳动争议处理程序 ······ 242
第五节　集体争议处理制度 ······ 256
复习思考题 ······ 260

第九章　劳动合同监督检查 ······ 261
第一节　劳动监察概述 ······ 261
第二节　劳动监察的内容 ······ 267
复习思考题 ······ 272

第十章　违反《劳动合同法》的法律责任 ······ 273
第一节　违反劳动合同法律责任概述 ······ 274
第二节　用人单位的法律责任 ······ 278
第三节　劳动者的法律责任 ······ 286
第四节　其他主体的法律责任 ······ 288
复习思考题 ······ 291

附　录 ······ 292
附录一　中华人民共和国劳动合同法 ······ 292
附录二　中华人民共和国劳动合同法实施条例 ······ 307

参考文献 ······ 313

第一章　劳动合同法概述

《劳动合同法》是我国劳动法律体系的重要组成部分,是调整和规范劳动合同订立、履行、变更、解除、终止和续订的法律规范。《劳动合同法》的制定和颁布,标志着我国劳动合同制度的不断完善,对于规范劳动力市场秩序和企业用工形式,协调、平衡用人单位和劳动者双方的利益关系,发展和谐的劳动关系具有重要意义。

第一节　劳动合同的概念和法律特征

引导案例

王师傅于2018年3月入职某公司,岗位是叉车司机,双方签订了劳动合同,合同约定月工资标准为8 000元。2021年,王师傅因患高血压无法再值夜班,向公司申请调整排班,把夜班改为白班,但公司直接提出让王师傅办理离职,并在第二天向王师傅送达了解除劳动合同通知书。2022年3月,王师傅向当地劳动仲裁委申请劳动仲裁,要求公司支付违法解除劳动合同赔偿金;庭审中,公司拒绝承认违法解除劳动合同;庭审结束后,王师傅和公司在仲裁庭的主持下进行了调解。

经过仲裁委的调解,公司接受了王师傅提出的调解方案,同意向王师傅支付经济补偿5万余元,王师傅自愿放弃其他仲裁请求。

《劳动合同法》第四十条规定了当劳动者患病或者非因工负伤,在规定的医疗期满后不能从事原工作,也不能从事由用人单位另行安排的工作时,用人单位可以解除劳动合同。但是大多用人单位忽视了其中劳动者"也不能从事由用人单位另行安排的工作的"这一必备条件。本案例中王师傅是叉车司机,因自己患高血压,上夜班太多身体无法承受且有安全隐患,遂向单位提出调整夜班的要求,用人单位没有给王师傅另行安排工作而直接与王师傅解除劳动合同,显然与法律规定相悖。

本案例的典型意义在于,劳动者在自己身体患病或非因工负伤后不能适应现有工作状态或岗位时,有向用人单位提出另行安排工作的权利,用人单位应当依法履行相应的法定义务。

《劳动合同法》是调整和规范劳动合同订立、履行、变更、解除、终止和续订的法律规范,是调整与构建和谐稳定的劳动关系的重要法律制度。

一、劳动合同的概念

劳动合同也称为劳动契约、劳动协议,是劳动者和用人单位之间明确劳动权利义务,规范劳动合同订立、履行、变更、解除和终止行为的协议。理解这一概念,应把握以下几点:

(一) 劳动合同是劳动者与用人单位之间签订的协议

劳动合同的主体一方是劳动者个人,另一方是用人单位。劳动者是指具有劳动能力并在用人单位管理下实际参加劳动,以自己的劳动收入为主要生活来源的人;用人单位是指依法招用和管理劳动者,并向劳动者支付劳动报酬的组织或个人。按照劳动合同法的规定,用人单位主要是指企业、个体经济组织、民办非企业单位等组织(包含依法成立的会计师事务所、律师事务所等合伙组织和基金会),以及国家机关、事业单位、社会团体等与劳动者建立了劳动合同关系的组织和个人。

(二) 劳动合同是明确双方权利义务的协议

劳动合同的内容是双方的劳动权利义务,劳动者依据劳动合同成为用人单位的一员,有义务按照合同约定的岗位、工种或职务提供劳动,完成劳动任务,提高职业技能,执行劳动安全卫生规程,并遵守用人单位依法制定的规章制度和职业道德。同时,劳动者享有平等就业和择业权,享有获得劳动报酬、休息休假、安全卫生保护、社会保险的权利,享有接受职业技能培训以及提请劳动争议的权利等。

(三) 劳动合同是双方在平等自愿基础上意思表示一致达成的协议

劳动合同是双方"合意"达成的协议,对双方都具有约束力,也是维护双方合法权益的法律保障。

二、劳动合同的法律特征

（一）合同主体的特定性

劳动合同主体一方为雇员（劳动者），另一方为雇主（用人单位）。《劳动合同法》第二条规定："中华人民共和国境内的企业、个体经济组织、民办非企业单位等组织与劳动者建立劳动关系，订立、履行、变更、解除或者终止劳动合同，适用本法。国家机关、事业单位、社会团体和与其建立劳动关系的劳动者，订立、履行、变更、解除或者终止劳动合同，依照本法执行。"与劳动法相比，劳动合同法扩大了劳动合同制度的适用范围，将民办非企业单位（民办学校、医院、科研院所等）和实行聘用制的事业单位与劳动者建立的劳动关系纳入了劳动合同法的调整范围。这对于我国建立社会主义市场经济体制下统一的劳动力市场具有积极意义。

（二）主体意志的限制性

尽管劳动合同由双方当事人协商一致、合意约定，但合同条款必须受到国家法律和集体协议的约束。劳动合同主体双方的自由协商，要在国家法律规定的范围之内进行。从性质上看，劳动合同具有一定的社会品格，体现了一种社会利益。实践中有的劳动合同约定，劳动者在合同期内不得结婚，或规定合同期内不得参加非本单位组织的培训等条款，虽然有双方的签字，是双方的"合意"，但这些条款严重侵犯了劳动者的婚姻自由权、受教育权和接受培训权，因此不具有法律效力。

（三）合同履行中的隶属性

劳动合同具有身份性质，在劳动合同履行的过程中，劳动者要参加到用人方的劳动组织中，担任一定的工作，服从用人方的领导和指挥，遵守劳动纪律和内部劳动规则。也就是说，双方存在着管理上的依从、隶属关系。

（四）劳动合同的目的性

劳动合同的目的在于劳动过程的完成，而不是劳动成果的实现。

建立劳动合同是为了确立劳动关系，实现一定的劳动过程。劳动合同作为确立劳动关系的凭证，它只要求劳动过程的实现，只要劳动者按照用人单位的要求从事了劳动，即有权享有相应的权利。

（五）劳动合同是通过双方选择确定的

订立劳动合同要遵循合法、公平、平等自愿、协商一致、诚实信用的原则，劳动者自由择业，用人单位择优录用。

(六) 劳动合同是有偿的合同

劳动合同是以劳动换取报酬的协议,当事人一方享有利益,须向对方当事人支付相应代价,有偿性是劳动合同的本质特征。

(七) 劳动合同一般有试用期限的规定

试用期是用人单位和劳动者相互考察、相互选择的过程,双方当事人可以根据合同期限的长短约定试用期。《劳动合同法》第十九条规定:"劳动合同期限三个月以上不满一年的,试用期不得超过一个月;劳动合同期限一年以上不满三年的,试用期不得超过二个月;三年以上固定期限和无固定期限的劳动合同,试用期不得超过六个月。同一用人单位与同一劳动者只能约定一次试用期。以完成一定工作任务为期限的劳动合同或者劳动合同期限不满三个月的,不得约定试用期。试用期包含在劳动合同期限内。劳动合同仅约定试用期的,试用期不成立,该期限为劳动合同期限。"

(八) 劳动合同往往涉及第三人的物质利益

由于劳动力本身需要再生产,因此,劳动合同条款往往会涉及劳动者供养的亲属的入学、入托、统筹、疾病保险等问题。

三、劳动合同的期限

劳动合同期限是指劳动合同的有效时间,是双方当事人所订立的劳动合同的起始和终止的时间,也是劳动关系具有法律约束力的时间。劳动合同期限是劳动合同的必备条款,劳动者与用人单位在劳动关系存续期间享有权利和履行义务。劳动合同的期限是判定劳动合同是否有效以及生效时间的依据,也是判定劳动合同终止时间的依据。《劳动合同法》第十二条规定:"劳动合同分为固定期限劳动合同、无固定期限劳动合同和以完成一定工作任务为期限的劳动合同。"劳动合同期限的确立,一般要依据法律规定、双方约定,以及企业生产、工作特点和需要。劳动合同期限是企业合理配置人力资源的手段,也是劳动者进行职业生涯设计、分期实现就业权的方式。

(一) 固定期限劳动合同

《劳动合同法》第十三条规定:"固定期限劳动合同,是指用人单位与劳动者约定合同终止时间的劳动合同。用人单位与劳动者协商一致,可以订立固定期限劳动合同。"固定期限劳动合同必须对劳动合同履行的起始和终止日期有具体明确的规定。合同期限届满,除法律规定须续订外,双方的劳动关系即行终止。如果双方协商一致,还可以续订合同。固定期限劳动合同适用范围广泛,比较灵活,用人单位可以根据生产需要和工作岗位的不同要求来确定劳动合同期限,这有利于合理使用人才,促进人力资源合理流动。《劳动合同法》对固定期限劳动合同的期限没有限制,没有最长期限的限制,也没有最短期限的限制。用人单位与劳动者协商一致可以选择签订半年、一年的合同,也可以选择签订5年、10年期限的劳动合同。对于那些常年性工作,要求保持连续性、稳定性的工作,技术性强的工作,适应签订时间较长的固定期限劳动合同。对于一般性、季节性、临时性、用工灵活、职业危害较大的工作岗位,适应签订时间较短的固定期限劳动合同。

(二)无固定期限劳动合同

《劳动合同法》第十四条第一款规定:"无固定期限劳动合同,是指用人单位与劳动者约定无确定终止时间的劳动合同。"无固定期限劳动合同,是指用人单位和劳动者签订的无确定终止时间的劳动合同。没有确定终止时间并不等于就是"终身",而是指只要符合法律、法规的规定,任何一方均可解除或终止无固定期限的劳动合同。对劳动者来说,一般只要提前30天通知用人单位就可以解除劳动合同,而对用人单位而言,只有符合法定的解除和终止条件才能终结无固定期限劳动合同。用人单位要解除无固定期限劳动合同,必须具备法定的理由,没有法定解除理由,不能随便解除无固定期限的劳动合同。所以,无固定期限劳动合同并不是"铁饭碗""终身制""保险箱",而是要求用人单位解除和终止合同必须符合法律规定。与固定期限劳动合同相比,无固定期限劳动合同更有利于保护劳动者权益,更有利于保护劳动者的稳定就业。对用人单位而言,则有利于建立稳定的人力资源队伍,对于提高劳动生产率,促进企业生产经营具有积极作用。

(三)以完成一定工作任务为期限的劳动合同

《劳动合同法》第十五条规定:"以完成一定工作任务为期限的劳动合同,是指用人单位与劳动者约定以某项工作的完成为合同期限的劳动合同。用人单位与劳动者协商一致,可以订立以完成一定工作任务为期限的劳动合同。"这类合同多适用于建筑业、铁路交通和水利工程等。用人单位与劳动者双方把完成某项工作或工程作为确定劳动合同起始和终止的时间。该项工作或者工程开始的时间就是劳动合同履行的起始时间;该项工作或者工程完成时,劳动合同即终止。这类劳动合同实际上也是一种定期的劳动合同,只是与固定期限劳动合同相比,其终止时间的表现形式不同而已。例如,为修建某项工程而招用的人员就可以签订以完成某项工程为期限的劳动合同,这样,工程结束的时间就是劳动合同的终止时间。签订以完成一定任务为期限的劳动合同,双方必须经过协商一致来决定,在了解工作基本信息的基础上最终达成合意,任何一方都不得强迫另一方接受这种劳动合同期限的形式。

科学合理地确定劳动合同的期限,对于用人单位和劳动者都至关重要。用人单位可以根据生产经营的长期规划和目标任务,对人力资源的使用进行科学预测,合理规划,使劳动合同期限能够长短并用,梯次配备,形成灵活多样的用工格局;劳动者则可以根据自身的年龄、身体状况、专业技术水平、自身发展计划等因素,合理地选择适合自己的劳动合同期限。

四、劳动合同的作用

劳动合同作为调整劳动关系的重要手段,在建立和谐稳定劳动关系,实现人力资源的有效配置,保障劳动关系双方的权利义务方面有着积极的作用。劳动合同的作用主要表现在四个方面。

(一)劳动合同制度是市场经济条件下建立劳动关系的基本制度

改革开放以前,我国实行的是计划经济体制下的固定工制度,职工往往是"国家职工",在企业中"能进不能出、能上不能下"。改革开放后,我国开始实行社会主义市场经济体制,要求建立劳动者自主择业、自由择业,企业择优用人的新机制。1995年实施的《中华人民共和国劳动法》规定企业实施全员劳动合同制度,正式确立了我国的劳动合同制度。劳动合同制度从法律上根本改变了原有计划经济时代的用工制度,劳动者由"国家职工"变为"企业职工",实现了从"身份"到"契约"的变革,使用人单位和劳动者可以通过双向选择的方式建立劳动关系。

(二)劳动合同是企业人力资源管理的重要手段和工具

现代企业人力资源管理的目标是要实现人岗匹配,最大限度地发挥劳动者的潜力。如何让"正确的人做正确的事"是每个企业都面临的问题。而劳动合同正是确定劳动者工作内容、岗位、职责、工资福利待遇的最好的法律形式,企业通过劳动合同,能够实现"想留的人能留得住,想走的人能走得了",从而实现人力资源的优化配置,提高企业的生产效率,为企业实现可持续发展的目标服务。

(三)劳动合同是处理劳动争议的法律依据,是维护双方合法权益的基本手段

劳动法律、法规只能对劳动关系双方的权利义务作出原则性、纲领性的规范,不可能对每个具体合同条款都作出详细规定,劳动合同作为双方"合意"的法律,可以对法律未尽的事宜作出详细、具体的约定,明确彼此的权利和义务,促进双方全面履行合同。在发生劳动争议时,劳动合同也是解决纠纷的重要依据和证据,降低了解决纠纷的成本。因而,劳动合同是劳动者实现劳动权的重要法律形式,也是维护劳动者和用人单位合法权益的法律保障。

（四）劳动合同是建立和维护劳动关系协调机制的一项基础保障

国家对劳动关系的调整和规范是通过多种制度和手段来实现的，比如，劳动标准的立法、集体协商谈判、员工参与管理制度等；其中，劳动合同作为现代劳动法律制度的基石，对于劳动关系的和谐与稳定发挥着基础性的作用。

第二节 《劳动合同法》的立法宗旨

闪送员送单途中意外身亡应如何获得赔偿？

陈某于2019年10月27日在某网络配送公司平台注册成为快递骑手。该平台在注册时要求职工自行阅读平台用户协议并点击同意，该协议明确约定，双方之间是商业合作关系，不存在劳动关系。但事实上，陈某每天连续长时间工作，接单后不得取消订单，陈某在送货前也必须满足公司的相关要求。2021年8月2日，陈某在送单途中发生交通事故，经抢救无效死亡。陈某的家属向当地劳动仲裁委提出申请，要求确认陈某与公司存在劳动关系。仲裁委以双方之间签署过合作协议为由，认定双方不符合法律有关成立劳动关系的要件，驳回了家属的仲裁请求。家属不服仲裁结果，向一审法院起诉。

一审期间，双方在法院主持下达成调解协议，公司支付家属75万元补偿款。

本案是一起维护新就业形态劳动者的成功案例，案件从仲裁阶段的劳动关系不认定，到一审法院的高度重视，最终以调解的形式结案，帮助闪送员家属拿到75万元补偿款。案件从一个侧面印证了社会各界对于新就业形态劳动者的保护越来越重视。新业态之所以新，是因为他们与传统的劳动关系相比具有一些不同的特点。但是否认定双方之间存在劳动关系，需要具体问题具体分析。本案以调解结案，最大限度地抚慰了陈某家属，同时也给类似平台企业一个启示，即在与劳动者符合劳动关系认定要素的情况下，平台企业必须依法履行用人单位的法定义务，不能以新业态作为规避法律责任的理由。

《劳动合同法》的第一条开宗明义，规定"为了完善劳动合同制度，明确劳动合同双方当事人的权利和义务，保护劳动者的合法权益，构建和发展和谐稳定的劳动关系，而制定本法"。这一规定明确了《劳动合同法》的立法宗旨。《劳动合同法》的立法宗旨，是指劳动合同立法所追求的目标和效果，是立法的指导思想和基本价值取向。立法宗旨是《劳动合同法》的核心和灵魂,是劳动合同订立、履行、变更、解除和终止的指导原则,也是理解和解释具体条款的依据。具体而言,《劳动合同法》的立法宗旨表现在三个方面。

一、完善劳动合同制度

完善劳动合同制度是《劳动合同法》的首要立法宗旨。劳动合同制度是市场经济条件下用人单位和劳动者建立劳动关系、明确双方的权利和义务,保护双方当事人合法权益,实现人力资源合理配置,维护劳动关系的和谐稳定的法律制度。

在计划经济体制下,我国遵行国家、企业和个人利益高度一致的理念,企业是国家行政部门的"附属物",实行以固定工为主的用工制度,国家对企业职工实行统包统配,即统一计划招收、统一分配安置就业、统一制定和调整工资分配和保险福利政策。劳动关系的建立受到国家计划经济和相关政策的严格制约,具有固定、单一、行政化的特点。20世纪80年代初,一些地区和企业开始对劳动、工资和社会保险制度进行改革探索,1986年国务院颁布《国营企业实行劳动合同制度暂行规定》,第一次以立法形式规定国有企业对新招职工实行劳动合同制。固定用工和合同用工两种制度开始在企业并存,老职工沿袭固定工制度,新招工人实行劳动合同制,劳动力市场配置机制和行政配置机制同时对劳动关系发生作用。1994年颁布的《中华人民共和国劳动法》明确规定,"建立劳动关系应当订立劳动合同",以基本法形式确立企业实行全员劳动合同制度,这是劳动合同立法的第二次突破。如今,无论是国有、集体企业,还是私营、外资等其他所有制性质的企业员工,都必须通过签订劳动合同与用人单位建立劳动关系,基于劳动合同产生的新型劳动关系逐步取代了国有企业的终生就业关系,市场机制对劳动合同关系的运行逐渐起到支配作用,劳动关系也朝着适应市场经济要求的运行方向变革,呈现出双方利益主体明晰,劳动关系形成合同化、运行市场化、规范法制化的总体趋势。劳动合同制度建立了劳动者自主择业、企业自主择优用人的双向选择机制,转换了企业用人机制,实现了企业人事管理由身份管理向岗位管理转变,由单纯行政管理向法制管理转变,变过去的"国家职工"为现在的"企业职工",变过去的"固定用人"为现在的"合同用人",从法律上根本改变了计划用工制度。《劳动法》实施多年来,劳动关系更加多元和复杂,经济全球化带来的竞争压力以及我国劳动力市场供求长期失衡的状况,使得劳资双方的谈判、议价能力存在明显差别,劳动者对工作岗位和企业的依赖程度远高于企业对劳动者的依赖程度,导致有的企业用工不签合同、滥用试用期、滥用劳务派遣形式,合同短期化趋向突出,劳动者缺乏就业保障。

为了保护劳动者的合法权益,规范用人单位与劳动者订立和履行合同的行为,2018年实施的《中华人民共和国劳动合同法》,对劳动合同的订立、履行、变更、解除和终止以及各类特殊的劳动合同作出全面规定,进一步完善了劳动合同法律制度。

二、明确劳动关系双方的权利和义务,保护劳动者合法权益

所谓权利,是指公民依法享有的权益,它表现为享有权利的公民有权作出一定的行为和要求他人作出相应的行为。所谓义务,是指公民依法应当履行的职责,它表现为负有义务的公民必须作出一定的行为或禁止作出一定的行为。劳动合同用于调整合同双方当事人的权利义务关系,劳动合同法对劳动合同的订立、履行、变更、解除和终止的各阶段双方当事人的权利义务作出了明确具体的规定,使劳动合同双方当事人按照合同的约定和法律规定履行各自的义务,享有相应的权利。任何一方违约侵害了对方的权利都要承担相应的责任。

劳动权利和义务是劳动关系的主要内容。我国法律规定的劳动者享有的劳动权利包括:就业和选择职业的权利、取得劳动报酬的权利、休息休假的权利、获得劳动安全卫生保护的权利、接受职业技能培训的权利、享受社会保险和福利的权利、提请劳动争议处理的权利以及法律、法规规定的其他权利。法律规定劳动者应当承担的义务包括:劳动者应当按时完成劳动任务、提高职业技能、执行劳动安全卫生规程、遵守劳动纪律和职业道德。劳动权利和义务是相对应的,劳动者的义务就是用人单位的权利,反之亦然。

劳动合同是明确双方权利和义务的协议,是维护双方合法权益的根本保证,是劳动关系得以运行的依据。双方当事人应享有什么样的权利、履行怎样的义务,必须借助于劳动合同加以明晰,通过签订劳动合同,把法律赋予当事人的抽象的权利给予具体化;同时,也赋予双方当事人平等协商的权利,依法创设一些法律没有明确规定,但给予承认并保护的约定条款。《劳动合同法》作为专门规范劳动合同制度的法律,明确了劳动合同双方当事人的权利义务,有利于防范和解决双方的劳动权利义务纠纷。

《劳动合同法》特别规定了保护劳动者合法权益的条款。劳动者的合法权益,是指劳动者在劳动过程中依法享有并得到法律保障的权力和利益。是否要专门规定保护劳动者合法权益,在《劳动合同法》审议过程中有两种意见:一种意见认为,《劳动合同法》是调整用人单位和劳动者双方关系的,双方的权益都要保护;另一种意见认为,在劳动关系中,劳动者处于弱势地位,实践中,侵害劳动者权益的事情很多,虽然《劳动合同法》最终的目的是平衡劳动合同各方关系,但因为用人单位与劳动者实际上处于不平等的地位,劳动

法统筹兼顾用人单位和劳动者双方利益,注重维护劳动者权益,立法向劳动者倾斜,在明确劳动合同双方当事人的权利义务的前提下,重点保护处于弱势地位的劳动者的权益,符合以人为本、构建和谐社会的要求。《劳动合同法》采纳了第二种意见,将保护劳动者合法权益写入立法目的之中。具体理由有如下三点:

第一,保护劳动者的合法权益并不意味着侵犯用人单位的合法利益。法律保护的劳动者权益是"合法权益",并不支持和保护劳动者的非法要求。《劳动合同法》将保护劳动者合法权益在立法目的条款中作出明确表述,而将保护用人单位合法权益的精神蕴含在其他条款中,只是表明侧重保护劳动者的合法权益,对劳动者保护力度相对较大,并不意味着只保护劳动者的利益,而不保护用人单位的合法权益。

第二,保护劳动者的合法权益是构建和谐稳定劳动关系的需要。在劳动关系中,用人单位享有用人自主权,通常处于强势地位。用人单位和劳动者虽然表面上是平等关系,但实际上处于不平等的地位,如果把劳动关系只是简单地视为平等民事主体关系,简单按照所谓"意思自治""平等协商"方式作出调整,必然导致处于弱势地位的劳动者权益得不到有效保护。因此,把保护劳动者合法权益作为《劳动合同法》的立法宗旨给予强调和支持,是《劳动合同法》区别于民事法律的重要区别所在,也是纠正失衡的劳动关系,构建和发展和谐稳定的劳动关系的需要。

第三,保护劳动者的合法权益是《劳动合同法》的立法宗旨。《劳动合同法》是劳动法律体系的重要组成部分,是劳动法的特别法,其立法宗旨应当与劳动法保持一致。作为劳动法律体系组成部分的《劳动合同法》,自然亦应以保护劳动者的合法权益为立法宗旨。

三、构建和发展和谐稳定的劳动关系

构建和发展和谐稳定的劳动关系是制定《劳动合同法》要实现的最终目标。《劳动合同法》的核心问题是如何处理劳资双方的关系。劳动关系是最普遍、最基本、最重要的社会关系之一,劳动关系和谐稳定与否,直接关系到社会的和谐与经济发展。所谓"和谐",是指劳动关系运行过程中有完善的协调机制,劳资冲突处于可控状态;所谓"稳定",是指劳动关系的期限相对较长,具有相对长期性。和谐稳定的劳动关系,是劳资双方齐心协力、共谋发展的双赢关系,是劳资双方互相尊重、和谐相处的平等关系,是劳资双方共同创造、共享成果的发展关系。因此,劳动立法在各国都是调整劳动关系的主要机制,并以此实现用人单位与劳动者利益的平衡,达到社会的和谐稳定。

目前,我国的劳动关系从总体上看是比较和谐的,但同时也存在着诸多不和谐的现象,主要原因在于一些用人单位忽视劳动者的合法权益,规避法律义务。例如,不与劳动者签订劳动合同,拒绝为劳动者缴纳社会保险费,不为劳动者提供安全保护条件,影响了劳动者的身心健康;随意加班,不付加班费,任意辞退劳动者,等等。这一系列侵犯劳动者合法权益的行为,严重地影响了和谐稳定的劳动关系的构建。《劳动合同法》为维护劳资双方利益的平衡,构建和谐的劳动关系提供了法律保障。

第三节 《劳动合同法》的适用范围

外国人就业同样须参保,签有双边或多边协议方可免除①

2016年2月1日,外国公民玛丽与某外资科技公司签订了为期3年的劳动合同,科技公司为玛丽办理了外国人就业证。2017年5月,玛丽因患病在北京某公立医院治疗,产生了高额的医疗费用。在与病友闲聊过程中得知,中国公民就业缴纳基本医疗保险,大部分医疗费用均可由基本医疗保险实时结算报销。出院后,玛丽找到该科技公司询问,为何其在京就业不享有与中国公民同等的基本社会保障。科技公司答复,因玛丽不是中国公民,故无法缴纳社会保险。2017年6月29日,玛丽以未依法缴纳社会保险为由提出解除劳动合同。2017年7月,玛丽提出仲裁申请,要求科技公司支付解除劳动合同经济补偿,并按基本医疗保险报销比例向其支付医疗费用。

劳动仲裁委审理后认为,玛丽取得了外国人就业证,属于合法就业,受我国法律法规的保护及约束,其应与我国公民在华就业一样,享有参加社会保险和享受社会保险待遇的合法权益。科技公司未依法为玛丽缴纳基本社会保险,故裁决支持了玛丽的仲裁请求。

外国国籍并非参加我国社会保险的障碍,《外国人在中国就业管理规定》第二十二条规定:在中国就业的外国人的工作时间、休息休假、劳动安全卫生以及社会保险按国家有关规定执行。《中华人民共和国社会保险法》第九十七条亦明确规定:外国人在中国境内就业的,参照本法规定参加社会保险。《在中国境内就业的外国人参加社会保险暂行办法》第三条第一款规定:在中国境内依

---

① 北京人社局:发布2018年劳动争议十大典型案例,劳动法律资讯,2018-10-22。

法注册或者登记的企业、事业单位、社会团体、民办非企业单位、基金会、律师事务所、会计师事务所等组织(以下称用人单位)依法招用的外国人,应当依法参加职工基本养老保险、职工基本医疗保险、工伤保险、失业保险和生育保险,由用人单位和本人按照规定缴纳社会保险费。此外,按照北京市社会保险基金管理中心办公室发布的《关于进一步做好在本市就业的外国人参加社会保险工作有关问题的通知》第四条的规定,具有与中国签订社会保险双边或者多边协议的国家国籍的外国人,可依协议规定免除规定险种在规定期限内的缴费义务,但不能提供协议国出具参保证明的、协议规定之外的险种以及协议规定险种超过规定期限的,均应按规定缴纳社会保险费。

从上述规定可以看出,外国国籍并非参加我国社会保险的障碍,其在我国境内合法就业即可享有与中国公民同等参加社会保险和享受社会保险待遇的合法权益。用人单位招用外国公民作为劳动者,不应与我国公民区别对待,而须更有针对性地了解办理相关手续的流程及时效。同时,外国人在我国境内就业应及时了解并遵守我国的法律法规,依法保障自己的合法权益。

《劳动合同法》第二条规定:"中华人民共和国境内的企业、个体经济组织、民办非企业单位等组织(以下称用人单位)与劳动者建立劳动关系,订立、履行、变更、解除或者终止劳动合同,适用本法。国家机关、事业单位、社会团体和与其建立劳动关系的劳动者,订立、履行、变更、解除或者终止劳动合同,依照本法执行。"第九十六条规定:"事业单位与实行聘用制的工作人员订立、履行、变更、解除或者终止劳动合同,法律、行政法规或者国务院另有规定的,依照其规定;未作规定的,依照本法有关规定执行。"《劳动合同法实施条例》第三条规定:"依法成立的会计师事务所、律师事务所等合伙组织和基金会,属于劳动合同法规定的用人单位。"这些规定明确了劳动合同法及实施条例的适用范围。

《劳动合同法》及《实施条例》的适用范围即《劳动合同法》及《实施条例》的效力范围,即《劳动合同法》和《实施条例》对哪些人适用,在哪些地域适用,前者称为《劳动合同法》和《实施条例》对人的效力,后者称为《劳动合同法》和《实施条例》的空间或地域效力。《劳动合同法》和《实施条例》的空间效力即中华人民共和国境内的用人单位。

劳动合同法中的用人单位包括各类企业、个体经济组织和民办非企业单位,并将与劳动者订立劳动关系的国家机关、事业单位和社会团体纳入《劳动合同法》的调整中,同时,《劳动合同法》也对事业单位实行聘用制的工作人员作出了规定。《实施条例》在劳动合同法的基础上扩大了适用范围,即将依法成立的会计师事务所、律师事务所等合伙组织和基金会作为用人单位。根据法律条例,《劳动合同法》及其《实施条例》的适用范围包括以下内容。

一、企业、个体经济组织和民办非企业单位与劳动者之间形成的劳动关系

《劳动合同法》特定主体中的用人单位包括中华人民共和国境内的企业、个体经济组织和民办非企业单位。企业是指从事产品生产、流通或服务性活动等实行独立核算的经济单位,包括法人企业和非法人企业,国有企业和非国有企业,内资企业和涉外企业,本国企业和外国企业。个体经济组织是指雇工在七人以下的个体工商户。一般而言,个体经济组织包括两种:一种是具有法人资格的私营企业;另一种是不具有法人资格但经工商管理部门登记注册的个体工商户。前一种经济组织已经涵盖在我国境内的企业中,理所当然地受劳动合同法调整;后一种经济组织即个体工商户。民办非企业单位是指企业事业单位、社会团体和其他社会力量以及公民个人利用非国有资产举办的,从事非营利性社会服务活动的社会组织。

《劳动合同法》特定主体中的劳动者是指具有劳动权利能力和劳动行为能力,依照劳动法的规定参与到劳动关系中,给付劳动并获取劳动报酬的自然人,包括脑力劳动者,也包括体力劳动者;包括我国公民,也包括外国人和无国籍的自然人。作为劳动合同当事人的劳动者,必须具备法律规定的两个条件:一是年龄条件。在我国,劳动者应当是年满16周岁的公民,不满16周岁不能就业,不能与用人单位订立劳动合同。某些特定行业(文艺、体育和特种工艺单位)需要招收未满16周岁的人员,要得到国家有关部门的批准。此外,对有可能危害未成年人健康、安全或道德的职业或工作,劳动法规定劳动者不应低于18周岁。劳动法禁止用人单位招用不满18周岁的劳动者从事过重、有毒、有害的劳动或危险作业。二是劳动能力条件。由于劳动者从事劳动只能亲自进行,因此劳动者必须具有劳动能力。而且,对于一些特定的行业,劳动者的劳动能力还必须满足该行业的特殊要求,如患有传染病的人不能从事餐饮业等。劳动者的劳动能力还包括劳动者必须具备的行为自由,只有具备支配自己劳动能力所必要的行为自由,才有可能以自己的行为去实现劳动权利和履行劳动义务,如果劳动者的行为自由被限制或剥夺,也不能与用人单位订立劳动合同,建立劳动关系。

劳动关系的产生、变更和终止,以及双方当事人在劳动过程中的权利、义务以及劳动条件等都应当按照劳动法律、法规处理。劳动合同法规范用人单位与劳动者订立、履行、变更、解除和终止劳动合同的行为。

订立劳动合同是指用人单位和劳动者就合同的条款经协商一致,以书面形式明确相互权利和义务的法律行为;履行劳动合同是指劳动合同双方按照合同

的约定全面履行各自所应承担义务的行为;变更劳动合同是指劳动合同订立后,尚未履行或尚未完全履行前,合同当事人双方依法对原劳动合同的内容进行增减或修改的行为;解除劳动合同是指劳动合同签订以后、履行完毕之前,由于某种因素导致双方提前终止合同效力的行为;终止劳动合同是指劳动合同的法律效力因为法律或自然的原因而消失。

二、机关、事业单位、社会团体与其建立劳动关系的劳动者

国家机关是指从事国家管理或者行使国家权力,以国家预算作为独立活动经费的中央和地方各级国家机关,包括中国共产党的机关、人大机关、行政机关、政协机关、审判机关、检察机关、民主党派机关、国家军事机关等。《劳动合同法》虽然不调整公务员的工作关系,但是在国家机关中,除了公务员外,还有聘用的从事服务性工作的一部分劳动者(也称工勤人员),他们不属于公务员,用人单位聘用他们时是通过订立劳动合同的方式建立劳动关系的,因此,由《劳动合同法》对他们的劳动关系进行调整。

事业单位是指从事社会各项事业,拥有独立经费或财产的各种社会组织,如各级各类公立学校、科研机构、公立医院、新闻出版单位、博物馆等。事业单位的工作人员大多是实行聘任制,但也有一部分从事辅助性工作的劳动者,他们与用人单位通过订立劳动合同来建立劳动关系,这部分劳动者适用《劳动合同法》。

社会团体是由若干成员为了共同目的而自愿组成的各种社会组织,包括党派团体,人民群众团体,文艺、体育团体,学术研究团体,社会经济团体,专业协会以及各种经济技术咨询机构,宗教团体,爱好者团体,其他社会团体等。社会团体中除了依法参照公务员法管理的工作人员以外,其他劳动者与社会团体建立劳动关系都适用《劳动合同法》。参照公务员法管理的工作人员主要是指依法参照公务员法管理的人民团体、群众团体,如工会、共青团、妇联中的工作人员以及法律、法规授权的具有公共事务管理职能的事业单位中经有权机关批准的除工勤人员以外的工作人员。

三、事业单位与实行聘用制的工作人员参照《劳动合同法》执行

随着事业单位人事制度改革的不断深入,事业单位已经普遍实行聘用制,即在平等自愿、协商一致的基础上,通过聘用合同确定聘用单位和受聘人员的权利义务。这使得传统的人事关系、人事制度逐渐纳入了法律调整的范畴,在法律性质上,人事关系与劳动关系已经没有本质区别,《劳动合同法》将人事关系纳入劳动合同法中进行统一规范和调整。这对于建立我国市场经济体制下

统一的劳动力市场,消除脑力劳动者和体力劳动者的法律身份区别以及保护事业单位劳动者的合法权益将起到积极的作用。但是,考虑到事业单位特别是大学和科研单位的劳动合同具有复杂性、特殊性,《劳动合同法》第九十五条对此作了一定的限制:"事业单位与实行聘用制的工作人员订立、履行、变更、解除或者终止劳动合同,法律、行政法规或者国务院另有规定的,依照其规定;未作规定的,依照本法有关规定执行。"

四、合伙组织和基金会与劳动者形成的劳动关系

随着我国经济的发展和改革开放的推进,一些领域、行业出现了合伙组织、基金会等新型组织形式,但在《劳动合同法》中并没有明确律师事务所、会计师事务所等合伙组织以及基金会等是否属于用人单位,这给这些机构的人力资源管理带来了一定的困惑。《实施条例》正式明确将律师事务所、会计师事务所等合伙组织和基金会作为《劳动合同法》中的用人单位,合伙组织和基金会与劳动者形成的劳动关系由《劳动合同法》进行调整。

《劳动合同法实施条例》第三条规定:依法成立的会计师事务所、律师事务所等合伙组织和基金会,属于《劳动合同法》规定的用人单位。本条对《劳动合同法》第二条作出了延伸解释,明确了律师、会计师与执业机构之间属于劳动关系。

《律师法》规定,律师事务所是律师的执业机构,其中合伙律师事务所可以采用普通合伙或者特殊的普通合伙形式设立。合伙律师事务所的合伙人按照合伙形式对该律师事务所的债务依法承担责任。《注册会计师法》规定,会计师事务所是依法设立并承办注册会计师业务的机构。

基金会是指利用自然人、法人或者其他组织捐赠的财产,以从事公益事业为目的,按照《基金会管理条例》的规定成立的非营利性法人。

会计师事务所、律师事务所等合伙组织和基金会作为用人单位,应当依照《劳动合同法》履行自己的义务,尽快纠正劳动合同中存在的历史问题,以避免带来不必要的损失。而劳动者则应检查自己的劳动合同,依据《劳动合同法》和《实施条例》保障自己的合法权利。

五、分支机构能否直接与劳动者签订劳动合同

《劳动合同法》对于用人单位的分支机构能否作为合同主体订立劳动合同未作出规定,然而实践中,分支机构直接招人、用人的现象又十分普遍。为明确分支机构在劳动关系建立中的地位,《劳动合同法实施条例》第四条规定:"劳动合同法规定的用人单位设立的分支机构,依法取得营业执照或者登记证书

的,可以作为用人单位与劳动者订立劳动合同;未依法取得营业执照或者登记证书的,受用人单位委托可以与劳动者订立劳动合同。"这一规定明确了分支机构签订合同的两种情形:一是分支机构如果依法取得营业执照或者登记证书就具有用人单位的资格,能够独立承担民事责任,直接与劳动者签订劳动合同;二是分支机构如果未取得营业执照,须得到用人单位委托方可与劳动者订立劳动合同。

实践中,用人单位要注意分支机构是否符合签订劳动合同的主体资格,避免主体不合法致使劳动合同无效的情形。如果分支机构未取得营业执照或者登记证书,应得到委托才能与劳动者签订劳动合同。同时,劳动者在签订劳动合同时,也要注意分支机构是否具有营业执照或者登记证书,或者获得用人单位的委托授权。

第四节　劳动合同订立原则

引导案例

工作经历造假劳动合同无效

某公司招聘招标采购合约部经理,其职位要求为"应聘者在中型房地产企业主导过招标、投标工作5年以上"。彭某应聘该职位填写的职位申请表工作经历一栏载明其在某地产公司有上述工作经历,并签名承诺:该表所填资料均属实,如有虚假或隐瞒,愿接受立即开除处分。

2019年3月,彭某入职该公司担任招标采购合约部经理。2020年7月,公司以彭某工作能力、态度不好,工作出错、经多次教育未改进为由解除劳动合同。彭某遂要求支付违法约定试用期赔偿金、未休年休假工资以及违法解除劳动合同赔偿金。

经法院查明,彭某在其职位申请表中填写的某地产公司及下属公司并无任职经历。法院生效判决认为,彭某在应聘时存在工作经历造假行为,构成欺诈,公司与彭某签订的劳动合同无效。

根据法律规定,劳动合同被确认无效,劳动者已付出劳动的,用人单位应当向劳动者支付劳动报酬。因劳动合同无效属于自始无效,即从劳动合同签订之时起就没有法律效力,故彭某基于劳动关系而诉求的超过法定试用期的赔偿金、未休年休假工资、违法解除劳动合同赔偿金均丧失合同基础,且上述项目均不属于劳动报酬,故判决驳回彭某全部诉讼请求。

劳动者与用人单位订立劳动合同,应当遵循诚实信用原则,这不仅是《劳动合同法》的明确规定,也是社会主义核心价值观的要求。劳动者的工作经历对用人单位决定是否录用劳动者起到重要参考作用,劳动者应当如实告知。如果劳动者未如实告知用人单位真实履历,对用人单位造成误导,应当认定构成欺诈,劳动合同也应被认定为无效,基于合法劳动关系而产生的相应利益,劳动者也无法享有。

订立劳动合同是指劳动者与用人单位就劳动合同的条款协商一致,并以书面形式明确双方权利义务关系的法律行为。劳动合同的订立是劳动合同成立的前提,依法订立的劳动合同对双方均产生法律约束力。《劳动合同法》第三条规定:"订立劳动合同,应当遵循合法、公平、平等自愿、协商一致、诚实信用的原则。依法订立的劳动合同具有约束力,用人单位与劳动者应当履行劳动合同约定的义务。"

一、合法原则

合法原则是订立劳动合同的首要原则,它是指劳动合同的订立要遵守法律规定,不得违反法律、行政法规的强制性规定,同时也包括劳动合同当事人必须遵守社会公德,不得违背社会公共利益,违背公序良俗。劳动合同必须合法,这是劳动合同有效并受法律保护的前提,也是把劳动关系纳入法制轨道的根本途径,其内容包括四个"合法":

(一)主体合法

订立劳动合同的双方当事人必须具备法律、法规规定的主体资格,劳动者一方必须达到法定劳动年龄,具有劳动权利能力和劳动行为能力;用人单位须具备承担合同义务的能力。

(二)目的和内容合法

劳动合同设定的权利义务、合同条款必须符合法律、法规,不得以合法形式掩盖非法意图和违法行为。订立劳动合同,用人单位不得以任何形式收取抵押金、抵押物、保证金、定金及其他费用,也不得扣押劳动者的身份证及其他证明。劳动合同的各项条款如劳动合同期限、工作内容、工作地点、工作时间、休息休假、劳动报酬、社会保险、劳动保护、劳动条件以及双方约定的其他内容等都必须符合国家法律、法规的规定,并不得损害社会公共利益或第三人利益。

(三)程序合法

订立劳动合同要遵循法定的程序和步骤,要约和承诺需符合法律规定的要求。

（四）形式合法

我国法律规定，劳动合同应采用书面形式，但非全日制劳动者与用人单位的劳动合同可以口头方式约定。书面劳动合同一式两份，双方当事人各执一份。劳动合同实行合法原则，有利于保护劳动者的权益，维护劳动关系的平衡。

二、公平原则

公平是法律追求的最高价值目标，也是我国劳动合同订立的基本原则。公平原则是指用人单位在与劳动者订立劳动合同时，应当给予全体劳动者公平的劳动待遇，不得因民族、种族、年龄、性别的不同而不同。广义的公平原则还包括以公平理念确定劳动合同当事人双方的权利义务关系。公平原则具体表现为以下三项：

第一，用人单位提供给劳动者的整体劳动条件应与社会经济发展水平基本一致，即符合一般人的公平、公正的价值判断标准。

第二，提供公平、公正的劳动条件，包括订立合同的均等机会，同工同酬，不得歧视。如《劳动合同法》规定，劳务派遣员工与合同制员工要实行同工同酬，用工单位不得因为员工身份不同而区别对待。

第三，双方当事人的权利义务要对等。劳动合同是双务有偿合同，任何一方当事人都是既享有权利，也要承担义务，双方的权利义务要对等。如果用人单位免除自己的责任、排除劳动者的权利，则显失公正。公平原则是社会公德的体现，符合社会公共利益的要求。将公平原则作为劳动合同当事人的行为准则，既符合现代法治理念，也符合国际通行的做法，可以防止双方当事人尤其是用人单位滥用强势地位损害劳动者的权利，有利于平衡双方当事人的利益，有利于保护劳动者享有的公平和公正的劳动条件的权利，也有利于建立和谐稳定的劳动关系。

三、平等自愿原则

所谓平等，是指劳动合同双方当事人在签订劳动合同时的法律地位是平等的，不存在任何依附关系，任何一方不得歧视、欺压对方。只有在法律地位平等的基础上订立、变更劳动合同条款，才具有协商的前提。所谓自愿，是指劳动合同双方当事人应完全出于自己的意愿签订劳动合同。自愿原则是指是否订立劳动合同、与谁订立劳动合同以及劳动合同的内容等由双方自愿约定。凡是采取强迫、欺诈、威胁或乘人之危等手段，把自己的意志强加给对方，或者所订条款与双方当事人的真实意愿不一致，都不符合自愿原则。平等是自愿的前提、基础,自愿是平等的体现。实践中,用人单位拥有很强的经济实力,劳动者则通常处于相对弱势的地位,双方存在事实上的不平等,但在订立劳动合同时,他们是法律地位完全平等的主体,用人单位不得对劳动者提出不平等的附加条件。

四、协商一致原则

协商一致,是指劳动合同双方当事人对所发生的一切分歧要充分地协商,在双方意思表示一致的基础上,形成双方的合意,签订劳动合同。协商一致是平等自愿唯一的表达形式。订立劳动合同时,用人单位和劳动者应仔细研究合同条款,充分沟通和协商,解决分歧,达成一致意见。只有体现双方真实意志的劳动合同,双方才能按照约定享有各自的权利和忠实地履行各自的义务。

五、诚实信用原则

诚实信用,即双方当事人在订立劳动合同时应诚实、守信,如实告知各自的实际情况,以善意的方式履行义务,不得滥用权利及规避法律义务。《劳动合同法》第八条规定:"用人单位招用劳动者时,应当如实告知劳动者工作内容、工作条件、工作地点、职业危害、安全生产状况、劳动报酬,以及劳动者要求了解的其他情况;用人单位有权了解劳动者与劳动合同直接相关的基本情况,劳动者应当如实说明。"《劳动合同法》第九条规定:"用人单位招用劳动者,不得扣押劳动者的居民身份证和其他证件,不得要求劳动者提供担保或者以其他名义向劳动者收取财物。"《劳动合同法》同时规定,违法扣押证件和收取财物的,不但要退还,还将受到处罚或罚款;给劳动者造成损害的,要承担赔偿责任。劳动合同的履行在很大程度上依赖于双方的配合与协作,因此,在订立劳动合同时,必须本着善意与合作的态度,根据具体情况,相互承担说明、通知、保护、忠诚、协作、保密等义务。诚实信用作为市场经济活动的道德准则,要求当事人诚实守信,在追求自己的经济利益时不得损害他人的利益。将诚信规定为一种法定义务,实际上是将道德准则法律化,使其具有法律约束力,从而更好地约束双方当事人。同时,这一原则也为填补法律漏洞提供了一个原则规范。在发生纠纷时,如果没有直接可以适用的规范,法官可以依照这项原则解释合同条款,裁决合同纠纷。

第五节　劳动合同立法发展

引导案例

民航业遇到的人才困境

2003年前后,民航总局批准成立鹰联航空、春秋航空和奥凯航空等民营航空公司,并允许民营资本进入机场运营领域。这些蓬勃发展的民营航空公司不可能等待10年培养一个飞行员,各大航空公司现有的飞行员成为他们"挖人"的目标,由此引发了飞行员流动的加速,飞行员跳槽事件屡屡见诸报端。据报道,2004年6月,海航集团控股的中国新华航空公司14名飞行员集体向公司提交辞职书投奔奥凯,赔偿金由奥凯和海航协商解决;同年11月,海航一飞行员提出辞职,2005年8月转签鹰联航,鹰联航向海航支付了100万元人民币的赔偿款。

除了民营航空公司高薪挖人外,规模较大的航空公司之间也会相互争夺飞行员。他们虽然不像民营航空公司那样赤裸裸地强行挖人,但也会暗中与其他公司的飞行员联系。2004年7月,东航江苏分公司两机长提出辞职,最终法院判决两机长分别支付航空公司赔偿款100万元;同年10月,国航一飞行员提出辞职,国航要求其支付845万元赔偿款……

随着国内各大航空公司新购置飞机数量的增长,越来越多的航空公司觉得飞行员数量不够用了。权威人士估计,未来20年中国至少需要增加4万名左右的飞行员,而目前国内的培养速度还远远不能满足这一需求。为防止飞行员跳槽给企业运营带来的困难,很多航空公司对于飞行员的流失采取签订培训协议、约定服务期和高额违约金的应对措施。

飞行员与航空公司之间的劳动争议从一个侧面反映出当前劳动关系的现状。随着市场经济的发展,以及经济全球化进程的加快,劳动关系正在经历着深刻的转变。在计划经济体制下,绝大多数单位都是国有性质,实行以固定工为主的终生就业方式,用人单位与劳动者之间发生纠纷,多通过行政手段加以解决。而在市场经济体制下,企业和劳动者成为独立的劳动主体,双方出现利益分化,市场机制对劳动关系的运行逐渐起到支配作用,劳动关系也朝着适应市场经济要求的方向变革,呈现双方利益主体明晰,劳动关系形成契约化、运行市场化、规范法制化的总体趋势。但从计划体制转向市场体制毕竟是一个漫长的过程,转型时期所呈现的劳动关系更加多元和复杂,飞行员与航空公司之间的劳动纠纷便是其中的典型事例。

　　与国外飞行员自费培养模式不同,我国飞行员多数是由国家或企业出资培养的。飞行员培养费用高、周期长,航空公司先期投入多。飞行员从航校毕业后,要经过8~10年才能成为机长,航空公司培养一名机长的费用通常要达到600万至800万元。2003年以来,我国民航业进入高速发展期,运输周转量的增速每年都保持在20%左右,飞行员供不应求,出现严重短缺。未来几年,我国每年都要引进数百架新飞机,一架飞机需要10~16名飞行员,我国每年能够培养出的飞行员为600~800名,飞行员数量缺口较大。面对巨大的飞行员缺口,民营航空公司凭借灵活的用人机制,开始以高薪"挖人"。为阻止飞行员任意流动给公司造成巨大损失,航空公司规定了高额违约金和培养费,并按惯例与飞行员签订99年的终身合同。飞行员不能自由流动成为民航劳资矛盾的焦点之一。考虑到飞行员人才的特殊性和飞行员的培养体制,民航总局联合劳动和社会保障部等四部委2005年5月下发的《关于规范飞行人员流动管理,保证民航飞行队伍稳定的意见》规定,跳槽者需向原单位支付70万至210万元人民币的赔偿,并需要征得新、老"东家"的同意,为飞行员流动设置了较高的门槛,但这种做法仍难以阻止飞行员流向民营航空公司。飞行员因为辞职、高额培养费和违约金问题,屡屡与航空公司对簿公堂,各种诉讼不断。快速发展的民航业对飞行员有着明显的硬性需求,但飞行员培养却受制于培养体制陈旧、培训渠道单一、培训周期过长等因素,而航空公司之间相互"挖墙脚"的做法更加剧了人才流动的混乱。一方面是飞行员要求自由流动,寻求更好的工作机会;另一方面是有关飞行员的培养、流动、管理机制还停留在计划经济体制的用人思维上,这种背离和冲突使航空公司与飞行员之间的劳动纠纷更加复杂和多元化。面对一个飞行员供不应求却不能自由流动的市场,如何协调规范飞行员与航空公司之间、航空公司相互之间的利益关系,需要建立与市场经济相适应的公平博弈环境,建立与行业格局变化相适应的人才流动机制,在飞行员的培养、引进、流动等机制上寻求突破。

一、国外劳动合同立法发展

　　源于民法的契约自由原则,劳动合同立法产生于19世纪末20世纪初。1896年,德国在制定民法典时已注意到劳动力的交换关系不同于一般的民事关系,它是一种经济强者与弱者之间的合同,当事人在事实上处于不平等地位。劳动合同的履行要依赖于劳动力本身的劳动,而劳动力的交换又不同于其他商品的交换。随着劳动者在人身和财产上独立人格的确立,以及对劳动力作为特殊商品属性的认识,劳动合同单独立法具备了社会条件。1900年,比利时首先制定了独立的《劳动合同法》,意大利于1902年、德国于1907年、法国于1910年分别制定了《劳动合同法》,这标志着劳动合同的立法从民事合同中独立出来。20世纪40年代逐渐兴起的集体谈判和集体协议制度,解决了在个别劳动合同情形下,劳动者实际上难以与雇主抗衡的问题。到20世纪80年代,随着知识经济时代的来临,知识型员工或知识工作者逐渐成为某些企业的主体,知识型员工就业形式的多样化、弹性化、个性化的特点,使劳动合同制度也面临了一些新课题。

例如,新经济的到来给劳动合同制度的理论和实践带来了诸多挑战,例如:①在传统劳动合同理论中,"雇员依附于雇主"的理念,随着知识型员工独立性的增强而正在逐步弱化。②劳动合同的主体身份发生变化,越来越多的雇员既是企业的劳动者,又是企业的股份持有者,传统的、泾渭分明的"劳资"界限正在淡化。③在传统的保护劳动者权益的理念中引入了效率原则。劳动合同作为现代企业人力资源管理的有效工具,在坚持保护弱者、公平合理的基础上,必须将效率原则引入用工期限、岗位配置、工资福利待遇和晋升等条款,以调节变动活跃、具有创造力和竞争力的企业劳动关系。④在劳动合同中将更多地引入国际因素。随着劳动力在国际市场的流动,需要各国在劳动合同立法方面予以合作与协调,国际劳工标准、惯例以及国内劳动标准可能同时出现在同一个劳动合同之中,同时还可能出现不同地区之间的劳动力倾销与反倾销问题。⑤劳动合同的功能从单纯维系就业关系、保护劳动权,向适应劳动力市场变化、促进和增加就业的方向发展,合同的种类增多,条款更加具有弹性。

二、我国劳动合同制度的发展

从1949年中华人民共和国成立至今,我国的劳动合同制度从无到有,从只对部分企业职工适用到扩展到事业单位,在这个过程中,我国曾经颁布过多项有关劳动合同方面的法律、法规,使劳动合同制度的法律体系逐渐发展完善。

(一)从新中国成立初期到改革开放前

新中国成立初期,在一些私营企业和一些工业企业的临时工中曾推行过劳动合同制度。例如,劳动部在1951年5月发布的《关于各地招聘职工暂行规定》中规定:"招聘职工时,雇用者与被雇用者双方应当直接订立劳动契约。"1954年5月,劳动部又颁布了《关于建筑工程单位赴外地招用建筑工人订立劳动合同的办法》,其中明确规定:"建筑工程单位赴外地招用临时工,不论招用期限长短,均应由招工单位(简称甲方)与工人或工人代表(简称乙方)按照工程所在地区劳动行政部门招工的规定签订劳动合同,并应严格遵守。"自此,除建筑部门在招收临时工人时一般都订立劳动合同外,其他厂矿企业在招用临时工人时也开始订立劳动合同。其后,国务院还发布了一些单行法规,要求国营企业在招用临时工时签订劳动合同。例如,国务院于1962年10月和1965年3月分别制定《关于国营企业使用临时工的暂行规定》和《关于改进对临时工的使用和管理的暂行规定》,二者都规定各单位招用临时工必须签订劳动合同;此外,交通、铁路等企业招用亦工亦农轮换工及有关企业招用季节工时也应签订劳动合同。在这一时期,劳动合同制度主要应用于临时工和短期工当中。

(二) 从改革开放到《劳动法》颁布前

党的十一届三中全会之后,为了适应经济体制改革的需要,自1980年起,部分地区的企业为改革用工制度,开始招用劳动合同制工人。劳动人事部于1983年2月发布《关于积极试行劳动合同制的通知》,要求今后无论全民所有制单位,还是县、区以上集体所有制单位,在招收普通工种或者技术工种的工人时,用工单位与被招用人员都要订立具有法律效力的合同,规定双方的权利和义务。国务院于1986年7月2日发布劳动制度改革"四项暂行规定",其中《国营企业实行劳动合同制暂行规定》中明确规定,企业在国家劳动工资统计计划指标内招用常年性工作岗位上的工人,除国家另有特别规定者外,统一实行劳动合同制;国家机关、事业单位和社会团体在常年性岗位上招用的工人,应当按照该规定执行。在这一时期,劳动合同制度主要针对那些新进入企业的职工,劳动合同制度的覆盖范围相对狭小。

为适应建立市场经济体制的需要,进一步深化劳动制度改革,促进企业经营机制的转变,保障职工和企业的合法权益,推动生产力的发展,劳动部于1992年2月25日发出《关于扩大使用全员劳动合同制的通知》,国务院于同年7月23日发布的《全民所有制工业企业转化经营机制条例》第十七条规定:"企业有权决定用工形式。企业可以实行合同化管理或者全员劳动合同制。"1992年9月10日劳动部发出《关于试行全员劳动合同制有关问题处理意见的通知》,其中提出了14条处理意见,主要包括关于劳动合同签订问题、关于原有合同制工人劳动合同处理问题、关于劳动合同期限问题、关于国家统配人员是否订立劳动合同问题以及关于集体"混岗工"问题等。在这一阶段,我国的劳动合同制度在更大的范围内推广,逐步建立起全员劳动合同制度。

(三) 从《劳动法》的颁布到《劳动合同法》的制定和实施

1994年7月5日,全国人大常委会通过了《中华人民共和国劳动法》(简称《劳动法》)。《劳动法》第三章专门对劳动合同作出了相关规定,并在第十三章中规定了违反劳动合同的法律责任,其中第十六条明确规定:"建立劳动关系应当订立劳动合同。"《劳动法》的制定和颁布实施,有力地推进了全面推行劳动合同法律制度的进程,为社会主义市场经济下新型劳动关系的确立奠定了法律基础。

为了贯彻执行《劳动法》中有关劳动合同的规定,劳动部还制定和发布了相应的配套规章,如《违反和解除劳动合同的经济补偿办法》(1994年12月3日)、《违反〈劳动法〉有关劳动合同规定的补偿办法》(1995年5月10日)等。此外,全国各地为了适应劳动关系的发展需要,也分别制定了地方性的劳动合同法规,如《北京市劳动合同规定》、《上海市劳动合同条例》(2001年11月15日发布,2002年5月1日起施行)等。

为了完善劳动合同制度,适应新时期的市场需求,促进劳动关系的和谐发展,经过多次讨论和修改,2007年6月29日,第十届全国人大常务委员会第二十八次会议上正式通过了《中华人民共和国劳动合同法》,并于2008年1月1日起施行。《劳动合同法》的颁布和实施标志着我国的劳动合同制度进入了一个新的时期,劳动合同制度的实施也更加普遍,这对于我国建立健全劳动合同制度有着积极的意义。2012年12月28日,十一届全国人大常委会第三十次会议表决通过了关于修改劳动合同法的决定,提高了经营劳务派遣企业的注册资本,对劳务派遣中的"同工同酬"、"三性"岗位等规定进行了细化。劳动合同法修改案自2013年7月1日施行,其目标是切实保障被派遣劳动者合法权益。

中国劳动立法领域的第一次突破体现在1986年国务院发布的《国营企业实行劳动合同制度暂行规定》中,它第一次以劳动法规的形式对中国实行劳动合同制度这一通行做法加以肯定,但其适用范围仅限于国企新招职工。劳动合同立法的第二次突破是1994年的《劳动法》,它通过基本法律的形式从根本上改变了劳动用工依靠行政分配的计划管理体制,全面实行劳动合同制度。2007年6月29日第十届全国人民代表大会常务委员会第二十八次会议通过的《劳动合同法》,是我国对劳动合同的第三次立法,对劳动合同的订立、履行和变更、解除和终止、集体合同、劳务派遣合同、非全日制用工、监督检查和法律责任等作出了进一步的规范和完善。《劳动合同法》明确了劳动合同双方当事人的权利和义务,是构建与发展和谐稳定的劳动关系的法律基石。

【关键术语】 劳动合同订立原则 以完成一定工作任务为期限的劳动合同 立法宗旨

复习思考题

1. 如何理解劳动合同法的法律特征?

2. 如何认识劳动合同的作用?
3. 试述我国《劳动合同法》的立法宗旨。
4. 《劳动合同法》适用的人员范围包括哪些?
5. 试述劳动合同的订立原则。

第二章　劳动合同的订立

依法订立劳动合同是实施劳动合同制度的前提和基础。《劳动合同法》明确规定了劳动合同建立过程中双方的权利义务，如用人单位的告知义务、禁止要求担保或向劳动者收取财物、禁止扣押证件等，规定了劳动合同应当采用书面形式，明确了劳动合同期限、必备条款、试用期、培训和竞业限制等制度问题。

第一节　劳动关系的建立

引导案例

招工时不得要求劳动者提供担保

北京某制衣公司为招聘优秀的技术员，其提供的薪水、各项福利待遇均高于市场水平。李某前去应聘，在为数众多的应聘者中，李某表现优秀。随后，公司与李某协商一致，签订了为期3年的劳动合同。因为优秀技术员在市场上非常难求，因此各个制衣公司之间对人才的争夺也尤为激烈。这家制衣公司为了防止技术员的流失，便提出在合同中规定："李某必须向企业交纳4 000元的风险抵押金，合同终止后，企业连本带息返还；合同期限内，李某一旦违约，风险抵押金将不予退还。"李某因急于得到工作，对这一要求表示同意。李某工作半年后，因儿子考上大学，一时没有凑足生活费和学费，于是他就找到公司经理希望能把风险抵押金提前支取出来，公司经理一口回绝。李某一气之下递交了辞职报告，并要求退还风险抵押金。而公司以李某提前解除劳动合同，没有履行劳动合同规定的期限为由,拒绝返还风险抵押金。双方为此发生争议。

本案例是由于用人单位在录用员工时向劳动者收取抵押金而产生的争议。《劳动合同法》规定,用人单位招用劳动者,不得要求劳动者提供担保或者以其他名义向劳动者收取财物。制衣公司在劳动合同中约定的关于风险抵押金的条款违反了法律规定,应当如数返还。此案例表明,用人单位在招聘录用过程中要依法合规,做好录用招聘环节的员工关系管理和风险防范。

人员招聘是企业为了发展,寻找、吸引那些有能力又有兴趣到本企业任职的人员,并从中选出适宜的人才予以录用的过程,主要包括招募、选择、录用几个阶段。招聘到合适的人才是保证员工素质、增强企业竞争力的关键。招聘录用看似简单,却隐藏着很大的法律风险。实践中,一些用人单位由于没有合法履行告知义务,签订合同不规范等问题普遍存在,往往导致劳动争议的发生,给企业带来损失。有效、合法地规避招聘录用中的风险是对企业人力资源管理者的巨大挑战。

一、劳动关系建立的起点

我国《劳动合同法》第七条规定:"用人单位自用工之日起即与劳动者建立劳动关系。用人单位应当建立职工名册备查。"这一规定明确了用人单位与劳动者劳动关系成立的时间,以及单位在录用员工时要承担的义务。

(一)劳动关系自用工之日起建立

劳动关系是指劳动者与用人单位在劳动过程中发生的,以劳动和劳动报酬给付为主要内容的社会关系。劳动关系建立的时间直接决定着劳动者与用人单位权利义务的时间界限,对双方都非常重要。法律规定,用人单位自用工之日起即与劳动者建立劳动关系,即从劳动者到用人单位工作的第一天起,或者说从用人单位开始使用劳动者劳动的第一天起,不论双方是否订立书面劳动合同,劳动关系就成立了。《劳动合同法》规定劳动关系自"用工"之日成立,而不是自签订书面劳动合同时成立。如果用人单位不签订书面劳动合同,则构成事实劳动关系,劳动者同样享有法律规定的权利。这一规定突破了劳动关系必须以书面劳动合同为有效要件的规定,确认只要有用工行为就存在劳动关系。这一规定对用人单位用工行为作了严格规范,避免由于一些企业不签订书面劳动合同而否认劳动关系存在、规避法律义务。

劳动关系成立的时间决定了用人单位与劳动者劳动权利义务开始履行的时间。《劳动合同法》第十条规定,用人单位与劳动者在用工前订立劳动合同的,劳动关系自用工之日起建立。如果用人单位先签合同后用人,从劳动合同订立之日至用工之日期间,用人单位与劳动者尚未建立劳动关系,双方可以依法解除劳动合同并承担双方约定的违约责任,用人单位无须承担劳动者的医疗费用等责任,也无须向劳动者支付经济补偿。如果用人单位先用人后签合同,即用人单位在开始用工时未订立书面劳动合同,之后补订劳动合同的,劳动合同期限自用工之日起计算。确定建立劳动关系的时间起点意义重大,从双方建立劳动关系之时起,双方才开始履行各自的义务,享有各自的权利。建立劳动关系之时,是劳动者开始在用人单位的指挥、监督、管理下提供劳动的时间,是计算劳动者工资的起始时间。劳动者在该用人单位的工作年限也自建立劳动关系之时开始计算。

(二) 企业用工应当建立职工名册备查

职工名册是用人单位制作的用于记录本单位劳动者基本情况及劳动关系运行情况的书面材料。《劳动合同法》第七条规定:用人单位应当建立职工名册备查。但对职工名册应当包括哪些内容,企业不按规定建立职工名册应当承担什么责任,这里并没有具体规定。《劳动合同法实施条例》第八条进一步规定:《劳动合同法》第七条规定的"职工名册",应当包含劳动者姓名、性别、公民身份证号码、户籍地址及现住址、联系方式、用工形式、用工起始时间、劳动合同期限等内容;其中,用工形式包含全日制、非全日制用工与劳务派遣三种形式;用工起始时间一般是以劳动者到企业报到之日算起,而不是从书面劳动合同签订之日算起;劳动合同期限包括固定期限劳动合同、无固定期限劳动合同以及以完成一定任务为期限的劳动合同三种。同时,《实施条例》在第三十三条中规定了相关的法律责任:用人单位违反劳动合同法有关建立职工名册规定的,由劳动行政部门责令限期改正;逾期不改正的,由劳动行政部门处2 000元以上2万元以下的罚款。

建立职工名册的对象包括与用人单位建立劳动关系的劳动者,即用人单位以各种形式招用的劳动者。建立职工名册是用人单位的法定义务,用人单位应当建立职工名册备查。职工名册制度对于规范用工、防止和解决劳动争议具有重要意义。职工名册可以提供证明、记载劳动关系存续和履行的记录,在双方发生争议时也可以作为重要证据,它有利于督促用人单位及时与劳动者签订劳动合同,减少不规范用工带来的风险和成本,也便于劳动行政部门行使劳动监察职责,统计就业率和失业比率。对企业而言,凡用工就应建立职工名册。企业建立职工名册备查,对于规范用工行为、避免争议具有重要意义。企业应充分认识建立职工名册的重要性,按照法律规定建立和完善职工名册制度,在这一基础上逐步建立企业用工台账和数据库以备查,以便于劳动行政部门行使劳动监察职责,切实维护员工与企业双方的合法权益,避免企业陷入不必要的法律纠纷。

二、用人单位的告知义务和知情权

《劳动合同法》第八条规定:"用人单位招用劳动者时,应当如实告知劳动者工作内容、工作条件、工作地点、职业危害、安全生产状况、劳动报酬,以及劳动者要求了解的其他情况;用人单位有权了解劳动者与劳动合同直接相关的基本情况,劳动者应当如实说明。"这一规定明确了用人单位在招聘员工时的告知义务和知情权。

(一)用人单位的告知义务

用人单位的告知义务即为劳动者的知情权。用人单位的告知义务,是指用人单位在招用劳动者时,应当如实告知劳动者工作内容、工作条件、工作地点、职业危害、安全生产状况、劳动报酬,以及劳动者要求了解的其他情况。这些内容是法定的并且是无条件的,无论劳动者是否提出知悉要求,用人单位都应当主动将上述情况如实向劳动者说明。法定告知内容都是与劳动者的工作紧密相连的基本情况,也是劳动者进行就业选择的主要因素之一。选择一份适合自己的工作对于劳动者而言相当重要。劳动者只有详细了解了用人单位的基本情况,才能结合自身特点作出选择。此外,对于劳动者要求了解的其他情况,如用人单位相关的规章制度,包括内部劳动纪律、规定、考勤制度、休假制度、请假制度、处罚制度以及企业内部已经签订的集体合同等情况,用人单位都应当进行详细说明。

(二)用人单位的知情权

用人单位的知情权即为劳动者的告知义务。用人单位在履行告知义务的同时也享有一定的知情权,《劳动合同法》将用人单位的知情权限制在与缔结劳动合同有关的信息范围之内。知情权是指用人单位对劳动者与劳动合同直接相关的基本情况有真实、适当知晓的权力。与用人单位知情权对应,劳动者负有如实告知义务,这种义务限于劳动者与劳动合同直接相关的基本情况时,劳动者有如实说明的义务。与劳动合同直接相关的基本情况,是指与劳动合同的订立、履行以及实现劳动权利和履行劳动义务直接相关的情况,如劳动者的年龄、知识技能、身体状况、学历、工作经历以及就业现状等情况。用人单位无权了解劳动者与劳动合同无关的个人情况,如家庭情况、血型、婚姻状况,有无异性朋友,女性是否怀孕等,以尊重和保护劳动者的个人隐私权。

三、不得要求劳动者提供担保

《劳动合同法》第九条规定:"用人单位招用劳动者,不得扣押劳动者的居民身份证和其他证件,不得要求劳动者提供担保或者以其他名义向劳动者收取财物。"这一规定明确了在订立劳动合同时禁止劳动者提供担保,用人单位招用劳动者,不得扣押劳动者的居民身份证和其他证件。

居民身份证是证明居住在中华人民共和国境内的公民的身份,保障公民合法权益,便利公民进行社会活动的法律证件。不经法定程序,任何部门和个人不得扣押公民的居民身份证。其他证件是指除了居民身份证之外的能够证明劳动者身份的合法证件,如毕业证、学位证、专业技能证书、职称评定证书等证件。不得要求劳动者提供担保,包括人的担保和物的担保。担保是保证合同正常履行的方式,包括财产担保和人身担保。用人单位招用劳动者时,不得向劳动者收取保证金、抵押金或者要求劳动者提供担保人,也不得以其他名义向劳动者收取财物,不得以报名费、招聘费、培训费、集资费、服装费、违约金等名义向劳动者收取各种财物。用人单位招用劳动者,不得要求劳动者提供担保或以其他名义向劳动者收取财物。《劳动合同法》第八十四条明确规定了违法收取抵押金的法律责任,即用人单位违反法律规定,扣押劳动者居民身份证等证件的,由劳动行政部门责令限期退还劳动者本人,并依照有关法律规定给予处罚。用人单位违反法律规定,以担保或者其他名义向劳动者收取财物的,由劳动行政部门责令限期退还劳动者本人,并以每人500元以上2 000元以下的标准处以罚款;给劳动者造成损害的,应当承担赔偿责任。劳动者依法解除或者终止劳动合同,用人单位扣押劳动者档案或者其他物品的,依照前款规定处罚,劳动行政部门应当对用人单位处以相应的罚款。因此,用人单位要避免劳动者给单位造成损失,不承担赔偿责任就离职或者跳槽的风险,应通过加强内部管理来解决,而不是采用收取抵押金(物)的方式。

第二节 无固定期限合同的订立

华为7 000人辞职,工龄归零事件

2007年末,华为公司在企业内部推行鼓励辞职方案,根据这一方案,将有共计超过7 000名在华为公司工作年限超过8年的"老员工"需要逐步完成"先辞职再竞岗"的工作。按照华为公司的要求,工作满8年的员工,由个人向公司提交一份辞职申请,在达成自愿辞职共识之后再竞争上岗,与公司签订新的劳动合同,工作岗位基本不变,薪酬略有上升。包括华为总裁任正非、副总裁孙亚芳在内的一批华为创业元老,也进行了"先辞职再竞岗"。在此次"先辞职再竞

岗"的过程中,所有自愿离职的员工都获得了华为公司相应的补偿。此次自愿辞职的老员工大致分为自愿归隐的"功臣"和长期在普通岗位的老员工两类,他们的工作年限均在8年以上。其中一些老员工已成为"公司的贵族",坐拥丰厚的期权收益和收入。由于这些老员工的收入相对较高,华为公司为他们辞职支付的赔偿费,外界预测总计超过10亿元。"先辞职再竞岗"实际上是企业与劳动者解除劳动关系后重新签订劳动合同的过程,而如此大规模的与劳动者解除和签订劳动合同的情形,在中国还是比较罕见的。舆论认为,华为的这一行为是为规避《劳动合同法》中有关签订无固定期限劳动合同的规定,华为则希望以此种方式适应未来市场的激烈竞争。

这起引发7 000余名员工集体辞职的所谓"华为辞职门"事件成为2007年最受媒体关注的事件之一。"华为辞职门"后来被解读为意在规避"无固定期限劳动合同"的事件。《劳动合同法》规定,"连续工作满10年"应当签订无固定期限劳动合同。人们认为,华为之所以选择8年以上工龄的员工"自动辞职",就是想规避"连续工作满10年"。这种重签劳动合同使工龄"归零"的做法符合法律规定吗?

无固定期限劳动合同是相对于固定期限劳动合同而言的。为了规范劳动合同的签订,防止劳动合同期限短期化,构建和发展和谐稳定的劳动关系,《劳动合同法》对无固定期限劳动合同的签订作出了明确规定。

《劳动合同法》第十四条规定:"无固定期限劳动合同,是指用人单位与劳动者约定无确定终止时间的劳动合同。用人单位与劳动者协商一致,可以订立无固定期限劳动合同。有下列情形之一,劳动者提出或者同意续订、订立劳动合同的,除劳动者提出订立固定期限劳动合同外,应当订立无固定期限劳动合同:

(一)劳动者在该用人单位连续工作满十年的。

(二)用人单位初次实行劳动合同制度或者国有企业改制重新订立劳动合同时,劳动者在该用人单位连续工作满十年且距法定退休年龄不足十年的。

(三)连续订立两次固定期限劳动合同,且劳动者没有本法第三十九条和第四十条第一项、第二项规定的情形,续订劳动合同的。

用人单位自用工之日起满一年不与劳动者订立书面劳动合同的,视为用人单位与劳动者已订立无固定期限劳动合同。"

一、无固定期限劳动合同的内涵和意义

(一)无固定期限劳动合同的内涵

无固定期限劳动合同,是指用人单位与劳动者约定无确定终止时间的劳动

合同。也就是说,用人单位与劳动者不约定劳动合同终止的具体时间,劳动关系自用人单位用工之日起一直持续下去,除非劳动合同被依法终止或者解除。可见,签订无固定期限劳动合同,用人单位与劳动者之间存在的劳动关系能相对长期持续,除非有法定的解除和终止合同的情形出现。有固定期限与无固定期限劳动合同的最大区别在于,无固定期限合同没有以书面形式约定合同的终止时间,也就是说,合同什么时候到期并没有具体约定。对无固定期限的劳动合同,用人单位只有在具备合同约定终止条件或法定解除条件时才能解除合同。相对于有固定期限合同,无固定期限合同对劳动者职业稳定的保障性更高。

劳动合同法公布施行后,"无固定期限劳动合同"曾经让很多企业感到"担忧",也有人认为是又回到了以前的"铁饭碗"、"终身制"。其实,无固定期限劳动合同只是没有确定终止时间的劳动合同,没有确定终止时间并不意味着就是"终身制",而是说,无固定期限合同的解除和终止,必须具备法定解除、终止的理由和程序,不具备法定理由就不能随便解除、终止无固定期限劳动合同。《劳动合同法实施条例》将用人单位可以依法解除包括无固定期限劳动合同在内的各种劳动合同的 14 种具体情况作了归纳,用人单位在劳动者试用期间被证明不符合录用条件、严重违反用人单位规章制度、严重失职、营私舞弊给企业造成重大损害、经过培训或者调整工作岗位后仍不能胜任工作以及企业转产等情形下可以依法与劳动者解除无固定期限劳动合同。这些规定实际上是对《劳动合同法》中分散于不同条款中的解除条件作了重新梳理并集中表述。从形式上看,这是对劳动合同法规定的重申,但《劳动合同法实施条例》将其作专门集中阐释,无疑是为了进一步澄清:无固定期限劳动合同不是"铁饭碗",其宣传意义远大于现实意义。

法律保障员工能够取得与企业签订"无固定期限合同"的权利,并不意味着无固定期限合同就是一个"铁饭碗"。在法律、法规、规章制度有规定以及劳动合同有约定的特定情形下,企业也是可以变更、解除和终止劳动合同的。在《劳动合同法》及其《实施条例》背景下,为了防止部分员工在签订了无固定期限劳动合同的情况下竞争意识淡化,无固定期限劳动管理更应侧重于对员工的绩效考核。通过设置科学、有效的绩效考核制度,对不胜任工作的员工依法、依规予以调岗调薪,对屡次考核不能达到企业要求的员工,经过法定程序可以解除劳动合同。

(二)无固定期限劳动合同的意义

无固定期限劳动合同有利于构建稳定的劳动关系。对于大多数劳动者来说,工作不仅是物质财富的主要来源,而且也是社会地位和个人心理获得满足的主要源泉,享有稳定的工作保护,享有工作安全保障,有利于培养劳动者的忠诚、正直和自律。对企业来说,劳动者的工作绩效、工资福利水平、对企业的忠诚度是影响生产效率、劳动力成本、生产质量的重要因素,甚至会影响企业的生存和发展,而劳动者的职业安定又是决定其工作绩效、对企业的忠诚度和敬业精神的基础。按照劳动法,如果劳动合同自然到期"终止",企业无须向劳动者支付经济补偿金,就会造成多数企业千方百计签订短期劳动合同。短期合同的普遍存在,一方面给企业带来了用工的灵活性,另一方面也使劳动者缺乏应有的安全感,尤其是对一些已超过"黄金就业年龄"的劳动者,虽在企业工作已十多年,但由于劳动合同仍是一年一签,天天担心被"炒"。劳动合同法对无固定期限劳动合同签订条件的明确规定,可以缓解劳动者对"饭碗朝不保夕"的忧虑。法律规定,企业在进行"经济性裁员"时,应优先留用订立了"无固定期限劳动合同"的人员,从法律上规定了劳动者的就业保障。由此可以看到,劳动合同立法倾向于使劳动关系趋于稳定,倾向于使现行法律管理的劳动关系变得可以预测。

稳定的劳动关系有利于增强双方的心理契约。劳动者与企业之间的劳动关系,既包括了双方从法律层面签订劳动合同而产生的权利义务关系,又包括了在社会层面双方彼此间的人际、情感甚至道义等关系,亦即双方权利义务不成文的传统、习惯及默契等伦理关系。劳动者通过提供劳动获取一定的报酬和福利,在法律上可以通过劳动契约的形式表现出来。然而,劳动者在获取经济利益的同时,还要从工作中获得作为人所拥有的体面、尊严、归属感、成就感和满足感,其经济要素和身份要素同时并存于同一法律关系之中。如果企业和劳动者之间签有详细的劳动合同,在合同中又明确规定了工人应当完成的工作任务、工作质量和数量、工作责任和范围,以及相应的报酬,那么只有在任何一方不履行合同时才会出现冲突,需要重新协商变更或订立合同。但实际上,由于工作内容要求很难界定明晰,工作产出有时难于测量,因而劳动合同不可能订得非常详细周全、事无巨细,不产生任何歧义,且考虑到任何变化因素的发生。实际上,从全球劳动力市场看,劳动契约并不普遍,合同条款和内容不可能包罗万象,格式也不统一,甚至并没有书面的正式合同。劳动关系的一些内容,比如,对工作的预期和理解等并不完全用书面形式进行约定,有时它是建立在一种"心理契约"的基础之上,即建立在双方对"工资与努力程度之间的动态博弈"的结果之上。或者说,在心理契约形成之后,可以从薪酬水平推测出工人的努力程度。实际上,心理契约很复杂,它包括了组织的全部工作规则,如工人对工作保障、晋升机会、工作任务分配的预期,企业对劳动者忠诚和认同感的预期等。由于这种理解和期望的复杂性和模糊性,在日常工作中难免会产生对于

"公平合理安排"的不同看法。即使在劳动者与企业签有正式书面合同的情况下,也会因对合同条款内涵的理解和解释不同产生冲突。无固定期限合同,由于其确保了劳动者就业稳定,因而有助于培育员工对企业目标和事业的认同,有利于增强员工对组织、领导者和工作环境的信念,使员工自发地为企业额外投入时间、智力和精力,创造更高价值。和谐劳动关系应当建立在双方心理契约的基础之上,只有员工和企业彼此之间取得了真正的共识和认同,劳动关系才会和谐。

二、签订无固定期限劳动合同的法定情形

针对实践中普遍存在的劳动合同期限短期化现象,《劳动合同法》为鼓励劳动关系双方建立长期、稳定的劳动关系,明确规定了签订无固定期限的法定情形。

(一)双方协商一致,可以订立无固定期限劳动合同

为鼓励企业与劳动者签订无固定期限劳动合同,避免劳动合同短期化,劳动合同法规定:只要协商一致,劳动者和用人单位就可以签订无固定期限劳动合同。合同的签订是双方合意,双方在平等自愿的基础上达成一致就可以签订无固定期限劳动合同。

(二)用人单位应当签订无固定期限劳动合同的具体情形

根据《劳动合同法》第十四条第二款的规定,有下列三种情形之一,劳动者提出或者同意续订、订立劳动合同的,除劳动者提出订立固定期限劳动合同外,用人单位应当与劳动者订立无固定期限劳动合同:

1. 劳动者在该用人单位连续工作满10年的。无固定期限合同条款是《劳动合同法》中最具争议性的条款。《劳动合同法》规定,劳动者在该用人单位连续工作满10年的,劳动者提出或者同意续订、订立劳动合同,应当订立无固定期限劳动合同。但对于无固定期限劳动合同连续10年的工龄如何计算,《劳动合同法》并未明确。因此,2007年底许多企业与员工重签合同,或者强行将员工派遣到新企业,试图将员工以往的工龄归零。针对这一情形,《劳动合同法实施条例》第九条规定:"劳动合同法第十四条第二款规定的连续工作满10年的起始时间,应当自用人单位用工之日起计算,包括劳动合同法施行前的工作年限。"这就是说,"连续工作满10年"应当自企业用工之日起计算,包括《劳动合同法》施行之前的用工时间。这就意味着重签合同将工龄"归零"的做法违法,劳动者工龄的起始时间应当自用人单位用工之日起计算,包括2008年以前的工龄。

非本人原因被安排到新单位,劳动者工龄连续计算。《劳动合同法实施条例》第十条规定:"劳动者非因本人原因从原用人单位被安排到新用人单位工

作的,劳动者在原用人单位的工作年限合并计算为新用人单位的工作年限。原用人单位已经向劳动者支付经济补偿的,新用人单位在依法解除、终止劳动合同计算支付经济补偿的工作年限时,不再计算劳动者在原用人单位的工作年限。"其中,"非因本人原因从原用人单位被依法安排到新用人单位",是指因行政命令、业务划转、公司分立等原因造成的劳动者转换工作单位的情况,这种转换并非员工本人原因造成,而是"依法安排"。这一规定明确了劳动者非因本人原因调换工作单位的工龄和经济补偿的处理方法:①非因本人原因的工作转移,劳动者前后工龄合并计算。工龄是否连续计算,直接涉及无固定期限合同的签订条件。《劳动合同法实施条例》的这一规定,进一步界定了"连续工作满10年"的起算时间。②经济补偿视情况不同而不同。劳动者在不同单位之间转移时,若原单位已经支付经济补偿,新单位在解除或终止合同时,不再对劳动者在原单位的工作年限进行补偿;反之,则应对劳动者在原单位的工作年限进行补偿。③需要强调的是,这一规定只针对单位依法解除、终止劳动合同时,计算支付经济补偿的时间问题,其他问题则不在此限。也就是说,劳动者的工龄和其他福利问题,不因劳动者得到原单位经济补偿而受到影响。

2. 用人单位初次实行劳动合同制度或者国有企业改制重新订立劳动合同时,劳动者在该用人单位连续工作满10年且距法定退休年龄不足10年的。用人单位初次实行劳动合同制度,是指由固定工制度向合同工制度转变。国有企业改制重新订立劳动合同制度,是指由于国有企业进行股份制改造或者兼并、重组后需要与劳动者重新签订劳动合同。在这两种重大变革过程中,我国出现了"40、50"现象,为了保护老年职工的权益,《劳动合同法》规定,在上述情况下,如果劳动者在该用人单位已经不间断工作满10年,并且离法定的退休年龄在10年以内的,如果劳动者提出或者同意续订劳动合同,用人单位应当与其签订无固定期限劳动合同。

3. 连续订立两次固定期限劳动合同,且劳动者没有本法第三十九条和第四十条第一款、第二款规定的情形,续订劳动合同的。连续订立两次固定期限劳动合同后续订的,是指用人单位已经连续与劳动者订立了两次固定期限劳动合同后又继续订立劳动合同的。这里的"两次"是从《劳动合同法》颁布以后开始计算,颁布前签订的劳动合同的次数不计算在内。

《劳动合同法》中劳动者没有本法第三十九条,第四十条第一款、第二款规定的情形是指,第三十九条规定的劳动者有严重过失,用人单位可以解除合同的情形,如劳动者经试用后不合格,或违纪、违法达到一定严重程度时,用人单位可以解除劳动合同的规定;第四十条第一款规定的是劳动者患病不能工作,用人单位可以解除合同的规定;第四十条第二款规定的是劳动者不能胜任工作,用人单位可以解除合同的情形。在这三种情况下,劳动者无权要求续订无固定期限劳动合同。

需要注意的是,如果劳动者符合上述三种情形之一,提出签订无固定期限劳动合同,用人单位必须与劳动者签订。

(三)视为无固定期限劳动合同的情形

为了督促用人单位与劳动者及时签订书面劳动合同,推进劳动合同书面化,《劳动合同法》规定:用人单位自用工之日起满一年不与劳动者订立书面劳动合同的,视为用人单位与劳动者已订立无固定期限劳动合同。根据这一规定,如果用人单位自用工之日起,超过一年(或者满一年)未与劳动者签订书面劳动合同,那么用人单位与劳动者之间就是无固定期限劳动合同关系。在处理用人单位与劳动者之间的劳动关系时,将按照无固定期限劳动合同关系处理。

《劳动合同法》第十四条第二款规定:"用人单位自用工之日起满一年不与劳动者订立书面劳动合同的,视为用人单位与劳动者已订立无固定期限劳动合同。"但对于是否必须签订书面劳动合同,以及没有签订书面劳动合同应当如何处理未作具体规定。《劳动合同法实施条例》第七条规定:"用人单位自用工之日起满一年未与劳动者订立书面劳动合同的,自用工之日起满一个月的次日至满一年的前一日应当依照《劳动合同法》第八十二条的规定向劳动者每月支付两倍的工资,并视为自用工之日起满一年的当日已经与劳动者订立无固定期限劳动合同,应当立即与劳动者补订书面劳动合同。"这一规定明确了满一年用人单位不签订书面劳动合同的法律责任:①向劳动者每月支付两倍的工资。超过一年未签订书面劳动合同,用人单位应当自用工之日起满一个月的次日至满一年的前一日依照《劳动合同法》第八十二条的规定向劳动者每月支付两倍的工资,即向劳动者支付11个月的双倍工资。②视为已订立无固定期限劳动合同。用人单位超过一年未与劳动者签订书面劳动合同,视为双方已经订立无固定期限劳动合同,订立时间为用工之日起满一年的当日。③立即补订书面劳动合同。强调签订书面劳动合同旨在严格防止非法用工和不规范用工。要求劳动合同必须采用书面形式,有助于强化用人单位和劳动者的法律意识,也可避免用人单位不签订书面合同而规避劳动法律适用,避免在发生劳动争议时双方的权利、义务因无书面合同而难以确认的情形。

现实中,很多用人单位不愿意与员工签订劳动合同,不愿用合同约束自己。在他们看来,不签合同就可以不给员工上保险,就可以随时调整员工工资和工作岗位,就可以随时让员工回家,即使员工提起诉讼,也会因缺乏证据而不了了之。其实,这些认识是错误的,不签订书面劳动合同,用人单位要付出高额的代价,超过一年不签订书面劳动合同,要支付11个月的双倍工资,并补订无固定期限劳动合同。用人单位应采取各种强化措施,严格内部签订劳动合同的纪律,禁止或防范出现员工不与单位签订劳动合同的现象,避免与员工形成事实劳动关系。

三、签订无固定期限劳动合同的原则

《劳动合同法实施条例》第十一条规定:"除劳动者与用人单位协商一致的情形外,劳动者依照《劳动合同法》第十四条第二款的规定,提出订立无固定期限劳动合同的,用人单位应当与其订立无固定期限劳动合同。对劳动合同的内容,双方应当按照合法、公平、平等自愿、协商一致、诚实信用的原则协商确定;对协商不一致的内容,依照《劳动合同法》第十八条的规定执行。"这一规定明确了无固定期限劳动合同签订的原则。在签订无固定期限劳动合同时,用人单位应遵循以下原则:

(一)合同期限不得协商

无固定期限劳动合同本身就没有明确的终止时间,劳动法律对用人单位解除无固定期限劳动合同有明确的法律要求。为保障劳动者的就业安全,解决劳动合同短期化问题,《劳动合同法》规定,符合法定情形时,用人单位必须与劳动者签订无固定期限劳动合同,如劳动者在同一单位连续工作满10年或者连续订立两次固定期限劳动合同,劳动者提出或者同意续订、订立劳动合同的,除劳动者提出订立固定期限劳动合同外,用人单位应当订立无固定期限劳动合同。因而,在合同期限问题上,劳动关系双方自由协商受到法律限制。也就是说,在符合法定情形下,只要劳动者提出订立无固定期限劳动合同,用人单位必须和劳动者签订,没有选择权。

(二)合同的其他内容应当协商一致

无固定期限劳动合同与固定期限劳动合同的最大区别就是合同期限,其余方面则没有差异,因此,双方应当协商合同的其他内容,包括工时工资、劳动保护等。协商劳动合同的内容时,双方应当遵循合法、公平、平等自愿、协商一致、诚实信用的原则。

(三)协商不一致时的处理

如果在签订无固定期限劳动合同时双方协商不一致,应按照《劳动合同法》第十八条的规定处理,即:关于劳动报酬、劳动条件执行集体合同规定,实行同工同酬;没有集体合同规定的,适用国家有关规定。

四、公益性岗位不适用无固定期限合同的有关规定

政府提供的公益性岗位、就业援助岗位是国家出资购买的,属于特殊用工,

《劳动合同法》并没有明确规定在这类岗位上工作的劳动者是否适用无固定期限劳动合同的问题。《劳动合同法实施条例》第十二条规定:"地方各级人民政府以及有关部门为安置困难人员就业而提供的给予岗位补贴和社会保险补贴的公益性岗位,其劳动合同不适用劳动合同法有关无固定期限劳动合同的规定以及支付经济补偿的规定。"这一规定明确了政府提供的公益性岗位不适用无固定期限劳动合同,即当出现劳动者在政府提供的公益性岗位上连续工作了10年,或者连续签订两次固定期限劳动合同等情形时,不能依《劳动合同法》的要求必须与政府签订无固定期限劳动合同。

公益性岗位是指主要由政府出资扶持或社会筹集资金开发的,符合公共利益的管理和服务类岗位,主要用来优先安置大龄就业对象的就业,包括面向社区居民生活服务、机关企事业单位后勤保障和社区公共管理服务的就业岗位,以及清洁、绿化、社区保安、公共设施养护等就业岗位。《劳动合同法实施条例》规定公益性岗位不适用无固定期限劳动合同主要是因为三个原因:①提供这种劳动岗位的主体是各级政府及其有关部门,而不是专门的企业单位,其主体资格不具备;②政府提供这种公益性岗位的目的是安置困难人员而不是营利,政府对这些岗位给予岗位补贴和社会保险补贴,如果要支付经济补偿或者签订无固定期限劳动合同则会增加政府的负担,难以达到促进就业的目的;③这类岗位往往具有临时性、季节性、过渡性等特点,不具备长期工作的需求,如政府为50岁的下岗女职工提供临时性工作岗位,目的是确保其基本生活。

劳动者在就业中也需要注意,就业援助岗位是国家出资购买的,属于特殊用工,《劳动合同法实施条例》中对此专门提出,由政府为安置就业困难人员提供的给予岗位补贴和社会保险补贴的公益性岗位,其劳动合同不适用《劳动合同法》有关无固定期限劳动合同的规定,同时不适用支付经济补偿的规定。

第三节 劳动合同的内容和形式

引导案例

未与员工签订书面劳动合同,公司被判赔两倍工资差[①]

2020年3月,家住成都市新都区的张某彬应聘到成都市龙泉驿区某货运

---

① 曾昌文,王一多. 未与员工签订书面劳动合同两家公司被判赔两倍工资差[N]. 潇湘晨报,2022-03-01.

公司,主要从事货物装卸及搬运工作。双方没有签订劳动合同,该公司按月向张某彬发放工资。2020年6月9日,张某彬在工作中与货运司机林某因装卸问题发生争执,继而引起斗殴,致林某受伤。公安机关介入后,张某彬与林某达成协议,约定张某彬向林某支付医疗费7 000元。作为"东家",某货运公司代张某彬垫付了这笔费用,并从张某彬2020年7—10月的工资中进行了扣除。在扣除7 000元垫付款后,张某彬共收到工资31 034元。2020年10月27日,张某彬离开该公司。

之后,张某彬向成都市新都区劳动人事争议仲裁委员会申请仲裁,请求解除其与某货运公司的劳动关系,并要求该公司支付未签订劳动合同两倍工资40 000元和被扣除的工资7 000元。

2021年4月16日,新都区劳动人事争议仲裁委员会作出裁决:解除双方之间的劳动关系,某货运公司支付张某彬未签订书面劳动合同两倍工资差额27 154.75元及张某彬被扣的工资7 000元。因不服仲裁裁决,某货运公司于2021年7月将张某彬起诉至成都市龙泉驿区人民法院,请求法院判令该公司与张某彬不存在劳动关系,无须向张某彬支付未签订书面劳动合同两倍工资差额及被扣除的工资。龙泉驿区法院受理该案后,依法适用简易程序进行了公开开庭审理。

法院审理认为,被告张某彬于2020年3月到原告某货运公司处上班,原告对被告进行管理和工作安排,并按月向其发放工资,双方之间的关系符合劳动关系的法律特征。根据《劳动合同法》第八十二条第一款规定,新都区劳动人事争议仲裁委员会裁决原告向被告支付未签订劳动合同两倍工资差额并无不当。关于原告扣除被告7 000元工资的问题,因系原告基于被告与案外人林某达成的协议,原告代被告垫付医疗费后,从其工资中扣除相关垫付费并无不当。2021年底,龙泉驿区法院判决原告支付被告张某彬未签订劳动合同两倍工资差额33 279.75元,无须向被告支付7 000元工资。

一、建立劳动关系应当签订书面劳动合同

《劳动合同法》第十条规定:"建立劳动关系,应当订立书面劳动合同。已建立劳动关系,未同时订立书面劳动合同的,应当自用工之日起一个月内订立书面劳动合同。用人单位与劳动者在用工前订立劳动合同的,劳动关系自用工之日起建立。"

劳动合同的形式,是指劳动合同的表示方式,劳动合同有书面形式和口头形式之分。建立劳动关系应当订立书面劳动合同。劳动者在与用人单位建立

劳动关系时,要采用书面文字形式表达和记载当事人经过协商而达成的协议。法律要求劳动合同采用书面形式,是因为劳动合同内容比较复杂,在一定时间内持续存在,且关系到劳动者各方面的权益,口头形式的劳动合同难以保持劳动合同特有的严肃性。书面劳动合同记载着用人单位与劳动者协商一致确定的劳动合同内容,是双方履行劳动合同的依据,是劳动关系的书面凭证。书面劳动合同明确了双方的权利义务,可以预防劳动争议的发生。同时,当劳动争议发生时,书面劳动合同是极为重要的证据,有利于快速解决争议。但作为例外,非全日制用工劳动者和用人单位可以订立口头协议。

实践中,用人单位签订劳动合同的时间主要有三种情形:

一是先签订合同后用工。用人单位与劳动者在用工之前签订劳动合同的,劳动合同自用工之日起劳动合同生效。在用工之前签订劳动合同,实际上是附期限的劳动合同,所附期限为用工之日。附期限的劳动合同在期限到来时发生法律效力,所以,此种劳动合同自用工之日起生效。

二是用工的同时签订劳动合同。用人单位在用工之日,与劳动者签订劳动合同,劳动合同随即生效。劳动合同生效与劳动关系成立同时完成。

三是先用工后签订合同。用人单位先用工,之后再签订劳动合同。法律规定,用人单位应当自用工之日起一个月内签订劳动合同,超过一个月用工未签订劳动合同,即应当向劳动者每月支付双倍工资,并应当补签书面合同。劳动合同的起算时间即为用工之日,而不是补签劳动合同的时间。

因此,用人单位应当强化合同意识,防范因不签订合同带来的法律风险,具体来说,是指以下几点:①订立合同必须有时效意识。用人单位必须在劳动关系建立后一个月内签订书面合同,超过一个月不签劳动合同的,用人单位需每月向劳动者支付双倍工资。②先签订合同后用工的,预约生效,规避部分法律责任。预约生效是指订立劳动合同在建立劳动关系之前时,双方约定劳动合同生效的条件。用人单位可以通过劳动合同生效的预约条件,来避免不能履行劳动合同而带来的部分法律风险。

二、劳动者拒签书面合同的处理办法

(一)劳动者一个月内拒签书面合同,应当及时终止用工

《劳动合同法》规定,建立劳动关系必须采用书面形式,要求企业必须在用工之日起一个月内与劳动者签订书面劳动合同,否则应当每月向劳动者支付两倍的工资。但是《劳动合同法》并没有明确规定劳动者一个月内不签书面合同,企业该如何处理。针对实践中出现的一些劳动者拒绝签订书面合同,或者在企业要求签订书面合同时借故不签订合同而想获取双倍工资的现象,《劳动

合同法实施条例》第五条规定:"自用工之日起一个月内,经用人单位书面通知后,劳动者不与用人单位订立书面劳动合同的,用人单位应当书面通知劳动者终止劳动关系,无须向劳动者支付经济补偿,但是应当依法向劳动者支付其实际工作时间的劳动报酬。"这一规定明确了劳动者在一个月内拒签书面合同的处理办法:一是经企业书面通知后,员工不签订书面合同的,企业应当书面终止劳动关系;二是终止劳动关系,不需支付经济补偿;三是企业应当支付员工实际工作时间相应的劳动报酬。这就明确了签订书面劳动合同也是劳动者的义务,对拒签书面合同的劳动者,企业应当及时与其终止劳动关系。

(二)劳动者超过一个月不签订书面劳动合同,应当终止用工并支付经济补偿

《劳动合同法》规定,用人单位超过一个月不与劳动者签订书面劳动合同应当支付双倍工资,但实践中,有部分劳动者担心书面合同限制自己,或者想借故不签订书面合同索要双倍工资,故意不与用人单位签订书面劳动合同。针对这种情形,《劳动合同法实施条例》第六条规定:"用人单位自用工之日起超过一个月不满一年未与劳动者订立书面劳动合同的,应当依照《劳动合同法》第八十二条的规定向劳动者每月支付两倍的工资,并与劳动者补订书面劳动合同;劳动者不与用人单位订立书面劳动合同的,用人单位应当书面通知劳动者终止劳动关系,并依照《劳动合同法》第四十七条的规定支付经济补偿。用人单位向劳动者每月支付两倍工资的起算时间为用工之日起满一个月的次日,截止时间为补订书面劳动合同的前一日。"

这一规定明确了超过一个月还未签订书面劳动合同的三种处理方式:①每月支付两倍工资,并补签书面合同。超过一个月未签书面劳动合同,无论原因在劳动者还是在单位,其行为都违反了《劳动合同法》规定的签订书面合同的时限,因而用人单位要向劳动者支付两倍的工资,并与劳动者补签书面劳动合同。用人单位向劳动者每月支付两倍工资的起算时间为用工之日起满一个月的次日,截止时间为补订书面合同的前一日。②如果劳动者拒签书面合同,应当书面终止劳动关系。自用工之日起,劳动者超过一个月仍拒绝签订书面合同的,用人单位应当书面终止劳动关系,不得继续使用该劳动者,避免形成事实劳动关系。③应当支付经济补偿。用人单位书面终止劳动关系,应当向劳动者支付经济补偿,经济补偿的支付办法和标准,按《劳动合同法》的相关规定执行。这一规定在重申用人单位超过一个月未签订书面合同需支付两倍工资的同时,明确了对劳动者拒绝补订书面劳动合同行为,用人单位应当书面终止劳动关系,并依法支付经济补偿。此外,《实施条例》规定的"自用工之日起超过

一个月不满一年未与劳动者订立书面劳动合同",指的是用人单位自《劳动合同法》实施之日(即2008年1月1日)起,超过一个月不满一年未与劳动者订立书面劳动合同,应在一个月内与劳动者订立书面劳动合同,否则必须支付劳动者两倍工资,补订书面劳动合同。

(三)超过一年未签订书面合同,视为已经与劳动者签订无固定期限劳动合同

根据《劳动合同法》的规定,用人单位自用工之日起满一年不与劳动者订立书面劳动合同的,视为用人单位与劳动者已订立无固定期限劳动合同,法律直接推定双方之间为无固定期限劳动合同。

三、劳动合同的内容

劳动合同的内容是指劳动关系双方的权利和义务,由于权利义务是相互对应的,一方的权利即为对方的义务,因此劳动合同往往从义务方面表述双方的权利义务关系。

(一)劳动者的主要义务

1. 劳动给付的义务,包括劳动给付的范围、时间和地点。劳动者必须按照合同约定的时间、地点亲自提供劳动,有权拒绝做约定范围以外的工作。

2. 忠诚的义务。包括保守用人单位在技术、经营、管理、工艺等方面的秘密;在合同规定的时间和地点,服从用人单位及代理人的合理指挥和安排;爱护所使用的原材料和机器设备。

3. 附随的义务。由于劳动者怠工或个人责任,使劳动合同义务不能履行或不能完全履行时,应负赔偿责任。

(二)用人单位的主要义务

1. 劳动报酬给付的义务,即按照劳动合同约定的支付标准、支付时间和支付方式按时足额支付劳动者工资,不得违背国家有关最低工资的法律规定及集体协议规定的最低标准。

2. 照料的义务。用人单位应为劳动者提供保险福利待遇,提供休息、休假等,保障劳动者享有职业培训权、民主管理权、结社权等,并为行使这些权利提供时间和物质条件保证。

3. 提供劳动条件的义务。用人单位有义务提供符合法律规定的生产、工作条件和保护措施,如工作场所、生产设备等其他便利条件,提供劳动保护设备等。

给付劳动和支付劳动报酬是劳动合同的主要义务,忠诚义务和照料义务则

是次要义务。用人单位通过增强劳动者的责任感促使其按期、准时、出色地履行劳动义务,并根据相关管理制度规定奖优罚劣。劳动者经过考核不胜任工作的,可能会被解雇;对自己因工作中的重大过失而给雇主造成损失的,可能要承担赔偿责任。一般认为,劳动者在从事有危险倾向的工作时,只对重大疏忽负责,对轻微疏忽和中等疏忽负有承担部分损害赔偿的义务。现代西方国家的劳动法具有一种强调雇主利益的倾向,而在过去一直把维护雇员利益放在首位。

除劳动义务外,劳动者还负有忠诚义务。除本职工作外,在可期望的范围内,劳动者还必须照顾和维护雇主利益,并负有不得扰乱企业安宁、严守企业秘密等义务,有人甚至主张雇员对雇主的违法行为也要保持沉默,即把雇主的违法行为作为企业的秘密对待,不过,在环境保护方面,现在已普遍制定了不同于上述观点的法规。

雇员的忠诚义务与雇主的照料义务一样,清楚地表明了劳动关系并不局限于以劳动换取报酬,而是一个包括了诸多权利和义务的法律关系。这种法律关系要求双方当事人都负有尽可能维护另一方利益的义务。雇主不仅负有支付劳动报酬的义务,而且还必须照料雇员以及与劳动关系有关的人员、所有权和财产。劳动者在生病期间,有权要求用人方继续支付一定的报酬,有权享有法定休假等。

四、劳动合同的必备条款和约定条款

劳动合同的权利义务体现为具体的合同条款。劳动合同的条款分为必备条款和约定条款,约定条款只要不违反法律和行政法规,具有与必备条款同样的约束力。

(一)必备条款

必备条款是指根据劳动合同法律双方当事人签订劳动合同必须具备的内容。《劳动合同法》第十七条规定:劳动合同应当具备以下条款:用人单位的名称、住所和法定代表人或者主要负责人;劳动者的姓名、住址和居民身份证或者其他有效身份证件号码;劳动合同期限;工作内容和工作地点;工作时间和休息、休假;劳动报酬;社会保险;劳动保护、劳动条件和职业危害防护;法律、法规规定应当纳入劳动合同的其他事项。

用人单位与员工在签订书面劳动合同时,对劳动合同的内容,应当首先围绕劳动法律中规定的劳动合同必须具备的条款进行协商,然后,由双方当事人再协商、约定其他条款。《劳动合同法》规定的必备条款包括以下几项:

1.用人单位的名称、住所和法定代表人或者主要负责人。当事人是合同的主体,没有当事人也就没有合同。因此,劳动合同首先应当明确当事人一方用

人单位的名称、住所和法定代表人或者主要负责人。名称是用人单位自身表示的符号,即注册登记时所登记的名称,相当于自然人的姓名。住所是用人单位进行业务活动的地方,一般以主要办事机构所在地为住所,劳动合同文本中要记载用人单位住所的具体地址。法定代表人是依照法律规定或者用人单位组织章程的规定,代表用人单位行使职权的负责人。主要负责人是指除法定代表人以外代表用人单位行使职权的人。

2. 劳动者的姓名、住址和居民身份证或者其他有效身份证件号码。姓名是自然人区别于其他自然人的符号。劳动者的姓名以户籍登记,即身份证上注明的所在地为准。劳动者住所,以其户籍所在地为住所,其经常居住地与住所不一致的,将经常居住地视为住所。居民身份证号码是证明居住在中华人民共和国境内的公民身份的证件编号,其他有效证件号码是指除了居民身份证之外的能够证明劳动者身份的合法证件,如工作证等。

3. 劳动合同期限。劳动合同期限是用人单位与劳动者根据法律、法规规定以及实际情况,协商约定合同的期限。前文已述,劳动合同可分为有固定期限的劳动合同、无固定期限的劳动合同和以完成一定工作为期限的劳动合同。劳动合同作为规范劳动关系的一种形式,必须具有一定的有效期。劳动合同期限是劳动合同的主要内容之一,既是劳动合同法律制度的外在表现形式,又是劳动合同制度发挥作用的内在条件。如何科学确定劳动合同期限,对用人单位与劳动者双方都至关重要。

4. 工作内容和工作地点。工作内容是指劳动关系所指向的对象,即劳动者具体从事什么种类或者内容的劳动以及在什么地方从事劳动。根据劳动者的技能和企业的需要,可以规定劳动者从事某一项或某几项具体工作,也可以是从事某一类或者几类工作,但都要明确、具体。劳动合同中的工作条款是劳动合同的核心条款之一,它是用人单位使用劳动者的目的,也是劳动者通过自己的劳动取得劳动报酬的原因,是合同中必不可少的内容。劳动合同中的工作内容条款一般要求规定得明确、具体,便于遵照执行。

工作地点是劳动者履行劳动合同义务的具体场所。工作地点的具体位置和环境状况直接影响着劳动者的身心健康和劳动权利的实现,应当在合同中作出明确规定,而且一经确定就不能随意变更。

5. 工作时间和休息休假。工作时间是指劳动者为履行劳动义务,在法定工作时间为履行劳动合同义务从事生产和工作的时间。工作时间一般以小时为计算单位,包括每日工作的小时数和每周工作的天数和小时数。工作时间的特征表现在四个方面:工作时间是法定的,即工作时间往往是由法律规定的,用人单位安排劳动者工作的时间不能突破法律的限制;工作时间不限于实际工作时间,还包括工作准备时间,以及中间的休息时间、女职工哺乳时间、出差时间等;工作时间是劳动者履行劳动义务的时间;工作时间是用人单位计发劳动者报酬的依据之一。

休息休假是劳动者的一项基本权利。休息时间是劳动者免于履行劳动给付义务而自行支配的时间,休假则是劳动者带薪休息,免于上班劳动并且有工资保障的休息时间,也是休息时间的重要组成部分。休息休假的种类主要包括工作日内的间隙休息、日休息、周休息、法定节日休假、探亲休假、年休假和其他休假。用人单位与劳动者在签订劳动合同时,应依法明确劳动者的工作时间以及休息、休假的权利。

6. 劳动报酬。劳动报酬是指用人单位根据劳动的数量和质量,以货币形式支付给劳动者的工资。劳动报酬是劳动者提供劳动的直接目的,也是劳动者的主要生活来源。协商约定劳动者的工资额、工资调整的权限、发放时间、报酬的构成和变更,对劳动关系双方具有重要意义。

劳动报酬包括以下多个种类:①计时工资。计时工资是指按计时工资标准(包括地区生活费补贴)和工作时间支付给个人的劳动报酬,主要有对已做工作按计时工资标准支付的工资;实行结构工资制的单位支付给职工的基础工资和职务(岗位)工资;新参加工作职工的见习工资(学徒的生活费);运动员体育津贴。②计件工资。计件工资是指对已做工作按计件单价支付的劳动报酬。包括实行超额累进计件、直接无限计件、限额计件、超定额计件等工资制,按劳动部门或主管部门批准的定额和计件单价支付给个人的工资;按工作任务包干方法支付给个人的工资;按营业额提成或利润提成办法支付给个人的工资。③奖金。奖金是指支付给职工的超额劳动报酬和增收节支的劳动报酬。包括生产奖、节约奖、劳动竞赛奖以及其他奖金。④津贴和补贴。津贴和补贴是指为了补偿职工特殊或额外的劳动消耗和因其他特殊原因支付给职工的津贴,以及为了保证职工工资水平不受物价影响支付给职工的物价补贴。津贴包括补偿职工特殊或额外劳动消耗的津贴、保健性津贴、技术性津贴、年功津贴及其他津贴。物价补贴包括为保证职工工资水平不受物价上涨或变动影响而支付的各种补贴。⑤加班加点工资。加班加点工资是指按规定支付的加班工资和加点工资。⑥特殊情况下支付的工资。特殊情况下支付的工资,包括根据国家法律、法规和政策规定,因病、工伤、产假、计划生育假、婚丧假、事假、探亲假、定期休假、停工学习、执行国家或社会义务等而支付的工资。

7. 社会保险。社会保险是指国家通过强制征集专门资金用于保障劳动者在丧失劳动机会或劳动能力时的基本生活需求的一种物质帮助制度。社会保险属国家强制性规定,凡是法律、法规规定范围内的劳动者和用人单位都应当依法参加,并办理社会保险登记,履行缴纳社会保险费的义务,享有相应的权利。参加保险,缴纳社会保险费是用人单位和劳动者的法定义务,双方都必须履行。不论劳动者与企业签订的劳动合同期限是长是短,用人单位必须为劳动者缴纳社会保险费,缴费的金额遵照国家的规定。为突出、强调社会保险的强制性,《劳动合同法》将社会保险规定为劳动合同的必备条款,旨在将双方的法定义务在劳动合同中作出说明,强调双方必须履行缴纳社会保险费的义务。

8. 劳动保护、劳动条件和职业危害防护。劳动保护是指用人单位为了防止劳动过程中的事故,减少职业危害,保障劳动者的生命安全和健康而采取的各种措施。在劳动生产过程中,存在着各种不安全、不卫生的因素,如不采取措施加以保护就会发生工伤事故,因此,劳动保护对劳动者的生命健康极其重要。

劳动条件是指用人单位为使劳动者顺利完成劳动合同约定的工作任务,为劳动者提供必要的物质和技术条件。主要包括用人单位为劳动者提供的各项劳动安全和卫生方面的保护措施及基本设施,如对女职工和未成年工的保护等。

职业危害防护是指对工作可能产生的危害所采取的防护措施。职业危害是劳动者在劳动过程中或在其他职业活动中可能产生的对劳动者生命健康的危害。用人单位应当在订立劳动合同时,将工作中可能产生的职业病危害及其后果、职业病防护措施和待遇等如实告知劳动者;在履行劳动合同期间,对劳动者提供职业危害防护的知识培训,并为劳动者提供职业病危害防护的具体措施。

9. 法律、行政法规规定应当纳入劳动合同的其他事项。法律、行政法规规定应当纳入劳动合同的其他事项,是指按照劳动合同法以外的其他法律、行政法规的规定,应当在劳动合同中载明的内容。

(二) 约定条款

约定条款是指劳动合同双方当事人在必备条款之外,根据具体情况,经协商可以自主约定的内容。《劳动合同法》第十七条规定,劳动合同除规定的必备条款外,用人单位与劳动者可以约定试用期、培训、保守秘密、补充保险和福利待遇等其他事项。

1. 试用期。试用期是指劳动合同双方当事人在合同中约定的互相考察了解以确定是否继续履行劳动合同的期间。在试用期内,劳动者享有合同期内法律赋予劳动者的一切权利,包括社会保险权利和住房公积金权利。在试用期内,劳动者不符合录用条件的,用人单位可以解除劳动合同。劳动者在试用期内可以解除合同,但需提前3天通知用人单位。劳动合同试用期超过规定期限的,用人单位对超过的期限,按照非试用期工资标准支付工资。

2. 培训。培训是指用人单位对劳动者提供专项培训,对其进行的专业训练。针对实践中劳动者在用人单位出资培训后违约现象比较突出的问题,用人单位可以在劳动合同中约定培训条款或签订培训协议,就用人单位为劳动者支付的培训费用、培训后的服务期以及劳动者违约解除劳动合同时赔偿培训费的计算方法等事项进行约定。

培训条款是用人单位出资对劳动者培训后所签订的协议,属合同双方自主约定的条款。培训条款主要是针对核心劳动者而言,其目的是防止劳动者接受用人单位出资培训后提前结束服务期,而给用人单位带来培训费用等直接经济损失和重新选拔、录用和培训新人所带来的各种间接成本。合理约定培训协议,有利于保护用人单位利益,防止核心员工随意、无序跳槽。《劳动合同法》关于培训协议制度的主要内容包括:规定了签订培训协议的条件,即用人单位为劳动者提供专项培训费用,进行专业技术培训时可以签订培训协议,约定双方的权利义务。规定可以约定劳动者的违约责任,并对违约金作了封顶限制,即劳动者违约时,合同约定的违约金不得超过用人单位提供的培训费用,劳动者实际支付的违约金不得超过服务期尚未履行部分所应分摊的培训费用。同时,规定用人单位应建立正常的工资调整机制,正常调整劳动者在服务期的劳动报酬。

3. 保守商业秘密。商业秘密是指不为公众所熟悉、能给用人单位带来经济利益、被用人单位采取保密措施的技术、经济和管理信息。保守商业秘密,是指保持商业秘密的原状并不使之泄露。对负有保守用人单位商业秘密义务的劳动者,用人单位可以在劳动合同或者保密协议中与劳动者约定竞业限制条款,并约定在解除或者终止劳动合同后,在竞业限制期限内按月给予劳动者经济补偿。劳动者违反竞业限制约定的,应当按照约定向用人单位支付违约金。

4. 补充保险和福利待遇。补充保险是指用人单位与劳动者除依法参加基本社会保险外,可以协商约定补充医疗、企业年金和人身意外伤害等条款。参加补充保险,劳动者可以在基本社会保险待遇的基础上,再享受补充保险待遇。福利待遇是指用人单位在法定义务之外为员工的生活提供的便利和优惠等,例如给员工提供的住房、通勤班车、带薪休假、托儿所、幼儿园、子女入学等条件。

5. 其他事项。双方认为需要约定的其他内容,如对归还物品的约定等。

第四节　试用期管理

试用期能延长吗?

小杨取得计算机技术专业学士学位后,与天津市塘沽开发区某科技软件公司签订了为期两年的劳动合同,岗位为电脑动画设计员,合同中约定:试用期2个月。在试用期内,小杨工作热情很高,但由于他刚接触此类工作,加之经理分配给他较多很复杂的设计任务,他一直做得不太好。为此,小杨心里暗暗着急。2个月试用期快到时,经理对他说:"今天是你试用期的最后一天,公司要对你的水平进行一下考核,我现在给你一个活儿,你必须在今天搞出完整的动画设计。如果你能保质保量地完成,就说明你符合公司录用条件所规定的技术水平要求;否则,就说明你不符合要求。"小杨整整忙乎了一天,总算勉强把设计搞完了,怀着忐忑不安的心情,把完成的动画设计交给了经理。第二天,经理将小杨叫到办公室,告知其技术水平还有待提高,如果小杨想继续在单位工作的话,需要延长试用期。小杨迫于工作不好找的压力,同意了单位将试用期2个月延长到4个月的决定。后小杨经过和同事沟通,发现单位对每位新员工都采取这种做法延长试用期,于是要求单位对延长的试用期要给予相应的待遇。

这是一例有关试用期期限的案例,根据《劳动合同法》的规定,劳动合同期限1年以上不满3年的,试用期不得超过2个月,单位要求小杨延长试用期的做法,违反了试用期的约定规则。

一、试用期约定规则

《劳动合同法》第十九条规定:"劳动合同期限三个月以上不满一年的,试用期不得超过一个月;劳动合同期限一年以上不满三年的,试用期不得超过两个月;三年以上固定期限和无固定期限的劳动合同,试用期不得超过六个月。同一用人单位与同一劳动者只能约定一次试用期。以完成一定工作任务为期限的劳动合同或者劳动合同期限不满三个月的,不得约定试用期。试用期包含在劳动合同期限内。劳动合同仅约定试用期的,试用期不成立,该期限为劳动合同期限。"这一规定明确了试用期的确定规则。

试用期是用人单位与新录用的劳动者在劳动合同中约定的相互考察和了

解的特定时间。约定试用期,属于劳动合同中双方自主约定的范畴。试用期的意义有如下三个:

第一,试用期是双方约定的相互考察以决定是否建立正式劳动关系的期限。双方可以在法律允许的范围内约定试用期的长短以及是否延长或缩短试用期。

第二,在试用期内,双方解除劳动合同的要件不尽一致。用人单位解除合同,须提前30天通知且需证明劳动者不符合录用条件,劳动者解除合同只需提前3天通知。

第三,试用期解除合同必须履行相应的法律程序,如要有录用条件的制度规定,有劳动者不符合录用条件的考核报告以及其他证据,应在试用期届满前作出且送达劳动者。试用期作为劳动关系双方考察试用并据以决定是否继续保持劳动关系的重要阶段,双方当事人特别是用人单位需要在此期间通过各种方式考察员工。如果在试用期间,双方发现对方不符合录用条件或主观预期,均可以按照法定程序解除劳动合同。

(一) 试用期的期限

为了规范试用期期限,切实保护劳动者的合法权益,《劳动合同法》将试用期的长短与劳动合同的期限挂钩,合同期限越长,相应的试用期也越长。具体讲,劳动合同期限3个月以上不满一年,试用期不得超过1个月;劳动合同期限1年以上3年以下,试用期不得超过两个月;3年以上固定期限和无固定期限的劳动合同,试用期不得超过6个月。上述规定中,"以上"包括本数,即3年以上是指3年以及3年以上的情形。"年以下"不包括本数。"不得超过"是最高期限、封顶线,即试用期不得超过1个月是指试用期期限可以是1天至1个月内的任何一个期限,如5天或7天,或15天或20天,但不得超过1个月。试用期期限的长短,可以由用人单位与劳动者协商确定。

(二) 试用期只得约定一次

为了防止有的用人单位利用试用期反复"试用"劳动者,损害劳动者的合法权益,法律对试用期的次数作了规定。《劳动合同法》规定,同一用人单位与同一劳动者只能约定一次试用期。也就是说,用人单位不得与同一劳动者约定试用期期满不合格再试用,甚至直至试用到合格再录用。劳动者试用期期满后,用人单位应当根据劳动者在试用期的工作情况,要么决定不录用劳动者,要么决定录用劳动者。具体情况包括:在试用期内解除劳动合同,无论是用人单位解除还是劳动者解除,用人单位再次招用该劳动者时不得再约定试用期。劳动者试用期结束后,不管是在合同期限内,还是劳动合同续订,用人单位不得再约定试用期。在试用期结束、解除劳动合同后又招用劳动者的,用人单位不得再约定试用期。劳动合同续订或者劳动合同终止后一段时间又招用劳动者的,对该劳动者,用人单位不得再约定试用期。《劳动合同法》规定,同一用人单位与同一劳动者只能约定一次试用期,这就意味着在具体企业和具体员工个体之间,无论劳动关系建立或存续期间工作岗位调动,甚至是离开原企业后又重新回来工作的,企业也只能约定一次试用期。

(三)不得约定试用期的情形

根据工作实际情况,对于一些特殊工作,特别是用人单位与劳动者签订的劳动合同期限很短的情况,允许用人单位与劳动者约定一个试用期是不适宜的。因此,《劳动合同法》规定,以完成一定工作任务为期限的劳动合同或者劳动合同期限不满3个月的,不得约定试用期。

(四)试用期与劳动合同期限之间的关系

试用期与劳动合同期限是什么关系,试用期的期限要不要计算在劳动合同期限内,这也是实践中遇到的需要明确的问题。《劳动合同法》规定,试用期包含在劳动合同期限内。因此,试用期后被正式录用的,试用期的工作时间与录用后的工作时间一起计算,即劳动合同期限自试用期开始之日起计算。如果劳动合同仅仅约定了试用期,没有约定劳动合同期限,试用期不成立,该期限为劳动合同期限。也就是说,试用期属于劳动合同期限的组成部分,包含在劳动合同期限之中。用人单位与劳动者单独约定的试用期合同,试用期合同不成立,该期限就是劳动合同的期限。在这种情形下,法律视为用人单位放弃试用期。

(五)违反试用期规定的法律责任

用人单位违反法律关于试用期规定与劳动者约定试用期的,根据《劳动合同法》的规定,由劳动行政部门责令改正,违法约定的试用期已经履行的,由用人单位以劳动者试用期满月工资为标准,按照已经履行的超过法定试用期的期间向劳动者支付赔偿金。

二、试用期工资

试用期的工资一般相对比较低,为了避免用人单位过度压低报酬,《劳动合同法》对试用期劳动者的工资作了限制性规定。《劳动合同法》第二十条规定:"劳动者在试用期的工资不得低于本单位相同岗位最低档工资或者劳动合同约定工资的百分之八十,并不得低于用人单位所在地的最低工资标准。"这一规定实际上可以有两种理解,第一种理解是:劳动者在试用期的工资不得低于本单位相同岗位最低档工资,不得低于劳动合同约定工资的80%,并不得低于用人单位所在地的最低工资标准;第二种理解是:劳动者在试用期的工资不得低于本单位相同岗位最低档工资的80%,不得低于劳动合同约定工资的80%,并不得低于用人单位所在地的最低工资标准。《劳动合同法实施条例》第十五条对此采纳了第二种理解,明确规定,劳动者在试用期的工资不得低于本单位相同岗位最低档工资的80%或者不得低于劳动合同约定工资的80%,并不得低于用人单位所在地的最低工资标准。之所以这样规定,是因为劳动者虽然处于试用期,但也付出了正常的劳动,为用人单位创造了价值,用人单位应当给予他们劳动报酬。虽然用人单位可以自主确定工资水平,但不能随意压低他们的工资。

三、试用期劳动合同解除

《劳动合同法》第二十一条规定:"在试用期中,除劳动者有本法第三十九条和第四十条第一款、第二款规定的情形外,用人单位不得解除劳动合同。用人单位在试用期解除劳动合同的,应当向劳动者说明理由。"《劳动合同法》第三十九条的规定是因劳动者过错而解雇劳动者的情形;第四十条第一款的规定是劳动者患病或在非因工负伤的情况下用人单位与其解除劳动合同的情形,第二款是关于劳动者在不能胜任工作的情形下被解雇的情形。本条款规定了用人单位可以与试用期内劳动者解除合同的必备条件,即劳动者不符合录用条件、不能胜任工作。在这种情况下,用人单位与劳动者解除合同不需支付经济补偿金。除此之外,用人单位不能随意与处在试用期内的员工解除劳动合同。

这一规定旨在规范用人单位在试用期内解除劳动合同的条件。实践中,一些用人单位往往滥用试用期,在试用期内无理由地解除劳动合同。某些用人单位更是利用试用期内劳动者工资偏低,在试用期将满时即解除劳动合同,以降低用工成本。《劳动合同法》仍然保持了试用期解除劳动合同的灵活性,但禁止用人单位任意解除劳动合同。在试用期内解除劳动合同,必须符合法定条件,且须向劳动者说明理由。这就要求用人单位将录用条件、劳动者不符合录用条件的证据以及法定原因向劳动者解释,说明解除劳动合同的原因。

四、试用期管理风险防范

(一)依法约定试用期并加强试用期考核

许多企业在实践中对"试用期"存在错误认识,认为试用期是"解除劳动合同的万能法宝",任意约定试用期、任意延长或缩短试用期,在试用期内任意解除劳动合同。在《劳动合同法》的制约下,这些错误做法往往会给企业带来不利后果。招聘新员工时,一些企业往往不与试用期内的员工签订正式劳动合同或只签订试用期合同,试用期过后再与劳动者签订正式劳动合同。其实,这种做法是违反法律规定的。劳动者与用人单位建立劳动关系就应当签订劳动合同。试用期是劳动者和用人单位劳动关系的一种表现形式,所以也应当签订劳动合同。试用期过后再与劳动者签订劳动合同,不仅违法,而且不签合同形成事实劳动关系,企业要终止这种关系须提前 30 天通知并应依法补偿。试用期不签订合同或者只签订试用期合同都是违法的。正确的做法是与新员工签订劳动合同,劳动合同中包含试用期的内容。此外,一些企业认为试用期内双方的劳动关系尚未最终确定,所以也不为试用期内的员工缴纳社会保险费。试用期内双方的劳动关系虽未最终确定,但却已形成,因此法律明确规定企业应为试用期内的员工缴纳社会保险费。

试用期是劳动关系双方进行相互考核、增进了解的特殊阶段,是企业用以考核员工是否符合工作要求的重要依据。企业在与员工约定试用期条款后,对于试用期的员工往往要进行试用期考核,以决定是否继续录用。试用期考核,企业应当注意要将试用期考核不合格与录用条件联系起来,在员工手册或劳动合同中特别约定试用期考核不合格属于不符合录用条件的情形,这样解除劳动合同时就能占据主动。

(二)制定明确具体的录用条件

企业在试用期解除劳动合同时,一定要有关于录用条件的前置性约定或说明,这种约定或说明,或者在劳动合同中,或者在入职须知、员工手册中体现。录用条件往往因人、因岗而异,总体上讲可以从四方面确定劳动者的录用条件:①能力因素,如学历、经历、资历、绩效等;②态度因素,如职业道德、遵章守纪等;③身体因素,如健康、疾病等;④其他因素,例如有无原单位的解除劳动合同的证明、员工手册等。可以规定不符合录用条件的具体情形,如伪造学历、证书和工作经历的;个人简历、求职登记表所列内容与自然情况不符的;经体检发现患有传染病、不可治愈以及严重疾病的;器官残缺或肢体残缺,以及填写虚假体检信息的;不能按时按量完成工作任务的或者经试用期考核成绩不合格的;拒绝接受领导交办的临时任务的;非因公无法在工作时间内提供劳动的;有任何违法公司规章制度行为的;其他不符合录用条件的情形。录用条件应当以书面形式告知劳动者,如招聘广告、岗位说明或描述、入职登记表、劳动合同、规章制度、特别约定等。

用人单位在招聘时必须有明确的录用条件,而且必须能证明劳动者不符合这一录用条件,才能与其解除劳动合同。制定录用条件要具体、明确,具有可操作性。因不符合录用条件而解除劳动合同的,一定要在试用期内进行。如果劳动者在试用期内被证明不符合录用条件,但用人单位过了试用期才与其解除劳动合同,则用人单位就需要按解除未到期的劳动合同的情形支付劳动者相应的经济补偿。

第五节 培训协议制度

国航机长辞职被索赔1 066万! 培养1人至少600万?①

2006年至2008年期间,林先生由国航公司出资培训,进入飞行学院学习,毕业后,林先生至国航公司从事飞行员工作。2008年9月,双方签订了无固定期限劳动合同,合同约定:"乙方要求解除本合同……在乙方赔偿完毕给甲方造成的经济损失和按照劳动合同约定承担违约责任后,方可以办理解除劳动合同手续。"后续林先生在国航公司工作,经历了初始培训、各种机型的改装培训和后续培养、复训等过程,最终成为机长。

2020年10月29日,林先生提出辞职申请。国航对此表示,根据飞行员的培养规律,飞行员一般要先在航校进行本科学习,到航空公司后先要接受2个月以上岗前训练和改装,合格后再进行至少半年以上的第二副驾驶训练,之后进行第二驾驶考核。随后,还有第一副驾驶、正驾驶培训和考核等多重关卡,然后才能考机长。实际培养一名飞行员,周期大都在十年以上。此外,飞行员每年还要参加特殊情况、特殊天气等方面的训练,复训以及气象、地理、管理等方面的知识培训;如飞行员改飞其他机型的,还需要进行改装培训。这一长期的系统培训过程决定了飞行人员的培训费用高得惊人。航空公司培养一名机长,最少需要花费600万至800万元。因此国航向法院提出诉讼请求:判决林先生向国航公司支付培训违约金人民币533万元并支付培训费人民币533万元。

而林先生则辩称,与国航并未就所谓培训签订专业技术培训合同,更没有对相应的服务期限进行约定,劳动合同的期限不等于培训合同的服务期。另外,国航未提供任何专项培训发票、转账凭证等支付凭证,无法证明国航为其主张的对林某某进行的培训支付过任何费用。此外,根据相关规定,国航对飞行员培训不但是法定义务,也是正常开展业务的必然要求,要求劳动者返还培训费,毫无法律依据。

法院最终判决林先生支付培训费210万元。

---

① 国航机长辞职被索赔1 066万! 培养1人至少600万? [N]. 北京商报,2022-07-25.

法院根据已查明的案件事实并结合双方劳动关系存续时间、林先生工作经历等情况,参照民航业培训费的一般标准酌情确定培训费损失。一审法院表示,依据《中华人民共和国劳动争议调解仲裁法》第六条之规定,判决林先生支付中国国际航空股份有限公司培训费210万元,于判决生效之日起七日内执行。

林先生与国航均不服一审判决,故进行上诉。二审法院指出,本案争议焦点为林某某是否应当支付国航培训费,如果应当支付,培训费用应当如何确定。林先生于2008年9月25日入职国航公司,担任飞行岗位,在进入国航公司工作期间,国航公司必然对其进行过持续不断的培训并支付了相应培训费用。林先生亦认可国航公司提交的飞行记录簿,该飞行记录簿显示,林先生参加了国航公司为其安排的培训活动,故林先生提出与国航公司解除劳动关系,应当支付国航公司相应的培训费。由于国航公司未能提交充足的实际支出培训费的原始凭证,因此二审法院对国航公司所主张的培训费支出数额无法准确核实并作进一步确认,结合本案事实并参考中国民用航空局相关规定,一审法院酌情认定林先生应支付国航公司培训费210万元并无不当。依照《中华人民共和国民事诉讼法》第一百七十七条第一款第一项规定,判决如下:驳回上诉,维持原判。

实践中,法院判断服务期违约金是否能得到支持有三个条件。第一,必须是专项培训,普通培训如入职培训、基本工作基本技能培训是不能约定服务期和违约金的。第二,该培训必须是花费了较大金钱和时间,例如外聘专业人员、导师,集中培训一周一月之类。第三,双方事先签订了相关协议,约定了违约金数额。因此,如果劳动者从事专业技能工作,就可能碰上服务期的条款或协议,劳动者可以根据相关规定判断培训是否属于法律规制的范围,同时注意服务期条款协议的内容并与单位进行协商。已经签订了相关条款协议的,应注意提前解除劳动合同带来的需要支付违约金的风险。

现实中,面临离职困难的飞行员,远不止机长林先生。飞行员整个离职过程通常需要一年半,甚至要花三到五年的时间。航空公司对于飞行员提出的离职申请一般不作处理,直到双方耗时几年走完法律程序;然后航空公司会提出一笔赔偿,双方就此再议。航空公司之所以向离职飞行员索要高额赔偿金,原因在于认为其对飞行员培养投入了高额成本。

另据山东商报报道,曾有飞行员被判赔400多万。李刚(化名)于2005年7月12日入职某航空公司,双方签订了无固定期限劳动合同。入职后,经该公司耗费大量资源培训、培养,李刚从一名飞行员成长为飞行教员。2016年9月6日,李刚单方解除与该公司的劳动关系。该公司主张因李刚从事飞行员工作,是航空公司的核心资源,现其违反劳动合同约定单方解除劳动关系,给公司造成巨额经济损失。

济南高新区法院审理认为,飞行员及其岗位具有高度的专业性、特殊性,需要长时间的能力培养和持续的能力保持,公司经过多年培训,支付了巨额培训费用。该费用通过学习转化为李刚自身的飞行技术资源,其离职必然导致公司飞行技术资源的流失。遵循公平合理、等价有偿原则,李刚在离职时应当承担在公司参加培训所产生的相关费用,并依此判决:李刚支付某航空公司解除劳动合同违约金200余万元及培训费等费用200余万元。该案在二审法院审理期间,双方达成和解,李刚支付公司培训费及违约金共计400余万元。

承办法官表示,飞行员离职不是简单的劳动争议,飞行员的流动也不单纯是航空公司和飞行员之间的纠纷,还涉及预接收飞行员的航空公司、对飞行员资质进行管理的民航局等主管部门,因此不能仅仅按照《劳动法》《劳动合同法》的一般规定处理,而应切实考虑该类人员的身份和养成特殊性,以及我国民航业的现状和实际培养机制,确保在有效解决纠纷的同时,统筹飞行人员与航空公司的合法权益,实现法律效果和社会效果的统一。

《劳动合同法》第二十二条规定:"用人单位为劳动者提供专项培训费用,对其进行专业技术培训的,可以与该劳动者订立协议,约定服务期。劳动者违反服务期约定的,应当按照约定向用人单位支付违约金。违约金的数额不得超过用人单位提供的培训费用。用人单位要求劳动者支付的违约金不得超过服务期尚未履行部分所应分摊的培训费用。用人单位与劳动者约定服务期的,不影响按照正常的工资调整机制提高劳动者在服务期期间的劳动报酬。"这一规定明确了培训协议的签订条件以及双方的权利义务。

随着经济的迅速发展,企业的竞争更多地体现在人才的竞争上。企业核心人力资源的产生和吸纳主要有两个渠道:一是内部培养,即从内部选拔;二是从外部通过"猎头"等途径寻找优秀人才。企业通过内部培训和外部引进等人力资本投入,提升员工的素质和能力,以满足企业持续发展的需求。为规范企业人力资本投入与员工离职之间的权利义务,法律规定双方可以签订培训协议,约定服务期。企业从外部引进人才,常常会涉及商业秘密和竞业限制问题。培训和保密制度是规范企业与核心人力资源之间权利义务关系的制度。如何防范和规避核心员工的流动,对核心员工进行合法、有效的管理,是人力资源管理的关键环节。

一、培训协议的签订条件

《劳动合同法》第二十二条第一款规定:"用人单位为劳动者提供专项培训

费用,对其进行专业技术培训的,可以与该劳动者订立协议,约定服务期。"本条规定首先明确了签订培训协议的两个条件:一是用人单位为劳动者提供专项培训费用;二是对劳动者进行专业技术培训。

用人单位对劳动者的培训可以分为常规培训和非常规培训。常规培训主要指入职培训、上岗培训以及国家规定的、用人单位按照职工工资总额的一定比例提取的职工教育培训经费、对职工特别是一线职工的教育和培训。这些培训是用人单位的义务,也就意味着培训费用由单位承担,通常不涉及签订培训协议的问题。非常规培训则是用人单位对劳动者的技术业务进步进行了特别的人力资本的投入,通常需要签订培训协议,明确双方的权利义务关系。培训协议是指用人单位为劳动者提供专项培训费用,对其进行专业技术培训时,双方约定的有关培训费用、服务期限、违约金以及违约金如何支付等内容的合同。

这一规定明确了签订培训协议的条件为,用人单位给劳动者提供专项培训费用,进行专业技术培训。但哪些费用可以被算作"专项培训费用"?什么样的培训才是"专业技术培训"?《劳动合同法》并没有明确界定。对此,《劳动合同法实施条例》第十六条从财务上对培训费用作出了补充规定;《劳动合同法》第二十二条第二款规定的培训费用,包括用人单位为了对劳动者进行专业技术培训而支付的有凭证的培训费用、培训期间的差旅费用以及因培训产生的用于该劳动者的其他直接费用。根据这一规定,企业只有向劳动者支付了有支付凭证的培训费用,才能视为向劳动者提供了专项培训费用,即认定专项培训费用必须具有支付凭证,这是对专项培训费用的认定提出的要求。同时,专项培训费用并不仅限于企业对员工进行专业技术培训所支付的直接费用,同时也包括培训期间的差旅费,以及因培训而产生的用于该员工的其他直接费用。当然,这些费用也需要有支付凭证。

法律之所以强调"培训费用"需要有支付凭证,主要是要区别于一般性质的培训,如员工入职培训、上岗培训等,这些培训通常是国家有关法律、法规规定的、对职工特别是一线职工的教育和培训。对员工进行必要的上岗培训是企业的一项义务,费用由单位从职工工资总额中按一定比例提取,作为职工教育培训经费支付,通常不属专项培训。因此,当企业出资对员工进行专业技术培训时,在签订培训协议约定违约金时应注意:①"培训费用"须有支付凭证;②为培训支付的培训费用,一定要注意保留支付凭证,以便在发生劳动争议时有足够的证据证明企业对员工进行专业技术培训的事实。

二、培训协议确认的权利义务

通常,企业出资对劳动者进行专业技术培训,是希望通过对人力资源的开发提升劳动者的工作能力,从而能继续为企业服务,为企业创造持续的高绩效。所以,事先明确约定服务期,以及劳动者违反服务期约定的责任就非常关键。

(一)服务期

服务期是指用人单位提供专项培训费用,对劳动者进行专业技术培训,而由用人单位与劳动者双方在劳动合同中或者在服务期协议里约定的劳动者必须为该用人单位提供劳动的期间。服务期是劳动者因享有用人单位给予的特殊待遇而承诺必须为用人单位工作的期限,一般主要针对核心员工,其目的是防止员工接受企业出资培训后随意跳槽,给企业造成损失。培训协议是合理保护企业利益、规范员工流动的一种法律制度和人力资源管理措施。服务期与劳动合同期限可能并不一致,可能短于劳动合同期限,也可能长于劳动合同期限。当服务期长于劳动合同期限时,应当优先使用服务期约定,因为服务期是劳动合同双方当事人之间的特别约定,是用人单位给员工提供了特别义务时的一种特别约定,应当优先于劳动合同期限这一一般规定。劳动合同双方当事人可以变更劳动合同中的期限条款或者续订劳动合同,或者重新订立劳动合同,以与服务期的约定相一致。

至于企业应当与受训员工约定多长的服务期,主要根据企业的实际情况和员工的性格特点决定,员工流动率低的企业可以约定得长些,反之则可短一些。根据对企业员工跳槽周期的合理预估,服务期通常以3~5年为宜。

(二)如何处理服务期与合同期的不一致

劳动合同期限与服务期不一致时如何处理,《劳动合同法》并没有作出明确规定,因此,在人力资源管理实践中,员工和企业经常由于服务期和劳动合同期限发生劳动纠纷。服务期是指用人单位与劳动者约定的,劳动者因享有用人单位给予的特殊待遇而承诺必须为用人单位工作的期限;劳动合同期限是指劳动合同所约定的权利和义务生效的期限。服务期与劳动合同期限既有联系也有区别。其联系表现为:两者都属于劳动关系存续期间的一种期限,均以劳动关系的存续为其前提。其区别在于:服务期是劳动者因享受用人单位特殊待遇而作出的承诺,而劳动合同期限一般不以劳动者享受用人单位特殊待遇为条件;服务期与劳动者享受特殊待遇相对应,对劳动者有约束力,而劳动合同期限依据《劳动合同法》的规定对劳动者几乎没有约束力;一般劳动合同期限约束的是所有劳动者,强调用人单位和劳动者双方权利义务的平衡,而服务期所约束的主要是具有竞争优势的受过专业技术培训的劳动者。

《劳动合同法实施条例》第十七条规定:"劳动合同期满,但是用人单位与劳动者依照《劳动合同法》第二十二条的规定约定的服务期尚未到期的,劳动合同应当续延至服务期满;双方另有约定的,从其约定。"服务期是劳动者因接受用人单位给予的特殊待遇而承诺必须为用人单位服务的期限,是劳动者与用人单位之间在劳动关系存续期间因为培训事项作出的特别约定,实际上是对原劳动合同期限的一种变更,因而,在劳动合同期满而服务期尚未到期的,劳动合同应当续延至服务期满。劳动者违反服务期约定的,应当承担违约责任。因此,企业在处理培训服务期与劳动合同期限时应注意:一是尽可能地保持合同期限与服务期一致,在约定服务期时,如服务期长于合同期,应及早变更合同期限,妥善处理服务期内员工的劳动合同期限变更事宜,避免因服务期与劳动合同期限不一致产生纠纷;二是注意在服务期内企业不得有违法行为,若企业有违法或不当行为,员工可以不受服务期限制,随时解除合同且无须支付违约金。

(三)违约金及其支付

按照《劳动合同法》的规定,劳动者在服务期内解除劳动合同,不再履行劳动合同义务,要向用人单位支付违约金。违约金的数额按照双方在服务期协议中的约定履行,但不得超过用人单位提供的培训费用这一法定的最高数额。劳动者违约时支付的违约金,不得超过服务期尚未履行部分所应分摊的培训费用。例如,培训费用10万元,约定服务期5年,则每年分摊2万元。如果已经履行3年,则违约金不得超过尚未履行的2年服务期所应分摊的4万元培训费用。劳动合同法对违约金的数额作了封顶,对违约金的支付也作了封顶,即不能超过尚未履行的服务期所应分摊的培训费用。这样规定的目的,在于适度保护劳动者的权益。用人单位为劳动者提供了专项培训费用用于专业技术培训,相应地,用人单位可以与劳动者约定服务期及违反服务期约定的违约金,即提供的专项培训费用与约定的服务期是相对应的,违反服务期约定的违约金最高限额即为用人单位提供的专项培训费用。如果服务期已经履行了一部分,则应当依法扣减违约金。

(四)服务期工资

根据《劳动合同法》的规定,用人单位与劳动者约定服务期的,不影响按照正常的工资调整机制提高劳动者在服务期间的劳动报酬,即不能因约定了服务期而不再调整劳动者的工资。工资调整机制是指用人单位根据其经营利润状况、自身发展需要、绩效考核结果以及物价上涨等因素,对劳动者的工资级别进行调整的机制。由于工资的刚性特点,工资总体呈现不断增长的趋势。该条规定是为了保护处于服务期的劳动者可以正常享受用人单位的工资调整待遇,保护劳动者的合法权益。这样规定的目的在于,防止用人单位由于与劳动者约定了服务期而长期不提高劳动者的工资。因为,培训协议中约定的工资待遇通常比较固定,在服务期较长的情况下就缺乏灵活性和动态性,不能完全反映劳动者的工作表现和能力提升。

第六节　保密和竞业限制制度

引导案例

前员工违反竞业限制被索赔 200 余万元？二审改判①

近日,上海市第一中级人民法院(以下简称"上海一中院")审结了一起竞业限制纠纷案件。二审综合竞业限制期限、员工的主观过错以及公司的实际损失等因素,改判劳动者支付约定违约金的 50%,即 94 万余元。

常力医疗公司(化名)是业内知名公司,陈先生是该公司的一名资深员工,在该公司工作已近 20 年。2014 年 1 月,常力医疗公司与陈先生签订竞业限制协议,约定陈先生离职后的竞业限制期为一年,补偿标准为其离职前 12 个月的月平均基本工资的三倍,若违反竞业限制义务,应向公司支付相当于离职前两年基本工资的违约金。

2020 年 6 月 19 日,陈先生向常力医疗公司提出辞职,双方解除了劳动关系。辞职后,陈先生于 6 月底入职了飞达医疗公司(化名);同年 11 月,陈先生又入职至另一业内知名的东健医疗公司(化名)工作。常力医疗公司得知此事,认为陈先生的行为违反了双方签订的竞业限制协议,遂申请劳动仲裁,要求陈先生继续履行竞业限制义务,返还已支付的竞业限制补偿金 24 万余元,并支付违反竞业限制义务违约金 189 万余元等。后仲裁委员会作出裁决:陈先生继续履行竞业限制协议,支付常力医疗公司违反竞业限制义务违约金 47 万余元。

双方均不服仲裁裁决,分别向一审法院提出起诉。常力医疗公司在诉讼中坚持要求陈先生返还已支付的竞业限制补偿金 24 万余元,并支付违约金 189 万余元等。陈先生则称自己无须履行竞业限制协议且无须支付竞业限制违约金。

一审法院经审理后认为,常力医疗公司、飞达医疗公司与东健医疗公司在经营范围上存在高度重合,确认三家公司属于竞争企业。陈先生于 2020 年 6 月 19 日离职之后,在竞业限制期限内先后入职飞达医疗公司与东健医疗公司的行为,有违竞业限制协议的约定,存在违反竞业限制义务的行为。故判决陈先生须返还竞业限制补偿金,并按照竞业限制协议约定的金额支付违反竞业

---

① 包永婷. 前员工违反竞业限制被索赔 200 余万元？二审改判[EB/OL]. 光明网,(2022-06-29). https://m.gmw.cn/baijia/2022-06/29/1303020968.html.

限制义务违约金189万余元。

陈先生不服,向上海一中院提起上诉。陈先生认为,三家公司实际经营内容并不相同,且其在三家公司的工作岗位、工作内容也不相同,故其并未违反竞业限制协议。此外,即使法院认定其违约,约定的违约金也过高,应予调整。陈先生在二审中提供了其与常力医疗公司CEO的微信聊天记录、飞达医疗公司董事长与常力医疗公司CEO的微信聊天记录等新证据,旨在证明常力医疗公司CEO对于陈先生入职一事并无异议。

关于陈先生是否违反竞业限制协议的问题,上海一中院经审理后认为,从三家公司的名称来看,均含有"医疗"二字,显然三家公司所处行业相同。而三家公司的企业公示信息反映三家公司的经营范围存在高度重合之处,常力医疗公司已经完成了初步的举证义务。陈先生如认为三家公司并非竞争关系,应当对其主张提供相应证据,然而陈先生对此并未能提供有效证据予以证明。

虽然陈先生再三强调其在三家公司的工作岗位、工作内容不同,但判断劳动者是否违反竞业限制义务,应以其前后就职公司之间是否构成竞争关系为据,而非以劳动者在前后公司中从事的工作内容为据,否则将会带来规避风险。鉴于陈先生未能提供相应的反驳证据,故一审法院认定其违反了竞业限制协议,并无不当。

关于双方约定的违约金是否过高而应予调整的问题,上海一中院经审理后认为,相较竞业限制期限的设定、竞业限制补偿金的金额,本案中违反竞业限制义务的违约责任较重。

根据陈先生在二审期间提供的新证据,常力医疗公司CEO对于陈先生在飞达医疗公司工作并未提出异议,相反对其之前工作给予了肯定并表达了不舍,使得陈先生对该行为的性质产生了一定的误解,后续又转任东健医疗公司,由此可见,陈先生的主观过错并不大。常力医疗公司称陈先生的行为对公司造成了巨大损失,但并未对此提供相应的证据予以证明。

综上,上海一中院综合竞业限制期限的设定、竞业限制补偿金的金额、陈先生的主观过错以及常力医疗公司的实际损失等因素,认定双方约定的违约金过高,根据陈先生的请求予以酌减。最终,二审判决陈先生返还竞业限制补偿金,改判酌减违约金为约定金额的50%,即94万余元。

按照《劳动合同法》的规定,用人单位和劳动者签订保密协议,约定竞业限制条款的,应当约定在员工解除或者终止劳动合同后,在竞业限制期限内按月给予劳动者经济补偿。竞业限制协议应当是在双方自愿的情况下签署的,同时需双方共同遵守。若用人单位未支付给劳动者竞业限制补偿金的,就不能要求劳动者履行竞业限制义务。另外,员工在离职时未作工作交接的,公司可以要求其承担赔偿责任,但前提是公司必须有证据证明自己的经济损失。用人单位积极寻求合法的手段维护自己的合法权益是值得肯定的,但任何维权行为均应符合法律的规定,并应有合法有效的证据,同时,亦应注意管理的尺度问题。

为了规范保密和竞业限制中用人单位和劳动者的权利和义务,《劳动合同法》第二十三条规定:"用人单位与劳动者可以在劳动合同中约定保守用人单位的商业秘密和与知识产权相关的保密事项。对负有保密义务的劳动者,用人单位可以在劳动合同或者保密协议中与劳动者约定竞业限制条款,并约定在解除或者终止劳动合同后,在竞业限制期限内按月给予劳动者经济补偿。劳动者违反竞业限制约定的,应当按照约定向用人单位支付违约金。"

《劳动合同法》第二十四条规定:"竞业限制的人员限于用人单位的高级管理人员、高级技术人员和其他负有保密义务的人员。竞业限制的范围、地域、期限由用人单位与劳动者约定,竞业限制的约定不得违反法律、法规的规定。

在解除或者终止劳动合同后,前款规定的人员到与本单位生产或者经营同类产品、从事同类业务的有竞争关系的其他用人单位,或者自己开业生产或者经营同类产品、从事同类业务的竞业限制期限不得超过两年。"

一、关于商业秘密保护和知识产权

《劳动合同法》规定,用人单位与劳动者可以在劳动合同中约定保守用人单位的商业秘密和与知识产权相关的保密事项。

商业秘密是指不为公众所知悉,能为权利人带来经济利益,具有实用性并经权利人采取保密措施的技术信息和经营信息。"技术信息和经营信息"包括企业产品的设计、程序、产品配方、制作工艺、制作方法、管理诀窍、客户名单、货源情报、产销策略、招投标中的标底及标书内容等信息。商业秘密具有三个特点:①不为公众所知悉,这是指该有关信息不为其信息所属领域的相关人员普遍知悉;该信息在通常情形下不容易从公开或半公开的场合获得,不能从公开渠道直接获取。凡是公众所知晓的信息都不属商业信息范围。②能为权利人带来经济利益,具有实用性。商业秘密必须具有商业价值,可以是现实的商业价值,也可以是潜在的商业价值,这些商业价值可以给权利人带来竞争优势。③经权利人采取保密措施。此种措施包括限定秘密公开范围,对于涉密信息载体采取加锁等防范措施,在涉密信息的载体上有保密标识或者采取保密码、签有保密协议、对于涉密的场所限制来访者等。

与知识产权相关的事项是《劳动合同法》新提出的一项保密内容,是指尚未依法取得知识产权但与知识产权相关的需要保密的事项。知识产权原意是指"知识财产"或"知识所有权"。知识产权是一种无形财产权,是从事智力创造性活动取得成果后依法享有的权利。根据1967年在斯德哥尔摩签订的《建立世界知识产权组织公约》的规定,知识产权包括各项知识财产的权利,如文学、艺术和科学作品;表演艺术家的表演及唱片和广播节目;人类一切活动领域的发明、科学发现;工业品外观设计;商标、服务标记以及商业名称和标志;制止不正当竞业以及在工业、科学、文学或艺术领域内由于智力活动而产生的一切其他权利。总之,知识产权涉及人类一切智力创造的成果。从法律上看,知识产权具有三个特征:①地域性,即除签有国际公约或双边协定外,依一国法律取得的权利只能在该国境内有效,受该国法律保护;②独占性或专有性,即只有权利人才能享有,他人不经权利人许可不得行使其权利;③时间性,各国法律对知识产权保护分别规定了一定期限,期满后则权利自动终止。

保守用人单位的商业秘密和与知识产权相关的保密事项,是劳动者的法定义务,是劳动者对用人单位忠诚义务的要求和具体体现。用人单位与劳动者可以在劳动合同中约定保守用人单位商业秘密和与知识产权相关的保密事项是劳动者的义务,并具体确定违反这一义务应承担的责任。实践中,劳动者泄漏用人单位秘密的最常见的方式,就是在解除或者终止劳动合同后到与本单位生产或者经营同类产品、从事同类业务的有竞争关系的其他用人单位工作,或者自己开业生产或者经营与本单位有竞争关系的同类产品、从事同类业务,并在这一过程中利用原用人单位的商业秘密。在市场竞争中,技术、经营信息作为企业的核心机密具有极高的价值。商业秘密和与知识产权相关的保密事项是企业参与市场竞争的秘密武器,蕴含着巨大的经济利益,也存在着因泄密而产生的道德风险和法律风险。员工作为企业的内部成员,最有可能接触到企业的商业秘密,因此,如何让自己的员工保密无疑是企业商业秘密保护的最重要的手段之一。除了反不正当竞争法、刑法等法律对商业秘密给予保护之外,劳动立法也对企业商业秘密保护作出了相关规定。

二、保密义务和竞业限制

《劳动合同法》对商业秘密保护的规定主要是从合同的角度予以界定的,主要包括保密义务和竞业限制两个方面。竞业限制是指用人单位与本单位的高级管理人员、高级技术人员和其他知悉其商业秘密的劳动者,在劳动合同或者专项协议中约定的,劳动者在劳动合同终止或者解除后的一定期限内,不得到生产与本单位同类产品或者经营同类业务的有竞争关系的其他用人单位工作,也不得自己开业生产或者经营与用人单位有竞争关系的同类产品或者业务的规定。竞业限制的实质是对劳动者择业权的限制,其目的在于保护用人单位的商业秘密。竞业限制是解决劳动者劳动权、择业自由与公平竞争市场规则冲突的有效途径。劳动合同解除或者终止后,劳动者重新择业,通过劳动领取报酬,这是法律赋予劳动者的基本权利,但劳动者行使这一基本权利可能造成不正当竞争。劳动者离开原单位后,如果将从原单位获得的商业秘密应用于新用人单位的经营中,就与原单位形成了不正当竞争,给原单位造成了损失。因而,如何平衡保护劳动者的择业自由权与维护平等竞争的市场法则之间的关系成为一个重要的问题。竞业限制制度,一方面要在一定程度上限制劳动者的择业自由,防止其重新就业后造成与原单位的不正当竞争;另一方面又要通过竞业限制的经济补偿,补偿劳动者因择业自由受到一定限制而遭受的损失。

竞业限制往往与商业秘密的保护密切联系,竞业限制是保护用人单位商业秘密的手段之一。通过签订竞业限制协议,减少劳动者泄漏、非法使用用人单位商业秘密的机会。竞业限制与商业秘密保护既有联系又有区别。竞业限制协议的存在可以是保护商业秘密的一个手段,但竞业限制本身并不等同于商业秘密保护,竞业限制的内容也不仅仅是保护商业秘密;反之,商业秘密的保护并不只有竞业限制一个途径。具体讲,商业秘密保护与竞业限制的区别表现在五个方面:①功能不尽相同。保密义务主要限于保护企业商业秘密,竞业限制既可能是保护商业秘密,也可能只是约束劳动者就业机会或应对竞争对手挖人。②义务产生基础不同。保密义务的产生是基于法律规定,或者基于劳动合同的附随义务,不管双方是否有明示的约定,员工在职期间和离职以后均须承担保守单位商业秘密的义务;竞业限制义务则是基于双方之间约定而产生的,无约定则无义务。③约束期限不同。保密义务的存在是没有期限的,只要商业秘密存在,义务人的保密义务就存在;竞业限制的期限由当事人具体约定,这个期限包括劳动关系存续期间和双方约定的劳动合同终止或解除后一段的时间,而且在劳动合同终止或解除后的期限不能超过两年。④补偿对价关系不同。员工承担保密义务不需要权利人支付保密费;对于离职后履行竞业限制的劳动者,用人单位则需支付合理的补偿费。⑤法律责任形式不同。违反保密义务的员工,应当承担相应的民事责任,构成犯罪的承担刑事责任;违反竞业限制义务的责任人通常只需要依据约定承担民事责任。

三、竞业限制协议确认的权利义务

(一)竞业限制人员

竞业限制义务主体是负有保密义务的劳动者。劳动者知悉用人单位的商业秘密和与知识产权相关的保密事项,即负有保密义务。对于不知悉或不可能知悉企业商业秘密的员工,企业不需要也不可与之签订竞业限制协议。企业在选择签订竞业限制员工时要把握好尺度,不需要与所有员工都订立竞业限制协议,而是只与负有保密义务的员工订立协议,限制其从事与企业有竞争关系的工作。根据《劳动合同法》的规定,竞业限制的人员限于用人单位的高级管理人员、高级技术人员和其他负有保密义务的人员,如公司的经理、副经理、财务负责人、上市公司董事会秘书和公司章程规定的其他人员。确认竞业限制的人员范围,应当限定在有机会接触、掌握企业商业秘密,且承担保护商业秘密义务的核心员工,一般指有机会接触到公司商业秘密的决策人员、高级技术人员及其他接触公司商业秘密的岗位和人员。

(二)竞业限制经济补偿

竞业限制经济补偿是指用人单位与劳动者约定劳动者接受竞业限制,而由用人单位在劳动合同解除或者终止后的竞业限制期限内按月支付劳动者的费用。支付经济补偿与劳动者接受竞业限制相对应。接受竞业限制,对劳动者来说是义务,对用人单位来说则是权利。支付经济补偿,对用人单位来说是义务,对劳动者来说则是权利。

用人单位与劳动者约定竞业限制条款的,应当同时约定在解除或者终止劳动合同后,在竞业限制期限内按月给予劳动者经济补偿。因为竞业限制对劳动者离职后的就业范围和职业进行了规定,在一定程度上对劳动者的利益造成了减损。竞业限制经济补偿就是对劳动者接受限制和造成利益减损的补偿。所以,约定竞业限制的应当同时约定竞业限制经济补偿。补偿的标准应根据保护商业秘密给企业带来的效益、竞业限制的区域、期限等因素,具体数额由双方协商约定。当事人在劳动合同或者保密协议中约定了竞业限制,但未约定解除或者终止劳动合同后给予劳动者经济补偿,劳动者履行了竞业限制义务,则以劳动者解除劳动合同前一年月平均工资的30%,且不低于当地最低工资标准,作为参照计算的依据。经济补偿支付的时间必须是在劳动合同终止或者解除之后,支付方式是按月支付。

(三)竞业限制解除

当事人在劳动合同或者保密协议中约定了竞业限制和经济补偿,当事人解除劳动合同时,除另有约定外,用人单位要求劳动者履行竞业限制义务,或者劳动者履行了竞业限制义务后要求用人单位支付经济补偿的,人民法院应予支持。不管是用人单位还是劳动者,违法解除劳动合同后,竞业限制约定并不必然失效。竞业限制具有独立性,其与劳动合同属于并列关系,二者是分离的。劳动关系一方违法解除劳动合同,另一方可依据《劳动合同法》寻求民事补偿或其他救济措施。当事人承担了相应法律责任后,用人单位和劳动者理应继续接受竞业限制约定的约束。

当事人在劳动合同或者保密协议中约定了竞业限制和经济补偿,劳动合同解除或者终止后,因用人单位的原因导致3个月未支付经济补偿,劳动者请求解除竞业限制约定的,人民法院应予支持。这一规定明确了劳动者解除竞业限制约定的条件:①因用人单位原因,未支付已约定的经济补偿;②未支付经济补偿满3个月。如果劳动关系双方在劳动合同或保密协议中约定了竞业限制和经济补偿,在劳动合同解除或终止后,因用人单位原因导致3个月未支付经济补偿,此时用人单位已构成根本违约,劳动者有权行使其法定解除权,解除与用人单位的竞业限制约定。同时,劳动者还可要求用人单位支付其已履行竞业限制义务期间的经济补偿。

在竞业限制期限内,用人单位请求解除竞业限制协议时,人民法院应予支持。在解除竞业限制协议时,劳动者请求用人单位额外支付劳动者3个月的竞业限制经济补偿的,人民法院应予支持。这一规定赋予了用人单位在竞业限制期限内较为自由的解除权。可以说,竞业限制主要是对劳动者就业权利的限制,是对其择业行为的约束,而对于用人单位而言,则是一种保护措施。当原用人单位认为劳动者所掌握的商业秘密已构不成威胁,为了减少经济补偿的负担,原用人单位可自由选择与劳动者解除竞业限制的约定。但是,解除竞业限制约定后,劳动者将不再获得经济补偿,其就业及生活会受到一定程度的影响,故作为对价,用人单位须额外支付劳动者3个月的经济补偿,以维护劳动者的利益。

(四)竞业限制违约责任

劳动者违反竞业限制约定,不履行相应义务,用人单位可以要求劳动者按照约定向用人单位支付违约金。劳动者是否违反竞业限制约定,应当根据用人单位与劳动者之间约定的范围、地域、时间、行为来判断。劳动者支付违约金必须以事先约定为前提,没有约定,则劳动者就无须支付违约金,但因此给用人单位造成损失的,应当承担赔偿责任。竞业限制违约金的具体数额、支付方式由双方当事人自主约定,违约金的约定应当公平、合理,过高或过低的违约金都可能导致违约金约定无效。竞业限制违约金的具体标准、支付方式,按照双方约定执行。劳动者违反竞业限制义务支付违约金后,是否仍然需要履行竞业限制协议,长期以来存在很大的争议。劳动者向用人单位支付违约金后,用人单位要求劳动者按照约定继续履行竞业限制义务的,人民法院应予支持。这就意味着,劳动者支付了违约金后,用人单位仍然有权要求其继续履行竞业限制协议。竞业限制条款是基于双方当事人约定而产生的,竞业限制约定是一种合同关系,以当事人的意思自治为原则,劳动者违反竞业限制义务,要受到劳动合同约定的约束。

(五)竞业限制范围、地域和期限

竞业限制的范围、地域和期限,在不违反法律的前提下,由用人单位与劳动者约定。负有竞业限制义务的人员不能到与本单位生产或者经营同类产品、业务的有竞争关系的其他用人单位,或者自己开业生产或者经营同类产品和业务。竞业范围既包括自己生产经营,也包括到与本单位有竞争关系的其他用工单位。双方应尽可能地约定能够预计到的、在法律规定的范围内的所有可能区间。竞业限制期限是劳动者接受竞业限制的时间——从劳动合同解除或者终止之日起,到竞业限制期限届满结束。竞业限制期限最长不得超过两年。也就是说,劳动合同解除或者终止最长两年后,劳动者不再受竞业限制的约束。

四、如何完善保密和竞业限制制度

(一)设计合法完备、权责清晰的保密协议

保密协议虽然不能约定违约金,但可以就保密范围、泄密行为等相关事项予以明确,预防和控制员工泄密风险。用人单位与劳动者签订合法完备、权责清晰的保密协议应注意以下几个问题:

1. 明确界定商业秘密的范围。商业秘密的范围是保密合同的基础性条款。如果商业秘密范围约定不当,或过于笼统,员工不清楚哪些是商业秘密,就谈不上保密的问题。用人单位应根据自身实际对商业秘密进行细化约定:①尽可能地扩大商业秘密的范围。商业秘密的范围不仅局限于本企业的秘密,也包括企业在生产经营过程中获得的其他企业的商业秘密,如客户信息也属于商业秘密的范围,一旦员工将其泄漏,企业可能遭到客户索赔等重大损失。②约定商业秘密和知识产权的归属。商业秘密归属主体是签订保密合同应当明确的重要内容。员工在职期间的技术革新,分为职务技术成果和非职务技术成果:职务技术成果的使用权、转让权属于企业,员工只享有技术成果的署名权;非职务技术成果的使用权、转让权属于完成技术成果的个人。对员工在工作期间形成的商业秘密,一般根据其与企业业务、员工工作的相关性确定权利归属。企业可以通过在保密合同中约定权利归属来保护自己的技术秘密和知识产权。

2. 规范保密行为和泄密行为。保密协议可以从保密义务和泄密行为两个角度对员工在商业秘密保护中应履行的义务进行约定。员工的保密行为主要包括遵守保密制度、不泄漏单位秘密以及不利用单位秘密牟利;员工的泄密行为主要包括擅自把单位获得第三人的秘密泄露给他人,引诱他们窃取单位秘密、违法使用单位秘密等。

3. 保密是一项法定义务。负有保密义务的员工保守单位商业秘密是一项附随义务,也是一项法定义务,企业不必为此支付保密费、保密津贴等。

4.违约责任。承担违约责任的形式包括违约金和赔偿损失。由于《劳动合同法》只允许就竞业限制约定违约金,所以保密协议在损失赔偿责任约定上应当主要约定赔偿计算方法。如企业可以与签订保密协议的劳动者约定违反保密义务可能涉及的公司利益、当前可以预见的这种泄密行为所带来的损失、以后可能还会发生的损失等。这种提前约定损失赔偿计算方法可以解决发生劳动争议以后企业举证困难的问题,目前在实践中已经被广泛采用。

(二)完善保密和竞业限制制度

通过制度设计和完善管理方式,尽可能地防范商业秘密外泄,是保障企业商业秘密的根本措施。制定规章制度是企业管理的有效手段,企业可以通过制定保护本单位商业秘密方面的规章制度对员工进行约束,其形式可以是员工手册中的一部分,也可以是专项规章制度。应当注意的是,该规章制度的规定必须合法,并应按照法定程序征求工会意见并作出公示。

第七节 无效劳动合同的确认和处理

劳动者伪造学历导致劳动合同无效,单位能否要求赔偿?[①]

2016年7月,某工程建设公司对外招聘工程师,招聘启事要求应聘人员具备建筑工程专业硕士以上学历。章某凭重庆某大学建筑系硕士毕业证书到该工程建设公司应聘,经面试"合格"后,双方签订了为期5年的劳动合同。

2017年2月,公司发现章某的硕士毕业证书是伪造的,章某只是该校建筑系的一名本科毕业生。公司认为,章某通过伪造学历的方式与单位订立劳动合同,劳动合同无效,因此决定解除劳动合同,并要求章某赔偿社会保险费与住房公积金的单位缴纳部分。另外,公司还认为,章某伪造学历导致单位按照硕士所对应的工资级别支付其工资,章某应当返还高于本科生级别的工资部分。

那么,劳动者采取欺诈手段订立劳动合同,从而导致合同无效,用人单位能否要求劳动者赔偿已缴纳社保费的单位承担部分?

《劳动合同法》第八条规定:"用人单位招用劳动者时,应当如实告知劳动者工作内容、工作条件、工作地点、职业危害、安全生产状况、劳动报酬,以及劳动者要求了解的其他情况;用人单位有权了解劳动者与劳动合同直接相关的基

---

① 中国劳动保障报,2017-04-30.

本情况,劳动者应当如实说明。"根据这一规定,招聘过程中,无论是劳动者还是用人单位都有如实告知对方真实信息的义务,不得为追求自身利益而伪造虚假信息,损害对方利益。

对于违反诚实信用原则、采取欺诈手段订立劳动合同的问题,《劳动法》第十八条规定此类劳动合同无效,《劳动合同法》第二十六条也规定:"下列劳动合同无效或者部分无效:(一)以欺诈、胁迫的手段或者乘人之危,使对方在违背真实意思的情况下订立或者变更劳动合同的;(二)用人单位免除自己的法定责任、排除劳动者权利的;(三)违反法律、行政法规强制性规定的。"根据上述规定,劳动合同一方当事人采取欺诈手段订立劳动合同的,合同无效。而无效合同,从订立的时候起,就没有法律约束力。

劳动合同被确认无效后,首先需要解决的问题就是"建立无效劳动合同"期间的关系性质,具体分析就是双方之间的关系是劳动关系还是劳务关系。劳动关系与劳务关系分别受不同法律规范的调整。从对劳动者保护的程度、内容分析,劳动关系显然比劳务关系对劳动者的保护要全面。也就是说,建立劳动关系更有利于保护劳动者的利益。劳动合同一旦被确认无效后,判定双方的关系是劳动关系还是劳务关系,关键要看是谁的过错导致劳动合同无效。如果是用人单位的原因导致劳动合同无效,双方建立的关系仍然应认定为劳动关系,用人单位要承担与劳动关系相关的义务;因劳动合同无效给劳动者造成损失的,用人单位须承担赔偿责任。此外,因用人单位的原因导致劳动合同无效的,劳动者还可以依据《劳动合同法》第三十八条第五款关于"因本法第二十六条第一款规定的情形致使劳动合同无效的,劳动者可以解除劳动合同"之规定,行使即时辞职权,同时要求用人单位支付经济补偿金。

如果是劳动者的原因导致劳动合同无效,双方之间的关系应当认定为劳务关系,用人单位对劳动者只承担与劳务关系相关的义务。《劳动合同法》第二十八条规定:"劳动合同被确认无效,劳动者已付出劳动的,用人单位应当向劳动者支付劳动报酬。劳动报酬的数额,参照本单位相同或者相近岗位劳动者的劳动报酬确定。"根据这一规定,劳动合同一旦被确认无效,用人单位对劳动者只负有劳动报酬支付义务,无须缴纳社会保险费与住房公积金。用人单位已经缴纳的,可以要求劳动者返还单位缴纳部分。

另外,劳动合同无效后,因用人单位原因导致劳动者劳动报酬减少的,用人单位应补足;因劳动者原因导致用人单位多支付劳动报酬的,劳动者应当返还。

本案中,章某伪造硕士毕业证书,使工程建设公司在违背真实意思的情况下与章某签订了劳动合同。因此,公司可以主张劳动合同无效,并要求章某赔偿社会保险费和公积金的单位缴纳部分,并要求章某返还高出其真实学历级别的工资部分。

一、无效劳动合同的确认

只要劳动合同的双方当事人意思表示一致,劳动合同即可成立。劳动合同有效应当具备的条件是:劳动合同签订的主体合法、双方意思表示真实、合同内容合法以及形式合法。如果劳动合同不具备或不完全具备法定有效要件,则会构成劳动合同的无效或部分无效,且不能产生当事人预期的法律后果。

无效劳动合同,是指劳动者与用人单位订立的违反劳动法律、法规的协议。无效劳动合同从订立时起就不具有法律效力,不能继续履行,不受法律保护。劳动合同符合法律、法规的要求是合同受法律保护的前提。无效劳动合同分为部分无效和全部无效。部分无效的劳动合同,是指由于法定的理由自订立之日起,部分条款就没有法律效力的劳动合同。

根据《劳动合同法》第二十六条的规定,下列劳动合同无效或者部分无效:①以欺诈、胁迫的手段或者乘人之危,使对方在违背真实意思的情况下订立或者变更劳动合同的;②用人单位免除自己的法定责任、排除劳动者权利的;③违反法律、行政法规强制性规定的。本条规定明确了劳动合同无效的情形。

(一)以欺诈、胁迫的手段或者乘人之危,使对方在违背真实意思的情况下订立或者变更劳动合同的

所谓欺诈,是指一方当事人故意隐瞒真相或者制造假象,诱使对方产生错觉,作出错误意思表示而与之订立或者变更合同。欺诈需符合以下构成要件:①欺诈一方当事人有欺诈的故意,即欺诈方明知告知对方的情况是虚假的,并且会使对方当事人陷于错误而仍为之。②要有欺诈另一方的行为。欺诈行为既可是积极的行为,也可是消极的行为。欺诈行为在实践中可分为故意陈述虚假事实的欺诈和故意隐瞒真实情况使他人陷入错误的欺诈。

所谓胁迫,是指行为人以将要发生的损害或者以直接实施损害相威胁,使对方当事人产生恐惧而违背真实意思与之订立或者变更合同。如要挟对方当事人或其亲友的生命健康、人格尊严、财产安全或其他利益,迫使对方屈服,违背其真实意志签订的合同等。因胁迫而订立的合同需具有如下构成要件:①胁迫人具有胁迫的故意,即胁迫人明知自己的行为将会对受胁迫方从心理上造成恐惧而故意为之的心理状态,并且胁迫人希望通过胁迫行为使受胁迫者作出的意思表示与胁迫者的意愿一致。②胁迫者必须实施了胁迫行为。如胁迫者必须要有以将要有的损害行为或者直接对对方施加损害相威胁的行为。如

果没有胁迫行为,只具有主观上的故意,则不构成胁迫行为。③胁迫行为必须是非法的。胁迫人的胁迫行为是给对方施加一种强制和威胁,但这种威胁必须是没有法律依据的。如果一方有合法的理由对另一方施加压力,则不构成胁迫。

所谓乘人之危,是指行为人利用他人危难处境或急迫需要,强迫对方接受某种明显不公平的条件,并作出违背真实意愿的意思表示。因乘人之危而订立或者变更合同需具有如下构成要件:①一方当事人处于危难或急迫处境。危难处境是指足以使当事人丧失意思自由的处境,它可能表现为当事人及其近亲属生命健康状况的恶化,也可能表现为法人的名誉、财产遭受重大损失等。急迫之需是指因情况紧急,为了实现或保障某种重大利益,迫切需要对方提供某种劳务或金钱等。②乘人之危者的主观故意。行为人在了解到对方的危难、急迫处境的情况下,产生了利用这一客观情况为自己牟求不正当利益的意思,并在该意思的指导下,向对方提出苛刻条件。

以欺诈、胁迫的手段或者乘人之危,其共同特点是都违反了平等自愿的原则,缺乏双方当事人的真实意思表示,属于无效劳动合同。劳动合同必须是双方当事人在平等自愿的基础上意思表示一致而达成的协议。任何一方采用欺诈、胁迫的手段或者乘人之危达到订立或变更劳动合同的目的都违背了平等自愿、协商一致、诚实信用的合同订立原则,因而在这些情况下订立的劳动合同是没有法律效力的。

(二) 用人单位免除自己的法定责任、排除劳动者权利的

劳动合同中的免责条款是劳动合同中的双方当事人在合同中约定的,免除或者限制一方或者双方当事人未来责任的条款。一般而言,当事人经过充分协商确定的免责条款,只要是完全建立在当事人自愿的基础上,并且不违反社会公共利益,法律就承认其效力。但是对于免除法律规定为应当承担的责任的条款,法律是禁止的,否则不但将造成免责条款的滥用,而且还会出现以约定来废止法律规定的情况。

免除自己的法定责任,是指用人单位通过合同约定不承担按照有关法律规定应当承担的义务,比如,对劳动者人身健康与安全进行保护、为劳动者缴纳社会保险费等义务。排除劳动者权利,是指用人单位在劳动合同中限制或剥夺劳动者依法应当享受的法律权利,如休息休假权,社会保险权等。用人单位通过劳动合同免除自己的法定责任,或者限制劳动者权利的一些约定,因为违反公平原则而无效。公平原则要求当事人通过合同确定的权利义务应当对等,不能出现权利和义务严重失衡的状况。

(三) 违反法律、行政法规强制性规定的

违反法律、行政法规强制性规定,包括劳动合同的主体、内容、形式和订立程序与法律、法规的强制性或禁止性规定相抵触,或滥用法律、法规的授权性或任意性规定。依法调整劳动关系,建立和维护适应社会主义市场经济的劳动制度,是签订劳动合同的标准。因此,要求劳动合同必须合法,否则无效。

法律、行政法规的强制性规定是指法律、行政法规中规定的人们不得为某些行为或者必须为某些行为的规定。违反法律、行政法规的强制性规定的劳动合同无效,是因为强制性规定排除了合同当事人的意思自由,即当事人在合同中不得合意排除法律、行政法规的强制性规定的适用。强制性规定排除了合同当事人双方的意思自由,是必须履行的内容,劳动法的强制性规定主要有工作时间、休息和休假规定、劳动保护规定、最低工资规定、社会保险规定、劳动者基本权利规定、对妇女儿童特殊保护的规定等。一些企业在劳动合同条款中违法约定妇女不得在合同期间结婚或生育,或劳动报酬低于最低工资标准,或在劳动合同中约定"工伤概不负责"等,都属无效。劳动合同违反法律、行政法规的强制性规定,就意味着该合同的履行将给一方当事人或者社会利益带来损害。因此,《劳动合同法》规定这样的合同条款是无效的。

二、劳动合同无效的认定机构

无效劳动合同的确认,必须由法律规定的专门机关进行,其他任何组织和个人都无权进行。根据《劳动合同法》的规定,对劳动合同的无效或者部分无效有争议的,由劳动争议仲裁机构或者人民法院确认,即有权确认劳动合同无效的机关有两个:劳动争议仲裁机构和人民法院。

(一) 劳动争议仲裁机构

劳动争议仲裁机构是以仲裁方式解决劳动争议的机构,受理劳动争议当事人提请仲裁的案件,包括对无效劳动合同的确认请求。劳动争议仲裁机构确认劳动合同无效的裁决一般应当在收到仲裁申请的45日内作出,当事人对裁决无异议,劳动合同即确认失效。当事人对确认劳动合同效力的裁决不服的,可以自收到仲裁裁决书之日起15日内向人民法院提起诉讼。

(二) 人民法院

当事人可以依法向人民法院提起诉讼,要求确认劳动合同全部或部分无效。人民法院受理案件后,应当根据事实和法律,确认劳动合同的效力。

三、劳动合同部分无效与全部无效

《劳动合同法》第二十七条规定:"劳动合同部分无效,不影响其他部分效力的,其他部分仍然有效。"劳动合同无效,分为部分无效和全部无效。劳动合同的无效或者部分无效是自订立时起就全部无效或者部分无效。劳动合同部分无效,不影响其他部分效力的,其他部分仍然有效。

(一)合同的部分无效不影响其他部分的效力的情形

如果确认劳动合同的某些条款无效,该部分内容与其他内容相比较,具有相对独立性或者可分性,则合同部分无效部分不影响其他部分的效力。例如,劳动合同中有关保守商业秘密的条款无效,一般对劳动合同的其他条款的效力并不产生影响,其他条款仍然有效。

(二)合同的部分无效导致整个合同无效的情形

如果劳动合同中部分无效条款与其他条款具有不可分性,或者当事人约定某些合同条款为劳动合同成立的必要条款,那么该劳动合同的部分无效就会导致整个合同的无效。例如,工作内容条款可以说是劳动合同的核心内容,这一条款被确认无效后,其他条款也就失去了存在的意义,整个劳动合同自然无效。另外,如果劳动合同的目的是违法的,或者严重违背劳动合同法的基本原则,或者决定部分合同内容的效力已无任何实际意义,则该劳动合同也应当被确认为无效。

实践中,确认劳动合同部分无效是否影响其他部分的效力,需要具体问题具体分析。如劳动合同中关于劳动保护条件的条款违反法律规定并被确认无效后,是否影响合同其他部分的效力就要具体分析。如果该劳动合同的工作内容为危险作业,则劳动保护条款就十分重要,应当确认该劳动合同全部无效。反之,如果工作内容为一般内勤工作,则劳动保护条款的失效并不影响劳动合同其他部分的效力,其他部分仍然有效。《劳动合同法》为解决劳动合同部分无效提供了法律依据,避免了一方当事人以个别条款或部分条款无效而否定整个劳动合同的法律效力。对于部分无效的条款可以进行修改或删除,对于有效的部分,当事人有履行的义务,应当继续履行。

四、无效劳动合同的处理

《劳动合同法》第二十八条规定:"劳动合同被确认无效,劳动者已付出劳动的,用人单位应当向劳动者支付劳动报酬。劳动报酬的数额,参照本单位相同或者相近岗位劳动者的劳动报酬确定。"这一规定明确了对无效劳动合同的处理:

第一,劳动者已经付出了劳动,用人单位应当支付劳动报酬。无效的劳动合同不具备法律效力,不受法律保护,但在履行劳动合同的过程中,劳动者的劳动一旦付出就不能收回,即便劳动合同无效,也不可能像一般合同无效那样以双方返还、恢复到合同订立前的状态来处理,否则对于劳动者来说显失公平。因而法律规定,劳动合同被确认无效,劳动者已付出劳动的,企业应当向劳动者支付劳动报酬。

第二,给对方造成损害的,要承担赔偿责任。因为一方当事人导致劳动合同无效给另一方造成了损害,有过错的一方应当承担赔偿责任。在提出对方造成损害时必须有足够的证据,不能夸大损害后果。

第三,对企业采取欺诈、胁迫等手段签订的无效劳动合同,劳动者不仅可以要求解除劳动合同,而且可以要求支付经济补偿。

第四,规定了劳动报酬支付标准。根据规定,劳动报酬的支付标准参照本单位相同或者相近岗位员工的劳动报酬确定,体现"同工同酬"的原则,即与本单位相同或相近岗位劳动者享受相当的报酬待遇。

无效劳动合同的签订(无论是企业的原因还是劳动者的原因)会给企业带来损失。特别是由于企业原因订立的无效劳动合同或者部分无效劳动合同,法律规定,给劳动者造成损害的,应当赔偿劳动者因无效劳动合同造成的经济损失。而对于企业来说,损失的除了经济利益之外,还有时间成本、声誉等方面的损害等。因此,企业应当尽量避免签订无效劳动合同,规避无效合同带来的法律风险。

【关键术语】 劳动合同 有固定期限劳动合同 无固定期限劳动合同 无效劳动合同 法定条款 试用期 培训协议 商业秘密保护 竞业限制

复习思考题

1. 试述劳动合同的概念、特点和期限。
2. 如何确认无效劳动合同?对无效劳动合同怎样处理?
3. 劳动合同的内容包括哪些?签订劳动合同应注意哪些问题?
4. 用人单位如何与员工约定试用期?
5. 劳动关系何时建立?
6. 试述无固定期限劳动合同签订的条件。
7. 试述培训协议的签订条件和主要内容。
8. 试述商业秘密保护与竞业限制的联系和区别。
9. 企业应当如何约定保密和竞业限制条款?

第三章　劳动合同的履行和变更

劳动合同依法订立后,用人单位和劳动者就应当按照劳动合同的约定,全面履行各自的义务,并享受相应的权利,任何一方都不得擅自变更或者解除劳动合同。当然,全面履行合同并不意味着劳动合同绝对不能变更,用人单位与劳动者签订劳动合同后,在法定条件下也可以变更。为使劳动合同得到全面履行,同时也为了规范劳动合同的变更,《劳动合同法》具体规定了劳动合同履行和变更的条件及程序。

第一节　劳动合同的履行

引导案例

劳动合同履行地与公司注册地不一致时劳动标准的确定

李某大专毕业之后就在陕西某公司总部工作。两年之后,公司因业务发展需要,将李某派遣到设立在上海的分公司工作。一段时间后,李某发现原来领取的工资明显不能满足在上海的开支。恰逢年底与公司续签劳动合同,李某遂提出自己的看法,希望公司为他增加工资。公司领导称,李某的合同是与总公司签订的,公司在陕西注册,不能以上海的工资水平为标准;李某却认为,他是在上海工作,当然要按照上海的工资标准来计算。双方争执不下,一时陷入僵局。

这是一起公司的注册地与劳动合同实际履行劳动标准地不一致的案例。

案例中的李某到上海工作后,发生了公司的注册地与劳动合同实际履行地不一致的情况,根据《劳动合同法实施条例》,李某的工资标准应当按照劳动合同履行地的有关规定执行。而且,根据实际情况判断,不存在企业注册地(陕西)的有关标准高于劳动合同履行地的有关标准的事实,故而也不存在双方约定的情况。所以,李某的公司应当参照合同履行地(即上海)的相关标准执行,为李某增加工资。

一、劳动合同应当全面履行

劳动合同的履行,是指劳动合同双方当事人履行劳动合同所规定的义务,实现劳动过程的法律行为。劳动合同的履行是实现劳动合同目的和价值之所在,只有合同获得履行,劳动合同双方当事人的合同期待及其所蕴涵的利益才能实现。用人单位与劳动者在平等自愿、协商一致的基础上订立劳动合同,目的是使劳动合同确立的权利、义务得到实现,从而满足用人单位与劳动者各自的要求。而劳动合同确立的权利、义务,只有通过用人单位与劳动者对劳动合同的履行才能实现。如果用人单位或者劳动者不履行劳动合同中确立的义务,劳动者或者用人单位就无法享受劳动合同确立的权利。因此,劳动合同的履行是劳动合同制度的核心,劳动合同只有得到履行,订立劳动合同的目的才能得到实现。

促进劳动合同双方严格按照约定全面履行合同义务,是劳动合同立法的原则和制度追求。《劳动合同法》第二十九条规定:用人单位与劳动者应当按照劳动合同的约定,全面履行各自的义务。这一规定确立了劳动合同全面履行的原则,劳动合同双方应按约定全面履行各自的义务。所谓全面履行,是指用人单位和劳动者应当按照约定的内容、方式、期限,亲自、正确、全部履行其承担的义务。全面履行原则是对劳动合同履行的总括性要求,它包含劳动合同亲自履行的要求。所谓亲自履行,对用人单位而言,除劳动派遣、合并分立等特殊情形外,必须亲自履行报酬给付义务和其他附随义务。对劳动者而言,除非用人单位同意,否则都应由自己亲自履行,不能委托他人代理履行或由他人来承继履行。例如,用人单位应当按照劳动合同的约定为劳动者提供休息和休假、支付工资、缴纳社会保险费用,提供劳动保护、劳动条件和职业危害防护,劳动者应当按照合同约定保守用人单位的商业秘密等。在劳动合同的履行中,双方的权利义务是对应的,一方的权利为另一方的义务,反之亦然。例如,用人单位应当在劳动合同约定的期限内为劳动者提供工作岗位,劳动者应当在劳动合同约定的期限内为用人单位提供劳动;用人单位为劳动者提供的工作内容和工作地点应当符合劳动合同的约定,劳动者应当在劳动合同约定的工作地点进行劳动合同约定的工作。因此,双方都必须严格按照合同约定履行各自的义务,任何一方不履行或瑕疵履行,都属于劳动合同存在违约情形。

劳动合同履行的反面是不履行,即违约。违反全面履行,即不履行或不全面履行既可能是用人单位,也可能是劳动者。用人单位违反全面履行的行为,主要表现为拖欠劳动者工资、强迫和变相强迫劳动者加班和违章指挥、强令冒险作业等违反劳动合同的行为。《劳动合同法》为了规范劳动合同的履行,保护劳动者的报酬权、休息权和职业安全权,在强调全面履行劳动合同的同时,分别规定了支付令申请、禁止强迫加班、加班费支付、拒绝违章指挥和强令冒险作业的法律后果以及监督权行使等促进劳动合同履行的制度性规则。

二、用人单位名称、法定代表人变更后劳动合同的履行

《劳动合同法》第三十三条规定,用人单位变更名称、法定代表人、主要负责人或者投资人等事项,不影响劳动合同的履行。这一规定明确了劳动合同的履行不受用人单位有关事项变更的影响。

用人单位名称是指用以代表用人单位并区别于其他用人单位的称谓;法定代表人是指依照法律或者法人组织章程规定,代表法人行使职权的负责人;主要负责人是指在用人单位起决定作用的重要人员,如公司的董事长、副董事长、经理、副经理等;投资人是指通过法定途径出资于用人单位的人。用人单位变更名称,只是用以代表用人单位的称谓发生了变化,但其性质、对外的实体权利义务等并没有发生任何变化;用人单位变更法定代表人、主要负责人或者投资人,只是其内部有关人员发生了变化,这种变化本身并不影响其对外的权利义务。这些因素均属于用人单位的非组织实体相关因素的变化,主体资格并未消灭。由于在上述情况下,用人单位对外的权利义务没有任何变化,其对劳动者的权利义务也不应发生改变,其与劳动者订立的劳动合同也就不受任何影响,用人单位和劳动者都应当按照名称、法定代表人、主要负责人或者投资人等事项变更前订立的劳动合同,全面履行各自的合同义务。

三、用人单位合并或分立后劳动合同的履行

《劳动合同法》第三十四条规定,用人单位发生合并或者分立等情况,原劳动合同继续有效,劳动合同由承继其权利和义务的用人单位继续履行。这一规定明确了用人单位合并或分立时劳动合同的履行问题。

用人单位合并是指用人单位并入其他用人单位或者其他用人单位并入该用人单位,或者用人单位与其他用人单位合并在一起共同成立一个新的用人单

位。用人单位分立是指用人单位将其一部分分出去成立一个新的用人单位,或者用人单位分割为两个以上的新用人单位。合并和分立是法人组织本身变更的主要形式。根据《公司法》,公司合并包括吸收合并和新设合并两种形式。一个公司吸收其他公司为吸收合并,被吸收的公司解散;两个以上公司合并设立一个新的公司为新设合并,合并各方解散。公司合并时,合并各方的债权应当由合并后存续的公司或者新设的公司承继。公司分立也同样包括存续分立和新设分立两种情况:前者是指分立出一个新公司后原公司仍然存在;后者是指分立后原公司解散。除分立前与债权清偿达成的书面协议另有约定之外,公司分立前的债务由分立后的公司承担连带责任。

为解决用人单位发生合并或者分立等情况下引发的劳动者的劳动关系问题,《劳动合同法》对用人单位发生合并或者分立等情况时劳动合同的效力和履行作出了明确规定。用人单位发生合并或者分立等情况,用人单位与劳动者在合并或者分立前订立的劳动合同,并不因为用人单位的合并或者分立而失效,它仍然具有法律效力,应当予以履行。由于原用人单位已经发生变化或者已经不存在了,所以履行劳动合同的用人单位一方,应当是承继原用人单位权利和义务的用人单位。也就是说,用人单位合并或者分立,不影响劳动者与原用人单位依法订立的劳动合同的有效性,原用人单位在劳动合同中的法律地位一并转移给新用人单位。

四、劳动合同履行地与公司注册地不一致时劳动标准的确定

《劳动合同法实施条例》第十四条规定:"劳动合同履行地与用人单位注册地不一致的,有关劳动者的最低工资标准、劳动保护、劳动条件、职业危害防护和本地区上年度职工月平均工资标准等事项,按照劳动合同履行地的有关规定执行;用人单位注册地的有关标准高于劳动合同履行地的有关标准,且用人单位与劳动者约定按照用人单位注册地的有关标准执行的,从其约定。"其中,劳动合同履行地是指用人单位和劳动者履行劳动合同约定义务的地点,也即劳动者提供劳动、用人单位支付工资和提供劳动条件等的地点。用人单位注册地是指用人单位在工商行政管理机关登记的地点。

由于各地区经济发展水平不同,因此所实行的最低工资标准以及其他福利水平也有所差别。一些工资水平较高地区的用工单位为了降低用工成本,可能在工资水平较低地区寻找派遣公司进行劳务派遣,并按照派遣单位所在地区的工资水平向被派遣劳动者支付劳动报酬;或者一些用人单位在工资水平较低的地区注册,但劳动合同实际履行地在工资水平较高的地区,用人单位为了降低成本,按照用人单位注册地的工资及福利标准向劳动者支付报酬。劳动者主要

是在劳动合同履行地生活、消费,如果用人单位执行单位注册地较低的劳动标准,会给劳动者的工作和生活造成困难,但是如果用人单位注册地的劳动标准高于劳动合同履行地的相关标准,要求用人单位执行较高的标准,则可能造成该单位在竞争中处于不利的地位。如果在这种情况下,用人单位与劳动者约定按照单位注册地的标准执行,则应当尊重双方当事人的合意。基于此,本条规定劳动合同履行地与用人单位注册地不一致时,一般情况下按照劳动合同履行地的有关标准执行;如果用人单位注册地的标准高于劳动合同履行地的标准,并且双方当事人约定依照用人单位注册地标准执行的,从其约定。

第二节 工资的法律保障

同工同酬就是相同的工作岗位发放相同的工资吗?[①]

同工同酬是指用人单位对于从事相同工作、付出等量劳动且取得相同劳动业绩的劳动者,应支付同等的劳动报酬。我们都知道,由于劳动者个体存在差异,所以哪怕工作一样,也会有不同的工作结果。那么在实践中,如果员工主张相同的岗位要同工同酬,法院一般会如何处理呢?

2013年1月,宋某与某公司双方签订了一份无固定期限劳动合同,宋某岗位为输配调压员,公司为宋某缴纳了各项社会保险费用,工资按照公司依法制定的工资分配制度确定,试用期间的工资标准为每月3 791元,每月25日前足额支付;工作地点为厂站;职级为三级。2015年1月,公司C3职级确定岗位工资1 675元,2016年1月、2017年3月、2019年5月、2020年1月该公司对工资进行了四次调整,按照"同岗位同增长"的原则,宋某岗位工资分别增长120元、120元、200元、190元。调整方案解释权归总经理办公室。

2022年1月,公司确定新的岗位工资标准时,其中C3职级出现三个档次工资标准(C3:3 785元;东阿厂站C3:3 445元;厂站C3:3 235元),宋某被定为厂站C3(3 235元)的工资标准。宋某认为该公司违反同工同酬原则,遂提出异议,与公司协商未果后,宋某依法申请劳动仲裁,请求公司支付宋某2016年4月至2022年2月期间"变相克扣"的职级工资27 530元。后仲裁委员会作出

[①] 引自:平阴县人民法院网站,http://jnanpyfy.sdcourt.gov.cn/jnanpyfy/395858/395861/9131344/index.html。

第三章 劳动合同的履行和变更

裁决,对其请求不予支持。宋某依法向平阴县人民法院提起诉讼,诉求同上。

一审法院经审理认为,"同工同酬"是劳动法规定的一项原则,并非具体的实施标准,即单位针对同一工种应实行相同的薪酬办法,不能因人而异区别对待,但并非同一岗位不区分劳动量的大小及工作业绩情况而统一支付相同报酬。企业职工的工资通常随着工作年限、工作表现等不同而有所不同,加之工资待遇与企业的考核机制相关,且又离不开劳动者个人的学历、掌握的生产技能、工作态度、工作经历和经验等因素。因此,用人单位在综合考量后确定不同的工资标准属正常现象。

本案中,宋某主张的C3职级相应的岗位为巡线员、市场开发员、采购员、出纳等岗位,而宋某为输配调压员,即使职级相同,但二者工作时间、地点、工作内容、工作强度均有不同,即宋某未与其他员工提供同等价值的劳动。用人单位依据宋某提供的劳动内容确定宋某的工资水平,系履行用人单位的工资分配自主权的行为,该劳动报酬的标准并不违反《中华人民共和国劳动法》和相关法律、法规的强制性规定。

综上,法院依法判决驳回宋某的诉讼请求。一审判决作出后,宋某不服提起上诉,二审维持原判。

我国对工资分配实行同工同酬是法定基本原则,但由于劳动者存在个体差异,综合考虑劳动者的个人劳动能力(包括其工作经验、工作技能、工作态度、工作成果等特殊因素),允许用人单位在发放劳动报酬方面有所差别,故不能简单以不同劳动者是否在相同的岗位、做相同的工作作为同工的标准,也不宜认定同酬为工资绝对相同,用人单位有权针对不同的劳动者确定不同的工资水平。具体到上述案例,宋某仅仅依据相同职级就要求同酬,显然未能考虑以上因素,故法院对其主张并未予以支持。

同工同酬是《劳动合同法》中具有突破性的制度规定。"同工同酬"是指用人单位应当对从事相同工作、付出等量劳动、具有相同技能要求并且取得相同劳动业绩的劳动者同等地支付劳动报酬。同工同酬须具备以下条件:一是劳动者的工作岗位、工作内容相同;二是在相同工作岗位上承担了相同的工作量;三是取得了相同的工作业绩;四是劳动者能力、素质大致相同。简言之,就是同样岗位、同样工作任务、同样工作量和技能要求、同样实际贡献获得相同的报酬。反之,不同工就应不同酬。

实行同工同酬有两个前提:一是科学的岗位价值评估,即采用科学方法,对岗位的职责大小、工作强度、工作难度、任职条件、工作条件等特性进行评价,确定岗位的相对价值评价系统,以确定是否"同工";二是完善绩效考核体系,即采用科学手段收集、分析、评价有关劳动者在其工作岗位上的能力、业绩、工作态度和适应性等方面的信息情况,通过考评,科学地测量工作绩效,以决定相同岗位的劳动者是否应当"同酬"。

对企业而言,不能因为身份不同而实行非常明显的同工不同酬。因"全民工、集体工、派遣工"等的身份不同而实行非常明显的同工不同酬,不仅违反《劳动合同法》的规定,也不利于形成公平的劳动条件。因为,工资支付的依据是"工作、绩效、能力",而不是"身份"。同工同酬与劳动者是全民工还是集体工的身份没有多大关系,而与工作岗位有关。当然"资历"在薪酬制度中可以作一个合理的折算。从长远看,要想彻底解决"不同身份混岗"的问题,还要继续深化国有企业改革,全面建立起真正的市场化用工制度,彻底消除劳动者的身份差别,使"不同身份混岗"真正并轨,促使企业依法用工,在规范使用不同用工形式下确保劳动者权利的平等,真正实现"同工同酬"。

一、工资的法律含义

工资是劳动者及其家庭生活的主要来源,支付工资是雇主与劳动者劳动义务相对应的一项重要义务。在劳动法中,工资是雇主依据国家有关规定或劳动合同约定,以货币形式直接支付给劳动者的劳动报酬。我国法律、法规规定,工资是用人单位依据劳动合同规定,以货币形式支付给劳动者的工资报酬。工资包括计时工资、计件工资、奖金、津贴和补贴、加班加点工资、特殊情况下支付的工资。工资的种类可以是货币工资、实物工资和混合工资,其形式包括了计时工资、计件工资、奖励工资、津贴、佣金和分红等。工资的给付水平直接决定了劳动力的成本,它是由劳动生产率、通货膨胀率和市场竞争强度决定的。在市场经济条件下,工资作为劳动合同的重要条款,是由劳动者和用人单位定期协商决定的。

法律要求用人单位应按照劳动合同约定的支付标准、支付时间和支付方式按时足额支付劳动者工资。国家劳动部《关于贯彻执行〈中华人民共和国劳动法〉若干问题的意见》(劳部发〔1995〕309号)明确规定,劳动者的以下劳动收入不属于工资范围:①单位支付给劳动者个人的社会保险福利费用,如丧葬抚恤救济费、生活困难补助费、计划生育补贴等;②劳动保护方面的费用,如用人单位支付给劳动者的工作服、解毒剂、清凉饮料费用等;③按规定未列入工资总额的各种劳动报酬及其他劳动收入,如根据国家规定发放的创造发明奖、国家星火奖、自然科学奖、科学技术进步奖、合理化建议和技术改进奖、中华技能大奖等,以及稿费、讲课费、翻译费等。

二、工资的形式

根据法律、法规的规定,我国工资的具体形式包括以下各项:

(一)计时工资

计时工资是指按计时工资标准和工作时间支付给劳动者个人的工资报酬。计时工资标准是根据劳动者的技术熟练程度、劳动繁重程度等标准确定的。在相同的工作时间内,从事同种工作,并具有基本相同劳动技能的劳动者的工资是相同的。按照工资支付时间的不同,计时工资可以分为年薪工资、月工资、周工资和日工资,即按照年、月、周和日计算和发放的工资。在现实生活中,使用最广泛的报酬支付形式是计时工资。美国86%的雇员按小时或月领取工资。目前我国全日制用工形式一般实行月工资制,非全日制用工以周或天计算工资,并规定月工资制与小时工资制、日工资制之间可以相互转换。

(二)计件工资

计件工资是指根据劳动者提供的合格产品的数量和规定的计件单价支付工资的一种形式。与计时工资不同,计件工资不是按照劳动者劳动时间的长短支付工资,而是按照劳动者在单位时间内完成的合格产品的数量来计算工资报酬的形式。在我国,计件工资有很长的历史,主要形式有全额计件工资、实物量计件工资和超额计件工资,其中实物量计件工资是对原计件工资办法的改进。对于产量、质量、物耗等指标能考核到个人的工种,可以实行个人计件工资。计件工资制实际上是按产品数量支付工资,它是一种最普遍的以个人为单位的基本奖励形式,能更好地体现按劳分配的工资支付原则。

(三)奖金

奖金作为一种工资支付形式,是指为奖励劳动者的超额绩效而支付的劳动报酬,其目的是奖励目标完成者和激励追求者。奖金是基于"按绩效付酬"的历史背景而产生的报酬形式,对于激励员工绩效能够起到重要作用。根据员工绩效支付报酬,是20世纪西方发达国家薪酬实践的一个里程碑,它强调薪酬与绩效表现之间的联系。奖金的具体形式很多,从奖励对象上看,包括个人奖励计划、团队激励计划和组织激励计划。从奖励时间上看,包括月度奖、季度奖和年度奖。从奖励项目上看,可以分为成本奖、质量奖、安全奖和超产奖。无论具体形式如何,奖金都是劳动者工资的一部分。

(四)津贴和补贴

津贴作为一种辅助形式是对劳动者额外劳动付出的一种补偿。津贴一般是指补偿劳动者在特殊条件下的劳动消耗及生活费额外支出的工资。津贴的种类很多,主要有矿山井下津贴、高温津贴、野外工作津贴、林区津贴、艰苦气象台站津贴、基础设施建设工程流动施工津贴、保健津贴、医疗卫生津贴等。补贴是为了补偿物价变动而设置的补偿,主要有生活费补贴、价格补贴等。

(五)延长工作时间的工资报酬

劳动者在法定工作时间以外提供劳动、加班加点的,用人单位应当按照法定标准支付高于劳动者正常工作时间工资的劳动报酬。劳动者延长工作时间的报酬,也属于其工资的构成部分。

(六)特殊情况下支付的工资

劳动者在法定工作时间内依法参加社会活动期间,用人单位应视同其提供了正常劳动而支付工资,这些工资属于劳动者在特殊情况下用人单位支付的报酬,也属于劳动者工资的构成部分。

三、工资支付的原则

(一)协商同意原则

工资的给付标准和数额最终由劳动力市场决定。工资应当由雇员和雇主平等协商决定。当事人协商确定工资标准是工资支付的一般原则。工资集体协商是与市场经济相适应的工资决定和制衡机制,在工资问题上实行平等协商,可以使最敏感的问题由"模糊"变为公开,员工的意见通过工会与企业协商,及时得到沟通,矛盾得以化解;协商可以集思广益,使工资分配更加合理,从源头上减少甚至避免矛盾和争议的产生;经协商确定的工资集体合同具有法律效力,双方都要依法履行,一旦发生争议也能依法调解。实行工资集体协商制度可实现双赢的目的,有利于企业的发展和员工权益的保障。

(二)平等付酬原则

在许多国家,因劳动者的职业、种族、性别、年龄、受教育程度等的不同,工资高低差距很大,其中男女同工不同酬和种族歧视问题表现得尤为突出。第二次世界大战后,世界多数国家确立了平等付酬原则。美国1963年修改《公平劳动标准法》时,增加了男女同工同酬的规定;英国1970年制定了专门的《同工同酬法》、1975年制定了《性别歧视禁止法》;日本《劳动标准法》第3条和第4条规定:"雇主不得以工人的国籍、信仰和社会地位为理由,而在工资、工作时间和其他劳动条件方面规定不同的待遇。""雇主不得以受雇者是女工为理由,而在工资方面规定与男工不同的待遇";中国政府已批准加入的第100号国际劳工公约也规定,"对男女工人同等价值的工作给予同等报酬"。男女同工同酬是我国《劳动法》始终坚持的原则,该法第四十六条规定:"工资分配应当遵循按劳分配原则,实行同工同酬。工资水平在经济发展的基础上逐步提高。国家对工资总量实行宏观调控。"我国2008年起实施的《劳动合同法》也明确规定了同工同酬的立法原则,规定了劳务派遣的劳动者与用工单位的劳动者实行同工同酬,未签订劳动合同的劳动者与本单位相同岗位的劳动者实行同工同酬。同工同酬是我国工资分配的一个基本原则,即同等价值的工作应当给予同等的报酬。用人单位在制定薪酬制度时必须遵循同工同酬原则,保障劳动者在工资分配上享有平等权利,消除歧视。

(三)依法支付原则

依法支付原则是指要按照法律规定或合同约定的标准、时间、地点、形式和方式发放工资。根据我国《劳动合同法》和《工资支付暂行规定》等,工资支付应遵循三项规定:工资应当以法定货币支付,不得以实物及有价证券替代货币支付;工资应当按时支付;工资须直接支付。

我国劳动法规定工资按月支付,即按照企业规定的每月发放工资的日期支付工资。工资必须在用人单位与劳动者约定的日期支付。如遇节假日或休息日,则应提前在最近的工作日支付。工资至少每月支付一次,实行周、日、小时工资制的,可按周、日、小时支付。《劳动合同法》第七十二条规定,非全日制用工劳动报酬结算支付周期最长不得超过15日。对完成一次性、临时性或某些具体工作的劳动者,用人单位应按有关协议或合同规定在其完成劳动任务后支付工资。用人单位只要与劳动者约定了发薪日期,每月必须在约定之日发薪,不得任意变动,过了约定日期发薪就构成拖欠工资。劳动者与用人单位在依法解除或终止劳动合同时,用人单位应同时一次付清劳动者工资。用人单位依法破产时,应将劳动者的工资列入清偿顺序,优先支付。

工资须直接支付是指工资应当直接支付给劳动者本人,劳动者因故不能领取工资时,可由亲属或委托他人代领。用人单位可委托银行代发工资。支付工资时,用人单位必须书面记录支付劳动者工资的数额、时间、领取者的姓名并由劳动者签字,且保存两年以上备查。用人单位应向劳动者提供一份其个人的工资清单。

劳动者对个人工资的处理不受干涉,任何人不得限制和干涉雇员处理其工资的自由。雇主不得以任何方法要求甚至强迫雇员到雇主或其他任何人的商店购买商品,亦不得强迫工人接受雇主提供的劳务服务。任何限定工资使用地点和方式的协议都是非法的、无效的。

四、禁止克扣和拖欠劳动者工资

(一)不得克扣劳动者工资

任何组织和个人无正当理由不得克扣和拖欠劳动者的工资。克扣和拖欠劳动者工资是一种侵权行为。我国《劳动法》第五十条规定，不得克扣或者无故拖欠劳动者工资。克扣劳动者工资是指在正常情况下，劳动者依法律或者合同规定完成了生产工作任务，用人单位无正当理由扣减劳动者应得工资，或借故不全部支付劳动者工资。"克扣"劳动者的工资不包括以下减发工资的情况：①国家法律、法规中有明确规定的，如法院判决、裁定中要求代扣的抚养费、赡养费；②依法签订的劳动合同中有明确规定的，用人单位代扣代缴的个人所得税和应由劳动者个人负担的各项社会保险费用；③用人单位依法制定并经职代会批准的厂规厂纪中有明确规定的；④企业工资总额与经济效益相联系，经济效益下浮时，工资必须下浮的；⑤因劳动者请事假等相应减发的工资等。

为保证雇员的最低生活水平，各国法律多规定对工资的扣除要有一定比例，或者规定工资的扣除要保持在一定限度内，低于一定限度的工资不得扣除。我国《工资支付暂行规定》指出，因劳动者本人原因给用人单位造成经济损失的，用人单位可按照劳动合同的约定要求其赔偿经济损失。经济损失的赔偿，可从劳动者本人的工资中扣除，但每月扣除部分不得超过劳动者当月工资的20%。若扣除后的剩余工资部分低于当月最低工资标准，则按最低工资标准支付。有些国家规定，对工资的扣除要在一定限度内，如日本定为年薪3万日元。

任何人不得直接或间接用武力、偷窃、恐吓、威胁、开除或其他任何办法，不经雇员同意，扣除其任何数量的工资，或引诱其放弃部分工资。雇员赊贷雇主的财物一般不得在工资项目中扣除，但以原价供给的生活品、房屋租金或取暖费，以及为雇员利益而设立的储蓄互助金、统筹金等除外。

(二) 不得拖欠劳动者工资

拖欠劳动者工资是指用人单位在规定时间内未支付劳动者工资。通常，劳动者和用人单位在一个工资支付周期内会事先商量具体付薪时间，并形成制度，超过商定付薪时间未能支付工资，即为拖欠工资。法律规定不属于无故拖欠劳动者工资的有两种具体情况：①用人单位遇到非人力所能抗拒的自然灾害、战争等原因，无法按时支付工资；②用人单位确因生产经营困难、资金周转受到影响，在征得本单位工会同意后，可暂时延期支付劳动者工资，延期时间的最长限制可由各省、自治区、直辖市劳动保障行政部门根据各地情况确定。除此之外，其他情况下拖欠工资均为无故拖欠。

五、特殊情况下工资的支付

特殊情况下的工资是指依法或按协议在非正常情况下由用人单位支付给劳动者的工资。主要包括以下各项：

（一）履行国家和社会义务期间的工资

我国法律规定,劳动者在法定工作时间内依法参加社会活动期间,用人单位应视其提供了正常劳动而支付工资。社会活动包括:依法行使选举权或被选举权;当选代表出席乡(镇)、区以上政府、党派、工会、共青团、妇女联合会等组织召开的会议;出任人民法庭证明人;出席劳动模范、先进工作者大会;不脱产工会基层委员会因工会活动占用的生产或工作时间;其他依法参加的社会活动。

（二）年休假、探亲假、婚假、丧假工资

根据我国劳动法合同及相关规定,劳动者依法享受年休假、探亲假、婚假、丧假期间,用人单位应当按劳动合同规定的标准支付工资。劳动者享受年休假、探亲假、婚假、丧假就视同提供了正常劳动,用人单位应当支付工资,不能以劳动者休假未上班为由扣发其工资。实践中,一些企业随意扣发劳动者享受以上休假时的工资是违法的。

（三）停工期间的工资

根据《工资支付暂行规定》,非因劳动者原因造成单位停工、停产在一个工资支付周期内的,用人单位应当按劳动合同规定的标准支付劳动者工资。超过一个工资支付周期的,若劳动者提供了正常劳动,则支付给劳动者的劳动报酬不得低于当地最低工资标准;若劳动者没有提供正常劳动,应按国家有关规定办理。职工因本人过失造成停工的,不发给津贴;非因本人过失造成停工的,一般按照本人计时标准工资的75%发给停工津贴。试用新机器、新工具、试行先进经验及合理化建议期间,非因本人过失造成的停工,停工津贴按照本人标准工资的100%发放。停工期间,职工享受的地区津贴、野外津贴、生活补贴,按照依法确定的停工津贴的比例发放。

（四）病假、事假工资

病假工资应按不低于最低工资标准的80%支付。对于患病或非因工负伤的员工住院治疗,未能在法定工作时间内履行正常劳动义务的职工,可以不受最低工资标准的保护,但应以最低工资标准为依据发放工资报酬。劳动部《关于贯彻执行〈中华人民共和国劳动法〉若干问题的意见》中相关规定为:"职工患病或非因工负伤治疗期间,在规定的医疗期内由企业按有关规定支付其病假工资或疾病救济费,病假工资或疾病救济费可以低于当地最低工资标准支付,但不能低于最低工资标准的80%。"医疗期是指企业职工因患病或非因工负伤停止工作、治病休息并不得解除劳动合同的时限。企业职工因患病或非因工负伤,需要停止工作医疗时,根据本人实际参加工作年限和在本单位的工作年限,给予3个月到24个月的医疗期。

劳动者在事假期间,用人单位可以不支付其工资。

(五)企业破产时工资的清偿权

2007年6月1日实施的《中华人民共和国企业破产法》(以下简称《企业破产法》)重新界定了企业破产的清偿顺序,法律的公布时间2006年8月27日是界定劳动债权和担保债权清偿顺序的分水岭。该法公布前出现的破产,破产人应优先清偿职工工资和其他福利;破产人无担保财产不足清偿职工工资的,要从有担保的财产中清偿。该法公布后,破产人将优先清偿企业担保人,职工工资和其他福利仅能从未担保财产中清偿。《企业破产法》第一百一十三条规定,破产财产在优先清偿破产费用和共益债务后,依照下列顺序清偿:①破产人所欠职工的工资和医疗、伤残补助、抚恤费用,所欠的应当划入职工个人账户的基本养老保险、基本医疗保险费用,以及法律、行政法规规定应当支付给职工的补偿金;②破产人欠缴的除前项规定以外的社会保险费用和破产人所欠税款;③普通破产债权。破产财产不足以清偿同一顺序的清偿要求的,按照比例分配。破产企业的董事、监事和高级管理人员的工资按照该企业职工的平均工资计算。

六、工资的诉讼保护

《劳动合同法》第三十条规定:"用人单位应当按照劳动合同约定和国家规定,向劳动者及时足额支付劳动报酬。用人单位拖欠或者未足额支付劳动报酬的,劳动者可以依法向当地人民法院申请支付令,人民法院应当依法发出支付令。"支付令是人民法院依照民事诉讼法规定的督促程序,根据债权人的申请,向债务人发出的限期履行给付金钱或有价证券的法律文书。针对拖欠工资问题,为使劳动者获得劳动报酬的权利及时实现,《劳动合同法》对用人单位不及时、足额支付劳动报酬的,规定劳动者可以依法向当地人民法院申请支付令,并规定人民法院应当依法发出支付令,其目的是对劳动者劳动报酬权的救济提供更为便利和迅速的司法救济途径。

根据民事诉讼法的规定,劳动者在申请支付令时,应当向用人单位所在地人民法院或者劳动合同依法约定的人民法院提出申请,并在申请书中写明请求给付的数量和所根据的事实、证据。人民法院应当在5日内通知劳动者是否受理。人民法院受理申请后,依法对劳动者提供的事实、证据进行审查。对债权债务关系明确、合法的,应当在受理之日起15日内向用人单位发出支付令;申请不成立的,裁定予以驳回。用人单位应当自收到支付令之日起15日内清偿债务,或者向人民法院提出书面异议。用人单位在法定的期间不提出异议又不履行支付令的,劳动者可以向人民法院申请执行。用人单位在法定期间提出异议的,人民法院收到用人单位提出的书面异议后,应当裁定终结督促程序,支付令自行失效,劳动者可以向人民法院起诉。

对用人单位非法扣除劳动者工资或拖延支付应发工资的,法律规定了严格的责任。《劳动合同法》第八十五条规定:"用人单位有下列情形之一的,由劳动行政部门责令限期支付劳动报酬、加班费或者经济补偿;劳动报酬低于当地最低工资标准的,应当支付其差额部分;逾期不支付的,责令用人单位按应付金额百分之五十以上百分之一百以下的标准向劳动者加付赔偿金:

(一)未按照劳动合同的约定或者国家规定及时足额支付劳动者劳动报酬的;

(二)低于当地最低工资标准支付劳动者工资的;

(三)安排加班不支付加班费的;

(四)解除或者终止劳动合同,未依照本法规定向劳动者支付经济补偿的。"

劳动行政部门有权监察用人单位的工资支付情况。劳动者与用人单位因工资支付发生劳动争议的,当事人可依法向劳动争议仲裁机关申请仲裁。对仲裁裁决不服的,可以向人民法院提起诉讼。

七、最低工资的法律制度

(一)最低工资的法律含义

最低工资是指劳动者在法定工作时间或依法签订的劳动合同约定的工作时间内提供了正常劳动的前提下,用人单位依法应支付的最低劳动报酬。最低工资包括基本工资和奖金、津贴、补贴,但不包括加班加点工资、特殊劳动条件下的津贴、国家规定的社会保险和福利待遇。法定工作时间是指国家规定的工作时间。劳动者依法享受带薪年休假、探亲假、婚丧假、生育(产)假、节育手术假等国家规定的休假期间,以及法定工作时间内依法参加社会活动期间,均视为提供了正常劳动。正常劳动是指劳动者按照劳动合同的有关规定,在法定工作时间内从事的劳动。根据相关法律、法规,用人单位支付给劳动者的下列费用不包含在最低工资的范围之内:①延长工作时间的工资;②中班、夜班、高温、低温、井下、有毒有害等特殊工作环境、条件下的津贴;③法律、法规和国家规定的劳动者福利待遇等,例如,用人单位通过补贴伙食、住房等支付给劳动者的非货币收入。相对于正常情况下的劳动,劳动者从事中班、夜班、高温、低温、井下、有毒有害等特殊情况下的津贴是其从事特殊劳动的报酬,不能作为最低工资的组成部分。企业管理者一定要明确认识、正确掌握最低工资的范围,以免因此引发争议。

最低工资法是国家制定的最低工资标准的法律。国家通过立法制定最低工资标准,确保用人单位支付劳动者的工资不低于最低工资标准。最低工资立法的目的在于保证劳动者的最低收入,使其得以维持生活、改善劳动条件,有利于保障工人基本生活,提高劳动力素质,确保企业公平竞争,同时有助于社会经济发展。最低工资法本身具有救济、援助最低工资收入者的重要作用,同时对确保社会公正也十分必要。维持最低工资制与社会性成本的平衡将是一个重要的课题。《劳动合同法》第七十二条规定,非全日制用工小时计酬标准不得低于用人单位所在地人民政府规定的最低小时工资标准。这从法律上保证了劳动者享有的最低工资保障权。国际劳工组织也先后于 1928 年、1951 年和 1970 年以国际劳动立法的形式分别制定了关于最低工资的第 26 号、第 99 号和第 131 号三个公约和第 30 号、第 89 号、第 135 号三个建议书,其中第 131 号公约和第 135 号建议书是专为发展中国家制定的。最低工资立法已成为世界通行的做法。

(二)最低工资的确定和发布

1.最低工资的确定。最低工资标准是指单位劳动时间的最低工资数额。我国《劳动法》第四十八条规定,最低工资的具体标准由省、自治区、直辖市人民政府规定,报国务院备案。也就是说,我国不实行全国统一的最低工资标准,由各地根据具体情况确定最低工资标准。最低工资标准一般按月确定,也可以按周、日、小时确定。各种单位时间的最低工资标准可以互相转换。《劳动法》第四十九条规定:"确定和调整最低工资标准应当综合参考下列因素:

(一)劳动者本人及平均赡养人口的最低生活费用;

(二)社会平均工资水平;

(三)劳动生产率;

(四)就业状况;

(五)地区之间经济发展水平的差异。"

一般来说,最低工资标准应高于社会救济金和失业保险金标准,低于当地平均工资水平。

2.最低工资标准的发布。省、自治区、直辖市人民政府劳动行政主管部门将确定的最低工资标准及其依据、详细说明和最低工资范围报国务院劳动行政主管部门备案。国务院劳动行政主管部门在收到备案后,应召集全国总工会、全国企业家协会共同研究。若其报送的最低工资率及其适用范围不妥的,有权提出变更意见,并在 15 日之内以书面形式给予回复。省、自治区、直辖市人民政府劳动行政主管部门在 25 日之内未收到国务院劳动行政主管部门提出变更意见的,或接到变更意见对原确定的最低工资率及其适用范围作出修订后,应当将本地区最低工资率及其适用范围报省、自治区、直辖市人民政府批准,并且在批准后7日内发布。省、自治区、直辖市最低工资率及其适用范围应当在当地政府公报上和至少一种全地区性的报纸上发布。

3. 最低工资标准的调整。最低工资标准发布实施后,当最低工资标准制定时参考的各种因素,如当地最低生活费用、职工平均工资、劳动生产率、城镇就业状况和经济发展水平等发生变化,或本地区职工生活费用价格指数累计变动较大时,应当适时调整。

(三)最低工资的法定效力

最低工资是法定的最低报酬。企业支付给劳动者的工资不得低于其适用的最低工资率。实行计件工资或提成工资等工资形式的企业,必须进行合理的折算,其相应的折算额不得低于按时、日、周、月确定的相应的最低工资率。当事人在劳动合同中约定的劳动报酬低于最低工资额时,其工资部分应视为无效,无效部分应改按法定的最低工资执行。

第三节 工作时间和休息休假

引导案例

实行"996"工作制违法[①]

李某系某科技公司的员工,于2020年6月入职该公司,双方订立的劳动合同约定试用期为3个月,试用期月工资为8 000元。公司规章制度规定,工作时间为早9时至晚9时,每周工作6天。

2个月后,李某以工作时间严重超过法律规定上限为由拒绝超时加班安排,该科技公司随即以李某在试用期间被证明不符合录用条件为由与其解除劳动合同。李某向劳动人事争议仲裁委员会申请仲裁,请求该科技公司支付经济赔偿金。

那么,超时加班制度违法吗?

本案的争议焦点是李某拒绝违法超时的加班安排,该科技公司能否与李某解除劳动合同。

[①] 潘强,赵督. 实行"996"工作制违法[N/OL]. 中工网,(2021-09-24). http://chinajob.mohrss.gov.cn/c/2021-09-24/325203.shtml.

我国劳动法律规定,国家实行劳动者每日工作时间不超过 8 小时、平均每周工作时间不超过 40 小时的工时制度。如果工作时长超过标准工时,就属于加班的范畴。《劳动法》第四十一条规定:"用人单位由于生产经营需要,经与工会和劳动者协商后可以延长工作时间,一般每日不得超过一小时,因特殊原因需要延长工作时间的,在保障劳动者身体健康的条件下延长工作时间每日不得超过三小时,但是每月不得超过三十六小时。"劳动法律对劳动者每天工作时长有明确的规定,用人单位不能随意延长劳动者的每日工作时长。换言之,法律在支持用人单位依法行使管理职权的同时,也明确其必须履行保障劳动者权利的义务。因此,用人单位制定的规章制度,若违反法律规定的加班条款,均为无效条款。

本案中,科技公司所规定的关于"工作时间为早 9 时至晚 9 时"的条款是无效的。科技公司不能因李某未履行该条款解除与李某的劳动合同。因此,科技公司属于违法解除与李某的劳动合同,应给予李某相应的经济补偿金。

值得注意的是,在一些企业,"996"成为常态,在一些行业,"白+黑""5+2"成为一种工作氛围。为此,人力资源和社会保障部、最高人民法院于 2021 年联合发布了"10 个超时加班劳动争议典型案例",其中明确指出,劳动者拒绝超时加班安排,用人单位不能解除劳动合同。

加班费计算基数一直是劳动争议中的焦点问题。根据我国工资支付办法,在确定加班工资的计算基数时,劳动合同中对工资有约定的,按不低于劳动合同约定的工资标准确定。劳动合同对工资没有约定或者约定不明的,按照企业集体合同的相关规定确定。集体合同没有规定的,按照劳动者正常劳动应得工资计算。此案例中,电子企业由于已与劳动者约定计算加班工资的基数,而且此约定符合法律规定,因而劳动监察部门支持了企业的做法。

为防范和降低因加班费引发的纠纷,企业在薪酬制度中应明确薪酬的结构,规定加班费的计算基数,可以将工资结构中相对固定部分作为计算加班工资的基数。对不同类型员工可以实行综合计算工时制和不定时工作制。对于季节性生产和比较特殊的行业,可以实行综合计算工时制度,将加班时间平摊到淡季等其他区间,可以有效控制加班费的开支。对于管理人员,必要时可以实行不定时工作制,不定时工作制不存在加班费问题。此外,实行加班审批制度,规定员工在工作时间之外进行劳动,需要提前征求上级主管或特定部门的意见,经过审批后,加班方为有效。对于一些经常需要加班而又无法申请不定时工作制的企业,如对管理、研发、精算等从事高知识含量的工作人员等,可以实行加班费的预发制度,即员工每月实得收入为应发工资和月工资加班费预发,一旦员工提出加班费异议,可首先用加班费预发部分冲抵,这样可以直接减少加班费的计算基数。

一、工作时间的立法

工作时间是法律规定的劳动者在工作场所为履行劳动义务而消耗的时间,即劳动者每天工作的时数或每周工作的天数。作为法律范畴,工作时间既包括劳动者实际完成工作的时间,也包括劳动者从事生产或工作所必需的准备和结束的时间、从事连续性有害健康的间歇时间、工艺中断时间、女职工为未满一周岁婴儿的哺乳时间以及因公外出等法律规定限度内消耗的其他时间。工作时间可以依小时、日、周、月、季和年来计算,用人单位必须按规定支付劳动者的劳动报酬。

工作时间的规定是工作场所的重要规则,也是现代劳动立法率先规范的领域。1919年国际劳工组织大会通过了第1号国际劳工公约《工业工作时间每日限为八小时及每周限为四十八小时公约》,1921年通过了第14号国际劳工公约《工业企业中实行每周休息公约》,1935年又通过了第47号《每周工作时间减至四十小时公约》。我国《劳动法》及有关法规规定,劳动者每日工作8小时,每周工作40小时,全国实行统一标准。

工作时间是最重要的劳动条件之一,工作时间制度是否优良,不仅影响劳动者工作权益的保障,也在很大程度上影响着企业的日常经营活动,甚至影响到企业的竞争力。全球化时代的来临,高新技术的普遍应用,以及知识经济的发展,对落实劳动者权益的保障提出了新的要求,工时制度弹性化的调整是国际发展潮流,也是主要发达国家工时制度的发展趋势。

二、工作时间的种类

(一)标准工作日

标准工作日是国家统一规定的,在一般情况下,标准工作日是劳动者从事工作或劳动的时间。我国的标准工作日为每日工作8小时,每周工作40小时。标准工作日是计算其他工作日种类的依据,如实行综合计算工作时间的用人单位,其平均日工作时间和平均周工作时间应与法定标准工作时间基本相同。对实行计件工作的劳动者,用人单位应当根据标准工作日制度,合理地确定其劳动定额和计件报酬标准。

(二)缩短工作日

缩短工作时间是指法律规定的少于标准工作日时数的工作日,即每天工作时数少于8小时或者每周工作时数少于40小时。我国实行缩短工作日的主要有从事矿山、井下、高山、有毒有害、特别繁重体力劳动的劳动者,夜班工作者和哺乳期工作的女职工。

(三) 不定时工作日

不定时工作日是指没有固定工作时间限制的工作日,主要适用于因工作性质和工作职责限制,不能实行标准工作日的劳动者,主要包括企业的高级管理人员、外勤人员、推销人员、部分值班人员和其他工作无法按标准工作时间衡量的职工;企业中的长途运输人员、出租汽车司机和铁路、港口、仓库的部分装卸人员以及因工作性质特殊,需机动作业的职工;其他因生产特点、工作特殊需要或职责范围的关系,适合实行不定时工作制的职工。

实行不定时工作制应履行审批手续。经批准实行不定时工作制的职工,不受劳动法规定的日延长工作时间和月延长工作时间标准的限制,其工作日长度超过标准工作日的,不算作延长工作时间,也不享受超时劳动的加班报酬,但企业可以安排适当补休。对于实行不定时工作制的职工,企业应根据劳动合同法的有关规定,在保障职工身体健康并充分听取职工意见的基础上,采取集中工作、集中休息、轮休调休、弹性工作时间等适当方式,确保职工的休息、休假权利和生产、工作任务的完成。

(四) 综合计算工作日

综合计算工作日是指用人单位根据生产和工作特点,分别采取以周、月、季、年等为周期综合计算劳动者工作时间的一种工时形式。综合计算工作日一般适用于从事受自然条件或技术条件限制的劳动,主要包括:交通、铁路、邮电、水运、航空、渔业等行业中因工作性质特殊,需连续作业的职工;地质及资源勘探、建筑、制盐、制糖、旅游等受季节和自然条件限制的行业的部分职工;其他适合实际综合计算工时工作制的职工。

实行综合计算工时工作制,应履行审批手续。经劳动行政部门批准执行综合计算工时工作制的,其工作时间可分别以月、季、年为周期,综合计算工作时间,但其平均日工作时间和平均周工作时间应与法定标准工作时间基本相同,超过法定标准工作日部分,应作为延长工作时间计算,并应按规定支付职工延长工作时间的工资报酬。在法定节日里工作的,用人单位应按规定支付法定节日工作的工资报酬。实行综合计算工时制,企业要按劳动行政部门审批的、相应的周期时间安排劳动者工作和休息,但无权随意安排劳动者的工作时间。无论实行何种工时制度,都要做到保护劳动者的身心健康,不能以实行综合计算工时制或其他工时制为借口侵犯劳动者的休息权。

(五) 弹性工作时间

弹性工作时间是指在标准工作时间的基础上,每周的总工作时间不变,每天的工作时间在保证核心时间的前提下可以调节。弹性工作时间制度是 20 世纪 60 年代末在德国率先发展起来的,目前发达国家已普遍实行,我国在个别地区和行业开始试行。

(六)计件工作时间

计件工作时间是指以劳动者完成一定劳动定额为标准的工作时间。劳动法规定,对实行计件工作的劳动者,用人单位应当根据标准工时制度合理地确定其劳动定额和计件报酬标准。实行计件工作的用人单位,必须以劳动者在一个标准工作日或一个标准工作周的工作时间内能够完成的计件数量为标准,合理地确定劳动者每日或每周的劳动定额。

三、加班加点

(一)加班加点的概念

加班加点即延长劳动时间,是指劳动者的工作时数超过法律规定的标准工作时间。加班是指劳动者在法定节日或公休假日从事生产或工作;加点是指劳动者在标准工作时间以外继续从事劳动或工作。劳动者的工作权和休息权是宪法赋予的基本权利。为维护劳动者的身体健康和合法权益,国家法律、法规规定劳动者每日工作时间不超过 8 小时、平均每周工作时间不超过 40 小时,并严格限制加班加点。《劳动法》第四十三条规定:"用人单位不得违反本法规定延长劳动者的工作时间。"劳动法严格限制加班加点,规定了企业在生产需要的情况下,实施加班加点的条件、时间限度和补偿方式。

(二)加班加点的条件和限制

1. 一般条件。用人单位由于生产经营需要,可以延长工作时间。《劳动法》第四十一条规定:"用人单位由于生产经营需要,经与工会和劳动者协商后可以延长工作时间,一般每日不得超过一小时;因特殊原因需要延长工作时间的,在保障劳动者身体健康的条件下延长工作时间每日不得超过三小时,但是每月不得超过三十六小时。"这一规定明确了加班加点的条件:①符合法定条件,即必须是生产经营需要,必须与工会协商,必须与劳动者协商,征得劳动者同意,不得强迫劳动;②不得超过法定时数,即每日不得超过 1 小时,特殊原因需要延长工作时间的,每日不得超过 3 小时,但每月不得超过 36 小时。《劳动法》第九十条规定:"用人单位违反本法规定,延长劳动者工作时间的,由劳动行政部门给予警告,责令改正,并可以处以罚款。"

2. 特殊条件。当出现特殊情况或紧急事件时,如救灾、抢险或威胁公共利益时,用人单位延长工作时间不受《劳动法》第四十一条的限制,即不受一般情况下延长工作时间的条件和法定时数的限制,既不需要审批,也不必与工会和劳动者协商。《劳动法》第四十二条规定:"有下列情形之一的,延长工作时间不受本法第四十一条的限制:

(一)发生自然灾害、事故或者因其他原因,威胁劳动者生命健康和财产安全,需要紧急处理的;

(二)生产设备、交通运输线路、公共设施发生故障,影响生产和公众利益,必须及时抢修的;

(三)法律、行政法规规定的其他情形。"

"其他情形"具体包括:在法定节日和公休假日内工作不能间断,必须连续生产、运输或者营业的;必须利用法定节日和公休假日的停产期间进行设备检修、保养的;为完成国防紧急任务的;为完成国家下达的其他紧急生产任务的。

(三)延长工作时间的工资支付

用人单位须严格遵守劳动定额标准,不得强迫或者变相强迫劳动者加班。无论哪一种情况安排劳动者延长工作时间,用人单位都应当支付高于劳动者正常工作时间的工资报酬。因为加班加点,劳动者增加了额外的工作量,付出了更多的劳动和消耗,所以,法律规定,用人单位应当严格限制加班加点,并对劳动者的加班劳动支付额外报酬。

《劳动合同法》第三十一条规定,用人单位应当严格执行劳动定额标准,不得强迫或者变相强迫劳动者加班。用人单位安排加班的,应当按照国家有关规定向劳动者支付加班费。

劳动定额是指在一定的生产技术组织条件下,对生产单位合格产品或者完成一定任务的劳动消耗所预先规定的标准。劳动定额包括时间定额(工时定额)、产量定额、看管定额、服务定额等情形。工时定额是生产单位产品或完成一定工作量所规定的时间消耗量。产量定额则是在单位时间内(如小时、工作日、班次或航次)规定的应生产产品的数量或应完成的工作量。劳动定额标准是指在典型的技术条件下通过技术测定,制定的典型劳动作业或代表性产品的工时消耗产量标准的数据。根据劳动定额标准所确定的劳动消耗水平应当是在正常的技术组织条件下,多数人可以达到或接近的水平。劳动定额标准一经批准发布,即具有法律效力。用人单位制定劳动定额,应当以劳动定额标准为依据和参考。我国劳动法明确规定,国家实行劳动者每日工作时间不超过 8 小时,平均每周工作时间不超过 40 小时的工时制度。并规定,实行计件工作的劳动者,用人单位应当根据每日工作时间不超过 8 小时,平均每周工作时间不超过 40 小时的工时制度,合理确定其劳动定额。如果劳动者进行了超过劳动定额标准的工作,就是延长了工作时间,即进行了加班。用人单位不得通过压低计件工资单价等方法,变相强迫劳动者加班。

对于加班费的具体支付数额,根据法律、法规规定,用人单位在劳动者完成劳动定额或规定的工作任务后,根据实际需要安排劳动者在法定标准工作时间以外工作的,应按规定的标准支付工资;用人单位依法安排劳动者在日法定标准工作时间以外延长工作时间的,按照不低于劳动合同规定的劳动者本人小时工资标准的150%支付劳动者工资;用人单位依法安排劳动者在休息日工作,而又不能安排补休的,按照不低于劳动合同规定的劳动者本人日或小时工资标准的200%支付劳动者工资;用人单位依法安排劳动者在法定休假节日工作的,按照不低于劳动合同规定的劳动者本人日或小时工资标准的300%支付劳动者工资。

实行计件工资的劳动者,在完成计件定额任务后,由用人单位安排延长工作时间的,应根据上述规定的原则,分别按照不低于其本人法定工作时间计件单价的150%、200%、300%支付其工资。

经劳动行政部门批准实行综合计算工时工作制的,其综合计算工作时间超过法定标准工作时间的部分,应视为延长工作时间,并且应按照规定支付劳动者延长工作时间的工资。

关于劳动者日工资的折算,由于劳动定额等劳动标准都与制度工时相联系,因此,劳动者日工资可统一按劳动者本人的月工资标准除以每月制度工作天数进行折算。根据《全国年节及纪念日放假办法》的规定,全体公民的节日假期由原来的10天增设为11天,职工全年月平均制度工作天数分别调整为:年工作日250天、季工作日62.5天、月工作日20.83天。因为《劳动法》第五十一条规定,法定节假日用人单位应当依法支付工资,即折算日工资、小时工资时不剔除国家规定的11天法定节假日。据此,日工资、小时工资的折算公式为:

$$日工资 = 月工资收入 \div 月计薪天数$$
$$小时工资 = 月工资收入 \div (月计薪天数 \times 8小时)$$
$$月计薪天数 = (365 - 104) \div 12 = 21.75(天)$$

国家调整职工全年月平均工作时间和工资折算办法,厘清了制度工作日和制度计薪日两个概念,原来都是20.92天,现在分别是20.83天和21.75天。制度工作日主要用于工时管理,是判断超时加班的标准;制度计薪日则直接体现在日工资、加班工资的计算上。

四、休息休假

休息休假是指劳动者在国家规定的法定工作时间以外自行支配的时间。休息休假的规定是劳动者休息权的体现。世界各国普遍在宪法或劳动法中明文规定了休息权。我国《宪法》第四十三条规定:"中华人民共和国劳动者有休息的权利。国家发展劳动者休息和休养的设施,规定职工的工作时间和休假制度。"

根据劳动法律、法规,劳动者的休息时间主要有以下各种:

一是工作日内的间歇时间,即一个工作日内给予劳动者休息和用膳的时间。

二是两个工作日之间的休息时间,即一个工作日结束后至下一个工作日开始前的休息时间。

三是公休假日,即工作满一个工作周以后的休息时间。我国劳动者的公休假日为两天,一般安排在周六和周日。

四是法定休假日,即国家法律统一规定的用于开展庆祝、纪念活动的休息时间。我国法律规定,属于全体劳动者的法定休假日共 11 天。根据 2013 年 12 月 11 日《国务院关于修改〈全国年节及纪念日放假办法〉的决定》,法定休假日包括新年(1 月 1 日)1 天,春节(农历正月初一、初二、初三)3 天,清明节(农历清明当日) 1 天,劳动节(5 月 1 日) 1 天,端午节(农历端午当日) 1 天,中秋节(农历中秋当日) 1 天,国庆节(10 月 1 日、2 日、3 日)3 天。部分公民放假的节日及纪念日:妇女节(3 月 8 日),妇女放假半天;青年节(5 月 4 日),14 周岁以上的青年放假半天;儿童节(6 月 1 日),不满 14 周岁的少年儿童放假 1 天;中国人民解放军建军纪念日(8 月 1 日),现役军人放假半天。少数民族习惯的节日,由各少数民族聚居地区的地方人民政府,按照各该民族习惯,规定放假日期。二七纪念日、五卅纪念日、七七抗战纪念日、九三抗战胜利纪念日、九一八纪念日、教师节、护士节、记者节、植树节等其他节日、纪念日,均不放假。全体公民放假的假日,如果适逢星期六、星期日,应当在工作日补假。部分公民放假的假日,如果适逢星期六、星期日,则不补假。

五是年休假,即法律规定的劳动者工作满一定年限后,每年享有的保留工作带薪休假。《劳动法》第四十五条规定:"国家实行带薪年休假制度。劳动者连续工作一年以上的,享受带薪年休假。具体办法由国务院规定。"2008 年 1 月 1 日实施的国务院《职工带薪年休假条例》对年休假制度作出了具体规定。

六是探亲假,即劳动者享有的探望与自己分居两地的配偶和父母的休息时间。探望配偶的,每年给予一方探亲假一次,假期 30 天。未婚职工探望父母的,原则上每年给假一次,假期 20 天;两年探亲一次的,假期 45 天。已婚职工探望父母的,每四年给假一次,假期 20 天。

五、年休假制度

为了保护职工的休息休假权利,充分调动劳动者的工作积极性,国务院颁布了《职工带薪年休假条例》(以下简称《条例》),并于 2008 年 1 月 1 日起实施。2008年9月28日,人力资源和社会保障部公布实施《企业职工带薪年休假实施办法》(以下简称《实施办法》),对职工带薪年休假条例作出了进一步细化的规定,其内容主要包括下述10项:

(一)享受年休假的条件

根据《条例》和《实施办法》,劳动者连续工作满12个月以上的,享受带薪年休假。用人单位应当保证职工享受年休假。企业、民办非企业单位、有雇工的个体工商户等单位和与其建立劳动关系的职工,均适用这一规定。

(二)年休假天数的规定

职工累计工作已满1年不满10年的,年休假5天;已满10年不满20年的,年休假10天;已满20年的,年休假15天。年休假天数根据职工累计工作时间确定。职工在同一或者不同用人单位工作期间,以及依照法律、行政法规或者国务院规定视同工作期间,应当计为累计工作时间。职工新进用人单位且符合享受年休假待遇的,当年度年休假天数,按照在本单位剩余日历天数折算确定,折算后不足1整天的部分不享受年休假。折算公式为:

(当年度在本单位剩余日历天数÷365天)×职工本人全年应当享受的年休假天数

(三)年休假不得冲抵法定节假日

国家法定休假日、休息日不计入年休假的假期。职工依法享受的探亲假、婚丧假、产假等国家规定的假期以及因工伤停工留薪期间不计入年休假假期。

(四)年休假与寒暑假、事假、病假的关系

根据年休假《条例》,职工有下列情形之一的,不享受当年的年休假:职工依法享受寒暑假,其休假天数多于年休假天数的;职工请事假累计20天以上且单位按照规定不扣工资的;累计工作满1年不满10年的职工,请病假累计2个月以上的;累计工作满10年不满20年的职工,请病假累计3个月以上的;累计工作满20年以上的职工,请病假累计4个月以上的。

《实施办法》进一步规定,职工享受寒暑假天数多于其年休假天数的,不享受当年的年休假。确因工作需要,职工享受的寒暑假天数少于其年休假天数的,用人单位应当安排补足年休假天数。职工已享受当年的年休假,年度内又出现年休假《条例》规定的累计病假、事假超过法定期限不享受年休假的情形的,职工不享受下一年度的年休假。

(五)年休假的安排

用人单位根据生产、工作的具体情况,并考虑职工本人意愿,统筹安排年休假。年休假在1个年度内可以集中安排,也可以分段安排,一般不跨年度安排。

单位因生产、工作特点确有必要跨年度安排职工年休假的,可以跨1个年度安排。确因工作需要不能安排职工年休假或者跨1个年度安排年休假的,应征得职工本人同意。

(六) 年休假的待遇

职工在年休假期间享受与正常工作期间相同的工资收入。单位确因工作需要不能安排职工年休假且经职工本人同意的,可以不安排职工年休假。用人单位经职工同意不安排年休假或者安排职工年休假天数少于应休年休假天数的,应当在本年度内对职工应休未休年休假的天数,按照其日工资收入的300%支付未休年休假的工资报酬,其中包含用人单位支付职工正常工作期间的工资收入。计算未休年休假工资报酬的日工资收入按照职工本人的月工资除以月计薪天数(21.75天)进行折算。其中,"月工资"是指职工在用人单位支付其未休年休假工资报酬前12个月剔除加班工资后的月平均工资。在本用人单位工作时间不满12个月的,按实际月份计算月平均工资。职工在年休假期间享受与正常工作期间相同的工资收入。实行计件工资、提成工资或者其他绩效工资制的职工,日工资收入的计发办法按照上述规定执行。

用人单位安排职工休年休假,但是职工因本人原因且书面提出不休年休假的,用人单位可以只支付其正常工作期间的工资收入。

(七) 合同解除或终止时年休假的规定

用人单位与职工解除或者终止劳动合同时,当年度未安排职工休满应休年休假的,应当按照职工当年已工作时间折算应休未休年休假天数并支付未休年休假的工资报酬,但折算后不足1整天的部分不支付未休年休假工资报酬。折算公式为:

(当年度在本单位已过日历天数÷365天)×职工本人全年应当享受的年休假天数-当年度已安排年休假天数

用人单位当年已安排职工年休假的,多于折算应休年休假的天数不再扣回。

(八) 劳务派遣劳动者的年休假

劳务派遣单位的职工符合年休假规定条件的,享受年休假。被派遣职工在劳动合同期限内无工作期间由劳务派遣单位依法支付劳动报酬的天数多于其全年应当享受的年休假天数的,不享受当年的年休假;少于其全年应当享受的年休假天数的,劳务派遣单位、用工单位应当协商安排补足被派遣职工年休假天数。

(九) 如何处理法定标准与单位规定的关系

劳动合同、集体合同约定的或者用人单位规章制度规定的年休假天数、未休年休假工资报酬高于法定标准的,用人单位应当按照有关约定或者规定执行。

(十) 休假监督机制的规定

地方劳动保障部门应当依据职权对单位执行年休假的情况主动进行监督检查。用人单位不安排职工休年休假又不依照规定支付未休年休假工资报酬的，由县级以上地方人民政府劳动行政部门依据职权责令限期改正；对逾期不改正的，除责令该用人单位支付未休年休假的工资报酬外，用人单位还应当按照未休年休假工资报酬的数额向职工加付赔偿金；对拒不执行支付未休年休假工资报酬、赔偿金行政处理决定的，由劳动行政部门申请人民法院强制执行。用人单位及各级工会组织也应当依法维护职工的年休假权利。

第四节　劳动安全与卫生

引导案例

劳动者有权拒绝管理者的违章指挥

某日早上8时，某化机厂三车间主任李某召开车间会议，安排当天工作，大约8时30分会议结束。此时，运来一车不锈钢板，汽车进入三车间后，因卸货处距汽车20米，需用行车起吊。

当时，行车操作工王某操作行车，贺某负责指挥，赵某在汽车东边挂钩，李某在西边挂钩，贺某站在汽车东边，吴某则在闪蒸器南边打扫卫生。

大约8时40分左右，第三次起吊钢板（每次起吊6块，前面已起吊过两次）。当钢板吊起离开汽车后，距地面大约2.5米，横向西2米，起吊钢板快接近切割转台时，贺某发现不锈钢板南北上下出现晃动，他没有向操作工王某示意停车查明原因，于是吊车未停向南点打。

大约9时左右，贺某发现有人在闪蒸器北边站立（危险区），立即向王某打手势，并大声呼喊。王某看见贺某用手挥动并大声呼喊，她意识到要紧急停车，于是王某立即紧急停车。

此时钢板脱离吊钩，由南向下坠落，霎时，车间尘土飞扬。在场的贺某、赵某等人已意识到出事了。当他们赶到出事地点时，发现吴某仰躺在闪蒸器南边，脚在闪蒸器下面。

贺某、赵某等人赶紧找车将吴某送往医院，吴某因脑部严重受损，抢救无效，于11时左右死亡。这是一个劳动合同履行过程中领导者违章指挥导致的安全生产事故。本案例中，贺某违章指挥是造成本次事故发生的主要原因：一是起吊前未对现场进行检查；二是物体离地面高度较高，贺某未特别加强安全警戒;三是指挥失误,在行车西行2米后,当他已发现钢板南北上下晃动时,应立即出示停车手势,停车弄清原因,消除晃动因素后,再往南行;四是贺某站的位置不符合指挥者要求,应站在吊车的西边,便于检查和阻止其他人员进入危险区,但贺某却站在汽车东边一直未离开,因而对吊车西边吴某的出现不能及时发现。王某应当意识到指挥者贺某的违章指挥行为,并且可以拒绝继续向南点打并及时停车检查、消除事故隐患,从而避免这次事故的发生。她的这种"表面上的不听从指挥"不构成实际违约。

《劳动合同法》第三十二条规定,劳动者拒绝用人单位管理人员违章指挥、强令冒险作业的,不视为违反劳动合同。劳动者对危害生命安全和身体健康的劳动条件,有权对用人单位提出批评、检举和控告。

针对劳动过程中的不安全和不卫生因素,劳动法规定了劳动者有获得劳动安全和卫生保护的权利,以保障劳动者在劳动过程中的安全和健康。国际劳工公约和建议书中涉及劳动安全和卫生的内容约占一半。我国《劳动法》、《劳动合同法》对劳动安全卫生也作了专门规定。此外,还有一系列与《劳动法》相配套的劳动安全卫生法规和安全卫生的国家标准,如国务院1991年发布的《企业职工伤亡事故报告和处理规定》,1992年全国人大通过的《中华人民共和国矿山安全法》,劳动部1994年颁布的《矿山安全监察员管理办法》,2002年全国人大常务委员会通过的《中华人民共和国安全生产法》(以下简称《安全生产法》,2014年修正)等。

一、劳动安全卫生管理法规

为保障劳动者在劳动过程中的安全和健康,用人单位应根据国家有关规定,结合本单位实际制定有关安全卫生管理的制度。《劳动法》第五十二条规定:"用人单位必须建立、健全劳动安全卫生制度,严格执行国家劳动安全卫生规程和标准,对劳动者进行劳动安全卫生教育,防止劳动过程中的事故,减少职业危害。"《安全生产法》第四条规定:"生产经营单位必须遵守本法和其他有关安全生产的法律、法规,加强安全生产管理,建立、健全安全生产责任制度,完善安全生产条件,确保安全生产"。相关法规的内容包括以下六项:

(一)生产责任制

有关企业管理者、职能部门、技术人员和职工的安全生产责任制,我国法规规定:单位主要负责人对安全生产工作全面负责,应当建立、健全本单位安全生产责任制;组织制定本单位安全生产规章制度和操作规程;保证安全生产投入的有效实施;督促、检查安全生产工作,及时消除生产安全事故隐患;组织制定并实施生产安全事故应急救援预案;及时、如实报告生产安全事故等。

(二)安全技术措施

有关安全技术措施计划制度,我国法规规定:用人单位应当保证安全生产条件所必需的资金投入,对由于安全生产所必需的资金投入不足导致的后果承担责任;建设项目安全设施的设计人、设计单位应当对安全设施设计负责。

(三)安全生产教育

有关安全生产教育制度,我国法规规定:用人单位应当对从业人员进行安全生产教育和培训,保证从业人员具备必要的安全生产知识,熟悉有关的安全生产规章制度和安全操作规程,掌握本岗位的安全操作技能;未经安全生产教育和培训合格的从业人员,不得上岗作业;特种作业人员必须按照国家有关规定经专门的安全作业培训,取得特种作业操作资格证书,方可上岗作业。

(四)安全生产检查

有关安全生产检查制度,我国法规规定:工会对用人单位违反安全生产法律、法规,侵犯从业人员合法权益的行为,有权要求纠正;发现单位违章指挥、强令冒险作业或者发现事故隐患时,有权提出解决的建议;发现危及从业人员生命安全的情况时,有权向单位建议组织从业人员撤离危险场所等。

(五)安全卫生监察

有关安全卫生监察制度,我国法规规定:工会有权对建设项目的安全设施与主体工程同时设计、同时施工、同时投入生产和使用进行监督,提出意见。

(六)伤亡事故报告和处理

有关伤亡事故的报告和处理,我国法规规定,对劳动者在劳动过程中发生的伤亡事故和劳动者的职业病状况,相关单位及部门进行统计、报告和处理。

二、劳动安全技术规程

劳动安全技术规程是防止和消除生产过程中的伤亡事故,保障劳动者生命安全和减轻繁重体力劳动强度,维护生产设备安全运行的法律规范。《劳动法》第五十三条规定,劳动安全卫生设施必须符合国家规定的标准;《安全生产法》第二十八条规定,生产经营单位新建、改建、扩建工程项目的安全设施,必须与主体工程同时设计、同时施工、同时投入生产和使用。安全设施投资应当纳入建设项目概算。劳动安全技术规程的内容主要包括技术措施和组织措施两项:

(一)技术措施

劳动安全技术措施包括机器设备、电气设备、动力锅炉的装置,厂房、矿山和道路建筑方面的安全技术措施。

(二) 组织措施

劳动安全的组织措施包括安全技术管理机构的设置、人员的配置和训练，以及工作的计划和制度。

三、劳动卫生规程

劳动卫生规程是指为防止有毒有害物质的危害和防止职业病发生所采取的各种防护措施的规章制度的总称，包括各种行业生产卫生、医疗预防、健康检查等技术和组织管理措施的规定。职业危害主要有3种：①生产过程中的危害，如高温、噪音、粉尘、不正常的气压等；②生产管理中的危害，如过长的工作时间和过强的体力劳动等；③生产场所的危害，如通风、取暖和照明等。

四、生产安全事故报告和处理制度

生产安全事故报告和处理制度是对劳动者在劳动过程中发生的伤亡事故进行统计、报告、调查、分析和处理的制度。《劳动法》第五十七条规定："国家建立伤亡事故和职业病统计报告和处理制度。县级以上各级人民政府劳动行政部门、有关部门和用人单位应当依法对劳动者在劳动过程中发生的伤亡事故和劳动者的职业病状况，进行统计、报告和处理。"2007年《生产安全事故报告和调查处理条例》(中华人民共和国国务院令第493号)具体规定如下：

(一) 事故种类

生产安全事故是指职工在劳动过程中发生的人身伤害和急性中毒事故。《生产安全事故报告和调查处理条例》规定，根据生产安全事故(以下简称"事故")造成的人员伤亡或者直接经济损失，事故一般分为特别重大事故、重大事故、较大事故和一般事故四个等级：(一)特别重大事故，是指造成30人以上死亡，或者100人以上重伤(包括急性工业中毒，下同)，或者1亿元以上直接经济损失的事故；(二)重大事故，是指造成10人以上30人以下死亡，或者50人以上100人以下重伤，或者5 000万元以上1亿元以下直接经济损失的事故；(三)较大事故，是指造成3人以上10人以下死亡，或者10人以上50人以下重伤，或者1 000万元以上5 000万元以下直接经济损失的事故；(四)一般事故，是指造成3人以下死亡，或者10人以下重伤，或者1 000万元以下直接经济损失的事故。

(二) 事故报告和调查

事故发生后，事故现场有关人员应当立即向本单位负责人报告；单位负责人接到报告后,应当于1小时内向事故发生地县级以上人民政府有关部门报告。情况紧急时,事故现场有关人员可以直接向事故发生地有关部门报告。

安全生产监督管理部门和负有安全生产监督管理职责的有关部门接到事故报告后,应通知公安机关、劳动保障行政部门、工会和人民检察院,并将特别重大事故、重大事故逐级上报至国务院有关部门;较大事故逐级上报至省、自治区、直辖市人民政府有关部门;一般事故上报至设区的市级人民政府有关部门。同时报告本级人民政府。特别重大事故、重大事故应当立即报告国务院。安全生产事故一般逐级上报,必要时可以越级上报事故情况。逐级上报事故情况,每级上报的时间不得超过2小时。事故报告应当及时、准确、完整,任何单位和个人对事故不得迟报、漏报、谎报或者瞒报。事故报告后出现新情况的,应当及时补报。

安全生产事故发生后,必须进行调查,查明事故发生的经过、原因、人员伤亡情况及直接经济损失;认定事故的性质和事故责任;提出对事故责任者的处理建议;总结事故教训,提出防范和整改措施;提交事故调查报告。安全生产事故调查工作,依事故的伤害程度和人数采取不同的方式,由不同的人员进行。事故调查组应当自事故发生之日起60日内提交事故调查报告;特殊情况下,经批准,提交事故调查报告的期限可以适当延长,但延长的期限最长不超过60日。

(三) 事故处理

事故发生单位主要负责人未依法履行安全生产管理职责,导致事故发生的,依照下列规定处以罚款;属于国家工作人员的,并依法给予处分;构成犯罪的,依法追究刑事责任:发生一般事故的,处上一年年收入30%的罚款;发生较大事故的,处上一年年收入40%的罚款;发生重大事故的,处上一年年收入60%的罚款;发生特别重大事故的,处上一年年收入80%的罚款。

不立即组织事故抢救,迟报或者漏报事故,在事故调查处理期间擅离职守的,对事故发生单位主要负责人处上一年年收入40%~80%的罚款;属于国家工作人员的,并依法给予处分;构成犯罪的,依法追究刑事责任。

有以下情形的,对事故发生单位处100万元以上500万元以下的罚款;对主要负责人、直接负责的主管人员和其他直接责任人员处上一年年收入60%~100%的罚款;属于国家工作人员的,并依法给予处分;构成违反治安管理行为的,由公安机关依法给予治安管理处罚;构成犯罪的,依法追究刑事责任:谎报或者瞒报事故的;伪造或者故意破坏事故现场的;转移、隐匿资金、财产,或者销毁有关证据、资料的;拒绝接受调查或者拒绝提供有关情况和资料的;在事故调查中作伪证或者指使他人作伪证的;事故发生后逃匿的。

事故发生单位对事故发生负有责任的,依照下列规定处以罚款;发生一般事故的,处10万元以上20万元以下的罚款;发生较大事故的,处20万元以上50万元以下的罚款;发生重大事故的,处50万元以上200万元以下的罚款;发生特别重大事故的,处200万元以上500万元以下的罚款。

事故发生单位对事故发生负有责任的,由有关部门依法暂扣或者吊销其有关证照;对事故发生单位负有事故责任的有关人员,依法暂停或者撤销其与安全生产有关的执业资格、岗位证书;事故发生单位主要负责人受到刑事处罚或者撤职处分的,自刑罚执行完毕或者受处分之日起,5年内不得担任任何生产经营单位的主要负责人。为发生事故的单位提供虚假证明的中介机构,由有关部门依法暂扣或者吊销其有关证照及其相关人员的执业资格;构成犯罪的,依法追究刑事责任。

有以下情形的,对直接负责的主管人员和其他直接责任人员依法给予处分;构成犯罪的,依法追究刑事责任:有关地方人民政府、安全生产监督管理部门和负有安全生产监督管理职责的有关部门不立即组织事故抢救的;迟报、漏报、谎报或者瞒报事故的;阻碍、干涉事故调查工作的;在事故调查中作伪证或者指使他人作伪证的。

参与事故调查的人员在事故调查中有下列行为之一的[(一)对事故调查工作不负责任,致使事故调查工作有重大疏漏的;(二)包庇、袒护负有事故责任的人员或者借机打击报复的]依法给予处分;构成犯罪的,依法追究刑事责任。

五、劳动者的权利和义务

劳动者在劳动过程中必须遵守安全生产规章制度和操作规程,服从管理,正确佩戴和使用劳动防护用品,接受安全生产教育和培训,掌握本职工作所需的安全生产知识,提高安全生产技能,增强事故预防和应急处理能力,发现事故隐患或者其他不安全因素,应当立即向现场安全生产管理人员或者本单位负责人报告。

用人单位与劳动者订立的劳动合同,应当载明有关保障劳动安全、防止职业危害的事项、依法为劳动者办理工伤社会保险的事项。用人单位不得以任何形式与劳动者订立协议,免除或者减轻其对劳动者因生产安全事故伤亡依法应承担的责任。

劳动者有权了解其作业场所和工作岗位存在的危险因素以及防范措施和事故应急措施,有权对用人单位的安全生产提出建议,有权对安全生产中存在的问题提出批评、检举、控告,有权拒绝违章指挥和强令冒险作业。用人单位不得因此而降低其工资、福利等待遇或者解除与其订立的劳动合同。《劳动合同法》第三十二条规定:"劳动者拒绝用人单位管理人员违章指挥、强令冒险作业的,不视为违反劳动合同。劳动者对危害生命安全和身体健康的劳动条件,有权对用人单位提出批评、检举和控告。"这些规定明确了存在危害安全生产情形时劳动者拒绝履行劳动合同的法律后果和所享有的权利。

劳动者在危及安全生产的情况下有拒绝执行违章指挥的权利。安全生产在劳动合同履行中至关重要。在劳动过程中,劳动者有权拒绝违章指挥和强令冒险作业。用人单位不得因为劳动者拒绝违章指挥、强令冒险作业而降低其工资、福利等待遇或者解除劳动合同。劳动法也明确规定,劳动者对用人单位管理人员违章指挥、强令冒险作业,有权拒绝执行。这里,违章指挥是指用人单位管理人员违反规章制度,指挥劳动者进行生产活动的行为;强令冒险作业是指用人单位管理人员置劳动者人身安全于不顾,强迫劳动者进行可能危及劳动者生命安全和健康的作业;用人单位管理人员包括用人单位的负责人、生产管理人员和工程技术人员等。在用人单位管理人员违章指挥、强令冒险作业的情形下,劳动者不提供劳动是其法定的权利,其拒绝提供劳动的行为不被认为是不履行劳动合同义务,不承担任何违反劳动合同的法律后果。

劳动者对危害生命和身体健康的劳动条件也享有权利,即劳动者有权对本单位安全生产工作中存在的问题提出批评、检举、控告。《劳动合同法》进一步规定,劳动者对危害生命安全和身体健康的劳动条件,有权对用人单位提出批评、检举和控告,即劳动者认为对生命安全和身体健康会产生危害时,有权向用人单位提出批评意见,也有权向主管部门和司法机关进行检举和控告。保障劳动者在工作过程中的安全与健康是用人单位的重要义务,法律赋予劳动者相应的权利以达到平衡双方权利义务、保障劳动者安全与健康的目的。

第五节 劳动合同的变更

虽未协商一致但调岗合法合理,劳动者应当配合[①]

2017年3月,吕某入职一家房地产公司工作,双方先后订立过两次劳动合同,均约定吕某的工作岗位为建筑设计。2021年3月,公司为扭转持续亏损的

---

① 潘家永.虽未协商一致但调岗合法合理,劳动者应当配合[N/OL].中工网,(2021-06-30).http://chinajob.mohrss.gov.cn/c/2021-06-30/311973.shtml.

局面、降低经营成本,决定对内设机构进行资源整合。相应地,将吕某的岗位调整为建筑管理,并明确其原工资待遇不变。

公司将岗位调整决定告知吕某时,吕某明确表示不接受。此后,公司与吕某再次面谈,协商岗位调整事宜,吕某仍然拒绝工作岗位调整。2021年3月9日,公司作出解除其劳动合同的决定,通知其一个月后办理离职手续,并将解约决定告知了工会。

吕某认为,公司在未经协商一致的情况下强行调整其工作岗位属于违法,公司解除其劳动合同的决定是错上加错。于是,他向劳动争议仲裁机构申请仲裁,要求公司继续履行劳动合同。仲裁之后,吕某又向法院起诉,但其请求被法院驳回。

在法律法规允许范围内,用人单位拥有自主经营管理权。为了生产经营的需要,用人单位通过公平合理的方式向劳动者提出合法合理的调岗要求,劳动者应当配合和服从。北京市高级人民法院、北京市劳动人事争议仲裁委员会联合出台的《关于审理劳动争议案件法律适用问题的解答》第五条规定:"用人单位与劳动者约定可根据生产经营情况调整劳动者工作岗位的,经审查用人单位证明生产经营情况已经发生变化,调岗属于合理范畴,应支持用人单位调整劳动者工作岗位。用人单位与劳动者在劳动合同中未约定工作岗位或约定不明的,用人单位有正当理由,根据生产经营需要,合理地调整劳动者工作岗位属于用人单位自主用工行为。判断合理性应参考以下因素:用人单位经营必要性、目的正当性,调整后的岗位为劳动者所能胜任、工资待遇等劳动条件无不利变更……"

本案中,用人单位为扭亏为盈决定整合资源,该做法具有合理性,是基于生产经营的需要,因此,其对吕某的工作岗位进行调整具有合理性及必要性。在公司承诺原工资待遇不变的情况下,吕某有服从安排的义务。由于双方就调岗未能协商一致,公司根据《劳动合同法》第四十条规定,提前一个月通知吕某解除劳动合同属于合法解除劳动合同,吕某要求继续履行劳动合同的请求不能成立。

《劳动合同法》第三十五条规定:"用人单位与劳动者协商一致,可以变更劳动合同约定的内容。"第四十条规定:"劳动者不能胜任工作,经过培训或者调整工作岗位,仍不能胜任工作的,用人单位提前三十日以书面形式通知劳动者本人或者额外支付劳动者一个月工资后,可以解除劳动合同。"这两条规定明确了企业调整劳动者工作岗位或变更劳动者薪酬的方式。

第一,协商一致调岗变薪。《劳动合同法》第三十五条为企业调岗变薪提供了最佳的解决方法——双方协商一致变更原有的劳动合同。这种调岗变薪的方式是双方真实意思的表达,符合法律的规定,有利于劳动关系的和谐发展。

第二,企业单方变更。《劳动合同法》第四十条规定,如员工不胜任工作,企业可单方面调岗变薪,但必须提供能证明单方面调岗调薪合法合理的依据。其依据至少有两个:

一是企业要有员工不胜任工作的标准。它需要企业制定详细的职位说明书,将每一岗位的具体要求以书面的形式固定下来。如公司提升了岗位职责和技能要求,则应立即修改相应的职位说明书。职位说明书要从知识水平、业务经验、技能水平、思想品德、身体素质等方面提出详细的任职要求。这样,一旦现任员工在公司结构调整或重组后不适合现职,公司即可依据职位说明书将其调整到合适的岗位,以此证明调岗的合理性。

二是企业要有员工不胜任工作的事实。企业要制定详细的绩效考核制度和薪酬制度,建立对员工考核的明确标准与制度,并明确设置每一个岗位的薪资区间,以及员工职位、薪资升降与岗位调整制度,要将考核结果和薪酬调整紧密结合起来,并据此定期对员工进行考核,升降职位和薪资,考核结果要让员工签收。一旦考核不合格,则可作为公司据此调整员工岗位以及薪酬的合理性依据;一旦出现工作失误,员工必须向公司提交说明或者检讨等书面材料,以作为调整岗位的合理性依据。

一、变更劳动合同的条件

劳动合同的变更是指劳动合同在履行过程中,经双方协商一致,对合同条款进行修改、补充或者删除的法律行为,具体包括工作内容、工作地点、工资福利的变更等。劳动合同变更的实质是双方的权利义务发生改变。合同变更的前提是双方原已存在着合法的合同关系,变更的原因主要是客观情况发生变化,变更的目的是为了继续履行合同。

《劳动合同法》第三十五条规定,用人单位与劳动者协商一致,可以变更劳动合同约定的内容。变更劳动合同应当采用书面形式,变更后的劳动合同文本由用人单位和劳动者各执一份。2021年1月1日施行的《最高人民法院关于审理劳动争议案件适用法律问题的解释(一)》第四十三条规定:用人单位与劳动者协商一致变更劳动合同,虽未采用书面形式,但已经实际履行了口头变更的劳动合同超过一个月,变更后的劳动合同内容不违反法律、行政法规且不违背公序良俗,当事人以未采用书面形式为由主张劳动合同变更无效的,人民法院不予支持。

劳动合同依法订立后,即产生相应的法律效力,对合同当事人具有法律约束力。当事人应当按照约定履行自己的义务,不得擅自变更合同,但这并不意味着当事人就没有在合同生效后变更相应权利义务的途径。恰恰相反,劳动合同作为双方意思表示一致所达成的协议,它体现了意思自治的原则。根据这一原则,当事人有权根据自己的真实意愿,为自己设定权利和对他人承担义务。变更劳动合同约定的内容亦即改变当事人的权利义务关系,也必须遵守意思自治的原则,获得当事人的同意。因此,劳动合同变更的实质条件是用人单位与劳动者协商一致,即由用人单位与劳动者双方对将要变更的劳动合同的内容进行充分协商,并达成一致意见。劳动合同的变更,要遵循平等自愿、协商一致的原则,任何一方都不得将自己的意志强加给对方。除非满足法定变更条件,否则任何一方都不得单方行使合同的变更权。

二、劳动合同变更的程序

劳动合同变更的程序包括3项:①协商:当事人一方要求变更劳动合同相关内容的,应当将变更要求以书面形式送交另一方,向对方提出变更合同的要求和理由,并约定答复期限,在规定的期限内给予答复,同意、不同意或提议再协商;②签订协议:在达成一致意见的基础上,将变更的内容作书面记载,即在劳动合同变更内容的书面文件上需经用人单位和劳动者双方签字或者盖章才能发生法律效力;③双方各执一份:为保证用人单位和劳动者全面履行劳动合同,避免劳动合同纠纷,同时也为了便于发生劳动争议时有据可查,变更劳动合同应当采用书面形式。变更后的劳动合同文本由用人单位和劳动者各执一份,这对于确认和证明劳动合同法律关系已发生变更的事实具有重要意义。

【关键术语】 劳动合同履行 劳动合同变更 最低工资 工资保障 休息休假 标准工作日 缩短工作日 不定时工作日 延长工作时间 综合计算工作时间 劳动安全卫生

复习思考题

1. 工资支付的原则是什么?
2. 试述工资保障制度的主要内容。
3. 试述最低工资立法的主要内容。
4. 工作时间的种类有哪些?
5. 我国劳动法律对延长工作时间有哪些主要规定?
6. 试述年休假制度的主要内容。
7. 伤亡事故处理和报告制度有哪些内容?

第四章　劳动合同解除和终止

劳动合同解除是指劳动合同订立后,尚未全部履行以前,由于某种原因导致劳动合同一方或双方提前消灭劳动关系的法律行为,分为法定解除和约定解除。劳动合同终止是指劳动合同期限届满或劳动主体依法消灭时,劳动合同依法终结的情形。为了平衡企业与劳动者的利益,建立和发展和谐稳定的劳动关系,我国法律对劳动合同的解除和终止作出了严格的规定和限制。

第一节　劳动合同解除

引导案例

盘点近两年十大互联网行业裁员事件是如何发生的[①]

从2018年下半年开始,国内互联网巨头陷入裁员魔咒,不少企业开始用"优化调整"替代"裁员"这一听起来令人受打击的词语。

2022年3月中旬,"阿里裁员""腾讯裁员""裁员"三个词条,同一天上了微博热搜。不可否认的是,整个互联网的人才招聘正在缩紧,为了降本增效和精简人员,"大厂"不得不裁员和优化组织架构。

2021年底,爱奇艺被传出裁员30%的消息,当时多位被裁员工称,此次裁员是爱奇艺历史上规模最大的一轮裁员。爱奇艺裁员的背后是其净亏损扩大:2021年第四季度,归属于爱奇艺的净亏损为18亿元,而2020年同期净亏损为

---

① 盘点近两年十大互联网行业裁员事件是如何发生的, https://zhuanlan.zhihu.com/p/486240750。

15亿元。这意味着爱奇艺最大的营收来源——会员收入走低,在没有打通盈利模式且内容成本上升的恶性循环之下,裁员成为了爱奇艺的必选动作。

不久前,字节跳动的教育、游戏、商业板块进行了裁员。2021年12月7日,字节跳动内部邮件正式宣布撤销人才发展中心。字节跳动的裁员是如何发生的呢?近些年,字节跳动大规模扩张,几乎无所不揽。其主动裁撤非主营业务,主要是因为教育培训和网络游戏两板块政策监管趋严,审批风险也在增加,字节跳动只好主动压缩人力成本。至于裁撤人才发展中心,业内人士认为更像是字节跳动组织管理定位的"试错、探索"。

2021年底开始,从微博与脉脉平台流出百度移动生态事业群组(MEG)裁员消息,并指直播和教育业务也有不同比例的裁员。百度收购YY直播后,业绩不佳,成为这次年前裁员的导火索。百度裁员背后的原因,一方面是由于短视频竞争日趋激烈,各平台发展已经逼近天花板,使得百度转型困难;其次,百度试图从知识直播角度切入却很难获客,直播这一新业务难担重任。但百度裁员最根本的原因还是因为其赖以生存的广告业务正在下滑。

腾讯各事业群近期或裁员10%~30%。从2021年底至今,腾讯多个事业群正在缩减人员,主要集中在云与智慧产业事业群、平台与内容事业群。互联网分析人士认为,腾讯此时裁员,一方面是要裁掉一些价值本身不大的业务,另一方面是因为需要停下一些探索型的新业务。腾讯除了游戏板块,在国内市场的整体营收增长大幅放慢,增速难以支撑短期不能变现、价值低的业务以及相对应的人力成本。相较于字节跳动,腾讯对人员的扩招以及对新业务的开拓相对保守。

从2021年底至今,阿里巴巴的部分事业群持续进行人员缩减,但各界对于阿里巴巴裁员消息存在过度的反应,因为从阿里巴巴现在内外面临的挑战看,不太可能短期冒险高比例裁撤人员。阿里巴巴高管说过:"公司毕竟是营利组织,裁员是正常的管理手段。"受消费疲软、电商竞争激烈的影响,阿里巴巴近年来经营重心重新回到核心业务增长上来,并对散落在各事业部的自营业务进一步整合。所以,阿里巴巴此轮人员调整的目的是稳住电商根基,缩减部分表现欠佳的业务。

继腾讯和阿里裁员之后,京东也开始对各业务线进行裁员,其中京喜事业群裁员比例可能达到10%~15%,裁减人员或达400人以上。不过,京东的裁员形势与当前互联网行业发展形势息息相关,精细化运营的时代已经来临。京东集团时任总裁徐雷曾在业绩会上表示:希望能够进一步提升公司的整体运营效率。为了这一目标,京东人员优化调整的力度加大并不令人惊奇。

快手是这几年快速发展的一家互联网企业,其2021年底传出计划裁员30%的消息。这两年,快手屡次遭遇"卡点",上市以来其市值已蒸发超10 000

亿。雇员人数增加是导致公司薪酬开支上升的主要原因之一，为求变，快手选择了降本增效的裁员逻辑。

2022年2月，滴滴作出总体裁员20%的决定，并将指标分配到各职能和业务线。早在2019年初，滴滴就在巨额亏损的情况下裁减了岗位重叠和绩效不达标的人员，只是这次"快准狠"的裁员范围更大、程度更深。除了国际出行业务和自动驾驶业务外，其他部门都有相应比例的裁减。滴滴在合并优步（Uber）中国后，在网约车市场占比达九成以上，但同时也承受着猛烈的合规改造。受市场和政策的限制，滴滴在网约车行业今后不太可能维系一家独大的局面。在滴滴25款App下架半年后，其流量枯竭，部分业务进展缓慢。

互联网大厂裁员已经不算大新闻，但是裁员的负面影响大到令人"气愤"的程度的，可能只有网易一家。早年新浪、网易、搜狐三大门户网站叱咤风云，网易市值远远高于新浪和搜狐。但从这两年网易公布的财报来看，其存在营利放缓、业务收缩的情况。互联网行业向人工智能和产业互联网转变的趋势也变得愈发明显。但这两个领域不需要太多员工，这意味着除了高端技术人才需求升级，网易的策划类、服务类、营销类岗位人员将被裁减。

甲骨文中国曾被誉为"数据库中的苹果"。两年前，甲骨文中国区研发中心确认首批裁员约900人，赔偿方案为入职年限"N+6"，相比其他互联网公司的赔偿方案，甲骨文显得十分慷慨。甲骨文之所以要裁员，主要是为全力进军云计算。但如今云服务越来越普及，亚马逊和阿里巴巴等都有更具弹性的云服务，甲骨文转型压力巨大。

新冠疫情对经济造成严重冲击，服务业、制造业等行业中的企业面临着巨大的运营压力，多数中小企业也面临生存压力。为降低人力成本渡过难关，留人调薪和裁员走人是企业考虑自救的两种可行方案。但是如何安置被裁员工，考量的不仅是企业家的胸怀，也是一家企业的高度。企业不能丢掉格局，只有保障员工合理的利益才能将企业形象正面化。金融市场动荡、互联网行业市值大幅缩水，都加剧了市场对大企业频爆裁员消息的恐慌和悲观情绪。裁员对企业来说并不一定是件坏事，其在某种意义上意味着互联网等行业的无序扩张阶段性地结束了。

对《劳动合同法》的正确态度，应当是在新的法律环境下，研究、思考如何更进一步全面规范、改进、完善企业的人力资源管理体系，增强企业的风险控制能力和提高管理水平，强调更专业化、精细化的人力资源管理。

一、双方协商一致解除合同

《劳动合同法》第三十六条规定："用人单位与劳动者协商一致，可以解除劳动合同。"《实施条例》第十八条、第十九条规定,用人单位与劳动者协商一致的,可以依照劳动合同法规定的解除劳动合同的条件、程序,解除包括无固定期限在内的所有合同。

协商一致解除劳动合同,是指用人单位与劳动者在平等自愿的基础上,互相协商并提前终止劳动合同效力的法律行为。劳动合同被称为合意上的法律,它既可以通过合意来订立、变更,也可以通过合意而提前终止。如果双方当事人不愿意继续保持这种劳动关系,共同提出解除劳动关系,或一方不愿意保持这种关系,另一方同意,双方协商一致,则可以解除劳动关系。协商解除是劳动合同自由原则的体现,是双方当事人理性选择的结果,因此双方对其产生的后果是可以预见的。

在协商解除劳动合同的过程中,一定要遵循自愿原则,一方不得有利诱、胁迫另一方的违法行为。只有在平等自愿、协商一致的基础上,劳动合同才可以顺利解除,否则就会引发劳动争议。同时应注意,由哪一方首先提出解除劳动合同的动议,其法律后果是不一样的。如果是劳动者首先提出解除合同的动议,并与用人单位协商一致解除劳动合同,法律没有规定用人单位有支付经济补偿的义务,但如果是用人单位首先提出解除合同的动议,并与劳动者协商一致解除劳动合同,用人单位应当向劳动者支付经济补偿。因此,通过协商解除劳动合同时,双方当事人都要做好证据的收集工作,一旦发生纠纷,就要拿出证据来证明究竟是哪一方首先提出解除劳动合同的动议,以此来证明用人单位是否应承担向劳动者支付经济补偿的义务。

协商解除劳动合同是法律赋予企业与员工可以行使的权利,其特点是劳动关系在终结时比较和谐、平稳。协商解除劳动合同适用范围广、法律强制性要求小、风险小、成本低,在人力资源管理实践中,企业如果能正确运用协商解除劳动合同的策略,灵活使用协商解除劳动合同的各种技巧,则往往会在化解紧张和冲突方面收到意想不到的效果。实践中,企业可以对一些直接处理可能会导致不利后果的情形,采用灵活、变通方式协商解除劳动合同,如对过失性解除合同证据不足的,对非过失性解除合同操作成本太高的,或者是一些特别重要、影响力大的员工解除合同的。采用柔性化协商解除合同应特别注意三个问题:①做好协商解除合同的预案。为避免造成紧张感,企业应选择合适的时间通知员工;直接告知员工企业的处理决定,并简单描述处理理由;切记注重事实,重点强调决定作出的慎重和不可更改。不与被处理员工辩论,积极倾听员工陈述,并以点头或用短暂沉默等方式作出配合。②面谈。区分不同情况进行有效面谈,如对过失性解除但证据不足的,应留取并固化已经取得的员工违纪证据,告诫或敦促员工与企业协商解除;对非过失性解除但操作成本太高的,须把握员工心态,互相陈述相互利益关系,晓之以理。③掌握员工协商解除合同的技巧。解除劳动合同,须以事实为基础,严格遵循程序,讲究恰当的技巧和要领,如向员工仔细讲述经济补偿金额与具体计算方法,注意不要在已经商定好的条款上当场承诺增加任何内容,同时也不要承诺"调查一下事后给予答复",这样会把解除程序复杂化,弄到难以收拾的地步。

二、劳动者单方解除合同的法定情形

《劳动合同法》第三十七条及第三十八条对劳动者单方面解除劳动合同的权利作出了规定。为了加强劳动合同法的可操作性,消除社会上存在的关于无固定期限劳动合同是"铁饭碗"、"终身制"的误解,《实施条例》第十八条采用集中表述的方式,明确了劳动者也可以依法解除包括无固定期限劳动合同在内的各类劳动合同。《实施条例》的规定并没有超出《劳动合同法》的规定,而只是对原有条文规定的一种梳理。劳动者可以解除无固定期限劳动合同的13种情形为:①劳动者与用人单位协商一致的;②劳动者提前30天以书面形式通知用人单位的;③劳动者在试用期内提前3天通知用人单位的;④用人单位未按照劳动合同约定提供劳动保护或者劳动条件的;⑤用人单位未及时足额支付劳动报酬的;⑥用人单位未依法为劳动者缴纳社会保险费的;⑦用人单位的规章制度违反法律、法规的规定,损害劳动者权益的;⑧用人单位以欺诈、胁迫的手段或者乘人之危,使劳动者在违背真实意思的情况下订立或者变更劳动合同的;⑨用人单位在劳动合同中免除自己的法定责任、排除劳动者权利的;⑩用人单位违反法律、行政法规强制性规定的;⑪用人单位以暴力、威胁或者非法限制人身自由的手段强迫劳动者劳动的;⑫用人单位违章指挥、强令冒险作业危及劳动者人身安全的;⑬法律、行政法规规定劳动者可以解除劳动合同的其他情形。

除了协商一致解除劳动合同外,劳动者单方面解除劳动合同的情形可以分为两种情况:劳动者提前通知解除无固定期限劳动合同;用人单位违法,劳动者立即解除无固定期限劳动合同。

(一)劳动者提前通知解除劳动合同

1. 提前30天通知,劳动者可解除劳动合同。《劳动合同法》第三十七条规定,劳动者提前30天以书面形式通知用人单位,可以解除劳动合同。这一规定赋予劳动者辞职权,即劳动者有权根据自己的能力、特长、志趣和爱好,选择适合的职业。"提前30天通知"既是劳动者单方解除劳动合同的条件,也是解除合同的程序。通过这种途径解除劳动合同,劳动者无须提出任何理由,而是只需提前30天以书面形式通知即可。但是,在这种情况下,用人单位也不承担支付劳动者经济补偿的义务;同时,如果劳动合同中依法约定了劳动者提前解除劳动合同的法律责任,劳动者需要承担相应的责任。

这一规定赋予员工任意解除权,是对员工自主择业权的确认和具体化。辞职权是择业权派生出来的权利,它是一种形成权,即员工不需任何理由,只要作出辞职的意思表示即可成立。法律赋予员工这种辞职权,使得员工在现代市场经济体制下得以自由流动。为防止员工行使辞职权给企业生产经营造成不利影响,法律规定员工提前30天通知,以便企业在30天内重新物色人选。

按照劳动合同法的新规则,企业处理员工辞职应当注意以下三个问题:①确认书面辞职手续。提前通知须有正式的相关书面手续。企业应细化离职管理流程,尤其注意书面证据的确认和保留,员工提交辞职报告,企业应做好离职备案和交接手续安排,明确告知员工相关的权利义务。如果员工只是口头通知辞职后又反悔的,辞职并不生效。②强化离职管理。提前30天通知期不能用休假期抵扣。有的员工在提出辞职后,以休假等理由就不再到企业上班了。按照法律规定,员工既有解除合同前的通知义务,同时也有享受休假的权利,但两者之间不存在直接对等的联系。员工在履行了提前通知的义务后,并不表示其在最后的30天内能够随意安排自己的工作计划,员工有义务遵守企业的行政管理和工作调度。③了解法律后果。员工擅自离职给企业造成损失的,企业可以要求索赔损失。

2. 试用期内,劳动者提前3天通知解除合同。劳动合同法规定,劳动者在试用期内提前3天通知用人单位,可以解除劳动合同。《实施条例》规定,劳动者在试用期内提前3天通知用人单位,依照劳动合同法规定的条件、程序,可以与用人单位解除包括无固定期限在内的所有合同。这是对试用期内劳动者提前解除合同的规定。

试用期既是用人单位对新招收职工各方面的情况进行考察的期限,也是新招收职工用以考察用人单位的劳动条件、劳动报酬是否符合劳动合同规定的选择期限。劳动者在试用期内,发现用人单位的实际情况与订立劳动合同时所介绍的实际情况不相符合,或者发现自己不适合从事该工种工作,以及存在其他不能履行劳动合同的情况,劳动者无须任何理由就可以通知用人单位解除劳动合同。与《劳动法》规定不同的是,《劳动合同法》及《实施条例》规定,劳动者在试用期内辞职,应提前3天通知用人单位,以便用人单位安排人员接替其工作。同样,签订无固定期限劳动合同的劳动者在试用期内也可以提前通知用人单位解除合同。当然,在这种情况下解除劳动合同,用人单位也无须向劳动者支付经济补偿。

(二)用人单位违法,劳动者随时解除劳动合同

《劳动合同法》第三十八条规定,用人单位有下列情形之一的,劳动者可以

通知用人单位解除劳动合同:①未按照劳动合同约定提供劳动保护或者劳动条件的;②未及时足额支付劳动报酬的;③未依法为劳动者缴纳社会保险费的;④用人单位的规章制度违反法律、法规的规定,损害劳动者权益的;⑤用人单位以欺诈、胁迫的手段或者乘人之危,使劳动者在违背真实意思的情况下订立或者变更劳动合同的,用人单位免除自己的法定责任、排除劳动者权利的,违反法律、行政法规强制性规定等致使劳动合同无效的;⑥法律、行政法规规定劳动者可以解除劳动合同的其他情形。在这些情形下解除劳动合同,劳动者只需通知用人单位即可,无须征得用人单位的同意。同时,如果劳动者根据这些理由解除劳动合同,用人单位还要依法向劳动者支付经济补偿。

1. 未按照劳动合同约定提供劳动保护或者劳动条件。劳动保护和劳动条件是劳动者在保证生命安全的情况下,从事生产劳动的必要条件。一些用人单位为了降低成本,故意减少劳动保护措施,甚至不提供劳动保护措施,造成了生产事故,严重损害了劳动者利益。为保护劳动者的合法权益,法律规定,用人单位未按照合同约定提供劳动保护或劳动条件的,劳动者可以解除合同。按照合同为劳动者提供劳动保护或者劳动条件是用人单位的义务之一,如果用人单位违反规定,劳动者可以单方解除合同,而且根据《劳动合同法》第四十六条的规定,劳动者以此解除合同,用人单位应当向劳动者支付经济补偿。

2. 未及时足额提供劳动报酬。劳动者按照合同约定,保质保量完成了工作任务,用人单位就有义务按照法律和合同规定,支付劳动者劳动报酬。劳动报酬是劳动者应得的经济收入,也是劳动者维持生活的主要经济来源。如果用人单位不及时、足额支付劳动报酬,将严重影响劳动者的日常生活。劳动合同是有偿合同,劳动者以劳动交换报酬,如果用人单位不及时足额支付劳动报酬,劳动者可以单方面解除合同,因此,法律规定,在用人单位不及时、足额支付劳动报酬的情况下,劳动者可以解除合同,而且劳动者以此解除合同,用人单位应当向劳动者支付经济补偿。

3. 未依法为劳动者缴纳社会保险费。社会保险是国家依法建立的一项社会保障制度,它由政府、单位和劳动者三方共同筹资,目标是保证劳动者在因年老、疾病、工伤、生育、死亡、失业等风险暂时或永久失去劳动能力、失去生活来源时,能够从国家或社会得到物质帮助,以此解除劳动者后顾之忧。在工业社会中,劳动者面临多种风险,年老、疾病、工伤、失业等使劳动者失去生活来源,正常生活无法得到保证。大量的劳动者如果失去社会保险的保护,导致他们无法抵御生活中的各种风险,就可能给社会造成严重影响。因此,法律规定,在用人单位未依法为劳动者缴纳社会保险费的情况下,劳动者可以解除合同。依法为劳动者缴纳社会保险费,是用人单位必须履行的法定义务,如果用人单位不依法为劳动者缴纳社会保险费,劳动者可以行使单方解除权,而且,劳动者以此解除合同,用人单位应当向劳动者支付经济补偿。

4.用人单位规章制度违法,损害劳动者权益。用人单位的规章制度必须是依法制定的,这里的"依法",包括所有的法律、法规和规章,即宪法、法律、行政法规、地方性法规、民族自治地方的自治条例和单行条例以及关于劳动方面的行政规章。一些用人单位在与劳动者签订合同时,利用其强势地位,要求劳动者接受诸如合同期间不能结婚、不能生育等违反法律的规定,或者单方面制定或修改劳动报酬、工作时间等涉及劳动者切身利益的劳动规章制度,损害劳动者合法权益。因此,法律规定,在用人单位的规章制度违反法律、法规规定损害劳动者权益的情况下,劳动者可以解除合同。而且,劳动者以此解除合同,用人单位应当向劳动者支付经济补偿。

5.因用人单位造成劳动合同无效的。劳动任务的完成,在很大程度上需要用人单位与劳动者双方的配合与协作,劳动合同具有一定的人身信任关系。劳动合同是按照劳动法律规范形成的,既体现了国家意志,也体现了双方当事人的共同意志。用人单位在订立劳动合同时,如果不真实地说明实际情况,与劳动者平等自愿地协商一致,或者合同约定的条款免除了自己的法定责任等,则可能导致劳动过程中的矛盾与冲突。因此,《劳动合同法》规定在以下情形下,劳动者可以解除合同:用人单位以欺诈、胁迫的手段或者乘人之危,使劳动者在违背真实意思的情况下订立或者变更劳动合同;用人单位免除自己的法定责任、排除劳动者权利;违反法律、行政法规强制性规定,致使劳动合同无效的。而且,劳动者因上述原因解除合同,用人单位应当向劳动者支付经济补偿。

(三)用人单位违法,劳动者解除服务期合同,不需支付违约金

《劳动合同法实施条例》第二十六条规定,用人单位与劳动者约定了服务期,依照《劳动合同法》第三十八条关于因用人单位违法,劳动者可以解除劳动合同的规定解除劳动合同的,不属于违反服务期的约定,用人单位不得要求劳动者支付违约金。比如,用人单位未依法缴纳各项社会保险费用,劳动者有权与单位解除劳动合同,且无须向用人单位支付违约金。对服务期内解除劳动合同的违约金支付方面,《劳动合同法》遵循利益平衡原则,即无论是用人单位还是劳动者,任何一方在服务期内因为主观过错损害了另一方的合法权益,另一方都有权单方面解除劳动合同。不同的是,由于劳动者的过错导致的合同解除,劳动者需承担违约责任;由于用人单位的违法行为导致的合同解除,劳动者不必承担违约责任。

综上所述,用人单位在实际操作中,应按照《劳动合同法》的规定,及时检视可能存在的不当行为,预防和化解法律风险。①检视安全生产事项。注意安

全生产方面有无违反合同约定或法律规定的情况,即未按照约定提供劳动保护或者劳动条件,如安全服装、防暑降温安排,女职工"三期"保护等。要将安全生产责任落实到人,作为绩效考核依据,避免安全生产事项进一步转化为劳动关系处理上的被动,导致间接损失。②检视工资社会保险事项。工资支付应当"及时"、"足额"。企业应特别重视社会保险费的缴纳,应当告知并强制员工依法缴纳社会保险费。依法缴纳,包括依照相关规定,在规定时间、按照规定的基数缴纳。③检视规章制度规定。如果企业规章制度违反法律、法规规定,损害员工利益,员工可以依法解除劳动合同。④检视管理行为的规范性。规范管理行为和管理方式,避免采用扣减津贴、奖金等方式强迫员工劳动。

(四)非常情况下,劳动者可以立即解除劳动合同,无须提前通知

在劳动关系中,劳动者享有最基本的人身自由。虽然劳动者有义务服从企业的安排,遵守劳动纪律并完成劳动任务,但同时,提供符合安全生产要求的劳动条件,照章指挥,保障劳动者的生命安全以及身体健康也是企业的义务。因此,法律规定,用人单位以暴力、威胁或者非法限制人身自由手段强迫劳动者劳动的,或者用人单位违章指挥、强令冒险作业危及劳动者人身安全的,劳动者可以立即解除劳动合同,无须事先告知用人单位。这一规定赋予了劳动者立即解除合同的权力,且不用告知用人单位。"暴力"是指用人单位直接以身体强制的手段强迫劳动者为用人单位服务;"威胁"是指用人单位以将要实行暴力或对劳动者的其他损害为强迫劳动的手段;"非法限制人身自由"是指采用拘留、禁闭或其他强制方法,非法剥夺或限制自由行为,迫使他人按照自己的意志支配其身体活动。劳动者的人身安全是受到法律保护的,用人单位采用非法手段强令劳动者进行危及自身人身安全的行为是违法的,劳动者有拒绝的权力。而且,根据法律规定,劳动者以此解除合同,用人单位应当向劳动者支付经济补偿。

三、用人单位单方解除合同的法定情形

《劳动合同法》第三十九至四十一条对用人单位解除劳动合同的权利进行了规定。但是,自《劳动合同法》颁布以来,引发讨论最多的问题就是用人单位是否可以解除无固定期限的劳动合同。为了加强《劳动合同法》的可操作性,消除社会上存在的关于无固定期限劳动合同是"铁饭碗"、"终身制"的误解,《劳动合同法实施条例》第十九条采用集中表述的方式,明确了只要符合法定条件,用人单位就可以依法解除包括无固定期限劳动合同在内的各类劳动合同。具体而言有14种情形:①用人单位与劳动者协商一致的;②劳动者在试用期间被证明不符合录用条件的;③劳动者严重违反用人单位的规章制度的;④劳动者严重失职,营私舞弊,给用人单位造成重大损害的;⑤劳动者同时与其

他用人单位建立劳动关系,对完成本单位的工作任务造成严重影响,或者经用人单位提出,拒不改正的;⑥劳动者以欺诈、胁迫的手段或者乘人之危,使用人单位在违背真实意思的情况下订立或者变更劳动合同的;⑦劳动者被依法追究刑事责任的;⑧劳动者患病或者非因工负伤,在规定的医疗期满后不能从事原工作,也不能从事由用人单位另行安排的工作的;⑨劳动者不能胜任工作,经过培训或者调整工作岗位仍不能胜任工作的;⑩劳动合同订立时所依据的客观情况发生重大变化,致使劳动合同无法履行,经用人单位与劳动者协商,未能就变更劳动合同内容达成协议的;⑪用人单位依照企业破产法规定进行重整的;⑫用人单位生产经营发生严重困难的;⑬企业转产、重大技术革新或者经营方式调整,经变更劳动合同后仍需裁减人员的;⑭其他因劳动合同订立时所依据的客观经济情况发生重大变化,致使劳动合同无法履行的。《劳动合同法实施条例》的规定本身并没有超出《劳动合同法》规定的范畴,只是对原有条文规定的一种梳理,其目的是为了澄清用人单位和劳动者的疑问,明确了无固定期限劳动合同只是市场化用工形式的一种,并不代表"铁饭碗"。

除了协商一致解除劳动合同外,用人单位解除包括无固定期限劳动合同在内的情形可以分为三种情况:劳动者有过失,用人单位解除劳动合同;劳动者无过失,用人单位提前30天通知解除劳动合同;经济性裁员。

(一)劳动者有重大过失,用人单位可以解除劳动合同

根据《劳动合同法》第三十九条的规定,劳动者有下列情形之一的,用人单位可以解除劳动合同:①在试用期间被证明不符合录用条件的;②严重违反用人单位的规章制度的;③严重失职,营私舞弊,给用人单位造成重大损害的;④同时与其他用人单位建立劳动关系,对完成本单位的工作任务造成严重影响,或者经用人单位提出,拒不改正的;⑤采用欺诈、胁迫的手段或者乘人之危,使用人单位在违背真实意思的情况下订立或者变更劳动合同,致使劳动合同无效的;⑥被依法追究刑事责任的。上述情形的共同特点是,劳动者主观上均有严重过失,因而用人单位有权随时解除合同。用人单位在这种情形下解除劳动合同,无须提前30天通知,且不受用人单位不得解除劳动合同的法律限制,无须支付经济补偿。

1.试用期间被证明不符合录用条件,用人单位有权解除劳动合同。《实施条例》规定,劳动者在试用期间被证明不符合录用条件的,可以依照《劳动合同法》规定的解除劳动合同的条件、程序,与劳动者解除包括无固定期限劳动合同在内的各类合同。

试用期是劳动者与用人单位进行双向考察的时期,试用期内,用人单位对新招收的职工进行思想品德、劳动态度、实际工作能力、身体状况方面的进一步

考察，避免用人单位遭受不必要的损失；劳动者则可以考察了解用人单位的工作内容、劳动条件、劳动报酬等是否符合劳动合同的规定。试用期内，如果劳动者被证明不符合录用条件，那么用人单位有权解除其劳动合同，但需要前提条件，即用人单位要举证证明劳动者不符合录用条件。试用期内用人单位并不能随意解除劳动合同，否则将承担法律风险。试用期内用人单位解除劳动者的劳动合同应当注意以下几点：

（1）解除合同必须在试用期内进行。如果超过试用期，用人单位即使有证据证明劳动者不符合录用条件，也不得以试用期内不符合录用条件为由与劳动者解除劳动合同。

（2）要有明确的录用条件。用人单位在制定录用条件时应当注意以下三点：①录用条件应当与员工从事的岗位挂钩，尽量减少千人一面的条件，如"服从公司安排"、"完成领导交付的任务"等。②录用条件应当能够用具体数据或标准评判，避免模糊性描述。录用标准明确、清晰，以便于进行考核和录用决策，产生争议时也便于举证。③不能将岗位职责简单等同于录用条件。因为岗位职责只是评价业务能力的指标，而仅仅从业务能力上评价员工是否与企业相匹配是不够的，员工还应当具备"严格遵守企业规章制度"、"严格保守企业商业机密"、"正确履行考勤义务"等条件。

（3）企业应当提供有效证据证明劳动者不符合录用条件。证据主要有两个方面：一是对某一岗位工作职能及要求是否有具体描述；二是对员工在试用期内的表现是否有客观记录和评价。如果企业没有证据证明劳动者在试用期间不符合录用条件就不能解除劳动合同，否则，需承担因违法解除劳动合同所带来的一切法律后果。

（4）注意试用期考核的方式。考核方式应当与录用条件相匹配，根据录用条件的不同，考核方式可以分为两种：①对于能够用数字明确衡量的录用条件，如销售额、出勤率等，应作好信息收集和记录，并保留存档；②对于如"客户满意度"等较为主观的标准，可以使用"360度量表"之类的工具，对员工进行评分，然后将某一分数设为是否符合录用条件的判定标准。

（5）注意试用期劳动合同解除应当以书面形式作出。企业应当保留解除合同"告知"程序的记录或文件，以确保"告知"本身有效。

2.劳动者严重违纪，用人单位有权解除劳动合同。《实施条例》规定，劳动者严重违反企业规章制度的，用人单位可以依照《劳动合同法》规定的解除劳动合同的条件、程序，与劳动者解除包括无固定期限劳动合同在内的各类合同。

企业规章制度是用人单位进行合法的员工管理，防范劳动用工管理和人力资源管理风险的有效工具。劳动者只有遵守企业的规章制度，才能够不仅保证自己在工作期间合理、高效、安全地完成本职工作,并且保证他人的工作和整个部门或单位的工作持续有效地运行。因此,如果劳动者在工作中严重违反了用人单位的规章制度,就可能会影响到用人单位的正常生产经营,损害用人单位的合法利益。针对这一情况,法律赋予用人单位单方面解除劳动合同的权利。因此,无论劳动者与用人单位签订的是何种形式的劳动合同,一旦严重违反用人单位的规章制度,用人单位都有权解除其劳动合同。

实践中,适用这一规定要符合三个条件:①规章制度的内容必须是符合法律、法规的规定,而且是通过民主程序公之于众。②劳动者的行为客观存在,并且是属于"严重"违反用人单位的规章制度,"严重"的界定标准,一般是根据劳动法规定的限度和用人单位内部的规章制度,以依此限度所规定的具体界限为准。如违反操作规程,损坏生产、经营设备造成经济损失的,无故不服从单位正常工作调动,不服从单位劳动人事管理,无理取闹,打架斗殴,散布谣言损害企业声誉等,给用人单位正常生产经营秩序和管理秩序带来损害。③用人单位对劳动者的处理是按照本单位规章制度规定的程序办理的,并符合相关法律、法规的规定。

3. 劳动者严重失职,营私舞弊,造成重大损害,用人单位有权解除劳动合同。劳动者在履行劳动合同义务期间,如果违反岗位职责,严重失职或营私舞弊,使用人单位有形财产、无形财产或人员遭受重大损害,给用人单位带来重大损失的,法律规定用人单位可以解除合同。严重失职,是指严重渎职的行为,如值班时间不负责,擅离职守或由于粗心大意造成事故,给用人单位带来重大损失;营私舞弊,是指利用手中的职权或机会,采取欺诈方式牟取不正当的利益的行为。劳动者的行为是否给用人单位造成"重大"损害,一般有由用人单位依法制定的规章制度界定,例如,用人单位可以在制度中规定"造成1万元以上损失"为"重大"损害等,以此明确"重大、严重"的具体标准和规范。

4. 劳动者兼职,用人单位有权解除劳动合同。《实施条例》规定,劳动者同时与其他用人单位建立劳动关系,对完成本单位的工作任务造成严重影响,或者经用人单位提出,拒不改正的,用人单位可以按照《劳动合同法》规定的解除劳动合同的条件、程序,与劳动者解除包括无固定期限劳动合同在内的各类合同。

由于劳动者的精力是有限的,同时在两个以上的用人单位从事工作,可能会对劳动者的本职工作产生影响,持续下去,则可能对用人单位以及其他员工带来不利的影响。签订了无固定期限合同的劳动者建立双重劳动关系,用人单位一样有权解除其劳动合同。针对劳动者同时与两个以上用人单位建立劳动关系的情形,法律规定用人单位可以通过两种方式解除劳动者的劳动合同:第一,证明劳动者同时与其他单位建立劳动关系,严重影响了本单位工作任务的完成,单位可以依法与其解除劳动合同;第二,对劳动者的兼职,用人单位先向劳动者提出,令其改正,如果劳动者拒不改正,那么就与其解除劳动合同。选择以第一种方式解除劳动合同,单位负有举证责任,要证明劳动者与其他单位建立了劳动关系,并对完成本单位工作任务造成了严重影响。由于采用第一种方式解除劳动合同对用人单位而言更加困难,因此建议用人单位采取第二种方式,且向员工提出解除合同时最好采取书面形式。

5. 采用欺诈、胁迫的手段或者乘人之危致使劳动无效,用人单位有权解除劳动合同。劳动合同是劳动者和用人单位在平等自愿的基础上意思表示一致而达成的协议,任何一方采用欺诈等手段达到订立或变更合同的目的都违背了平等自愿、协商一致、诚实信用的原则。因而法律规定,劳动者以欺诈、胁迫的手段或者乘人之危,使用人单位在违背真实意思的情况下订立或者变更劳动合同,致使劳动合同无效的,用人单位可以解除合同。欺诈,是指一方故意隐瞒真相或制造假象,致使对方产生错觉,作出违背其真实意思表示的行为;胁迫,即威胁、逼迫,是指一方以要挟对方或其亲友的生命健康、人格尊严、财产安全或其他利益为手段,迫使对方作出违背其真实意思表示的行为;乘人之危,是指一方当事人在对方处于危难之时,使其作出违背真实意思的行为。

6. 劳动者被追究刑事责任,用人单位可以将其辞退。劳动者在劳动合同存续期间,因严重违法构成犯罪,被人民法院依法判处刑罚或者裁定免予刑事处分的,用人单位可以随时解除劳动合同。"被依法追究刑事责任",是指被人民法院判处刑罚,包括拘役、有期徒刑、无期徒刑、死刑等。

除上述因劳动者的重大过失,用人单位可以解除劳动合同外,因劳动者的过失而导致服务期内被解除合同,劳动者还需要支付违约金。《劳动合同法实施条例》第二十六条第二款规定,劳动者严重失职,营私舞弊,给用人单位造成巨大损害的,用人单位与劳动者解除约定了服务期的劳动合同,劳动者应当按照约定向用人单位支付违约金。由于在服务期内劳动者的严重违纪行为会给用人单位带来损失,合同解除是由于劳动者的责任,因此,法律赋予用人单位在解除劳动合同权利的同时,仍有权利要求劳动者支付违反服务期规定的违约金。

用人单位在这些情形下有权解除劳动合同,但应特别注意两个问题:①确实掌握相关证据。对于过失性解除,法律设定了严格的条件,企业行使该权力前应当根据所掌握的证据进行评估。只有有证据证明员工有过失性行为,符合法定解除条件的才可以解除合同。②严格履行法律程序。企业行使过失性解除合同的权力,应依法征求工会的意见,将解除劳动合同的通知书文本交由员工签收。解除通知是企业用于解除或终止与员工的劳动合同的法律文本,可以用于判断双方劳动关系的解除时间。

相关案例

空姐在机舱内拍不雅照,被开除①

郭某于2005年入职中国南方航空股份有限公司(以下简称"南方航空公司"),工作岗位为乘务员,双方签订有书面劳动合同,最后一期劳动合同期限为2016年9月7日至2021年9月6日。在岗期间,南方航空公司每月10日通过银行转账支付当月的固定工资,每月下旬通过银行转账支付上月飞行小时费,郭某最后工作日为2019年11月22日。

2019年10月12日18时40分,CZ3547航班由于流量控制原因,所有旅客未登机,郭某在乘务组休息期间,为感谢朋友赠送内衣在飞机上的洗手间内拍摄并发送了一条本人内衣照片的朋友圈,后意识到不妥,在短时间内立即撤回,但在此期间被人截图举报。事情发生后,郭某认识到错误,并作出深刻检查。2019年11月28日,南方航空公司向郭某发出解除劳动合同通知书,载明:郭某,您因违反《中国南方航空股份有限公司员工违纪违规处分管理规定》(CSN-HR07-15)2.3.6条、《客舱部空勤人员违纪违规处分管理规定》(CSN-KCB-03-04-54)4.4.1条和4.6条相关规定,现公司依据《中华人民共和国劳动合同法》第三十九条规定,决定自2019年11月28日起解除与您于2016年9月7日签订的书面劳动合同。请自收到本通知之日起,15个工作日内回单位办结解除劳动关系和工作交接手续,逾期未办理的,公司有权向您追究相关责任。2019年12月3日,郭某向南方航空公司纪律检查委员会申诉,请求南方航空公司撤销解除劳动合同处罚并继续履行双方劳动合同。2019年12月18日,南方航空公司人力资源部作出答复,称郭某在工作时间发布不雅照片的行为确实对南航的品牌形象造成了负面影响,经客舱部研究,确属严重违反公司规章制度的行为。

2020年6月3日,郭某向劳动人事争议仲裁委员会申请劳动仲裁,要求确认南方航空公司解除劳动合同的行为违法、无效。仲裁委员会确认南航解除劳动合同的决定违法无效,一次性支付郭某2019年11月23日至2020年7月10日的工资212 735.63元。双方均不服仲裁裁决,诉至法院。一审法院判决

---

① 改编自:空姐在机舱内拍不雅照,被开除[EB/OL].裁判文书网,[2023-03-28].https://www.163.com/dy/article/I0UM78QT0521CAFF.html.

南方航空公司解除与郭某劳动合同的决定属于违法解除劳动合同。双方不服上诉至二审法院。二审法院改判确认南方航空公司解除与郭某劳动合同的决定合法有效,无须支付郭某2019年11月23日至2020年7月10日的工资。

本案争议的焦点问题为:郭某是否严重违反了南方航空公司的规章制度;南方航空公司解除劳动合同的行为是否合法。

南方航空公司据以解除劳动合同的依据是《中国南方航空股份有限公司员工违纪违规处分管理规定》(CSN-HR07-15)及《客舱部空勤人员违纪违规处分管理规定》(CSN-KCB-03-04-54)。《中国南方航空股份有限公司员工违纪违规处分管理规定》(CSN-HR07-15)的制定程序合法,内容不违反法律规定,可以作为评价郭某行为的依据。《客舱部空勤人员违纪违规处分管理规定》(CSN-KCB-03-04-54)的审议通过时间是2020年1月20日,而郭某的行为发生在2019年11月28日,当时该规定尚未生效,故《客舱部空勤人员违纪违规处分管理规定》(CSN-KCB-03-04-54)不能作为评价郭某行为的依据。但是,《客舱部空勤人员违纪违规处分管理规定》(CSN-KCB-03-04-54)中的条款:4.4.1中f)不服从管理和工作安排,消极怠工,影响工作效率或者妨碍工作执行的;h)发生有损公司形象的行为(如打架、斗殴、酗酒等),造成不良影响的;i)利用工作时间从事私人事务,或者利用公司的设施、设备、材料以及其他资源办理个人事务,造成不良影响的;s)违反职业道德,干扰公司正常工作秩序,造成不良影响的;t)违背社会公序良俗,在公共场所有不当行为,造成不良影响;4.6中d)在媒体或者网络上恶意发布自己或者他人有损公司形象的图片、视频等的;g)发生其他违反公司、客舱部有关规章制度、管理规定行为,造成不良影响的……所规定舆论管理内容与《中国南方航空股份有限公司员工违纪违规处分管理规定》(CSN-HR07-15)2.3.6条款有一定重合之处,且关于利用工作时间从事私人事务的规定,在《中国南方航空股份有限公司员工违纪违规处分管理规定》(CSN-HR07-15)中亦有相对应的条款(2.3.1中g)。法院认为南方航空公司解除与郭某劳动合同的主要依据为:①利用工作时间从事私人事务;②违反公司舆情管理、网络管理规定,在网络发布不雅照片违反公序良俗造成不良影响。

根据上述条款的规定,关于郭某在机舱上发布身穿内衣照片的行为,法院分析如下:

南方航空公司是公共航空运输企业,具有较强行业特殊性。公共航空运输涉及不特定人民群众的公共安全,相关法律对此均规定了严格的安全责任,要求航空公司应当尽最大限度保障公共安全。航空公司负有高度的安全责任,故南方航空公司理应有更加严格的规章制度和管理规范。郭某作为乘务长,应按照法律法规及南方航空公司的规章制度要求,严格履行岗位职责,保障民用航空器及所载人员、财产安全。根据中华人民共和国交通运输部令2017年第29号《大型飞机公共航空运输承运人运行合格审定规则》P章第121.481条(b)(5)的规定,值勤是指机组成员按照合格证持有人的要求执行的所有任务,包括但不限于飞行值勤、置位、备份和培训等;(6)规定的飞行值勤期,是指机组成员接受合格证持有人的安排的飞行任务后,从为完成该次任务而到指定地点报道时刻的开始,到飞机在最后一次飞行后发动机关车且机组成员没有再次移动飞机的意向为止的时间段;(9)规定的休息期,是指从机组成员到达适宜的住宿场所起,到为执行下一次任务离开适宜的住宿场所为止的连续时间段。据此,郭某自拍行为所处的时间段根据上述规定分析应属于飞行值勤期内,没有证据显示乘务员当时可以休息。在值勤期内,乘务员应当按照相关行业规定履行保障客舱安全的主要职责,不应在值勤期内从事私人事务。但在本案中,首先,郭某错误地认为等待的时间是休息期,没有对安全职责保持高度警惕。其次,客观上,郭某试穿、拍照、构思文案发朋友圈到关注反馈情况等活动分散了大量精力,与其应履行的职责相违背。再次,从郭某发朋友圈的内容可知,其主观目的是为了宣传内衣商品,亦与其应履行的职责相违背。虽然涉案航班最终没有出现安全问题,但并不代表郭某的行为是可容忍、可接受的。如前所述,航班的安全问题是重中之重,涉及民众的生命健康安全。飞机作为高精密的运输工具,每一位机组成员怠于履行职责的行为都有可能造成安全隐患,都存在造成安全事故的潜在风险,都有可能导致最终造成无可挽回的损失和灾难。故本院对郭某在工作期间自拍宣传的行为给予否定性评价。

  另外,从自拍行为来看,郭某作为南方航空公司乘务员的身份在微信朋友圈内是公开的,其一言一行均能代表南方航空公司的形象。郭某发布的不雅照中可见南方航空公司飞行器机舱,其所附的文字表明是机舱洗手间。郭某在机舱内穿着内衣发朋友圈,有损社会风气和公序良俗,违背了空乘人员的行为规范和职业形象。郭某自身对此也认识到错误并作出检讨。微信朋友圈作为国内主流的网络社区之一,传递信息的效率、速度、范围均具有迅速、广泛的特征。郭某作为乘务长,本身应起到示范作用与带头作用,但是其利用工作时间、工作场所发布不雅照宣传内衣商品,必然造成不良的社会示范效果,对南方航空公司的形象、安全声誉均会造成较大影响,从而影响社会公众对南方航空公司安全声誉的信任。郭某主张其内衣照并没有大范围流传,没有引起大规模的讨论,但鉴于该照片已经实际经互联网发布且被人截图举报,结合互联网虚拟载体记忆难以消除的特征,本院认为郭某的举证不足以证明其发布不雅照的行为的影响轻微,对该项意见不予采纳。

综上,南方航空公司作为负责人民群众出行安全的特殊企业,对影响飞行安全的行为持"零容忍"的态度具有合理性。作为有15年工龄的乘务长,更加应当认识到在朋友圈发布不雅照片对南方航空公司形象、航空安全声誉,对公序良俗造成的负面影响。故南方航空公司认为郭某在值勤期内发布自拍不雅照的行为构成严重违反规章制度具有合理性,其据此解除劳动关系,是南方航空公司依法行使管理权的体现,应认定为合法解除。

(二)劳动者无过失,用人单位可以解除劳动合同

根据《劳动合同法》第四十条的规定,有下列情形之一的,用人单位提前30天以书面形式通知劳动者本人或者额外支付劳动者1个月工资后,可以解除劳动合同:①劳动者患病或非因工负伤,在规定的医疗期满后不能从事原工作,也不能从事由用人单位另行安排的工作的;②劳动者不能胜任工作,经过培训或者调整工作岗位后仍不能胜任工作的;③劳动合同订立时所依据的客观情况发生重大变化,致使劳动合同无法履行,经用人单位与劳动者协商,未能就变更劳动合同内容达成协议的。

1.劳动者患病或非因工负伤医疗期满后不能工作,单位可以解除劳动合同。《劳动合同法实施条例》第十九条第五款规定,劳动者患病或非因工负伤,在规定的医疗期满后不能从事原工作,也不能从事由用人单位另行安排的工作的,用人单位可以按照《劳动合同法》规定的解除劳动合同的条件、程序,与劳动者解除包括无固定期限劳动合同在内的各类合同。

根据相关规定,"医疗期"是指企业员工因患病或非因工负伤停止工作治病休息不得解除劳动合同的时限。医疗期的长短根据劳动者的工龄来确定,具体标准为:①员工实际工作年限10年以下的,在本单位工作年限5年以下的为3个月;5年以上的为6个月。②员工实际工作年限10年以上的,在本单位工作年限5年以下的为6个月;5年以上10年以下的为9个月;10年以上15年以下的为12个月;15年以上20年以下的为18个月;20年以上的为24个月。③医疗期应从病休第一天开始,累计计算。医疗期3个月的按6个月内累计病休时间计算;6个月的按12个月内累计病休时间计算;9个月的按15个月内累计病休时间计算;12个月的按18个月内累计病休时间计算;18个月的按24个月内累计病休时间计算;24个月的按30个月内累计病休时间计算。劳动者在规定的医疗期满后,无法从事原工作,也不能从事用人单位另行安排的工作,用人单位可以解除劳动合同。这就意味着,在劳动者医疗期满不能从事原工作的情况下,用人单位享有单方变更劳动者工作岗位的权利,如果劳动者不愿意从事新的工作,或者劳动者不能从事新岗位工作的,用人单位可以行使预告解

雇权。

实践中,劳动者患病或非因工负伤医疗期满后解除合同在操作上应当注意以下几点:

(1)解除患病或非因工负伤劳动者劳动合同应当等到医疗期满之后。在医疗期满后,用人单位对不能从事原工作岗位的职工应当对其调换岗位,并在平等自愿、协商一致的基础上与劳动者商议劳动合同内容的变更,之后还要协助劳动者适应岗位。如果单位尽了这些义务,劳动者仍然不能工作,单位才可以在提前30天书面通知的前提下,解除与该劳动者的劳动合同。

(2)劳动者非因工致残和经医生或医疗机构认定患有难以治疗的疾病,医疗期满,应当由劳动鉴定委员会参照工伤与职业病致残程度鉴定标准进行劳动能力的鉴定。被鉴定为1~4级的,应当退出劳动岗位,解除劳动关系,并办理退休、退职手续,享受退休、退职待遇。

(3)用人单位应当提前30天以书面形式通知劳动者本人,如有特殊原因不能提前通知的,应当额外支付劳动者1个月工资后,才可以解除劳动合同。

(4)用人单位应当依法向劳动者支付经济补偿。

2.劳动者不胜任工作,用人单位可以解除劳动合同。《劳动合同法实施条例》规定,劳动者不能胜任工作,经过培训或者调整工作岗位后仍不能胜任工作的,用人单位可以依照《劳动合同法》规定的解除劳动合同的条件、程序,与劳动者解除包括无固定期限劳动合同在内的各类合同。

劳动者不能胜任工作,对企业的生产经营将产生消极的影响,不利于企业资源的优化配置,因此,法律规定,劳动者不能胜任工作的时候,用人单位有权解除与劳动者的劳动合同,对签订了无固定期限劳动合同的劳动者来说,也同样适用这一规定。

用人单位在解除不能胜任工作的职工劳动合同时需要注意以下几点问题:

(1)所谓"不能胜任工作",是指劳动者不能按要求完成劳动合同中约定的任务或者同工种、同岗位人员的工作量。用人单位不得故意提高定额标准,使劳动者无法完成。

(2)用人单位负有协助劳动者适应岗位的义务。劳动者不能完成某一岗位的工作任务,用人单位可以对其进行职业培训,提高其职业技能,也可以将其调换到能够胜任的工作岗位上。如果单位尽了这些义务,劳动者仍然不能胜任工作,此时,用人单位才有权解除其劳动合同。

(3)用人单位作出解除劳动合同的决定后需要提前30天以书面形式通知劳动者本人或者额外支付劳动者1个月工资作为代通知金,之后才能与劳动者解除劳动合同。

(4)用人单位需要依法支付劳动者相应的经济补偿。在实践中,因劳动者不能胜任工作而解除劳动合同的情况很多,用人单位应当依法办事,不能随意调整劳动者的工作岗位或提高工作强度,借口劳动者不能胜任工作而解除劳动合同。这样做既侵犯了劳动者的合法权益,单位还可能因此承担法律风险。

3. 客观情况发生重大变化,用人单位可以解除劳动合同。《劳动合同法实施条例》规定,劳动合同订立时所依据的客观情况发生重大变化,致使劳动合同无法履行,经用人单位与劳动者协商,未能就变更劳动合同内容达成协议的,用人单位可以依照《劳动合同法》规定的解除劳动合同的条件、程序,与劳动者解除包括无固定期限劳动合同在内的各类合同。

这里"客观情况重大变化"是指两种情况:①单位因为市场条件、国际竞争等原因,发生转产、搬迁、技术改造、兼并、分立、被上级主管部门撤销等造成工作条件的改变致使劳动合同无法履行或无法完全履行的情况。②劳动者方面的变化,如为了保护消费者的身体健康,国家对从事食品行业的劳动者的身体状况有特殊规定,从业人员必须无任何传染性疾病,并取得健康合格证书。如果劳动者在与食品公司签订劳动合同时身体状况符合国家规定,在合同期内,发现身体出现问题,被检查为"肝炎病毒终生携带者"就不能继续从事食品行业的工作。这些情况也属于因客观情况发生重大变化而无法履行合同。

在实际操作中,如果客观情况发生变化,企业一定要注意按照法律程序进行操作。首先,企业要与劳动者协商,只有在不能就变更合同达成一致的情况下,用人单位才能解除合同;其次,解除合同应当提前30天以书面形式通知劳动者本人,或额外支付劳动者1个月工资;最后,用人单位单方解除合同,须向劳动者支付经济补偿金。

4. 无过失性解除合同的两种通知方式。《劳动合同法》第四十条规定,劳动者不能胜任工作,经过培训或者调整工作岗位仍不能胜任工作的,用人单位提前30日以书面形式通知劳动者本人或者额外支付劳动者1个月工资后,可以解除劳动合同。《劳动合同法实施条例》第二十条规定:"依照《劳动合同法》第四十条关于用人单位可以提前三十天以书面形式通知劳动者或者额外支付劳动者一个月工资解除劳动合同的规定,用人单位选择额外支付劳动者一个月工资的,额外支付的一个月工资按照劳动者本人上月的工资标准确定。"对"一个月工资"的计算标准,《劳动合同法实施条例》明确指出了用人单位选择额外支付劳动者一个月工资解除劳动合同的,工资计算标准按照劳动者本人上月的工资标准确定。

《劳动合同法》规定,在"无过失性解除"的时候,用人单位既可以选择提前30天书面通知方式,也可以额外支付1个月的工资代替提前通知。实践中,用人单位在解除劳动合同时,是选择"提前30天书面通知",还是选择"额外支付1个月工资"的方式,需要用人单位考虑这两种方式的特点和风险,其中两个问题值得关注:

第一,以"提前30天通知"的方式解除劳动合同,在预告期满前,用人单位与劳动者仍存在劳动关系,单位仍须按照法律规定为劳动者缴纳各项社会保险费及住房公积金;而以"额外支付1个月工资"的方式解除劳动合同没有预告期,自通知解除合同之日起,双方劳动关系已经解除,用人单位除支付1个月工资外,无须为劳动者再承担各项缴费。

第二,以"提前30天通知"方式解除合同,由于在30天预告通知期内劳动关系并没有解除,因而不能完全排除劳动者会发生工伤、患病、怀孕、受到意外伤害等风险。如果出现《劳动合同法》第四十二条规定的不得解除合同的情形,如患病、怀孕等,单位就不能与劳动者解除合同。而以"额外支付1个月工资"方式解除合同,自单位书面通知劳动者并支付1个月工资之日起,双方劳动关系即已解除,不会再产生用工风险。当然,"额外支付1个月工资"解除合同虽有上述有利方面,但单位在处理劳动关系时,应当根据实际工作需要,以及劳动者个人品德、能力等因素综合判定,并对两种方式下劳动者可能创造的价值和将会造成的影响进行比较,从而确定解除合同的最优通知方式。

总之,非过失性解除是劳动者本身并无主观过失,而是基于某些外部环境或者劳动者自身的客观原因,用人单位可以单方面解除劳动合同的法定理由。用人单位解除劳动合同应当符合法律规定的条件、程序,并应当依法向劳动者支付经济补偿,要受法律规定的用人单位不得解除合同的法定情形的限制。如果用人单位违法解除劳动合同,应当依照经济补偿标准的两倍向劳动者支付赔偿金。

(三)经济性裁员

相关案例

企业严重亏损可以单方解雇员工吗?给 N+1 都不行?①

张金(化名)自2011年11月进入上海某网络公司工作,2015年9月劳动关系转入艾奇艺上海分公司。2020年2月,张金与公司签订劳动合同主体变更协议,将劳动关系主体变更为艾奇艺新媒体公司,岗位为前端高级工程师,工资为

---

① 企业严重亏损可以单方解雇员工吗?给 N+1 都不行?[EB/OL].中企法顾,[2023-03-07]. https://www.163.com/dy/article/HV82PIOL0544303W.html.

"27 000 元+绩效奖金和季度奖"。

2021年12月,公司人事经理与张金进行谈话,因公司连年亏损,与张金协商降薪或解除方案,张金不接受降薪,对于解除补偿,双方也没有达成一致意见。2021年12月29日,公司向张金送达解除劳动合同通知书,以经济情况发生重大变化,公司严重亏损、岗位取消、未能协商一致变更合同为由,解除劳动合同。后公司向张金支付解除劳动合同经济补偿金及代通知金共计353 147元。

2022年1月,张金申请劳动仲裁,要求裁令公司支付违法解除赔偿金差额298 147元。仲裁委审理后,支持了张金的仲裁请求,公司不服裁决,向法院提起诉讼。

庭审中,根据公司提供的数据显示,其2019年亏损103亿元,2020年亏损70亿元,2021年前三季度亏损44亿元。法院认为,企业严重亏损是否可以被认定为"客观情况发生重大变化",一定要和劳动合同订立时的具体情形、企业的经营特点、行业特点、劳动者的岗位特点联系起来进行分析。公司除坚称企业严重亏损之外,没有提供证据证明其亏损属无法克服,且企业不得不裁撤被告所在部门,不得不解除张金的劳动合同;此外,公司没有提交证据证明其亏损是否主要由被裁撤部门引起,也没有指出裁撤这个部门对于公司经营状况可能带来哪些改善。

另外,公司与张金于2020年2月续签劳动合同。在这个时间点上,公司2019年亏损103亿,签订合同当时就已经亏损巨大,且到2021年12月解除该劳动合同时,公司的亏损和当初订立合同时相比没有什么根本性变化;相反,公司提交的证据显示,此时公司的亏损状况已经有所改善。因此,法院认定公司解除与张金劳动合同是不符合法律规定的,其在本案中的诉请难以支持。最终法院判决:公司应于本判决生效之日起七日内支付张金违法解除劳动合同赔偿金差额298 147元。

经济性裁员是指用人单位在遭遇经济上的困难时,通过裁减人员以达到摆脱困境的目的。经济性裁员是用人单位用人自主权的体现,但是大规模裁减人员,不但损害劳动者的合法权益,对社会稳定也会带来不利的影响。因此,《劳动合同法》第四十一条规定:"有下列情形之一,需要裁减人员二十人以上或者裁减不足二十人但占企业职工总数百分之十以上的,用人单位提前三十日向工会或者全体职工说明情况,听取工会或者职工的意见后,裁减人员方案经向劳动行政部门报告,可以裁减人员:

(一)依照企业破产法规定进行重整的;

(二)生产经营发生严重困难的;

(三)企业转产、重大技术革新或者经营方式调整,经变更劳动合同后仍需裁减人员的;

(四)其他因劳动合同订立时所依据的客观经济情况发生重大变化,致使劳动合同无法履行的。"

这一规定明确了经济性裁员的适用情形、人数限制和裁员程序等。《劳动合同法实施条例》第十九条第十二款规定,用人单位生产经营发生严重困难的,用人单位可以依照《劳动合同法》规定的解除劳动合同的条件、程序,与劳动者解除固定期限劳动合同、无固定期限劳动合同和以完成一定工作任务为期限的劳动合同,《劳动合同法实施条例》进一步明确了经济性裁员同样适用无固定期限劳动合同。

1. 经济性裁员的适用情形。经济性裁员,是指用人单位由于生产经营状况发生变化,为了克服经营困难、扭转不利局面而不得不辞退部分劳动者的行为。作为改善生产经营状况的一种手段,并非所有用人单位都有经济性裁员的权力,只有在经济上遭遇特殊困难的用人单位才可以实施经济性裁员。

经济性裁减人员是用人单位成批地解除员工的劳动合同,涉及面广,与劳动者利益紧密相关,需要十分慎重;相应地,法律规定的经济性裁减人员的条件也更为严格。主要包括四种情形:①依照企业破产法规定进行重整的;②生产经营发生严重困难的;③企业转产、重大技术革新或者经营方式调整,经变更劳动合同后,仍需裁减人员的;④其他因劳动合同订立时所依据的客观经济情况发生重大变化,致使劳动合同无法履行的。与《劳动法》相比,《劳动合同法》对裁员情形和理由均扩大了范围,增加了"企业转产、重大技术革新或者经营方式调整,以及其他因劳动合同订立时所依据的客观经济情况发生重大变化的情形",企业可以实施经济性裁员。

2. 经济性裁员的程序。经济性裁员一般涉及劳动者人数较多,一旦处理不当就会对劳动者的生活和社会稳定带来不利影响。根据《劳动合同法》,用人单位需要裁减人员在20人以上或者裁减不足20人但占企业职工总数10%以上的,应当遵守下列程序:

(1) 提前30天向工会或者全体职工说明情况;

(2) 提出裁减方案,内容包括:被裁减人员的名单、裁减时间及实施步骤,符合法律、法规规定和集体合同约定的被裁减人员的经济补偿办法;

(3) 将裁减人员方案征求工会或者全体职工的意见,并对方案进行修改和完善;

(4) 向当地劳动行政部门报告裁减人员方案;

(5) 由用人单位正式公布裁减人员方案,与被裁减人员办理解除劳动合同的手续，按照有关规定向被裁减人员支付经济补偿金，出具裁减人员证明书。

3. 规定优先留用的人员范围。为了保护弱势群体的权益，《劳动合同法》还特别规定了优先保护和录用人员的范围。规定裁减人员时，应当优先留用下列人员：

（1）与本单位订立较长期限的固定期限劳动合同的；

（2）与本单位订立无固定期限劳动合同的；

（3）家庭无其他就业人员，有需要扶养的老人或者未成年人的。

另外，为限制用人单位裁员的任意性，保护被裁减人员的合法权益，法律规定用人单位裁减人员，在6个月内重新招用人员的，应当通知被裁减的人员，并在同等条件下优先招用被裁减的人员。

与用人单位订立较长期限劳动合同或无固定期限劳动合同的劳动者，一般都已经为社会和用人单位作出了较大贡献，为了体现社会对这些人员工作的认可和给予回报，保证劳动关系，尤其是长期劳动合同和无固定期限合同的稳定性，在经济性裁员时这两类人应优先留用。家庭无其他就业人员，有需要扶养的老人或者未成年人的劳动者，家庭负担很重，一旦失去工作，全家人的生活就难以保障，这不利于社会稳定，所以用人单位在进行经济性裁员时应优先留用这些人员。

四、用人单位不得解除合同的情形

为了保护劳动者的合法权益，防止劳动者被不公正解雇，法律除规定用人单位可以解除劳动合同的情形外，还规定了用人单位不得解除劳动合同的情形。《劳动合同法》第四十二条规定："劳动者有下列情形之一的，用人单位不得依照本法第四十条、第四十一条的规定解除劳动合同：

（一）从事接触职业病危害作业的劳动者未进行离岗前职业健康检查，或者疑似职业病病人在诊断或者医学观察期间的；

（二）在本单位患职业病或者因工负伤并被确认丧失或者部分丧失劳动能力的；

（三）患病或者非因工负伤，在规定的医疗期内的；

（四）女职工在孕期、产期、哺乳期的；

（五）在本单位连续工作满十五年，且距法定退休年龄不足五年的；

（六）法律、行政法规规定的其他情形。"

用人单位不得解除劳动合同的规定，是对特殊劳动者在特殊时期的一种特别保护，如疑似职业病还在医学观察期的劳动者、患病尚处于医疗期内的劳动者以及处于"三期"的女职工等，他们都处于弱势时期，因此，法律规定劳动者在这些情形下,用人单位不得因为"无过失解除合同"或者"经济性裁员"而解除劳动合同。但是,如果这些劳动者有过失,同时具备用人单位可以"过失性解除合同"情形的,用人单位仍然可以依法解除劳动合同。

第一,从事接触职业病危害作业的劳动者未进行离岗前职业健康检查,或者疑似职业病病人在诊断或者医学观察期间的。"职业病危害",是指对从事职业活动的劳动者可能导致职业病的各种危害。职业病危害因素包括:职业活动中存在的各种有害的化学、物理、生物因素以及在作业过程中产生的其他职业有害因素。为保障劳动者的健康及相关权益,用人单位不应与从事接触职业病危害作业而未进行离岗前职业健康检查的劳动者或在诊断、医疗观察期间的疑似职业病病人解除劳动合同。

第二,在本单位患职业病或者因工负伤并被确认丧失或者部分丧失劳动能力的。"职业病"是指劳动者在职业活动中因接触粉尘、放射性物质和其他有毒有害物质等因素而引起的疾病,其范围很广。职业病的确定应当由指定的职业病诊断医院或者职业病科确诊后作出。"因工负伤",是指在因工伤亡事故中负伤,或者属于劳动法规规定范围内的其他原因造成的因工负伤,包括由于执行日常工作以及执行企业行政方面临时指定或者同意的工作、在紧急情况下未经企业行政方面指定而从事对企业有利的工作、由于从事发明或者技术改进的工作和在从事对社会有利的工作的情况下负伤等都属于因工负伤。劳动能力丧失程度,由法定机构(劳动鉴定委员会)鉴定和证明。劳动者患职业病或因工负伤而丧失劳动能力都是由于工作所致。因此,为了保障劳动者的生活、劳动的权益,用人单位不能解除劳动合同。对于在本单位患职业病或者因工负伤并被确认为丧失或者部分丧失劳动能力的劳动者,用人单位负有保障其生活和劳动权利的义务。

第三,患病或者非因工负伤,在规定的医疗期内的。根据相关法律、法规规定,劳动者在患病或非因工负伤的医疗期内有权接受治疗和休息,用人单位不得在此期间解除劳动合同。劳动者患病或者负伤,用人单位应当依法给予医疗期,以保证劳动者治病和疗伤需要。在此期限内,劳动者身体状况尚未康复,无法重新寻找工作,即使用人单位出现经营困难,在医疗期未届满之前,用人单位也不得解除劳动合同。这里的"患病",是指患职业病以外的疾病;"负伤",是指非因工负伤。"医疗期"是指企业职工因患病或非因工负伤停止工作治疗休息不得解除劳动合同的时限。

第四,女职工在孕期、产期、哺乳期的。为了保护妇女儿童的合法权益及其身心健康,妇女权益保障法、劳动法以及有关女职工劳动保护的其他法律、法规都规定,女职工在孕期、产期、哺乳期内享受特殊劳动保护。因此,在上述期限内,用人单位不得解除劳动合同。孕期是指怀孕期间,产期是指生育期间,哺乳期是指女职工哺乳其婴幼儿的时间。国家规定,孕期为10个月,产期和哺乳期共12个月。用人单位因女职工怀孕、生育、哺乳而不能行使无过错解雇权的时间为22个月。

第五,在本单位连续工作满15年,且距法定退休年龄不足5年的。为了保障劳动者的合法权益,把劳动者对用人单位的贡献作为用人单位解除劳动合同的限制之一进行规定。劳动者在本单位连续工作满15年,说明劳动者为企业作出了较大贡献,几乎已经把自己大部分精力和能力都奉献给了用人单位。距法定退休年龄不足5年,如果劳动者在这个年龄阶段被解除合同,就很难再找到新的工作。所以,国家规定,在本单位连续工作满15年,且距法定退休年龄不足5年的劳动者,即使具备了非过失性解除和经济性裁员的条件,用人单位也不得与其解除劳动合同。这样规定,体现了社会、用人单位对劳动者已经作出贡献的承认和给予的回报,同时也降低了这些人员永久失业的可能性,有利于社会的稳定。

第六,法律、行政法规规定的其他情形。法律、法规如对用人单位解除劳动合同作出了限制性规定,用人单位也不得与劳动者解除劳动合同。

五、解除合同的程序

劳动合同解除程序,是指当事人在解除劳动合同时,应当依法办理的手续或者遵循的步骤。劳动合同经双方当事人协商一致可以解除,体现的是民事合同平等自愿的原则。如果合同的解除是一方当事人未经对方当事人的同意单方解除劳动合同,称为单方解除。单方解除劳动合同,分为劳动者单方解除劳动合同和用人单位单方解除劳动合同。法律对用人单位单方解除劳动合同的程序作了明确规定。《劳动合同法》第四十三条规定:"用人单位单方解除劳动合同,应当事先将理由通知工会。用人单位违反法律、行政法规规定或者劳动合同约定的,工会有权要求用人单位纠正。用人单位应当研究工会的意见,并将处理结果书面通知工会。"这一规定明确了用人单位解除劳动合同的程序,用人单位依据法律、法规的规定解除劳动合同的,应当向劳动者出具解除劳动合同的书面证明,并办理有关手续。

(一)提前书面通知

规定解除合同的预告期,是各国劳动立法的惯例。除了劳动者有过失,用人单位可以随时解除劳动合同之外,我国劳动法律要求用人单位与劳动者解除劳动合同,需提前30天以书面形式通知对方。

(二) 征求工会意见

我国劳动法律规定,用人单位单方解除劳动合同,应当事先将理由通知工会。用人单位违反法律、行政法规的规定或者劳动合同约定的,工会有权要求用人单位纠正。用人单位应当研究工会的意见,并将处理结果书面通知工会。

劳动合同的重要特点之一,是在劳动合同签订后所形成的劳动关系中,用人单位对劳动者具有管理权和指挥权,并且对违反劳动纪律的劳动者具有惩戒权,劳动者处于明显的弱势地位。为了防止用人单位随意以劳动者违反劳动纪律和规章制度为由单方任意解除劳动合同,法律对用人单位单方解除劳动合同给予严格的限制,以保护劳动者的合法权益不受损害。考虑到用人单位单方解除劳动合同给劳动者切身利益带来的影响,为了平衡用人单位与劳动者的合法权益,劳动合同法规定了工会在用人单位单方解除劳动合同问题上的作用。因为工会是劳动者的代表,用人单位单方解除劳动合同,应当事先将理由通知工会,工会对此有知情权。同时,如果用人单位违反法律、法规或者合同约定,工会有权要求用人单位予以纠正。用人单位应当研究工会的意见,并将处理结果书面通知工会。

(三) 经济补偿

经济补偿是用人单位解除和终止劳动合同而给予劳动者的一次性经济补偿金。经济补偿金的标准主要取决于劳动者在本单位的工作年限和劳动者解除劳动合同前12个月的平均工资水平。《劳动合同法》扩大了支付经济补偿的范围,并统一了经济补偿的标准。劳动合同解除或终止后,劳动者应当按照双方约定办理工作交接。用人单位依照有关规定应当向劳动者支付经济补偿,在办理工作交接时支付。

(四) 依法为劳动者办理档案转移手续

用人单位与劳动者解除合同后,对劳动者档案转移的劳动争议,《劳动合同法》第五十条明确规定:用人单位应当在解除或者终止劳动合同时出具解除或者终止劳动合同的证明,并在15日内为劳动者办理档案和社会保险转移手续。《劳动合同法》规定用人单位为劳动者出具解除或者终止劳动合同的证明,是为了方便劳动者寻找新的就业机会,尽快重新就业。为劳动者办理档案和社会保险转移手续,是为了保证劳动者缴纳社会保险费的连贯性,保证劳动者能够及时缴纳社会保险费。用人单位解除或终止劳动合同应当办理的相关手续,包括出具证明、转移社会保险、办理工作交接、支付经济补偿以及保存档案备查。用人单位对已经终止的劳动合同的文本,至少保存2年备查。

第二节 劳动合同终止

引导案例

劳动者达到法定退休年龄,合同就能终止吗?

老张一直在某汽修公司工作,在最后一次续订合同时与该汽修厂签订了3年期限的劳动合同。合同未到期,老张已经达到退休年龄,厂方终止了与老张的劳动合同,并为老张办理了退休手续。但是,由于老张的养老保险缴费期未满15年,因此不能领取养老保险。老张认为,劳动合同尚未到期,且他还不能领取养老保险,厂方没有权利终止他的劳动合同,必须等合同期满后才能办理退休手续,否则,厂方属违约行为,应赔偿他单方终止劳动合同的损失。厂方坚持按照规定为老张办理了退休手续,从办理退休手续之日起停止了老张的工作,并停发工资。老张不服,向当地劳动争议仲裁委员会提出申诉,要求该厂履行劳动合同。仲裁委受案后经调查,老张已到国家规定的退休年龄,裁决对老张的请求不予支持,老张应按该厂要求办理退休手续。

老张已经达到退休年龄,用人单位可以终止其劳动合同吗?

这是一个劳动者达到退休年龄、用人单位终止劳动合同的案例。双方争议的焦点在于老张达到退休年龄但是劳动合同未到期,用人单位能否终止老张的劳动合同。《劳动合同法实施条例》对此作了进一步规定:劳动者达到法定退休年龄,用人单位可以终止劳动合同。本案例中,汽修厂与老张终止劳动合同,为老张办理退休手续是完全符合法律规定的。

一、合同终止的条件

劳动合同终止,是指劳动合同期限届满或双方当事人主体资格消失,合同规定的权利义务即行消灭的制度。劳动合同终止,并非双方的积极行为所致,一般是由于合同本身的因素、法律规定或不可抗力所致。劳动合同签订后,双方当事人不得随意终止合同,而应依法终止。

《劳动合同法》第四十四条规定:"有下列法定情形之一的,劳动合同终止:

(一)劳动合同期满的;

(二)劳动者开始依法享受基本养老保险待遇的;

(三)劳动者死亡,或者被人民法院宣告死亡或者宣告失踪的;

(四)用人单位被依法宣告破产的;

(五)用人单位被吊销营业执照、责令关闭、撤销或者用人单位决定提前解散的;

(六)法律、行政法规规定的其他情形。"

《劳动合同法》的这一规定,明确了劳动合同法定的终止条件。《劳动合同法实施条例》第二十二条规定:"劳动者达到法定退休年龄的,劳动合同终止。"这一规定明确了劳动者达到退休年龄,劳动合同的终止问题。

(一)劳动合同期满,劳动合同终止

劳动合同期满,是劳动合同终止最常见的情况。劳动合同期限届满,劳动合同的权利义务已经履行完毕,劳动合同的目的已经达到,目标已经实现,劳动合同自然终结。这主要是针对有固定期限的劳动合同作出的规定。有固定期限的劳动合同在订立时,当事人双方约定了劳动关系的起始日期和终止时间。合同到期时,劳动关系即告终止。

(二)劳动者开始依法享受基本养老保险待遇

劳动者一旦开始依法享受基本养老保险待遇,便不具备签订劳动合同的主体资格,劳动合同也就无法继续履行。因此,法律规定,劳动者已开始依法享受基本养老保险待遇的,劳动合同终止。

(三)劳动者死亡,或者被人民法院宣告死亡或者宣告失踪

当劳动者死亡,或者被人民法院宣告死亡或者宣告失踪时,劳动关系的一方当事人已经不存在,劳动合同的履行已经不可能,因此产生终止劳动合同的法律后果。

(四)用人单位被依法宣告破产,用人单位被吊销营业执照、责令关闭、撤销或者用人单位决定提前解散

合同履行最基本的条件是当事人双方具备履行合同的资格和能力。用人单位破产,主体资格就不存在了,劳动关系的一方当事人已经没有履行劳动合同的能力,劳动合同的履行已经成为不可能,因此也产生劳动合同终止的法律后果。因此,即使劳动合同未到期,合同也自然终止。

用人单位被法定撤销、关闭、解散,或者被吊销营业执照,用人单位不能作为劳动关系的主体继续存在,所以劳动合同终止。

(五)劳动者达到法定退休年龄,劳动合同即行终止

劳动者达到法定退休年龄,无论劳动合同的期限是否届满,都会产生劳动合同终止的法律后果。在我国,法定退休年龄是指 1978 年 5 月 24 日第五届全

国人民代表大会常务委员会第二次会议原则批准,现在仍然有效的《国务院关于安置老弱病残干部的暂行办法》和《国务院关于工人退休、退职的暂行办法》(国发〔1978〕104号文件)所规定的退休年龄。劳动和社会保障部1999年3月9日发布的《关于制止和纠正违反国家规定办理企业职工提前退休有关问题的通知》(劳社部发〔1999〕8号)指出,国家法定的企业职工退休年龄是男年满60周岁,女工人年满50周岁,女干部年满55周岁。从事井下、高温、高空、特别繁重体力劳动或其他有害身体健康工作的,退休年龄男年满55周岁,女年满45周岁,因病或非因工致残,由医院证明并经劳动鉴定委员会确认完全丧失劳动能力的,退休年龄为男年满50周岁,女年满45周岁。只有达到法定退休年龄的劳动者才能够办理退休手续,领取基本养老保险。根据我国现行法律、法规的规定,劳动者开始享受基本养老保险的条件为养老保险缴费年限(含视同缴费年限)累计满15年,且达到法定退休年龄的劳动者。

(六)法律、行政法规规定的其他情形

法律、行政法规规定的其他情形是指除《劳动合同法》规定的情形以外,其他法律、法规对劳动合同终止的情形作出规定的,劳动合同可以依照其规定终止。

二、劳动合同终止的限制性规定

《劳动合同法》第四十五条规定:"劳动合同期满,有本法第四十二条规定情形之一的,劳动合同应当续延至相应的情形消失时终止。但是,本法第四十二条第二款规定丧失或者部分丧失劳动能力劳动者的劳动合同的终止,按照国家有关工伤保险的规定执行。"

虽然劳动法律已规定,劳动合同期满,劳动合同即行终止,但对于一些特定的劳动者,为保护其权益,又对劳动合同终止作了限制性的规定。其中包括从事接触职业病危害作业的劳动者未进行离岗前职业健康检查,或者疑似职业病病人在诊断或者医学观察期间的;在本单位患职业病或者因工负伤并被确认丧失或者部分丧失劳动能力的,应按照国家有关工伤保险的规定执行;劳动者患病或者非因工负伤,在规定的医疗期内的;女职工在孕期、产期、哺乳期的;劳动者在本单位连续工作满15年,且距法定退休年龄不足5年的,等等。劳动者属于上述情形,即使劳动合同期满,也不能立刻终止劳动合同,而应当续延至相应的情形消失时终止。

对于《劳动合同法》第四十二条第二款规定的丧失或者部分丧失劳动能力劳动者的劳动合同的终止,按照国家有关工伤保险的规定执行。工伤保险,是指劳动者在生产劳动和其他工作过程中遭受意外事故或因长期接触有毒有害物质而使人身受到损害,导致全部或部分丧失劳动能力时,对劳动者提供相应保障的社会保险。国务院颁布的工伤保险条例规定,职工发生工伤,经治疗伤情相对稳定后存在残疾、影响劳动能力的,应当进行劳动能力鉴定。劳动能力鉴定是指劳动功能障碍程度和生活自理障碍程度的等级鉴定。劳动功能障碍分为十个伤残等级。

对于丧失或部分丧失劳动能力的劳动者,其合同期满时,劳动关系和相关待遇按如下规定处理:

职工因工致残被鉴定为一级至四级伤残的,保留劳动关系,退出工作岗位,享受以下待遇:从工伤保险基金中按伤残等级支付一次性伤残补助金;从工伤保险基金中按月支付伤残津贴;工伤职工达到退休年龄并办理退休手续后,停发伤残津贴,享受基本养老保险待遇。基本养老保险待遇低于伤残津贴的,由工伤保险基金补足差额。职工的基本医疗保险费,由用人单位和职工个人以伤残津贴为基数缴纳。

职工因工致残被鉴定为五级、六级伤残的,享受以下待遇:从工伤保险基金中按伤残等级支付一次性伤残补助金;保留与用人单位的劳动关系,由用人单位安排适当的工作。难以安排工作的,由用人单位按月发给伤残津贴,并由用人单位按规定为其缴纳应缴纳的各项社会保险费。伤残津贴实际金额低于当地最低工资标准的,由用人单位补足差额。经工伤职工本人提出,该职工可以与用人单位解除或者终止劳动关系,由用人单位支付一次性工伤医疗补助金和伤残就业补助金。补助金的具体标准由省、自治区、直辖市人民政府规定。

职工因工致残被鉴定为七级至十级伤残的,享受以下待遇:从工伤保险基金中按伤残等级支付一次性伤残补助金;劳动合同期满终止合同,或者职工本人提出解除劳动合同的,由用人单位支付一次性工伤医疗补助金和伤残就业补助金。补助金的具体标准由省、自治区、直辖市人民政府规定。

三、劳动合同的续订

根据《劳动合同法》的规定,劳动合同期满,双方可以续订劳动合同。续订劳动合同除了双方协商一致续订之外,《劳动合同法》规定,有下列情形之一的,劳动合同的期限应当延续至相应的情形消失:①从事接触职业病危害作业的劳动者未进行离岗前职业健康检查,或者疑似职业病病人在诊断或者医学观察期间的;②在本单位患职业病或者因工负伤并被确认丧失或者部分丧失劳动能力的,应按照国家有关工伤保险的规定执行。根据《工伤保险条例》规定,职工因工致残被鉴定为一级至四级伤残的,保留劳动关系,退出工作岗位;职工因工致残被鉴定为五级、六级伤残的,除工伤职工本人提出可以与用人单位终止劳动关系以外,应保留与用人单位的劳动关系,由用人单位安排适当工作;③劳动者患病或者非因工负伤,在规定的医疗期内的;④女职工在孕期、产期、哺乳期的;⑤劳动者在本单位连续工作满15年,且距法定退休年龄不足5年的;⑥法律、行政法规规定的其他情形。

上述情形是法定不得终止劳动合同的规定,用人单位不得终止劳动合同,直至这些情形消失为止。

第三节　经济补偿和经济赔偿

经济补偿金与赔偿金不可兼得

小董是某名牌大学新闻传播专业的学生。大学毕业后,他经过严格的笔试、面试,终于从众多应聘者中脱颖而出,与某报社签订了为期3年的劳动合同,约定月薪为12 000元人民币。工作一年后,一次小董患了流行性感冒,同时发高烧。一开始他并没有在意,随便找了些感冒药应付,继续带病工作。由于没有及时治疗,小董病情越来越严重,到医院检查才得知,由于持续发烧,感冒已经转成了肺炎,不得已住进了医院。由于报社工作繁忙,小董住院影响了报社的正常运转。为了保证工作的正常进行,报社又重新招聘了新的记者来代替小董,同时向尚处于医疗期内的小董下达了解除合同通知书,理由是小董长期请假,现在已经没有小董的工作岗位。

小董认为,双方已经签订了劳动合同,报社不能随便解除,于是向当地劳动仲裁机构提起申诉,要求报社继续履行合同。但是,报社说已经不需要小董这样的工作人员了,因此,劳动合同不能够继续履行。

小董不服,向当地劳动行政部门提出申诉,劳动行政部门经查实,小董签订的原劳动合同已经不能履行了,按照《劳动合同法》第八十七条的规定,要求企业支付小董经济赔偿金。但是,小董仍然还有疑惑:用人单位违法解除劳动合同在支付了经济赔偿金之外,还需要支付经济补偿金吗?

这是一个用人单位违法解除劳动者劳动合同的案例,案例的焦点在于:用人单位违法解除劳动合同并支付了经济赔偿金之外,是否还需要支付经济补偿金。《劳动合同法实施条例》第二十五条规定:"用人单位违反劳动合同法的规定解除或者终止劳动合同,依照《劳动合同法》第八十七条的规定支付了赔偿金的,不再支付经济补偿。"案例中,小董患病,根据法律规定应进入医疗期，医疗期内，在小董无过错的情况下，报社单方面解除合同，违反了劳动合同法的规定。由于报社的业务调整，小董原先的工作岗位已经不存在了，客观情况导致合同无法继续履行，小董与报社的劳动合同被解除，因此，报社应当根据《劳动合同法》第八十七条的规定，支付小董经济赔偿金。同时，根据《劳动合同法实施条例》的规定，公司在支付了经济赔偿金后就不必支付经济补偿金了。

一、用人单位向劳动者支付经济补偿的情形

《劳动合同法》第四十六条规定："有下列情形之一的，用人单位应当向劳动者支付经济补偿：

（一）劳动者依照本法第三十八条规定解除劳动合同的；

（二）用人单位依照本法第三十六条规定向劳动者提出解除劳动合同并与劳动者协商一致解除劳动合同的；

（三）用人单位依照本法第四十条规定解除劳动合同的；

（四）用人单位依照本法第四十一条第一款规定解除劳动合同的；

（五）除用人单位维持或者提高劳动合同约定条件续订劳动合同，劳动者不同意续订的情形外，依照本法第四十四条第一项规定终止固定期限劳动合同的；

（六）依照本法第四十四条第四项、第五项规定终止劳动合同的；

（七）法律、行政法规规定的其他情形。"

这一规定明确了用人单位应当向劳动者支付经济补偿的法定情形。

经济补偿，是指在劳动合同解除或终止后，用人单位依法一次性支付给劳动者的经济上的补助。在劳动合同的订立、履行、变更、解除和终止过程中，劳动者相对于用人单位而言往往处于弱势地位。劳动关系的解除，通常会对劳动者产生一些不利影响。为了平衡劳动者与用人单位的利益，法律规定了经济补偿金制度。经济补偿对于保证劳动者解除劳动合同后的基本生活，遏制用人单位违法或随意解除劳动合同起到了重要作用。

我国经济补偿制度的特点，一是由用人单位单方面向劳动者支付；二是经济补偿的标准和支付情形由法律统一规定。

（一）因用人单位违法致使劳动者解除合同，用人单位应当支付经济补偿

因用人单位违反劳动合同约定或者违法，致使劳动者解除合同，用人单位应当支付经济补偿。具体包括：用人单位未按照劳动合同约定提供劳动保护或者劳动条件的；未及时足额支付劳动报酬的；未依法为劳动者缴纳社会保险费

的;用人单位的规章制度违反法律、法规的规定,损害劳动者权益的;用人单位以欺诈、胁迫的手段或者乘人之危,使劳动者在违背其真实意思的情况下订立或者变更劳动合同致使劳动合同无效的;用人单位以暴力、威胁或者非法限制人身自由的手段强迫劳动者劳动,或者用人单位违章指挥、强令冒险作业危及劳动者人身安全等。

(二)用人单位提出解除劳动合同,并与劳动者协商一致解除劳动合同

用人单位提出解除合同的动议,劳动者同意,双方协商一致解除劳动合同的,用人单位应当向劳动者支付经济补偿。协商一致解除合同,用人单位是否需要支付劳动者经济补偿,关键在于解除合同是谁提出来的。如果是由用人单位提出来的,需支付劳动者经济补偿;如果是劳动者提出来的,用人单位可以不用支付经济补偿。

(三)无过失原因解除劳动合同,用人单位应当支付经济补偿

劳动者无过失,用人单位解除劳动合同时,应当向劳动者支付经济补偿。具体情形包括:劳动者患病或者非因工负伤,在规定的医疗期满后不能从事原工作,也不能从事由用人单位另行安排的工作的;劳动者不能胜任工作,经过培训或者调整工作岗位,仍不能胜任工作的;劳动合同订立时所依据的客观情况发生重大变化,致使劳动合同无法履行,经用人单位与劳动者协商,未能就变更劳动合同内容达成协议的。

(四)经济性裁员解除劳动合同,用人单位应当支付经济补偿

用人单位因经济性裁员,应当向劳动者支付经济补偿。具体情形包括:依照企业破产法规定进行重整的;生产经营发生严重困难的;企业转产、重大技术革新或者经营方式调整,经变更劳动合同后仍需裁减人员的;其他因劳动合同订立时所依据的客观经济情况发生重大变化,致使劳动合同无法履行的。

(五)劳动合同期满,用人单位不续签合同或降低条件签订合同,应当支付经济补偿

除用人单位维持或者提高劳动合同约定条件续订劳动合同,劳动者不同意续订的情况外,劳动合同期满终止固定期限劳动合同的,用人单位应向劳动者支付经济补偿。这一规定应从三个方面理解:①用人单位在维持或提高合同约定条件续订合同的情况下,如果劳动者同意,劳动关系继续存在,不会出现终止合同的问题;如果劳动者不同意续订,那么合同期满终止,用人单位不需要支付经济补偿。②用人单位降低合同约定条件续订,如果劳动者不同意续订,合同终止,用人单位也需要支付经济补偿。③合同期满,用人单位终止劳动合同,须

支付劳动者经济补偿。

(六) 用人单位主体资格消失应当支付经济补偿

用人单位被依法宣告破产,或者被吊销营业执照、责令关闭、撤销或提前解散,劳动合同终止的,应当支付经济补偿

(七) 以完成一定工作任务为期限的劳动合同终止,须支付经济补偿

《劳动合同法实施条例》第二十二条规定:"以完成一定工作任务为期限的劳动合同因任务完成而终止的,用人单位应当依照《劳动合同法》第四十七条规定的经济补偿标准向劳动者支付经济补偿。"这条规定包含两个意思:①以完成一定工作任务为期限的劳动合同终止时用人单位负有支付经济补偿的义务;②经济补偿的支付依照《劳动合同法》第四十七条以及《劳动合同法实施条例》相关规定执行。以完成一定工作为期限的劳动合同是指用人单位与劳动者约定以某项工作的完成为合同期限的劳动合同。通常,这种合同以某项任务的完成为合同期限,一般要受季节、时间的限制,具有一定的不确定性;与固定期限和无固定期限的劳动合同一样,一旦发生法定事由即可以终止合同。用人单位不应当因为劳动者与其签订的是以完成一定工作任务为期限的劳动合同就不将劳动者视为本单位职工,更不能在企业破产劳动合同终止时拒绝支付劳动者经济补偿。

(八) 劳务派遣劳动合同解除或者终止,应当依法支付经济补偿

《劳动合同法实施条例》第三十一条规定:"劳务派遣单位或者被派遣劳动者依法解除、终止劳动合同的经济补偿,依照《劳动合同法》第四十六条、第四十七条的规定执行。"

(九) 法律、行政法规规定的其他情形

与劳动法相比,《劳动合同法》大大扩展了经济补偿金的支付范围。根据《劳动合同法》的规定,只有以下四种情况无须支付经济补偿金:①劳动者主动辞职、解除劳动合同;②因严重违纪等行为被企业解除劳动合同;③劳动者在劳动法上主体资格消灭的,如依法享受基本养老保险待遇、自然死亡、宣告死亡或失踪的;④非全日制劳动合同终结的。除以上情形之外的劳动合同的解除和终止,用人单位应依法支付经济补偿。

二、工伤职工终止合同,除经济补偿之外的补助

《劳动合同法》第四十五条规定,在本单位患职业病或者因工负伤并被确认丧失或者部分丧失劳动能力的劳动者劳动合同终止,按照国家有关工伤保险的规定执行。这一规定明确了工伤职工劳动合同终止时依照执行的标准。《劳

动合同法实施条例》第二十三条规定,用人单位依法解除、终止工伤职工的劳动合同的,除依照《劳动合同法》第四十七条关于经济补偿标准的规定向劳动者支付经济补偿外,还应当依照国家有关工伤保险的规定支付一次性工伤医疗补助金和伤残就业补助金。这一规定明确了工伤职工劳动合同终止,用人单位应当支付经济补偿、医疗补助金和就业补助金。

经济补偿、一次性工伤医疗补助金和伤残就业补助金是出于不同目的向工伤职工发放的经济补助。经济补偿是在合同终止后对职工工龄的补偿,既是对职工曾经作出贡献的肯定,也可以有效缓减失业者的焦虑情绪和实际生活困难;一次性医疗补助金是针对职工工伤医疗进行的补助,对工伤职工身体康复有重要意义;工伤职工由于身体伤残,在就业上可能存在困难,一次性伤残就业补助金是对职工的就业进行的补助。因此,按照《劳动合同法实施条例》和《工伤保险条例》的规定,因工负伤并被确认丧失或者部分丧失劳动能力的劳动者劳动合同终止时,用人单位应当支付经济补偿和就业补助金。根据《工伤保险条例》的规定,工伤职工终止劳动合同,需要支付的一次性工伤医疗补助金和伤残就业补助金具体标准由省、自治区、直辖市人民政府规定。

按照《工伤保险条例》(2010年修订)的规定,职工因工致残被鉴定为五级、六级伤残的,享受以下待遇:①从工伤保险基金按伤残等级支付一次性伤残补助金,标准为:五级伤残为18个月的本人工资,六级伤残为16个月的本人工资。②保留与用人单位的劳动关系,由用人单位安排适当工作。难以安排工作的,由用人单位按月发给伤残津贴,标准为:五级伤残为本人工资的70%,六级伤残为本人工资的60%,并由用人单位按照规定为其缴纳应缴纳的各项社会保险费。伤残津贴实际金额低于当地最低工资标准的,由用人单位补足差额。③经工伤职工本人提出,该职工可以与用人单位解除或者终止劳动关系,由工伤保险基金支付一次性工伤医疗补助金,由用人单位支付一次性伤残就业补助金。一次性工伤医疗补助金和一次性伤残就业补助金的具体标准由省、自治区、直辖市人民政府规定。

职工因工致残被鉴定为七级至十级伤残的,享受以下待遇:①从工伤保险基金按伤残等级支付一次性伤残补助金,标准为:七级伤残为13个月的本人工资,八级伤残为11个月的本人工资,九级伤残为9个月的本人工资,十级伤残为7个月的本人工资;②劳动、聘用合同期满终止,或者职工本人提出解除劳动、聘用合同的,由工伤保险基金支付一次性工伤医疗补助金,由用人单位支付一次性伤残就业补助金。一次性工伤医疗补助金和一次性伤残就业补助金的具体标准由省、自治区、直辖市人民政府规定。

三、经济补偿的计算方式

《劳动合同法》第四十七条规定:"经济补偿按劳动者在本单位工作的年限,每满一年支付一个月工资的标准向劳动者支付。六个月以上不满一年的,按一年计算;不满六个月的,向劳动者支付半个月工资的经济补偿。

劳动者月工资高于用人单位所在直辖市、设区的市级人民政府公布的本地区上年度职工月平均工资三倍的,向其支付经济补偿的标准按职工月平均工资三倍的数额支付,向其支付经济补偿的年限最高不超过十二年。

本条所称月工资是指劳动者在劳动合同解除或者终止前十二个月的平均工资。"

这一规定明确了经济补偿的支付标准、月工资的计算基数以及经济补偿的封顶限制。

(一) 经济补偿的标准

经济补偿是用人单位对劳动者因解除或者终止劳动合同所作的经济补偿。经济补偿一方面可以促使用人单位与劳动者续订劳动合同或者尽量不解除劳动合同;另一方面可以保证劳动者在劳动合同终结后一段时间内的基本生活需要。

《劳动合同法》将经济补偿的标准规定为:以劳动者在本单位的工作年限和月工资为基数,工作每满 1 年补偿 1 个月工资。

经济补偿是国家调节劳动关系的一种经济手段,是对劳动者以往作出贡献的补偿,是企业承担社会责任的主要方式之一。《劳动合同法》规定,用人单位解除劳动合同时,需要依法向劳动者支付经济补偿,但实践中有的用人单位采取分立、合并、工作调动甚至通过关联企业轮流与劳动者订立劳动合同的方式规避支付经济补偿的年限。2021 年 1 月 1 日实施的《最高人民法院关于审理劳动争议案件适用法律问题的解释(一)》第四十六条对此作了新的规定,劳动者非因本人原因从原用人单位被安排到新用人单位工作,原用人单位未支付经济补偿,劳动者依照劳动合同法第三十八条规定与新用人单位解除劳动合同,或者新用人单位向劳动者提出解除、终止劳动合同,在计算支付经济补偿或赔偿金的工作年限时,劳动者请求把在原用人单位的工作年限合并计算为新用人单位工作年限的,人民法院应予支持。

用人单位符合下列情形之一的,应当认定属于"劳动者非因本人原因从原用人单位被安排到新用人单位工作":①劳动者仍在原工作场所、工作岗位工作,劳动合同主体由原用人单位变更为新用人单位;②用人单位以组织委派或任命形式对劳动者进行工作调动;③因用人单位合并、分立等原因导致劳动者工作调动;④用人单位及其关联企业与劳动者轮流订立劳动合同;⑤其他合理情形。

因此,实践中,一些集团公司因经营需要,在不同的用人单位之间进行业务划拨,将劳动者从一个用人单位指派、转移到另一个用人单位。此时,劳动者与原用人单位的劳动合同终止,劳动者需要与新的用人单位重新订立劳动合同,劳动者在原来用人单位的工作年限将被合并计算为新用人单位的工作年限。在解除劳动合同时,只要新的用人单位依法应当支付劳动者经济补偿或赔偿金,在计算支付经济补偿或赔偿金的工作年限时,都应当把劳动者在原用人单位的工作年限合并计算为新用人单位工作年限,以确定经济补偿或赔偿金的具体数额。

关于工作年限的计算,为照顾不同行业的不同用工需求,《劳动合同法》规定,在本单位工作6个月以上不满1年的,按1年计算。对在本单位工作不满6个月的,补偿标准为半个月工资。这一规定是为大量使用季节工的企业专门设定的。以此标准补偿,可以大幅降低这些企业的生产成本,同时也使经济补偿制度更为灵活、更为合理。对一般劳动者,即劳动者在劳动合同解除或终止前12个月的平均工资不高于用人单位所在直辖市、设区的市上年度职工月平均工资3倍的劳动者,其经济补偿金的计算方式为:

$$经济补偿 = 工作年限 \times 月工资$$

(二) 经济补偿的封顶线

经济补偿是用人单位对劳动者的适当补偿。根据目前的实际情况,劳动合同法为经济补偿设定了封顶线。对高收入劳动者群体,即劳动者月工资高于用人单位所在直辖市、设区的市上年度职工月平均工资3倍的,向其支付经济补偿的标准按职工月平均工资3倍的数额支付,向其支付经济补偿的年限最高不超过12年。由此可见,法律对高收入劳动者的经济补偿设定了两个限制条件:一是计算经济补偿金的工资基数设限,即按照当地上年度月平均工资3倍计算;二是计算经济补偿的工作年限设限,即最高不超过12年,劳动者的工作年限超过12年的,也按12年计算。工作年限满6个月不满1年的,按照1年计算;不满6个月的按半年计算。高收入劳动者经济补偿金的计算公式为:

$$经济补偿金 = 工作年限 \times 当地上年度职工月平均工资3倍$$

对经济补偿金作出上限规定,主要是针对中高层管理者等高收入劳动者群体,他们在劳动力市场上属于相对强势群体,其收入也远高于市场平均水平。如果不对这类人员的经济补偿金加以限制,企业可能需要支付巨额的经济补偿。目前,在一些新兴行业和特殊行业,高收入劳动者占有相当高的比例,如在石油、石化、银行、电力等垄断企业中的正式职工,他们工资较高、工作年限较长。对他们来说,工作1年补偿1个月的标准过高。如果以此标准对他们进行补偿将是一笔巨额开支,企业很难承受。因此,为了均衡双方的利益,保护劳动者和用人单位双方的合法权益,《劳动合同法》完善了经济补偿金的规定,对高收入劳动者群体的经济补偿作了上限规定。这样,即有利于保证广大劳动者的基本生活,又有利于减轻企业负担,使劳动关系更加稳定。

(三)月工资的计算基数

月工资是计算经济补偿的重要基数。明确月工资的概念,便于准确计算出补偿数额。《劳动合同法实施条例》第二十七条规定:《劳动合同法》第四十七条规定的经济补偿月工资按劳动者应得工资计算,包括计时工资或者计件工资以及奖金、津贴和补贴等货币性收入。劳动者在劳动合同解除或者终止前12个月的平均工资低于当地最低工资标准的,按当地最低工资标准计算。劳动者工作不满12个月的,按实际工作的月数计算平均工资。《劳动合同法实施条例》补充了《劳动合同法》的相关规定,指出月工资所应包含的具体要素、劳动者平均工资低于当地最低工资标准以及劳动者在用人单位工作未满1年的情况下获经济补偿金的计算方法。

按照《劳动合同法》及《劳动合同法实施条例》的规定,劳动者获得经济补偿的计算基数为劳动合同解除或终止前12个月的平均工资。月工资应当包含有劳动者的计时工资或计件工资、奖金、津贴等;当劳动者在用人单位工作不满1年时,经济补偿的计算基数按照劳动合同解除和终止前劳动者实际工作的月平均工资计算。实践中,用人单位在计算劳动合同解除或终止的经济补偿时,应当注意经济补偿基数的计算和工作年限的计算,在保证经济补偿的计算和发放合理合法的同时,不致损害劳动者的合法权益。

四、违反劳动合同的赔偿责任

损害赔偿仅是侵权法上的概念,是指侵权方因其侵权行为给受损方造成损害所应承担责任的一种方式。损害赔偿金带有一定的惩罚性,必须要以有侵权行为和损害事实的发生为前提。《劳动合同法》不仅规定了用人单位正常解除或终止合同时要向劳动者支付经济补偿,而且还规定了用人单位在违法解除或者终止合同时要向劳动者支付经济赔偿。

用人单位违法,既包括具体处理行为违法,也包括处理程序违法。《劳动合同法》规定,用人单位单方解除劳动合同,应当事先将解除理由通知工会。如果没有经过这一程序,也属于违法解除。《最高人民法院关于审理劳动争议案件适用法律问题的解释(一)》第四十七条规定:建立了工会组织的用人单位解除劳动合同符合劳动合同法第三十九条、第四十条规定,但未按照劳动合同法第四十三条规定事先通知工会,劳动者以用人单位违法解除劳动合同为由请求用人单位支付赔偿金的,人民法院应予支持,但起诉前用人单位已经补正有关程序的除外。

《劳动合同法》第四十八条规定:"用人单位违反本法规定解除或者终止劳动合同,劳动者要求继续履行劳动合同的,用人单位应当继续履行;劳动者不要求继续履行劳动合同或者劳动合同已经不能继续履行的,用人单位应当依照本法第八十七条①规定支付赔偿金。"这些规定明确了用人单位违反劳动合同法解除或终止合同所应承担的责任。

(一)继续履行合同

继续履行合同又称实际履行合同,带有一定的强制性。用人单位违反劳动合同法的实体性规定或者程序性规定解除或终止劳动合同的,劳动者要求履行的,在能够履行的条件下,对原劳动合同未履行的部分继续按照约定履行。劳动合同继续履行应当满足三个条件:①用人单位有违法行为存在,即用人单位存在违反劳动合同法规定解除或者终止劳动合同的行为;②劳动者选择继续履行劳动合同,劳动者有权选择用人单位承担责任的方式,既可以要求用人单位继续履行劳动合同,也可以要求用人单位支付赔偿金;③劳动合同能够履行。合同履行应当具备履行的客观条件,如果客观情况发生变化使劳动合同不能履行,劳动者就只能接受经济赔偿。

(二)支付赔偿金

支付赔偿金的前提是劳动者不要求继续履行劳动合同或者劳动合同已经不能继续履行。支付赔偿金是对用人单位违法行为的惩罚。只有进一步提高违法成本,才能有效遏制违法行为,使劳动者的权益得到更有效的保护。根据《劳动合同法》的规定,用人单位应当按照经济补偿标准的2倍向劳动者支付赔偿金。这一加重赔偿的规定强化了用人单位的法定责任,既补偿了劳动者损失,又惩罚了用人单位,实现了对劳动者的有效保护。用人单位依法支付了赔偿金的,不再支付经济补偿。赔偿金的计算年限自用工之日起计算。

五、经济补偿金与赔偿金不可兼得

《劳动合同法》规定,用人单位违反本法规定解除或者终止劳动合同,应当依本法第八十七条规定支付赔偿金。《劳动合同法实施条例》第二十五条规定:"用人单位违反劳动合同法的规定解除或者终止劳动合同,依照《劳动合同

---

① **第八十七条** 用人单位违反本法规定解除或者终止劳动合同的,应当依照本法第四十七条规定的经济补偿标准的二倍向劳动者支付赔偿金。

法》第八十七条的规定支付了赔偿金的,不再支付经济补偿。赔偿金的计算年限自用工之日起计算。"《劳动合同法》并没有明确规定用人单位在支付劳动者经济赔偿金后还是否需要支付其经济补偿金,《劳动合同法实施条例》对这一问题作出了进一步的规定,即用人单位支付了经济赔偿金后不必支付经济补偿金。经济补偿和经济赔偿是不同的概念,经济补偿是指用人单位合法解除、终止劳动合同时,依照法律规定应当向劳动者支付的经济补偿;经济赔偿则针对的是用人单位非法解除劳动合同的情况,带有惩罚的性质。按照《劳动合同法实施条例》的规定,用人单位违法解除或终止合同,如果已向劳动者支付了赔偿,就不必再向劳动者支付经济补偿。

六、劳动合同解除终止,单位有义务出具证明

《劳动合同法》第五十条规定,用人单位应当在解除或者终止劳动合同时出具解除或者终止劳动合同的证明。这一条明确了劳动合同终止,用人单位有义务出具终止合同的证明。《劳动合同法实施条例》第二十四条规定,用人单位出具的终止、解除劳动合同的证明应当写明劳动合同期限、终止或者解除的日期、工作岗位、在本单位的工作年限。《劳动合同法实施条例》明确用人单位解除终止时有出具证明的义务,而且细化了证明的内容。

解除终止合同的书面证明不仅能够证明劳动者与原用人单位的劳动关系得以终结,还关系到劳动者工作年限的计算、经济补偿金的支付、年休假、医疗期的确定、失业登记的办理等问题,这一证明对劳动者十分重要。因此,劳动合同解除或终止后,用人单位有义务为劳动者开具解除终止劳动合同的证明。

实践中,用人单位在开具解除终止合同的证明时,应当注意三个问题:①开具证明的时间:解除终止合同的证明应当在劳动合同解除或终止的同时开具;②解除终止合同的证明应当采用书面形式,以便登记或存档;③书面证明应当包括的内容:劳动合同期限、解除或者终止的日期、工作岗位、在本单位的工作年限。

按照《劳动合同法》的规定,用人单位违反法律规定,未向劳动者出具解除或者终止劳动合同的书面证明,未对劳动者造成损害的,应当由劳动行政部门责令改正;对劳动者造成损害的,用人单位应当承担赔偿责任。因此,用人单位万万不可忽视出具解除终止合同证明的必要性,更不得以拒绝开具解除终止合同证明的手段变相留用劳动者,否则可能得不偿失。

【关键术语】 劳动合同解除　劳动合同终止　经济补偿　经济赔偿

复习思考题

1. 试述劳动合同解除的情形。
2. 劳动者在哪些情形下可以辞职?
3. 用人单位解除劳动合同的法定条件是什么?
4. 试述经济性裁员的条件和程序。
5. 劳动合同终止的情形主要包括哪些?

第五章　劳务派遣和非全日制用工

第一节　劳务派遣

引导案例

劳动者知情并达成合意是建立劳务派遣关系的必要条件①

2020年12月8日,某劳务派遣公司与某电子厂签订劳务派遣协议。后朱某以劳务派遣公司名义与电子厂厂长微信沟通用工需求、人员派遣、考勤核对、报酬结算等事宜。2021年1月11日,厂长微信通知朱某派两个人来厂;1月12日,劳务派遣公司人员将徐某等二人送至电子厂,并告知其工资均为190元/天。后徐某在电子厂从事工作中受伤。劳务派遣公司、电子厂均不确认与徐某存在劳动关系。徐某提起仲裁请求确认与电子厂自2021年1月12日起存在劳动关系。

仲裁委员会经审理认为,电子厂、徐某之间的用工关系符合劳动关系从属性的本质特征,电子厂未能证明朱某系劳务派遣公司员工,亦未举证证明徐某知晓并同意电子厂以劳务派遣方式进行用工,故裁决支持徐某要求确认与电子厂建立劳动关系的仲裁请求。

劳务派遣用工是市场化配置人力资源的一种补充用工形式。在判断是否

---

① 2022年度苏州市劳动人事争议十大典型案例,http://www.360doc.com/content/23/0330/08/73809438_1074318411.shtml。

属于劳务派遣用工时,要依据用工事实依法稳妥认定。劳务派遣关系涉及用人单位、用工单位和被派遣劳动者三方。劳务派遣单位应当将劳务派遣协议的内容告知被派遣劳动者,劳动者应就其被派遣至用工单位提供劳动的事宜知情并达成合意,否则不宜径行认定劳务派遣关系。本案的判决有利于进一步规范劳务派遣用工行为,有效防范化解劳动关系风险隐患,维护劳动者合法权益。

在劳务派遣这种新兴的用工模式下,派遣单位、用工单位和劳动者三方的权责和角色应如何定位?《劳动合同法》在"特别规定"一章里对劳务派遣合同作了专节规定,将劳务派遣纳入调整范围,并对劳务派遣单位注册资本、劳务派遣单位对劳动者义务、用工单位对劳动者义务、跨地区派遣的劳动者的劳动条件和劳动报酬标准等内容作出了相应的规定。2012年12月28日,十一届全国人大常委会第三十次会议表决通过了《关于修改〈劳动合同法〉的决定》,提高了经营劳务派遣的注册资本,对劳务派遣中的"同工同酬"、"三性"岗位等规定进行了细化,自2013年7月1日施行。为确保劳动合同法修改案的有效实施,2013年6月20日,人力资源和社会保障部第19号令公布《劳务派遣行政许可实施办法》,具体分总则、劳务派遣行政许可、监督检查、法律责任、附则5章35条,自2013年7月1日起施行。2013年12月20日,人力资源和社会保障部第22号令《劳务派遣暂行规定》公布,自2014年3月1日起施行。

一、劳务派遣的发展演变

劳务派遣又称为人才派遣、人才租赁。与劳动关系不同,劳务派遣涉及派遣机构、劳动者和接收单位(实际用工单位)三方之间的关系。劳务派遣是指劳务派遣单位与劳动者签订劳动合同,与用工单位签订劳务派遣协议,将劳动者派遣至用工单位从事约定的生产劳动的一种用工形式。在劳务派遣中,劳动者与劳务派遣机构存在劳动关系,与用工单位不存在劳动关系。派遣机构与劳动者订立劳动合同后,依据与用工单位订立的劳务派遣协议,将劳动者派遣到用工单位工作。对用工单位来说,劳务派遣是人力资源外包的一种重要形式,其最大特点是劳动力的法律雇佣和使用相分离。劳动者与派遣单位之间签订劳动合同,形成劳动关系,但并不发生劳动力给付的事实;派遣单位与用工单位之间签订劳务派遣协议,形成劳务派遣关系;劳动力给付的事实发生在劳动者与用工单位之间,双方形成劳务关系。

劳务派遣起源于20世纪五六十年代的美国,成长于欧洲、日本,后被世界各国越来越多地采用。在经济全球化和企业竞争日趋激烈的背景下,选择包括劳务派遣形式在内的新的雇佣形式可降低用人成本和风险,保证用工的灵活性,成为许多国家企业用工制度的一种选择。根据日本厚生劳动省《劳动经济白皮书》(2006年)提供的数据,2000年雇佣的劳务派遣临时工比例为20%,2005年上升至24%。其中,男性比例由9.4%上升为12.5%,女性比例由31.6%上升为40.6%。这说明,日本女性雇员有2/5属于临时雇佣者,而在经济增长的1970年仅为12.2%。之所以如此,是因为"一个正规的员工很难解雇,现在公司都不愿意冒这个风险。企业景气的时候可以多招一点员工,不景气的时候又可以说声'对不起',明天就不要再来了。"在日本,正式员工与派遣员工的收入相差1倍左右,而且在保险福利、退休金以及年休假方面也不尽一致。在中国,劳务派遣也是适应这一需要而产生,并在20世纪90年代之后如雨后春笋般地发展起来的,通过劳务派遣方式就业的劳动者数量也以惊人的速度增长。企业通过采用劳务派遣方式,可以较灵活地调整用工形式,完善富余人力资源的退出机制,有效地降低人力成本,化解因体制、政策原因而产生的用人障碍,对企业提升自身管理能力,专注核心人力资源的管理发挥了重要作用。但是,由于缺乏明确的法律规范,劳务派遣员工与正式员工在劳动关系的归属、解雇保护、社会保险费缴纳、福利待遇、同工同酬等方面存在差异,劳务派遣各方一旦出现纠纷,就会出现互相推诿、侵害劳动者权益的情况,因而规制劳务派遣关系成为令人关注的问题。

为规范劳务派遣人员的聘用和管理,明确用工单位、劳务派遣机构和被派遣劳动者三方的权利和义务,保证劳务用工制度的规范执行,《劳动合同法》中以专节的方式对劳务派遣用工首次作出规定,明确规定了劳务派遣三方的权利义务,以保障劳务派遣的规范运行。

二、劳务派遣单位的义务

(一)劳务派遣单位必须具有合法资质

《劳动合同法》第五十七条规定:"经营劳务派遣业务应当具备下列条件:

(一)注册资本不得少于人民币二百万元;

(二)有与开展业务相适应的固定的经营场所和设施;

(三)有符合法律、行政法规规定的劳务派遣管理制度;

(四)法律、行政法规规定的其他条件。

经营劳务派遣业务,应当向劳动行政部门依法申请行政许可;经许可的,依法办理相应的公司登记。未经许可,任何单位和个人不得经营劳务派遣业务。"

这一规定明确了劳务派遣单位的资质。劳务派遣机构具备合法资质是保障劳务派遣规范运行的基础。严格经营劳务派遣业务的资质,可以强化劳务派遣单位的责任负担能力,尽量避免劳务派遣单位经营不规范、规章制度不健全、侵害被派遣劳动者合法权益等现象的发生,限制劳务派遣公司的数量,提高质量。

1. 劳务派遣单位注册资本不得少于人民币200万元。劳务派遣作为劳动合同法规范的一种用工方式,在劳动合同法实施中存在一些突出问题。由于劳动合同法对劳务派遣单位设立的市场准入"门槛"过低,只要求"依照公司法的有关规定设立,注册资本不得少于50万元",没有赋予劳动行政部门有效监管手段,导致劳动合同法实施以来经营劳务派遣业务的单位增长较快,一些不具备经营能力的劳务派遣单位甚至"皮包"公司进入派遣行业,无力承担用人单位的法律义务,侵害了被派遣劳动者的合法权益。针对上述问题,考虑到劳务派遣单位是经营劳动力的特殊用人单位,第十一届全国人大常委会借鉴一些市场经济国家的做法,决定对经营劳务派遣业务实行行政许可,并对取得许可的条件作了具体规定。提高了劳务派遣单位的成立与运营的准入门槛,规定注册资本金不得低于200万元。目前,劳务派遣主体比较混乱和复杂,经济实力良莠不齐,一些派遣机构无力承受劳务派遣过程中的各种风险。因此,通过规范注册资本金制度提高劳动派遣的入门门槛,规范劳务派遣从业资格具有重要意义。因此,用工单位在选择劳务派遣单位时,应严格审查劳务派遣机构的经营范围、资质和注册资金状况,防范因派遣机构资质不合法而引发的劳务派遣风险。

2. 有与开展业务相适应的固定的经营场所和设施。劳务派遣单位必须有固定经营场所和设施,具有稳定的与开展业务相适应的服务场所和设施。劳务派遣单位服务场所办公面积应达到一定要求,应设有接洽会客室、档案室、工作人员办公室和必要的辅助用房等。劳务派遣单位具有为被派遣劳动者和劳务派遣用工单位服务的相关工具和设备,办公场所应配备必要的计算机、传真机、打印机、电话机、文档柜、网络设备和网络服务等基础设施。劳务派遣单位应配备与业务规模相适应的信息化管理系统,具备信息化管理和服务能力,可以对被派遣劳动者实行动态管理。

3. 有符合法律、行政法规规定的劳务派遣管理制度。符合劳务派遣法律法规规定的规章制度,包括劳动合同、劳动报酬、社会保险、工作时间、休息休假、劳动纪律等与劳动者切身利益相关的规章制度文本;劳务派遣协议样本。

4. 须具有《劳务派遣经营许可证》。经营劳务派遣业务,应当向劳动行政部门依法申请行政许可;经许可的,依法办理相应的公司登记。未经许可,任何单位和个人不得经营劳务派遣业务。申请经营劳务派遣业务的,申请人应当向许可机关提交下列材料:①劳务派遣经营许可申请书;②营业执照或者《企业名称预先核准通知书》;③公司章程以及验资机构出具的验资报告或者财务审计报告;④经营场所的使用证明以及与开展业务相适应的办公设施设备、信息管理系统等清单;⑤法定代表人的身份证明;⑥劳务派遣管理制度,包括劳动合同、劳动报酬、社会保险、工作时间、休息休假、劳动纪律等与劳动者切身利益相关的规章制度文本;拟与用工单位签订的劳务派遣协议样本。

《劳务派遣经营许可证》应当载明单位名称、住所、法定代表人、注册资本、许可经营事项、有效期限、编号、发证机关以及发证日期等事项。《劳务派遣经营许可证》分为正本、副本。正本、副本具有同等法律效力。《劳务派遣经营许可证》有效期为3年。劳务派遣单位需要延续行政许可有效期的,应当在有效期届满60日前向许可机关提出延续行政许可的书面申请,并提交3年以来的基本经营情况;劳务派遣单位逾期提出延续行政许可的书面申请的,按照新申请经营劳务派遣行政许可办理。

劳务派遣单位有下列情形之一的,许可机关应当自收到延续申请之日起10个工作日内作出不予延续书面决定,并说明理由:①逾期不提交劳务派遣经营情况报告或者提交虚假劳务派遣经营情况报告,经责令改正,拒不改正的;②违反劳动保障法律法规,在一个行政许可期限内受到2次以上行政处罚的。

劳务派遣单位应当于每年3月31日前向许可机关提交上一年度劳务派遣经营情况报告,如实报告下列事项:①经营情况以及上年度财务审计报告;②被派遣劳动者人数以及订立劳动合同、参加工会的情况;③向被派遣劳动者支付劳动报酬的情况;④被派遣劳动者参加社会保险、缴纳社会保险费的情况;⑤被派遣劳动者派往的用工单位、派遣数量、派遣期限、用工岗位的情况;⑥与用工单位订立的劳务派遣协议情况以及用工单位履行法定义务的情况;⑦设立子公司、分公司等情况。劳务派遣单位设立的子公司或者分公司,应当向办理许可或者备案手续的人力资源社会保障行政部门提交上一年度劳务派遣经营情况报告。许可机关应当对劳务派遣单位提交的年度经营情况报告进行核验,依法对劳务派遣单位进行监督,并将核验结果和监督情况载入企业信用记录。

5.法律、行政法规规定的其他条件。例如,劳务派遣单位按照法律规定应当符合公司的设立条件。《中华人民共和国公司法》规定,设立公司,应当依法向公司登记机关申请设立登记。依法设立的公司,由公司登记机关发给公司营业执照,营业执照签发日期为公司成立日期。公司营业执照应当载明公司的名称、住所(主要办事机构所在地)、注册资本、实收资本、经营范围、法定代表人姓名等事项。公司营业执照记载的事项发生变更的,公司应当依法办理变更登记,由公司登记机关换发营业执照。设立公司必须依法制定公司章程。公司的经营范围由公司章程规定,并依法登记。公司的经营范围中属于法律、行政法规规定须经批准的项目,应当依法经过批准。公司可以修改章程,改变经营范围,但是应当办理变更登记。公司法定代表人依照公司章程的规定,由董事长、执行董事或者经理担任,并依法登记。法定代表人变更,应当办理变更登记。公司可以设立分公司。设立分公司,应当向公司登记机关申请登记,领取营业执照。分公司不具有法人资格,其民事责任由公司承担。公司也可以设立子公司,子公司具有法人资格,依法独立承担民事责任。

设立有限责任公司,应当具备下列条件:股东符合法定人数(50个以下);股东出资达到法定资本最低限额;股东共同制定公司章程;有公司名称,建立符合有限责任公司要求的组织机构;有公司住所。有限责任公司章程应当载明下列事项:公司名称和住所,公司经营范围,公司注册资本,股东的姓名或者名称,股东的出资方式、出资额和出资时间,公司的机构及其产生办法、职权、议事规则,公司法定代表人,股东会会议认为需要规定的其他事项,而且股东应当在公司章程上签名、盖章。有限责任公司的注册资本为在公司登记机关登记的全体股东认缴的出资额。公司全体股东的首次出资额不得低于注册资本的20%,也不得低于法定的注册资本最低限额,其余部分由股东自公司成立之日起两年内缴足。劳务派遣单位的设立首先要符合上述公司设立的条件,否则不具备劳务派遣的合法资质。

(二)明确劳务派遣单位的地位和角色

《劳动合同法》第五十八条规定:"劳务派遣单位是本法所称用人单位,应当履行用人单位对劳动者的义务。劳务派遣单位与被派遣劳动者订立的劳动合同,除应当载明本法第十七条规定的事项外,还应当载明被派遣劳动者的用工单位以及派遣期限、工作岗位等情况。劳务派遣单位应当与被派遣劳动者订立两年以上固定期限的劳动合同,按月支付劳动报酬;被派遣劳动者在无工作期间,劳务派遣单位应当按照所在地人民政府规定的最低工资标准,向其按月支付报酬。"这一规定明确了劳务派遣单位在劳务派遣中的地位和角色。

1. 劳务派遣单位是"用人单位",应当依法与被派遣劳动者订立劳动合同。劳务派遣单位的角色属于劳动关系中的"用人单位",应当与被派遣的劳动者签订劳动合同,履行所有用人单位应当履行的义务。劳务派遣单位虽然不实际、直接使用劳动者,但其直接招录劳动者,是劳动合同的相对方。《劳动合同法》明确劳务派遣单位是劳动关系中所称的用人单位,应当履行用人单位对劳动者所应承担的义务,包括订立劳动合同、及时足额支付劳动报酬、缴纳社会保险费用、办理档案转移手续等义务。

人力资源和社会保障部发布的《劳务派遣暂行规定》(2014年3月1日起施行)第八条规定,劳务派遣单位应当对被派遣劳动者履行下列义务:①如实告知被派遣劳动者劳动合同法第八条规定的事项、应遵守的规章制度以及劳务派遣协议的内容;②建立培训制度,对被派遣劳动者进行上岗知识、安全教育培训;③按照国家规定和劳务派遣协议约定,依法支付被派遣劳动者的劳动报酬和相关待遇;④按照国家规定和劳务派遣协议约定,依法为被派遣劳动者缴纳社会保险费,并办理社会保险相关手续;⑤督促用工单位依法为被派遣劳动者提供劳动保护和劳动安全卫生条件;⑥依法出具解除或者终止劳动合同的证明;⑦协助处理被派遣劳动者与用工单位的纠纷;⑧法律、法规和规章规定的其他事项。

劳务派遣单位作为用人单位,应当与被派遣的劳动者签订劳动合同,建立劳动关系,并依法派遣到用工单位(即实际用人单位)工作。劳务派遣单位与劳动者签订的劳动合同的内容包括两部分:一是《劳动合同法》第十七条规定的劳动合同的法定条款和约定条款;二是劳务派遣中的特殊内容,即被派遣劳动者的用工单位、派遣期限以及工作岗位等情况。派遣单位应当告知被派遣劳动者用工单位的上述情况。

2.劳务派遣单位应当依法与被派遣劳动者订立2年以上的固定期限书面劳动合同,且只能约定一次试用期。《劳务派遣暂行规定》第五条规定,劳务派遣单位应当依法与被派遣劳动者订立2年以上的固定期限书面劳动合同。此规定明确劳务派遣单位与被派遣劳动者之间签订的劳动合同为不低于2年的固定期限劳动合同,保障了被派遣劳动者劳动关系的稳定性。劳务派遣中劳动合同期限不低于2年,且因非劳动者个人原因被退回,被派遣劳动者在无工作期间,劳务派遣单位应当向其按月支付不低于最低工资标准的报酬。按照《劳动合同法》,用人单位与劳动者订立的劳动合同的期限分为固定期限、无固定期限和以完成一定工作为期限三种。为了保护被派遣劳动者的利益,《劳动合同法》规定,劳务派遣单位与被派遣劳动者订立的劳动合同只能是固定期限劳动合同,且期限不得低于2年。劳务派遣单位应当按月向劳动者支付劳动报酬,在劳动者非个人原因被退回而引起的无工作期间,应以不得低于劳务派遣单位所在地人民政府规定的最低工资标准向与其有劳动关系的劳动者支付劳动报酬。劳务派遣单位不得与被派遣劳动者之间签订非全日制劳动合同。这些规定加大了派遣单位的法律责任,要求派遣单位与被派遣劳动者之间形成相对稳定的劳动关系,并保障劳动者在劳务派遣期间的最低报酬。它对规范劳务派遣用工形式,强化派遣单位的责任,严格控制劳务派遣的数量和质量具有重要意义。

此外,《劳务派遣暂行规定》第六条规定,劳务派遣单位可以依法与被派遣劳动者约定试用期。劳务派遣单位与同一被派遣劳动者只能约定一次试用期。劳务派遣公司与同一个被派遣劳动者,只能约定一次试用期。至于被派遣劳动者被派遣至不同的企业时如何考核其是否符合用工条件的问题,用工单位可以与被派遣劳动者约定一定期限的试工期,明确试工期内考核方式、考核程序、考核标准等,但这种试工期在无特殊规定的情况下只能作为退回被派遣劳动者的依据,不能作为解除劳动合同的依据。

3. 派遣单位不得以非全日制用工形式招用被派遣劳动者。《劳动合同法》第五十八条规定了劳务派遣单位应当与被派遣劳动者订立两年以上固定期限的劳动合同,但对于是否能够签订非全日制劳动合同并没有作出明确的规定。对此,《劳动合同法实施条例》第三十条规定:"劳务派遣单位不得以非全日制用工形式招用被派遣劳动者。"这一规定明确了劳务派遣单位和被派遣劳动者之间不得签订非全日制劳动合同。非全日制劳动合同属于一种灵活用工形式,劳动关系可以随时终止,且终止劳动关系时,用人单位也无须支付经济补偿。另外,我国法律规定,非全日制用工劳动者社会保险费的缴纳也与全日制用工不同:非全日制用工,可以由劳动者个人缴纳社会保险费,但工伤保险除外。因此,如果允许劳务派遣单位与被派遣劳动者订立非全日制劳动合同,就意味着劳务派遣单位可以不给被派遣劳动者缴纳社会保险费,劳动合同解除或终止时也没有经济补偿,这必然会侵犯被派遣劳动者的合法权益,同时也与立法规范劳动派遣的初衷相悖。为防止劳务派遣被滥用,《劳动合同法实施条例》规定,劳务派遣单位不得与被派遣劳动者订立非全日制劳动合同。因此,劳务派遣单位在与劳动者建立劳动关系时,一定要建立全日制劳动关系。用工单位在招用劳务派遣工时,一定要注意审查被派遣劳动者的劳动关系是否正当合法,如果因劳务派遣单位的违法行为给被派遣劳动者造成了损失,根据《劳动合同法》的相关规定,用工单位要与劳务派遣公司负连带责任。

(三)劳务派遣单位应当对被派遣劳动者履行的义务

《劳动合同法》第六十条规定,劳务派遣单位应当将劳务派遣协议的内容告知被派遣劳动者。劳务派遣单位不得克扣用工单位按照劳务派遣协议支付给被派遣劳动者的劳动报酬。劳务派遣单位和用工单位不得向被派遣劳动者收取费用。《劳务派遣暂行规定》第八条规定:劳务派遣单位应当对被派遣劳动者履行下列义务:①如实告知被派遣劳动者劳动合同法第八条规定的事项、应遵守的规章制度以及劳务派遣协议的内容;②建立培训制度,对被派遣劳动者进行上岗知识、安全教育培训;③按照国家规定和劳务派遣协议约定,依法支付被派遣劳动者的劳动报酬和相关待遇;④按照国家规定和劳务派遣协议约定,依法为被派遣劳动者缴纳社会保险费,并办理社会保险相关手续;⑤督促用工单位依法为被派遣劳动者提供劳动保护和劳动安全卫生条件;⑥依法出具解除或者终止劳动合同的证明;⑦协助处理被派遣劳动者与用工单位的纠纷;

⑧法律、法规和规章规定的其他事项。劳务派遣单位作为用人单位及派遣单位双重身份,需对被派遣劳动者承担比普通用人单位更多的义务。这一规定明确了劳务派遣单位在合同履行中的义务。

劳务派遣单位与劳动者签订了劳动合同之后,劳动者就与劳务派遣单位形成了正式的劳动关系。劳务派遣单位对劳动者应承担的义务包括:①告知义务。劳务派遣单位应当将派遣协议的相关内容告知被派遣劳动者。派遣协议涉及被派遣劳动者的劳动报酬、社会保险、劳动条件和劳动保护等。②不得克扣劳动报酬。被派遣劳动者有权按照自己提供劳动的数量和质量获得劳动报酬,有权获得最低工资保障、工资支付保障和实际工资保障。由于用工单位不直接支付劳动报酬给被派遣的劳动者,而是由劳务派遣单位转支付,现实中被派遣的劳动者获取劳动报酬的权利往往得不到切实的保障。因此,《劳动合同法》明确规定,劳务派遣单位不得克扣用工单位按照劳务派遣协议支付给被派遣劳动者的劳动报酬。③不得向劳动者收取费用。劳务派遣单位与被派遣劳动者订立劳动合同,劳务派遣单位与用工单位订立劳务派遣协议,劳动者通过自己的劳动取得合法的报酬,劳务派遣单位通过管理活动获取相应的报酬,劳务派遣单位和用工单位不能以介绍费、中介费等为名向劳动者收取任何费用,也不得按一定比例扣除用工单位支付给劳动者的劳动报酬作为本单位劳务费用的补充。用工单位支付给劳务派遣单位的管理费用应当单独列支,并明确约定。④依法申请工伤认定。《劳务派遣暂行规定》第十条规定:被派遣劳动者在用工单位因工作遭受事故伤害的,劳务派遣单位应当依法申请工伤认定,用工单位应当协助工伤认定的调查核实工作。劳务派遣单位承担工伤保险责任,但可以与用工单位约定补偿办法。被派遣劳动者在申请进行职业病诊断、鉴定时,用工单位应当负责处理职业病诊断、鉴定事宜,并如实提供职业病诊断、鉴定所需的劳动者职业史和职业危害接触史、工作场所职业病危害因素检测结果等资料,劳务派遣单位应当提供被派遣劳动者职业病诊断、鉴定所需的其他材料。上述规定明确了被派遣劳动者在发生工伤或者罹患职业病时如何处理的问题。劳务派遣用工的一大特点就是用人单位与用工单位相分离,而在此情况下,被派遣劳动者在工作中发生工伤或者罹患职业病的,会面临一个很重要的问题,那就是应当由谁来办理工伤认定手续或者职业病诊断、鉴定手续。该条规定明确了用工单位、劳务派遣单位在工伤认定以及职业病诊断、鉴定过程中的角色分工以及各自的义务。在工伤认定程序中,劳务派遣单位应当依法申请工伤认定,用工单位则要协助工伤认定的调查核实工作。而在职业病诊断、鉴定程序中,用工单位则应处于主导地位,负责处理职业病诊断、鉴定相关事宜,并如实提供职业病诊断、鉴定所需的劳动者职业史和职业危害接触史、工作场所职业病危害因素检测结果等资料。在此过程中,作为用人单位的劳务派遣单位应当提供被派遣劳动者职业病诊断、鉴定所需的其他材料。另外,这一规定明确:劳务派遣单位应当承担工伤保险责任(劳务派遣单位可以与用工单位约定补偿办法,只是这种双方约定的补偿办法不能对抗被派遣劳动者直接向劳务派遣单位主张工伤补偿的权利)。⑤培训义务、支付劳动报酬义务、缴纳社会保险费义务,另外,劳务派遣单位还承担着督促用工单位合法用工的义务以及协助处理被派遣劳动者与用工单位的纠纷的义务。明确了劳务派遣单位作为用人单位而应尽的义务,明确了用工单位与被派遣劳动者发生纠纷时劳务派遣单位的角色定位。

三、用工单位在劳务派遣中的义务

(一)用工单位应当严格执行劳动标准和提供相应的劳动条件

《劳动合同法》第六十二条规定:"用工单位应当履行下列义务:

(一)执行国家劳动标准,提供相应的劳动条件和劳动保护;

(二)告知被派遣劳动者的工作要求和劳动报酬;

(三)支付加班费、绩效奖金,提供与工作岗位相关的福利待遇;

(四)对在岗被派遣劳动者进行工作岗位所必需的培训;

(五)连续用工的,实行正常的工资调整机制;

(六)用工单位不得将被派遣劳动者再派遣到其他用人单位。"

《劳务派遣暂行规定》第九条规定:用工单位应当按照劳动合同法第六十二条规定,向被派遣劳动者提供与工作岗位相关的福利待遇,不得歧视被派遣劳动者。

这一规定明确了用工单位对被派遣劳动者的法定义务。被派遣的劳动者直接为用工单位提供劳动,双方虽然没有签订劳动合同,但用工单位应当履行对被派遣劳动者的义务。派遣单位承担用人单位义务的基础是实际用工单位须承担法定的义务和责任。《劳动合同法》明确规定用工单位的义务,避免了被派遣劳动者权益受到侵犯时,用工单位和派遣单位相互推诿的现象。

用工单位应当对被派遣劳动者履行的义务主要有如下六项:

1.执行国家劳动标准,提供相应的劳动条件和劳动保护。用工单位应当严格执行国家统一规定的劳动标准。劳动标准具体包括工作时间、最低工资、劳动条件、女职工和未成年工保护等各项国家劳动标准;劳动条件和劳动保护是指劳动者从事生产活动中的安全、卫生和健康条件。劳务派遣员工实际工作场所在用工单位,因而法律要求用工单位在使用劳务派遣员工时,要切实执行国家劳动条件和劳动保护标准。具体包括:向劳动者提供符合劳动安全卫生标准的劳动条件;对劳动者进行劳动保护教育和劳动保护技术培训;建立和实施劳动保护管理制度;保障职工休息权的实现;为女工和未成年工提供特殊劳动保护;接受政府有关部门、工会组织和职工的监督。劳动者有权获得符合国家劳动标准的劳动条件和接受劳动安全卫生知识的教育;有权拒绝用工单位提出的违章作业要求,并在劳动过程中遇有严重危及生命安全的危险时采取紧急避险行为;有权要求进行定期健康检查;职业禁忌症患者有权要求不从事所禁忌的工作;职业病患者有权要求及时治疗并调离原岗位。此外,女工和未成年工在健康方面的特殊利益,有权获得特殊保护。

2. 告知被派遣劳动者的工作要求和劳动报酬。劳动者在从事生产劳动的过程中享有知情权,用工单位有义务告知劳动者具体工作要求和岗位职责,以便劳动者能按照要求顺利完成工作任务,实现用工单位的经营目标。同时,有权按照自己提供劳动的数量和质量取得劳动报酬,有权要求同工同酬,用工单位有义务告知劳动者具体劳动报酬数额。

3. 支付加班费、绩效奖金,提供与工作岗位相关的福利待遇。劳动者在正常工作时间和应当完成的工作量之外提供额外劳动的,用工单位应当依法支付加班费。加班是劳动者在法定工作时间以外提供的额外劳动,有权依法享受加班报酬。用工单位不能因为劳动者是劳务派遣员工而随意增加其工作量。被派遣劳动者与用工单位劳动者一样,提供额外加班劳动时依法享受加班费,加班费由用工单位额外支付。此外,用工单位还应当依法支付被派遣劳动者的绩效奖金,提供与其工作岗位相关的福利待遇。奖金是用人单位对劳动者的超额劳动或增收节支实绩所支付的奖励性报酬,用工单位应向劳动者支付绩效奖金;福利待遇是用人单位为改善和提高劳动者的物质文化生活水平,通过举办集体福利设施、提供服务和发放补贴等形式,给予劳动者的一种生活保障和服务。用工单位不得因为用工类型的差别而歧视被派遣劳动者。被派遣劳动者在用工单位的合法权益有了进一步的保障,用工单位不但要保障被派遣劳动者与劳动合同制劳动者享有同工同酬的权利,并且在非报酬类的福利方面,也同样享有同等的权利。

4. 对在岗被派遣劳动者进行工作岗位所需要的培训。用工单位在实际用工时,对被派遣劳动者要进行相关的岗位培训。对劳动者进行工作岗位所需要的培训,既有利于提高劳动者的技能和工作效率,又有利于安全生产和职业病预防,同时也是劳动者的一项权利。被派遣的劳动者有权要求用工单位提供必要的职业培训条件和参加用工单位组织的与工作岗位所需要的培训。

5. 连续用工的,实行正常的工资调整机制。劳务派遣一般在临时性、辅助性或者替代性的工作岗位上实施,因此劳动期限一般不会很长,约定的工资一般也较为固定。但如果用工单位连续用工,则应根据正常的工资调整机制,及时调整被派遣劳动者的工资、奖金和各项福利待遇,贯彻和落实同工同酬的基本原则。

6. 不得将被派遣劳动者再派遣到其他用人单位。根据劳务派遣协议的规定,被派遣劳动者在用工单位从事生产劳动,用工单位有权在本单位根据协议的规定合理配置劳动力资源,但无权再将劳动者派遣到其他用人单位。再派遣或"转派遣"将使得劳动法律关系处于不稳定的状态,不利于劳动者权益的保护。为了避免二次派遣引发的权责界定不清,规范劳务派遣关系,保护被派遣劳动者的合法权益,法律规定用工单位不得将被派遣劳动者再派遣到其他用人单位,即用工单位只对被派遣员工享有直接使用管理权,而不得实施二次派遣。

《劳动合同法实施条例》第二十九条中对用工单位应履行的相关义务进行了再次强调:"用工单位应当履行《劳动合同法》第六十二条规定的义务,维护被派遣劳动者的合法权益。"用工单位在使用被派遣劳动者时,必须切实履行法定义务,维护被派遣劳动者的合法权益。

(二) 用人单位不得自设劳务派遣单位进行自我派遣

《劳动合同法》第六十七条规定:"用人单位不得设立劳务派遣单位向本单位或者所属单位派遣劳动者"。劳务派遣的典型特征是通过第三方派遣单位的介入,使劳动力的使用与管理相分离。派遣单位作为专门的人力资源服务机构,负责被派遣劳动者的监督、管理,并按约定承办有关劳动和社会保障事务,为用工单位提供专业的人力资源服务;用工单位则按约定支付劳务报酬。由于劳务派遣单位是依法设立、专门经营劳务派遣业务的独立经济组织,符合劳动关系主体的资格,劳动者可以依法与劳务派遣单位确立劳动关系,这样就能够避免实际用工单位不具备劳动关系主体资格的问题,也可以规避一部分法律风险,促进劳动关系的规范化。

实践中,一些用人单位自设派遣公司,把一些员工重新纳入被派遣劳动者的行列。有的企业为了降低用工成本,将一些原来的正式职工以改制名义,分流到本企业设立的劳务派遣公司,然后又以劳务派遣公司的名义派遣到原岗位。有的企业将内设的劳动管理机构"挂上"一个劳务派遣公司的牌子,将招用的员工以劳务派遣公司的名义派遣到所属企业。如果对这种现象不加限制,将导致更多的用人单位为了降低用工成本、节省开支而滥用劳务派遣,不仅一些临时性的岗位可能全部采用劳务派遣的形式,直接与用人单位签订劳动合同的员工也有可能被转为被派遣劳动者,这将损害劳动者的利益并影响劳动关系的稳定。因此,劳动合同法对用人单位自设劳务派遣单位进行派遣作了禁止性规定。

《劳动合同法》明确禁止用人单位设立劳务派遣单位进行自我派遣,但在实践中究竟怎样才算符合"用人单位自行设立"这一条件仍然没有定论。对此,《劳动合同法实施条例》第二十八条规定:"用人单位或者其所属单位出资或者合伙设立的劳务派遣单位,向本单位或者所属单位派遣劳动者的,属于《劳动合同法》第六十七条规定的不得设立的劳务派遣单位。"这一规定从形式、主体两方面界定了"自行设立":在劳务派遣单位设立方式上,凡是与用人单位有资本关联的,如出资、参股或者合作等,均属自行设立劳务派遣单位(对于出资、参股、合伙设立等资本关联行为的定义,具体见《公司法》的有关规定);在设立主体方面,凡是劳务派遣单位向用人单位、用人单位的所属单位以及用人单位的上级单位派遣劳动者,均属于向本单位或者所属单位派遣劳动者。

(三)跨地区劳务派遣的劳动者的劳动报酬、劳动条件和社会保险的规定

《劳动合同法》第六十一条规定:"劳务派遣单位跨地区派遣劳动者的,被派遣劳动者享有的劳动报酬和劳动条件,按照用工单位所在地的标准执行。"规定中的"跨地区",既包括省、自治区、直辖市,也包括省会所在市、较大的市、设区的市。如果市级行政区域内有相应的标准,应当按照设区市的标准执行,如果市级行政区域没有相应的标准,就按照省、自治区、直辖市的标准执行。《劳务派遣暂行规定》第十八条规定,劳务派遣单位跨地区派遣劳动者的,应当在用工单位所在地为被派遣劳动者参加社会保险,按照用工单位所在地的规定缴纳社会保险费,被派遣劳动者按照国家规定享受社会保险待遇。第十九条规定,劳务派遣单位在用工单位所在地设立分支机构的,由分支机构为被派遣劳动者办理参保手续,缴纳社会保险费。劳务派遣单位未在用工单位所在地设立分支机构的,由用工单位代劳务派遣单位为被派遣劳动者办理参保手续,缴纳社会保险费。

实践中,可能也会存在经济发达地区的劳动者被派往经济不发达地区工作的情况,出现劳务派遣单位的有关劳动标准高于用工单位所在地标准的情形,在这种情况下,是否要按用工单位所在地的标准执行?根据《劳动合同法实施条例》第十六条的规定,有关劳动者的最低工资标准、劳动保护、劳动条件、职业危害防护和本地区上年度职工月平均工资标准等事项,原则上按照用工单位所在地的有关规定执行。如果劳务派遣单位的有关劳动标准高于用工单位所在地的有关标准,劳务派遣单位与劳动者约定按照劳务派遣单位有关标准执行的,从其约定。也就是说,双方可以按照"就高不就低"的原则,约定按照劳动标准较高的劳务派遣单位所在地的有关标准执行。

为了规范劳务派遣员工的社会保险缴纳问题,《劳务派遣暂行规定》对于跨地区劳动派遣用工,被派遣劳动者如何参加社会保险进行了规定。劳动者一

般在用人单位所在地参加社会保险,但是不排除劳务派遣用工中存在用人单位所在地与用工单位所在地不一致的情况,在跨地区劳务派遣过程中,经济发达地区的用工单位往往通过经济欠发达地区的劳务派遣机构进行劳务派遣,来减少社会保险费用以降低用工成本,此种行为显然严重侵害了被派遣劳动者的合法权益。因此,本条对跨地区劳务派遣的社会保险问题进行了详细规定,根据本条的规定,劳务派遣单位跨地区派遣劳动者的,应当在用工单位所在地为被派遣劳动者参加社会保险,按照用工单位所在地的规定缴纳社会保险费,被派遣劳动者按照国家规定享受社会保险待遇。跨区劳务派遣社会保险缴纳需分两种情况处理:一种是劳务派遣单位在用工单位所在地设立分支机构的,由分支机构为被派遣劳动者办理参保手续,缴纳社会保险费;另一种是劳务派遣单位未在用工单位所在地设立分支机构的,由用工单位代劳务派遣单位为被派遣劳动者办理参保手续,缴纳社会保险费。本条对跨地区社保缴纳主体作了明确的规定,对由用工单位为被派遣劳动者缴纳社会保险的情形作出了限制。

四、如何退回被派遣劳动者

(一)被派遣劳动者严重违纪的退回

在劳务派遣中,用工单位与被派遣劳动者不存在劳动关系,因而无权与其直接解除劳动合同,只能将劳动者退回劳务派遣单位。退回劳务派遣单位之后,由劳务派遣单位对被派遣劳动者的违规行为进行处理。

根据《劳动合同法》第六十五条第二款的规定,被派遣劳动者有下列行为之一的,用工单位可以将其退回劳务派遣单位:①被派遣劳动者在试用期内被证明不符合录用条件的;②被派遣劳动者严重违反用工单位的规章制度的;③被派遣劳动者严重失职,营私舞弊,给用工单位的利益造成重大损害的;④被派遣劳动者同时与其他用人单位建立劳动关系,对完成本单位的工作任务造成严重影响,或者经用工单位提出,拒不改正的;⑤被派遣劳动者以欺诈、胁迫的手段或者乘人之危,使对方在违背真实意思的情况下订立或者变更劳动合同,致使劳动合同无效的;⑥被派遣劳动者被依法追究刑事责任的。这一规定明确了被派遣劳动者严重违纪,用工单位可以将其退回。

被派遣劳动者被退回的,劳务派遣单位可以行使即时解雇权,也可以在对其进行批评教育后继续留用。

(二)被派遣劳动者患病无法继续工作的退回

根据《劳动合同法》第六十五条第二款的规定,当劳动者患病或非因工负伤,在规定的医疗期满后不能从事原工作,也不能从事由用工单位另行安排的工作时,用工单位才有权将其退回原劳务派遣单位。并不是所有劳动者因患病而无法继续工作的,用人单位都有权将其退回。

用工单位在上述情况下退回劳动者,应当符合三个条件:①必须是劳动者患病或非因工负伤,如果是因工负伤或者患职业病则不适用。②必须是医疗期满。医疗期是劳动者患病或非因工负伤的治疗、休息期间,劳动者依据其工龄长短享有3~24个月不等的医疗期。被派遣劳动者患病或非因工负伤,用工单位应当依法给予医疗期,而不能将其直接退回劳务派遣单位。③医疗期满,劳动者不能从事原工作,经过调岗后也无法从事用工单位安排的其他工作的,用工单位才能将其退回。用工单位应当证明劳动者不能工作,而且经调岗后仍不能继续工作,用工单位才能将劳动者退回。

(三)派遣期限未满的被派遣劳动者不能胜任工作的退回

根据《劳动合同法》第六十五条第二款的规定,被派遣劳动者不能胜任工作,经过培训或者调整工作岗位仍不能胜任工作的,用工单位可以将派遣期限未满的被派遣劳动者退回劳务派遣单位。需要强调的是,在劳动者退回之前,用工单位必须对劳动者进行培训或者调整工作岗位,在经过培训或调岗后确定劳动者仍然无法胜任工作的才能将其退回。

(四)非因劳动者个人原因,用工单位可以退回被派遣劳动者的情形

为保障被派遣劳动者的就业稳定性,防止用工单位无正当理由随意退回被派遣劳动者,《劳动合同法》第六十五条规定,被派遣劳动者有本法第三十九条(劳动者过失)和第四十条第一项(医疗期满不能工作)、第二项(不能胜任工作)规定情形的,用工单位可以将被派遣劳动者退回,劳务派遣单位可以据此与被退回的劳动者解除劳动合同。

在《劳动合同法》的基础上,《劳务派遣暂行规定》第十二条明确规定了用工单位可以退回被派遣劳动者的其他情形:

一是用工单位有《劳动合同法》第四十条第三项(客观情况发生重大变化)、第四十一条规定的情形(经济性裁员)的,但医疗期、"三期"内劳动者除外;

二是用工单位被依法宣告破产、吊销营业执照、责令关闭、撤销、决定提前解散或者经营期限届满不再继续经营的;

三是劳务派遣协议期满终止的。

用工单位依据前述规定将被派遣劳动者退回劳务派遣单位,如劳务派遣单位重新派遣时维持或者提高劳动合同约定条件,劳动者不同意的,劳务派遣单位可以解除劳动合同;如劳务派遣单位重新派遣时降低劳动合同约定条件,劳动者不同意的,劳务派遣单位不得解除劳动合同。

此外,在被派遣劳动者退回后无工作期间,劳务派遣单位应按照不低于所

在地人民政府规定的最低工资标准,向其按月支付报酬。

(五)不得退回的情形

《劳务派遣暂行规定》第十三条规定:被派遣劳动者有《劳动合同法》第四十二条规定情形的,在派遣期限届满前,用工单位不得依据本规定第十二条第一款第一项规定将被派遣劳动者退回劳务派遣单位;派遣期限届满的,应当延续至相应情形消失时方可退回。

这一规定是对退回被派遣劳动者情形的限制,根据此规定,被派遣劳动者在具有《劳动合同法》第四十二条规定的情形时,用工单位就不能依据《劳动合同法》第四十条第三项、第四十一条所规定的情形退回被派遣劳动者。该条款可以说是对《劳动合同法》中用人单位不得解除劳动合同的制度的一种延伸,保障了被派遣劳动者享有与用工单位中其他劳动者同等的权利,是对被派遣劳动者充分保护的一项规定。

(六)被依法解除或终止劳动合同的劳动者,是否需要支付经济补偿

劳务派遣单位与劳动者签订劳动合同,建立劳动关系,就应当履行用人单位对劳动者的义务,但《劳动合同法》并未明确派遣单位和劳动者依法解除或终止劳动合同的,是否需要支付经济补偿。

《劳动合同法实施条例》第三十一条规定,劳务派遣单位与被派遣劳动者依法解除或者终止劳动合同,依照《劳动合同法》第四十六、第四十七条的规定执行。

《劳务派遣暂行规定》第十七条规定,劳务派遣单位因劳动合同法第四十六条或者本规定第十五条、第十六条规定的情形,与被派遣劳动者解除或者终止劳动合同的,应当依法向被派遣劳动者支付经济补偿。

根据规定,派遣单位和被派遣劳动者依法解除终止劳动合同的,应当向劳动者支付经济补偿。应当支付经济补偿的情形主要有七种:①单位违法解除劳动者合同的;②用人单位提出解除劳动合同,劳动者同意的;③劳动者无过失解除劳动合同的;④用人单位经济性裁员的;⑤劳动合同期满,用人单位提出降低劳动条件续订合同的;⑥用人单位主体灭失,终止劳动合同的;⑦法律、行政法规规定的其他情形。劳动合同的解除与终止符合上述情形之一的,劳务派遣单位就应当向被派遣劳动者支付经济补偿。也就是说,劳务派遣单位与被派遣劳动者之间依法解除或终止劳动合同的经济补偿,与用人单位和劳动者之间解除或终止合同的经济补偿的条件完全一样,没有任何差别。

经济补偿的支付标准应当参照《劳动合同法》第四十七条的有关规定,按照劳动者在本单位工作的年限,每满1年支付1个月工资的标准向劳动者支

付。6个月以上不满1年的,按1年计算;不满6个月的,向劳动者支付半个月工资的经济补偿。劳动者月工资高于用人单位所在直辖市、设区的市级人民政府公布的本地区上年度职工月平均工资3倍的,向其支付经济补偿的标准按职工月平均工资3倍的数额支付,向其支付经济补偿的年限最高不超过12年。所谓"月工资",是指劳动者在劳动合同解除或者终止前12个月的平均工资。这些规定明确了劳务派遣单位支付经济补偿的计算标准。同时,对"月工资"的计算标准作出明确规定,即劳动者在劳动合同解除或终止前12个月的平均工资。

五、违法解除或终止被派遣劳动者劳动合同的处理

《劳动合同法实施条例》第三十二条规定:"劳务派遣单位违法解除或者终止被派遣劳动者的劳动合同的,依照《劳动合同法》第四十八条的规定执行。"《劳务派遣暂行规定》第二十一条规定,劳务派遣单位违反本规定解除或者终止被派遣劳动者劳动合同的,按照劳动合同法第四十八条、第八十七条规定执行。即劳务派遣单位违法解除或终止劳动合同,劳动者要求继续履行合同的,派遣单位应当继续履行;如果劳动者不要求继续履行合同或者劳动合同已经无法继续履行的,用人单位依照《劳动合同法》第四十七条规定的经济补偿标准的2倍向劳动者支付赔偿金。《劳动合同法》明确规定了用人单位不得解除或终止劳动合同的情形,如劳动者患病或负伤在规定的医疗期内的,女职工在孕期、产期、哺乳期内的,等等。如果用人单位不依照法定程序和条件解除和终止合同,或者依法不得解除终止劳动合同而解除终止的,即属于违法解除和终止,用人单位应当按照经济补偿标准的2倍向劳动者支付赔偿金,不必再支付经济补偿。也就是说,如果用人单位是依法解除和终止劳动合同,只需依法支付经济补偿;如果是违法解除和终止合同,则需支付经济补偿标准2倍的赔偿金。

劳务派遣单位违法解除或终止合同,已经向劳动者支付了赔偿金的,不再支付经济补偿。赔偿金的计算年限自用工之日起计算。赔偿金是用人单位因违法解除或终止劳动合同时,依照法律规定支付给劳动者的额外补偿。

六、被派遣劳动者在劳务派遣中的权利

(一)享有同工同酬的权利

《劳动合同法》第六十三条规定:"被派遣劳动者享有与用工单位的劳动者同工同酬的权利。用工单位应当按照同工同酬原则,对被派遣劳动者与本单位同类岗位的劳动者实行相同的劳动报酬分配办法。用工单位无同类岗位劳动者的,参照用工单位所在地相同或者相近岗位劳动者的劳动报酬确定。劳务派

遣单位与被派遣劳动者订立的劳动合同和与用工单位订立的劳务派遣协议,载明或者约定的向被派遣劳动者支付的劳动报酬应当符合前款规定。"《劳务派遣暂行规定》第九条规定,用工单位应当按照《劳动合同法》第六十二条规定,向被派遣劳动者提供与工作岗位相关的福利待遇,不得歧视被派遣劳动者。这一规定确认了被派遣的劳动者与用工单位劳动者享有同工同酬的权利,具体体现了劳动合同法的公平原则。

同工同酬,是指相同岗位的劳动者不论性别、年龄、种族、用工形式等差异,在从事同等价值的工作,取得相同工作绩效的前提下,所获得的报酬也应当相同。被派遣劳动者与用工单位同类岗位的其他劳动者,如果从事相同的工作,取得相同的工作绩效,其所获得的报酬也应当相同,用工单位不能简单地因为其身份不同而实行差别待遇。实行同工同酬是实现社会公平、构建和谐社会的要求。

在用工单位无同类岗位劳动者的情况下,被派遣劳动者的劳动报酬参照用工单位所在地相同或者相近岗位劳动者的劳动报酬确定。这样规定具备公正、公平与合理性,同时可以防止用工单位借机压低被派遣劳动者的劳动报酬。

为落实劳务派遣工同工同酬的权利,修改后的劳动合同法进一步作出规定,"用工单位应当按照同工同酬原则,对被派遣劳动者与本单位同类岗位的劳动者实行相同的劳动报酬分配办法";"劳务派遣单位与被派遣劳动者订立的劳动合同和与用工单位订立的劳务派遣协议,载明或者约定的向被派遣劳动者支付的劳动报酬应当符合前款规定"。以上规定明确要求企业对继续履行的劳动合同和劳务派遣协议要按照同工同酬原则实行相同的劳动报酬分配办法的规定进行调整。这些保障劳务派遣工同工同酬权利的规定,对于严格规范劳务派遣用工、保障劳务派遣工合法权益、促进和谐劳动关系具有重要意义。

《劳务派遣暂行规定》第九条规定,用工单位应当按照劳动合同法第六十二条规定,向被派遣劳动者提供与工作岗位相关的福利待遇,不得歧视被派遣劳动者。本条除了重申用工单位需要履行《劳动合同法》第六十二条的义务之外,还强调了用工单位不得因为用工类型的差别而歧视被派遣劳动者。如此一来,被派遣劳动者在用工单位的合法权益有了进一步的保障,用工单位不但要保障被派遣劳动者与劳动合同制劳动者享有同工同酬的权利,并且在非报酬类的福利方面,也同样享有同等的权利。

(二)享有依法参加或者组织工会的权利

《劳动合同法》第六十四条规定:"被派遣劳动者有权在劳务派遣单位或者用工单位依法参加或者组织工会,维护自身的合法权益。"

《工会法》第三条规定:在中国境内的企业、事业单位、机关中以工资收入为主要生活来源的体力劳动者和脑力劳动者,不分民族、种族、性别、职业、宗教信仰、教育程度,都有依法参加和组织工会的权利。任何组织和个人不得阻挠和限制。

被派遣劳动者应享有同其他劳动者一样参加或者组织工会的权利。由于被派遣劳动者多被派往不同的用工单位,工作场所分散,劳动关系不稳定,多数劳务派遣单位未组建工会或者即使组建工会也难以对会员进行直接管理,用工单位的工会也不愿吸纳派遣的劳动者。加之多数用人单位与劳务派遣单位之间没有就工会经费拨缴问题作出规定,被派遣劳动者与用工单位之间只是一种劳务关系,工资总额并没有涵盖被派遣劳动者,因此,职工工资总额2%的工会经费无法提取。针对劳务派遣员工组建和参加工会活动的问题,《劳动合同法》第一次在法律层面明确规定了被派遣劳动者有加入劳务派遣单位或者用工单位工会的权利。依法参加或者组织工会是法律赋予劳动者的合法权利,用工方式的改变不影响劳动者行使这一权利,无论是被派遣劳动者还是正式员工,在组织和参加工会活动上的权利是平等的。因而,法律赋予被派遣劳动者在两个单位参加或组织工会的选择权,可以是派遣单位,也可以是用工单位。这一规定不仅为劳动者维护权利提供了有力保障,也为工会下一步工作的开展提供了法律支持。

(三)依法享有解除合同的权利

《劳动合同法》第六十五条规定:"被派遣劳动者可以依照本法第三十六条、第三十八条的规定与劳务派遣单位解除劳动合同。"《劳务派遣暂行规定》第十四条规定,被派遣劳动者提前30日以书面形式通知劳务派遣单位,可以解除劳动合同。被派遣劳动者在试用期内提前3日通知劳务派遣单位,可以解除劳动合同。劳务派遣单位应当将被派遣劳动者通知解除劳动合同的情况及时告知用工单位。

1. 协商解除合同的权利。《劳动合同法》第三十六条规定,用人单位与劳动者协商一致,可以解除劳动合同。劳务派遣单位与劳动者之间建立的是劳动关系,《劳动合同法》规定的劳动者可解除劳动合同的情形同样适用于被派遣劳动者与劳务派遣单位。

2. 单方解除合同的权利。被派遣劳动者依法享有单方解除合同的权利。《劳动合同法》第三十八条规定,用人单位有下列情形之一的,劳动者享有单方解除合同的权利:未按照劳动合同约定提供劳动保护或者劳动条件的;未及时足额支付劳动报酬的;未依法缴纳社会保险费的;规章制度违反法律、法规的规定,损害劳动者权益的;以欺诈、胁迫的手段或者乘人之危,违背对方真实意思订立或者变更劳动合同的;免除自己的法定责任、排除被派遣劳动者权利的;违反法律、行政法规强制性规定的;法律、行政法规规定劳动者可以解除劳动合同的其他情形;用人单位以暴力、威胁或者非法限制人身自由的手段强迫劳动者劳动的,或者用人单位违章指挥、强令冒险作业危及劳动者人身安全的。在用人单位出现上述情形之一时,被派遣劳动者不仅享有单方解除合同的权利,并有权要求劳务派遣单位向其支付经济赔偿金。

《劳务派遣暂行规定》第十四条的规定是对《劳动合同法》第六十五条第一款的补充规定。《劳动合同法》第六十五条第一款规定:"被派遣劳动者可以依照本法第三十六条、第三十八条的规定与劳务派遣单位解除劳动合同。"《劳动合同法》第三十六条是对用人单位与劳动者协商解除劳动合同的规定,第三十八条是对用人单位出现违法情形侵害劳动者合法权益时,劳动者拥有单位解除权的规定。但是《劳动合同法》第六十五条第一款中遗漏了劳动者可以依据《劳动合同法》第三十七条规定提前通知单方面解除劳动合同的情形,因此,本条明确了被派遣劳动者有权依据《劳动合同法》第三十七条所规定的情形单方面解除劳动合同的权利,进一步完善了被派遣劳动者的辞职权。

七、劳务派遣的一般性规定

(一)规定劳务派遣工作岗位的范围

《劳动合同法》第六十六条规定:"劳动合同用工是我国的企业基本用工形式。劳务派遣用工是补充形式,只能在临时性、辅助性或者替代性的工作岗位上实施。

前款规定的临时性工作岗位是指存续时间不超过六个月的岗位;辅助性工作岗位是指为主营业务岗位提供服务的非主营业务岗位;替代性工作岗位是指用工单位的劳动者因脱产学习、休假等原因无法工作的一定期间内,可以由其他劳动者替代工作的岗位。

用工单位应当严格控制劳务派遣用工数量,不得超过其用工总量的一定比例,具体比例由国务院劳动行政部门规定。"

《劳务派遣暂行规定》第三条规定:"用工单位只能在临时性、辅助性或者替代性的工作岗位上使用被派遣劳动者。

前款规定的临时性工作岗位是指存续时间不超过六个月的岗位;辅助性工作岗位是指为主营业务岗位提供服务的非主营业务岗位;替代性工作岗位是指用工单位的劳动者因脱产学习、休假等原因无法工作的一定期间内,可以由其他劳动者替代工作的岗位。

用工单位决定使用被派遣劳动者的辅助性岗位,应当经职工代表大会或者全体职工讨论,提出方案和意见,与工会或者职工代表平等协商确定,并在用工单位内公示。"

《劳务派遣暂行规定》第四条规定,用工单位应当严格控制劳务派遣用工数量,使用的被派遣劳动者数量不得超过其用工总量的10%。

前款所称用工总量是指用工单位订立劳动合同人数与使用的被派遣劳动者人数之和。

计算劳务派遣用工比例的用工单位是指依照《劳动合同法》和《劳动合同法实施条例》可以与劳动者订立劳动合同的用人单位。

这些规定明确了劳务派遣用工的范围和用工比例。

我国劳务派遣产生于20世纪70年代末,起源于北京外企人力资源服务公司向外国使领馆及外国公司驻华代表处派遣中方雇员。这种新型的用工方式对于用人单位来说,可以减少人员储备,有效避免招聘、培训、解雇等引发的人力资源管理成本。对于劳动者而言,利用劳务派遣机构在信息和资源上的优势,可以相对容易地实现就业,缩短了找工作的时间。因此,劳务派遣适用范围越来越宽,派遣人数急剧增长。为适应市场需要,劳务派遣公司应运而生,并得到迅速发展。实践中,大量的用人单位开始大量使用劳务派遣劳动者,在某些行业和地区,劳务派遣已成为常态、主流的用工形式,甚至一些长期性、固定性的工作岗位也开始使用被派遣劳动者;更有甚者,一些用人单位将原本有劳动关系的劳动者改为劳务派遣制员工,实行"逆向派遣"。劳务派遣用工形式的无限制扩大,严重影响了劳动关系的存在基础。如何防止、规范劳务派遣被滥用带来的负面效果,成为劳动合同立法的重要问题之一。《劳动合同法》对劳务派遣的范围作出了原则性限制,规定劳务派遣一般在临时性、辅助性或者替代性岗位上使用,但对什么是临时性、辅助性或者替代性并没有作出具体规定。

劳动合同法修改案,首先是将模棱两可的"一般"改成了内涵确定的"只能"。两个字的改动,消除了模糊认识,即明确了劳务派遣用工是补充形式;其次对"三性"工作岗位进行了法律上的界定,明确了"三性"岗位的性质;最后对劳务派遣用工数量的比例放权给国务院劳动行政部门。之所以这么修改,是因为劳动合同法实施以来,劳务派遣用工数量快速增长,部分企业突破"三性"岗位范围,在主营业务岗位和一般性工作岗位长期大量使用被派遣劳动者,某种程度上甚至有成为主流用工形式趋势。对"三性"的定义,进一步界定出劳务派遣用工形式的适用范围。这是归劳务派遣于本位、还国家法律以权威的重要调整,为劳务派遣今后的正常健康发展定了基调。

《劳务派遣暂行规定》在重申了《劳动合同法》第六十六条的规定之后,进一步明确了辅助性岗位的认定程序。用工单位决定使用被派遣劳动者的辅助性岗位,应当经职工代表大会或者全体职工讨论,提出方案和意见,与工会或者职工代表平等协商确定,并在用工单位内公示。《劳动合同法》及其《实施条例》虽然明确了劳务派遣只能在临时性、辅助性、替代性岗位上实施,并且对这"三性"的标准也作了一定的规定,但是对于辅助性岗位如何认定的问题却没有给予明确规定。这就导致了《劳动合同法》修正案出台后,辅助性岗位有被劳务派遣单位与用工单位滥用的趋势。《劳务派遣暂行规定》进一步明确了劳务派遣适用的"三性"岗位,尤其是明确了辅助性岗位的认定程序,即需要经过职工代表大会或者全体职工的讨论,并且与工会平等协商,发挥了工会民主管理的积极作用,大大遏制了之前辅助性岗位因缺少认定程序和标准而被用工单位所滥用的现象。

关于劳务派遣用工的比例问题,《劳务派遣暂行规定》第四条特别规定了劳务派遣所占用工总量的比例,并且确定了比例计算的方法以及适用范围。根据此条规定,用工单位使用被派遣劳动者数量不得超过其用工总量的10%,而用工总量按照用工单位订立劳动合同人数与使用的被派遣劳动者人数之和进行计算。另外,此条还明确了严控劳务派遣用工比例的用工单位的范围主要限于具有用人单位主体资格的各单位,这就排除了不具有独立用人主体资格的境外企业在中国的代表处,如外国企业常驻中国代表机构、外国金融机构驻华代表机构等。

(二)派遣单位与用工单位应当订立劳务派遣协议

《劳动合同法》第五十九条规定:"劳务派遣单位派遣劳动者应当与接受以劳务派遣形式用工的单位(以下称用工单位)订立劳务派遣协议。劳务派遣协议应当约定派遣岗位和人员数量、派遣期限、劳动报酬和社会保险费的数额与支付方式以及违反协议的责任。

用工单位应当根据工作岗位的实际需要与劳务派遣单位确定派遣期限,不得将连续用工期限分割订立数个短期劳务派遣协议。"

《劳务派遣暂行规定》第七条进一步明确,劳务派遣协议应当载明下列内容:①派遣的工作岗位名称和岗位性质;②工作地点;③派遣人员数量和派遣期限;④按照同工同酬原则确定的劳动报酬数额和支付方式;⑤社会保险费的数额和支付方式;⑥工作时间和休息休假事项;⑦被派遣劳动者工伤、生育或者患病期间的相关待遇;⑧劳动安全卫生以及培训事项;⑨经济补偿等费用;⑩劳务派遣协议期限;⑪劳务派遣服务费的支付方式和标准;⑫违反劳务派遣协议的责任;⑬法律、法规、规章规定应当纳入劳务派遣协议的其他事项。

劳务派遣协议是劳务派遣单位与用工单位就派遣劳动者一事在法律范围内进行的约定,其相关内容既涉及劳务派遣单位与用工单位各自权利义务的问题,同时也直接关系劳动者的切身利益,劳务派遣机构不仅要与劳动者签订劳动合同,还要与用工单位订立劳务派遣协议,明确双方在劳务派遣中各自的权利义务,保护劳动者合法权益,避免发生争议时责任不清、互相推诿。劳务派遣协议除了约定派遣人数、派遣期限、派遣岗位、工时休假等条款外,还必须约定按照同工同酬原则确定的劳动报酬数额和支付方式,力图从劳务派遣协议的签订开始,保障被派遣劳动者的合法权益。

劳务派遣协议是劳务派遣单位与用工单位在平等自愿、协商一致的基础上订立的书面法律文件。其内容包括:①派遣的工作岗位名称和岗位性质。派遣岗位名称,即劳动者到用工单位从事被派遣工作的劳动岗位;岗位性质,是指临时性、辅助性或替代性岗位。②工作地点。③派遣人员数量和派遣期限。人员数量,即用人单位派遣到用工单位从事派遣工作的劳动者的数量;派遣期限,即用人单位和用工单位约定的劳动者在派遣岗位工作的期间。派遣期限的起算日期,可以由用人单位和用工单位约定,一般应从劳动者实际开始在派遣岗位工作的时间起算。派遣期限是用人单位和用工单位约定的劳动者在派遣岗位工作的期间。用工单位应当根据工作岗位的实际需要与劳务派遣单位确定派遣期限,不得将连续用工期限分割订立数个短期劳务派遣协议。④按照同工同酬原则确定的劳动报酬数额和支付方式。其包括劳务派遣员工与直接用工实行相同的劳动报酬分配制度,劳动报酬的形式、构成、标准、支付方式等。⑤社会保险费的数额和支付方式。⑥工作时间和休息休假事项。⑦被派遣劳动者工伤、生育或者患病期间的相关待遇。⑧劳动安全卫生以及培训事项。⑨经济补偿等费用。⑩劳务派遣协议期限。⑪劳务派遣服务费的支付方式和标准。⑫违反劳务派遣协议的责任。即用人单位和用工单位违反劳务派遣协议各自应如何承担责任的条款。⑬法律、法规、规章规定应当纳入劳务派遣协议的其他事项。

这些约定对于规范劳务派遣行为,明确各方权利义务,保障劳务派遣员工利益至关重要。签订派遣协议是劳务派遣中一个不可或缺的环节,应该引起重视。实践中,许多劳务派遣纠纷就是由于双方没有签订书面派遣协议,或者某些关键协议条款没有明确规定而引发。

(三) 劳务派遣单位与用工单位承担连带赔偿责任

为了规范劳务派遣活动,保护劳动者的合法权益,明确劳务派遣单位与实际用工单位的权利义务,《劳动合同法》第九十二条规定:"违反本法规定,未经许可,擅自经营劳务派遣业务的,由劳动行政部门责令停止违法行为,没收违法所得,并处违法所得一倍以上五倍以下的罚款;没有违法所得的,可以处五万元以下的罚款。

劳务派遣单位、用工单位违反本法有关劳务派遣规定的,由劳动行政部门责令限期改正;逾期不改正的,以每人五千元以上一万元以下的标准处以罚款,对劳务派遣单位,吊销其劳务派遣业务经营许可证。用工单位给被派遣劳动者造成损害的,劳务派遣单位与用工单位承担连带赔偿责任。"

劳动合同法修正案增加了未经许可,擅自经营劳务派遣业务的处理内容;增加了用工单位,明确了劳务派遣单位、用工单位违反本法有关劳务派遣规定的,限定是由劳动行政部门责令限期改正;并提高了处罚的数额;还明确了双方负连带赔偿责任的条件是用工单位给被派遣劳动者造成损害的情况。修改内容在于加重对违法经营劳务派遣业务的处罚,明确处罚的内容、处罚的额度及吊销其劳务派遣业务经营许可证的条件,从而达到进一步规范劳务派遣单位和用人单位合理、合法用工的目的。

连带责任是我国立法中的一项重要民事责任制度,是一种加重责任。《民法典》规定,连带债务人有义务向债权人清偿债务,债权人可同时或先后要求连带债务人全体或部分或一人履行全部或部分义务,被请求的债务人不得以超出自己应付份额为由提出抗辩。只要债务没有全部清偿完毕,每个连带债务人不论是否应债权人请求清偿过债务,其对没有清偿的债务部分都有清偿的义务。《劳动合同法》明确:劳务派遣单位与用工单位对被派遣的劳动者承担连带责任,当劳动者合法权益受到侵害时,可将劳务派遣单位和用工单位作为共同被诉人,向劳动争议仲裁委员会申请劳动仲裁,要求其承担连带责任。劳务派遣单位与用工单位都负有赔偿责任。

(四)解除终止劳务派遣劳动者合同的经济补偿和赔偿

对于劳务派遣单位与被派遣劳动者之间劳动合同期限届满而自然终止的,劳动者能否获得经济补偿,《劳动合同法》并未明确规定。《劳动合同法实施条例》规定,劳务派遣单位与被派遣劳动者依法解除或者终止劳动合同,依照法律的规定执行。也就是说,劳务派遣单位与被派遣劳动者之间依法解除或终止劳动合同的经济补偿,与用人单位和劳动者之间解除或终止合同的经济补偿的条件完全一样,没有任何差别。经济补偿的支付标准参照《劳动合同法》有关规定执行。

对于用人单位违法解除、终止被派遣劳动者劳动合同的,《劳动合同法实施条例》也明确规定:劳务派遣单位违法解除或者终止被派遣劳动者的劳动合同的,依照《劳动合同法》的规定执行,即劳务派遣单位违法解除或终止劳动合同,劳动者要求继续履行合同的,派遣单位应当继续履行;如果劳动者不要求继续履行合同或者劳动合同已经无法继续履行的,用人单位应依照《劳动合同法》规定的经济补偿标准的 2 倍向劳动者支付赔偿金。也就是说,如果用人单位是依法解除和终止劳动合同,只需依法支付经济补偿;如果用人单位是违法解除和终止合同,则需支付经济补偿标准2倍的赔偿金。

第二节 非全日制用工

 引导案例

全日制用工签订非全日制劳动合同,劳动者权益如何维护?[①]

张某等27人在某矿业公司担任矿工,每年双方签订一次非全日制劳动合同,工资支付周期为每月26日至次月25日。劳动合同约定每天工作4个小时,属于非全日制用工。但实际上每天大约工作6到10个小时不等。2020年11月,公司让张某等人回家待岗等通知,但一直到2021年7月也没有复工。待岗期间公司没有支付任何劳动报酬。双方就社保、复工及待岗期间的待遇问题发生争议。张某等人遂向仲裁委提起劳动仲裁,要求确认与公司之间存在劳动关系,并要求公司支付待岗工资和解除劳动关系经济补偿。仲裁委裁决确认双方为全日制劳动关系,公司应当支付待岗工资。公司对该仲裁裁决不服,向一审法院提起诉讼。

一审法院判决认定双方之间存在全日制劳动关系,公司应当支付张某等27位矿工待岗工资共计将近38万元。

本案是一起涉及灵活用工方式的集体性劳动争议案件。受疫情因素影响,非全日制用工等灵活就业方式被越来越多的企业所采用。实践中,一些用人单位突破非全日制用工关于工作时间、工资计发周期等的规定,导致"以非全日制用工为名,行全日制用工之实",损害了劳动者权益。

由于非全日制劳动用工是一种更为灵活便捷的用工形式,用人单位和劳动者之间的劳动关系也远远不如全日制劳动用工稳定,因此,法律规定非全日制劳动用工的终结形式也比较灵活。在管理非全日制员工的过程中,为了消除误解,减少纠纷,建议通过非全日制用工劳动合同的方式来明确双方的权利义务关系。

非全日制用工是比全日制用工更为灵活的一种用工形式,根据其特点可以从计酬方式和工作时间两方面进行定义。从计酬方式看,非全日制用工以小时为单位,根据劳动者实际的工作时间支付其劳动报酬,单位时间的工资不得低于法律规定的小时最低工资标准;从工作时间看,非全日制用工的工作时间远

---

① 2022年北京工会劳动维权十大案例。

低于全日制工作时间。《劳动合同法》针对非全日制用工的特点,对非全日制用工的界定、非全日制用工劳动合同的订立、履行和终止,非全日制用工的试用期和劳动报酬都作出了法律规定,为更好地促进非全日制用工的发展、促进就业和保护非全日制用工劳动者的合法权益奠定了法律基础。

一、非全日制用工的含义

1994年制定的《劳动法》是以全日制劳动关系为模式进行设计和规范的,未涉及非全日制劳动关系。《劳动合同法》第一次以法律的形式对非全日制用工作出了规定。近年来,非全日制劳动用工形式呈现迅速发展的趋势,特别是在餐饮、超市、社区服务等部门,用人单位使用非全日制用工形式越来越多。因为非全日制用工适应了企业降低人工成本、推进灵活用工的客观需要,越来越多的企业根据生产经营需要,采用了包括非全日制用工在内的一些灵活的用工形式。非全日制用工是灵活就业的一种重要形式,通过法律对非全日制用工进行规范很有必要。

《劳动合同法》第六十八条规定,非全日制用工,是指以小时计酬为主,劳动者在同一用人单位一般平均每日工作时间不超过4小时,每周工作时间累计不超过24小时的用工形式。非全日制用工具有3个特征:①以小时计酬为主,但不局限于以小时计酬;②劳动者在同一用人单位一般平均每日工作时间不超过4小时;③每周工作时间累计不超过24小时。

在非全日制用工之下,劳动者可以在一个以上的用人单位从事非全日制劳动,而法律规定的一般平均每日工作时间和每周工作累计时间,都是针对劳动者在同一个用人单位劳动所作出的。

非全日制用工属于劳动关系。根据《劳动合同法》第二条规定的适用范围,非全日制用工只限于用人单位用工,而不包括个人用工形式。个人用工属于民事雇佣关系,应受民事法律关系调整。用人单位与非全日制劳动者之间的关系,符合劳动关系的所有特征,双方之间建立的是劳动关系,符合劳动关系的所有特征,理应受劳动合同法的调整,只是与全日制用工形式相比,非全日制用工机制较为灵活而已。

《劳动合同法》对非全日制用工的工作时间作出了明确、严格的规定。用人单位对一些临时性、辅助性、替代性的岗位可以招用非全日制劳动者。《劳动合同法》以基本法律的形式,确认了非全日制用工的形式。国际上对非全日制用工的界定,大致可以分为3类:①以工时数界定。例如,日本、美国、瑞典、澳大利亚等国规定周工作不满35小时为非全日制就业。我国也属此类。②以比例界定。例如,法国规定,非全日制指其工作时间与法定周或日工作时间相比应当至少少 1/5。③双重标准界定。例如,我国台湾地区规定,"每日工作时数少于其所属企业正常工作时数的 3/4 以下者"为部分工时。我国台湾地区在人力资源统计资料中将部分工时定义为:"每周工作 40 小时以下,且工作时间低于该企业规定工作时间的 5/6 者。"

二、非全日制用工的特点

(一)非全日制用工可以订立口头协议

考虑到实践中存在大量无书面合同的劳动关系,为了更好地保持非全日制用工形式的灵活性以促进就业,劳动合同法采用了最为宽松的模式,允许采用口头形式的协议。《劳动合同法》第六十九条规定,非全日制用工双方当事人可以订立口头协议。当然,也可以采用书面形式,不管采用口头形式还是书面形式都是合法行为。之所以这样规定,主要是非全日制用工具有较大的灵活性,合同履行具有即时性,因而法律规定非全日制劳动合同的形式可以较为灵活。双方当事人既可以采用口头协议形式,也可以采用书面形式。

我国地方立法和部门规章对非全日制劳动合同形式的规定大致可以分为三种模式:①要求采用书面形式。该模式将非全日制劳动合同限制为书面形式,是最为严格的一种规制模式。例如,《北京市非全日制就业管理若干问题的通知》中规定,非全日制从业人员可以同时与两个或多个用人单位建立劳动关系,用人单位与非全日制从业人员应当自用工之日起以书面形式订立非全日制劳动合同,劳动合同一式两份,双方当事人各执一份。②一般要求采用书面形式,但合同期限在 1 个月以下的可以采用口头形式。这种模式根据合同期限决定合同形式,留有一定的灵活余地,如江苏省劳动合同条例的规定。③允许采用书面形式或者口头形式。这是最为宽松的模式,但采用这种模式的地方,也往往将书面形式放在优先地位,如成都市劳动用工和社会保险管理的规定。

(二)非全日制用工可以形成两个以上劳动关系

《劳动合同法》第六十九条第二款规定,从事非全日制用工的劳动者可以与一个或者一个以上用人单位订立劳动合同;但是,后订立的劳动合同不得影响先订立的劳动合同的履行。

由于非全日制用工形式的特殊性、灵活性,非全日制就业的人员在一家用人单位往往工作时间短,获得的劳动报酬也非常有限,所以法律允许他们可以在多个用人单位任职,同时规定,从事非全日制用工的劳动者可以与一个或一个以上用人单位签订劳动合同;但是,后签订的劳动合同不得影响或者损害先签订的劳动合同的权利和义务。双方当事人可以订立口头协议也可以订立书面合同,同时也可以建立双重或者多重劳动关系,这就是非全日制用工灵活的典型体现。

(三)非全日制用工不得约定试用期

《劳动合同法》规定非全日制用工不得约定试用期,以法律的形式首次明确非全日制劳动不得约定试用期,有利于加强对非全日制劳动者的保护。因为非全日制用工本来就属于灵活用工形式,劳动关系的不确定性比全日制用工要强,而且非全日制劳动者的收入也往往低于全日制职工。由于非全日制劳动时间较短,一般对劳动技能要求不是很高,不需要通过试用来考察员工是否能胜任工作。同时,非全日制劳动关系相对灵活松散,双方当事人任何一方却都可以随时通知对方终止用工,是否约定试用期对非全日制用工没有意义。所以,用人单位对非全日制用工规定不得约定试用期条款,对不合格的非全日制员工可以随时终止合同,但对劳动者已经付出的劳动,同样需要支付足额的劳动报酬。

用人单位违反劳动合同法规定与非全日制用工的劳动者约定了试用期的,按照《劳动合同法》第八十三条的规定,由劳动行政部门责令改正,违法约定的试用期已经履行的,由用人单位以劳动者试用期满月工资为标准,按已经履行的超过法定试用期的期间向劳动者支付赔偿金。

(四)非全日制用工,用人单位可以随时终止合同,且无须向劳动者支付经济补偿

《劳动合同法》第七十一条规定,非全日制用工双方当事人任何一方都可以随时通知对方终止用工。终止用工,用人单位不需向劳动者支付经济补偿。非全日制用工的突出特点就是它的灵活性。为了更好地利用非全日制用工的灵活性,促进就业,促进劳动力资源的优化配置,《劳动合同法》对非全日制用工的终止作出了比全日制用工更为宽松的规定。非全日制合同是否继续履行,双方都具有完全自由的决定权利,劳动者和用人单位任何一方都可以随时提出终止非全日制劳动合同。这里的"终止用工",既包括因劳动合同期届满而导致的终止,也包括劳动合同期没有届满而解除劳动合同的情形。终止合同应当通知另一方。通知可以采用书面形式,也可以采用口头形式。任何一方提出终止用工都无须向对方支付经济补偿。

如何在保护劳动者权益和保持非全日制用工灵活性以促进就业之间达到一定的平衡,是各国关于非全日制用工立法中都面临的问题。在目前全日制用工仍然占绝对主流的情况下,适当考虑非全日制用工的特点及其促进就业的积极意义,对非全日制用工作出宽松规定也是必要的。这一规定也是对非全日制用工不得约定试用期的一种救济性规定。对用人单位来说,不得约定试用期就

不能以劳动者在试用期间被证明不符合录用条件为由而与劳动者解除劳动合同,但可以依照这一规定,随时通知劳动者终止用工。同样,对劳动者而言,劳动者也不再需要提前 30 天以书面形式通知用人单位,或在试用期内提前 3 天通知用人单位,而是可以随时以书面或口头的形式提出终止用工。

(五)非全日制用工工资的最长支付周期不得超过 15 天

《劳动合同法》第七十二条规定:"非全日制用工小时计酬标准不得低于用人单位所在地人民政府规定的最低小时工资标准。非全日制用工劳动报酬结算支付周期最长不得超过十五日。"

由于非全日制劳动用工是一种更为灵活便捷的用工形式,用人单位和劳动者之间的劳动关系也远远不如全日制劳动用工稳定,因此,法律规定非全日制劳动用工报酬的结算周期比较短,有利于实现对劳动者权益的保护。

按照原劳动和社会保障部《关于非全日制用工若干问题的意见》的规定,非全日制用工的小时最低工资标准由省、自治区、直辖市规定,并报劳动行政部门备案。确定和调整小时最低工资标准应当综合参考三个因素:当地政府颁布的月最低工资标准;单位应缴纳的基本养老保险费和基本医疗保险费;非全日制劳动者在工作稳定性、劳动条件和劳动强度、福利等方面与全日制就业人员之间的差异。一些地方针对非全日制用工形式灵活、劳动关系多元化、主要按小时计酬等特点,已经制定并实施了与之相适应的小时最低工资标准来保障非全日制劳动者的收入。在制定小时最低工资标准中最突出的问题就是如何处理小时最低工资标准中是否直接包含应缴纳的社会保险费问题。解决这个问题的做法主要有三种:①将应缴纳的社会保险费直接纳入小时最低工资标准之中,即将小时工资由个人承担缴纳社会保险费的因素考虑在内,小时最低工资中包含应缴纳的社会保险费;②将最低工资标准和个人应缴纳的社会保险最低缴费额之和统称为"最低工资",而不直接将社会保险费纳入最低工资标准之中;③是不将社会保险缴费因素直接纳入最低工资标准之中,但又在制定最低工资标准时,间接地将个人承担的社会保险缴费与最低工资标准挂钩。规定最低工资标准是个人缴纳社会保险费之后的实际工资收入。无论哪一种方式,非全日制用工小时计酬标准都不得低于用人单位所在地人民政府规定的最低小时工资标准。

三、非全日制用工应注意的问题

非全日制用工,企业与劳动者可以订立口头协议;从事非全日制用工的劳动者可以与一个或者一个以上用人单位订立劳动合同,但是后订立的劳动合同不得影响先订立劳动合同的履行;非全日制用工双方当事人任何一方均可随时通知对方终止用工;终止用工不支付经济补偿。这些法律规定,保证了非全日制这种灵活就业形式的发展。

用人单位也要依法用工,防止因为工作疏忽而引起不必要的争议。有些用人单位为了省事,对非全日制员工每月发一次工资,这看似很合理,其实已经违反了《劳动合同法》的规定,是一种违法行为。另外,非全日制用工的劳动关系相对而言灵活松散,法律规定用人单位可以随时通知对方终止用工,并且不需要支付经济补偿。因此,对非全日制用工而言,无须约定试用期。

在明确了法律规定的情形以后,用人单位应自觉规避这些法律风险,使这些用工形式能够让企业发挥更大的用工灵活性,节省人力成本,为企业的发展提供更广阔的空间。

【关键术语】　劳务派遣　非全日制用工　同工同酬

复习思考题

1. 试述劳务派遣机构在劳务派遣中的义务。
2. 试述用工单位在劳务派遣中的义务。
3. 试述被派遣劳动者在劳务派遣中的权利。
4. 试述非全日制用工的含义和特点。

第六章　集体合同

集体合同制度是劳动关系法律制度中的一项重要制度。1994年制定的《劳动法》以法律的形式确立了这项制度。总结集体合同制度的实践经验,针对存在的问题,《劳动合同法》列专节对集体合同制度作了规定。

第一节　集体合同概述

引导案例

京东集团集体协商案例[①]

2021年,人社部、全国总工会等联合下发《关于维护新就业形态劳动者劳动保障权益的指导意见》后,在北京市协调劳动关系三方的指导下,京东集团率先在平台企业中建立了全国性、跨区域的集体协商及职工代表大会制度,实现了集体协商与职代会制度的同步推进,集体合同覆盖快递员、仓储分拣员、货运司机近26万人。

京东集团"产业多元、地域广泛、规模庞大、层级较多、结构复杂",是平台企业的典型代表,在该集团建立协商协调机制方面面临全新的挑战。为有效开展协商,确保程序依法合规、成果惠及广大职工,各级地方工会和产业工会多次与企业工会会商研讨,共同破解难题,最后选定在京东集团层面和京东物流板块开展首次集体协商,既实现全面覆盖,又实现重点聚焦,突出对新就业形态劳

[①] 集体协商"稳就业促发展构和谐"行动计划十佳案例巡礼[N].潇湘晨报,2022-07-07.

动者的关注。集团工会在全国范围选派职工方协商代表,包含了快递员、仓储分拣员、货运司机等一线职工,保障了代表性和参与面。为顺利召开职工代表大会,京东集团开发了网上投票系统,以各业务单位划定选区,解决了职代会代表产生的问题,全体职工采用无记名投票的方式差额选出300名职工代表,其中一线职工代表251名。

集团工会在线广泛征求职工意见,协商议题瞄准职工"急难愁盼",其中除普遍关心的工资待遇外,还将司龄奖励、救助基金、安居计划、健身房等多项"暖心"福利写入集体合同。同时,协商内容更加突出对新就业形态劳动者的关注,为配送快递员、货车司机等提供婚育礼金、亲属身故补充抚恤金等福利;除社会保险和住房公积金外,更是为这些职工提供补充意外伤害保险和劳动安全装备,解决他们的后顾之忧。此外,经协商,还将为符合条件的女职工提供额外产假,减轻三期女职工工作强度;为职工提供职业技能培训等也写入集体合同。

2021年12月23日,双方召开正式会议,协商达成一致,形成《京东集团集体合同(草案)》《京东物流集体合同(草案)》。随后,线上职代会审议了《京东集团2021年行政工作报告》,审议通过了《京东集团集体合同(草案)》《京东物流集体合同(草案)》和4项企业规章制度。

此次集体协商,充分展现了平台企业建立协商协调机制面临的机遇和挑战,为推进平台企业集体协商、维护新就业形态劳动者权益提供了鲜活的实践样本。

一、集体合同的概念和特征

(一)集体合同的概念

集体合同又称团体协约、集体协议等,是个人劳动合同的对称,它是指工会或者劳动者代表与雇主或雇主团体之间签订的,以改进劳动组织、改善劳动条件和生活条件、确定劳动标准及协调劳动关系为主要内容的书面协议。

国际劳工组织1951年第91号建议书《集体合同建议书》提出,集体合同的签订办法由有关的雇主与工人双方来确定,或由国家立法按照各国实际情况制定适当的办法。集体合同是指以一个雇主、一群雇主、一个或多个雇主组织为一方,与一个或多个工人代表组织(或选出并依法授权的工人代表)为另一方之间签订的关于工作条件和就业条件的书面协议。集体合同对签字者及其代表者有约束力。受集体合同约束的工人个人与雇主之间签订的雇用合同中如有违反协议的规定,则此项规定应属无效,除非它对工人有利。国家法律对集体合同应规定有效的最短期限。

我国2004年《集体合同规定》明确规定,集体合同是指用人单位与本单位职工根据法律、法规、规章的规定,就劳动报酬、工作时间、休息休假、劳动安全卫生、职业培训、保险福利等事项,通过集体协商签订的书面协议。集体合同是有关集体劳动条件、就业条件和劳动关系的规定,对缔结当事人以及缔结协议双方所代表的人员都具有约束力,包括集体合同订立时或订立后加入该团体的雇主及工人。集体合同既是对各项劳动立法的具体落实,又是调整企业内部劳动关系的具体规范。

(二) 集体合同的特征

1. 集体合同主体具有特定性。一般来说,集体合同的一方为工会,另一方为用人单位。对于用人单位来说,可以是法人、个体经营户,也可以是他们的团体。《劳动合同法》规定,尚未建立工会的用人单位,由上级工会指导劳动者推举的代表与用人单位订立。

2. 集体合同目的具有特定性,即规范当事人之间具体的劳动关系。集体合同并不产生特定当事人之间的具体权利义务关系,而是通过对劳动条件、劳动争议处理以及职工民主管理等内容的约定来达到协调企业内部劳动关系的目的。集体合同是联结国家法律与具体劳动合同之间的纽带。

3. 集体合同的内容具有广泛性,涉及企业劳动关系的各个方面。

4. 集体合同是特殊的双务合同。合同的当事人之间互相承担一定的义务和职责,用人单位或用人单位团体一方违背了义务,责任人要负相应的法律责任,而工会一方若违背了义务,一般不承担法律责任和经济责任,只承担道义和政治责任。

5. 集体合同是要式合同。要式合同一般都要求以书面形式签订。

二、集体合同与劳动合同的区别

集体合同与劳动合同作为劳动契约的两种形式,既存在着联系也有着明显的区别。从历史角度看,集体合同是在劳动合同的基础上产生和发展起来的,它是对劳动合同的补充。从现实程序来看,也只有在劳动合同确立了用人单位与劳动者之间的劳动法律关系之后,才会进一步签订集体合同。

集体合同与劳动合同的区别表现在五个方面。

(一) 主体不同

集体合同的主体是企业与工会或者行业组织工会(没有组织工会的,有职工推选的职工代表);劳动合同的主体则是员工个人与企业。

(二) 内容不同

集体合同不仅规定企业一般性的劳动权利义务,而且涉及劳动关系的各个方面,具有整体性。劳动合同的内容则是对劳动者个人的劳动条件和劳动标准的约定,内容细致具体,针对性和操作性相对较强。

(三)效力不同

《劳动合同法》第五十四条规定,依法订立的集体合同对用人单位和劳动者具有约束力。第五十五条规定,用人单位与劳动者订立的劳动合同中劳动报酬和劳动条件等标准不得低于集体合同规定的标准。依据法律、法规,集体合同适用于用人单位内的全体劳动者与用人单位,劳动合同则适用于劳动者个人与用人单位。集体合同的法律效力高于劳动合同,对劳动合同内容有规范作用。当劳动合同与集体合同冲突时,应优先适用集体合同。劳动合同中的劳动条件和劳动报酬等标准不得低于集体合同的约定,否则无效,无效部分以集体合同标准代替。

(四)形成的时间不同

一般而言,集体合同在劳动关系运行过程中产生,它不以单个劳动者参加劳动为前提;劳动合同则通常产生于当事人一方的劳动者参加劳动前,以劳动者就业为前提。

(五)签订的目的不同

签订集体合同的目的是为了维护员工集体的合法权益,调整和改善群体劳动关系,促进企业和员工整体的共同发展;签订劳动合同的目的仅在于确定员工和企业双方之间单个的、具体的权利义务关系,针对的对象是特定明确的个体。

三、集体合同的分类

根据集体合同所调整的层次不同,可以将其分为全国性集体合同、区域性集体合同、行业性集体合同以及企业集体合同(基层集体合同)。一般来说,企业集体合同能恰当地反映各企业劳动关系的特点和劳动管理方面的要求,便于合同的有效履行,但由于其过多地考虑企业劳动关系双方的利益,可能会出现忽视社会公共利益的现象。行业集体合同和全国性集体合同能较好地执行国家政策,保护本行业和全国范围内劳动者的利益,但它缺乏适应性和灵活性。

西欧国家的集体合同主要在产业或行业的全国或地区一级工会组织与雇主联合会之间签订。而在日本和美国,则通过劳资谈判签订集体合同,主要在企业内部进行。在我国,《劳动合同法》首次以法律形式规定,在县级以下区域内,建筑业、采矿业、餐饮服务业等行业可以由工会与企业方面代表订立行业性集体合同,或者订立区域性集体合同。

根据集体合同的内容不同,可以将其分为综合性集体合同和专项集体合同。综合性集体合同的内容较为广泛,涉及劳动条件、劳动保护、劳动关系、争议处理等诸多问题。专项集体合同则是就劳动关系的某个方面的事项签订的专项协议,只涉及劳动关系的某一个或少数几个有关劳动者切身利益的问题,如劳动安全卫生、女职工权益保护、工资调整等内容。专项集体合同的订立,有利于以书面协议的方式对关乎劳动者切身利益的关键环节进行更加具体的约定,以保护劳动者的合法权益。集体合同规定,集体协商双方可以就下列某项内容进行集体协商,签订专项集体合同:劳动报酬;工作时间;休息休假;劳动安全与卫生;补充保险和福利;女职工和未成年工特殊保护;职业技能培训等。《劳动合同法》第五十二条规定:"企业职工一方与用人单位可以订立劳动安全卫生、女职工权益保护、工资调整机制等专项集体合同。"

根据集体合同的期限不同,可以将其分为定期集体合同和不定期集体合同。不定期集体合同只规定合同的生效时间,而没有终止时间。各国一般采用定期集体合同,并在立法中限制其最短期限(通常为1年)和最长期限(通常为3~5年)。规定合同的最短期限,是为了保证合同的相对稳定性,而规定合同的最长期限,则是为了使合同内容与社会经济发展相适应。我国现行立法只就定期集体合同作了规定,期限为1~3年。在合同约定的期限内,双方代表可对协议履行情况进行检查,每年可对合同进行修改。

四、集体合同的作用

(一)集体合同制度是劳动力市场机制运行的必要条件

劳动力市场机制的有效运行,依赖于市场主体力量的相互平衡和制约,依赖于建立规范的程序规则。劳动关系是一种隶属性法律关系,劳动者个人处于相对弱势的地位,在劳动力市场上难以与雇主相抗衡,而劳动合同在人格、经济上的从属性更加重了这种失衡。集体合同制度的建立,可以使劳动者的个人意志通过劳动者团体表现出来,由团体代表劳动者个人交涉劳动过程中的事宜,这有助于克服个别劳动关系的内在不平衡,弥补个别劳动合同的不足,增强劳动者一方的力量,确保劳动力市场的平衡和谐发展。所以,集体合同制度是劳动力市场机制运行的必要条件。

(二)集体合同制度建立了平等协商、谈判的制度

平等协商、谈判是签订集体合同的前提,谈判质量的高低决定了集体合同内容的质量。集体谈判和集体合同制度是市场经济条件下劳动关系主体双方自主协调的基本机制。集体协商谈判是双方在法律地位完全平等的基础上,就劳动标准、劳动条件以及其他与劳动关系相关的问题,依据国家法律、法规进行

沟通、协商、交涉的行为。建立平等协商、谈判机制,是保护员工合法权益,建立和谐稳定劳动关系,调动和发挥劳动者的积极性、创造性,促进企业和员工加强沟通、共谋发展的重要手段。

(三)集体合同制度是雇主谋求工业和平和工业利润的手段之一

经过平等协商、谈判依法订立的集体合同,是协调劳动关系的重要依据,对企业和全体劳动者都具有约束力。企业要从自身实际出发,因企制宜,合理确定集体合同的具体内容和标准,增强合同的实效性和可操作性。根据具体情况,企业可以与劳动者签订综合性集体合同,也可以就工资分配等问题签订专项集体合同。集体合同的签订,可以使雇主在既定的劳动条件基础之上组织生产经营;可以避免怠工、罢工等争议行为带来的经济损失;可以防止本行业的不正当竞争,使劳动条件趋于标准化,降低员工流动率,保持工业和平,促进技术改进和生产力水平的提高。

(四)集体合同制度是协调劳动关系的手段

集体合同制度是市场经济国家通行的调整劳动关系的制度,是维护劳动者权益的有效手段,也是预防和化解劳资冲突、维护社会稳定的重要制度。为确保这一制度的有效实施,法律规定,任何一方都有权提出平等协商、谈判的要求,另一方没有正当理由不得拒绝。集体合同制度规定了协商谈判代表的产生程序,提高了对谈判代表的保护力度,强化了协商代表的义务,明确了协议文本的制作和协议达成的时间,赋予集体协商双方代表平等的提议权、建议权、否决权、陈述权和谈判义务,同时禁止企业以保护商业秘密为由拒绝披露有关信息。集体合同制度把工资集体协商作为推进平等协商的重点,就企业内部分配制度、工资分配形式、工资收入水平、工资支付办法等事项进行平等协商,使平等协商在协调劳动关系方面发挥重要作用。

(五)集体合同制度是法律、法规的重要补充

劳动法律、法规所规定的劳动条件和标准是保护劳动者权益的最低标准,而且很多只是原则性规定,相对于多元的、复杂的劳动关系而言,难免有所疏漏。集体合同可以弥补法律、法规的不足,根据不同企业、不同行业的具体情况,就劳动者权益和劳动关系协调的共性问题作出规定,具体规范劳动关系,对劳动立法的不完善可起到补充作用。

正如德国学者马克曼所说,集体合同是市场经济的一种调节手段,它避免了劳动条件的一成不变,特别是避免了政府确定工资。集体合同最重要的作用在于它保证了有组织的劳资双方平等地参加对劳动条件的确定,消除了单个雇员和其雇主之间的力量不均衡的状态。作为个别劳动合同的一个合法的补充,

它在劳动力市场和整个经济中发挥了调节缓和的作用①。

第二节 集体合同条款研究

 引导案例

邳州木制品行业集体协商典型案例②

邳州是全国"四大木制品加工基地"之一,板材出口量占全国的1/3左右。在发展初期,当地企业间恶性竞争不断加剧,职工流动率偏高。自2006年起,在邳州市协调劳动关系三方的推动下,木制品行业已连续16年开展集体协商,助推行业实现转型升级。2021年,全市3 016家木制品加工企业实现产值300亿元,占全市GDP的30%以上,15万余名行业职工共享了发展成果。

邳州木制品行业集体协商体现了久久为功的长期主义的重要作用。2006—2010年是建章立制阶段,重点解决的是基础问题,主要围绕行业最低工资、平均工资增长幅度等内容开展协商。在这一阶段,工会组织解剖麻雀式地围绕生产流程进行分析,细分26道工序、47个工种,从无到有建立起集体协商的重要抓手,在此基础上对行业工时工价标准逐条进行协商,其间员工平均工资增长28%,收入分配更加透明,行业发展逐步摆脱了粗放和内耗。2011—2018年,随着木制品行业发展,协商触及深层内容,主题确定为"保持职工队伍稳定,促进企业经济发展,助推行业转型升级"。在这一阶段,增加设立质量奖、安全奖以及防暑降温费;建立普通职工技术等级工资、一线职工年终奖金制度;明确约定企业拿出全年利润的5%~10%对一线职工进行年终奖励,协商从企业一次分配向二次分配延伸。2019年以来是当地行业的赋能成长阶段。木制品行业被确定为江苏省产改试点单位,行业协商内容多维拓展,围绕能级工资、产业工人素质提升、薪酬待遇、"五小"发明创造等开展协商,助推行业产改提质增效。通过协商,一线产业工人工资平均增长幅度达3%;一线职工取得大专或本科学历的,企业分别给予补助;职工获得技术职称,企业按月给予奖励;实行职工求学圆梦行动。

"小切口撬动大改革、小投入释放大能量"。木制品行业是传统产业,通过持续推进行业集体协商,形成了"党委重视、人大支持、政府主导、政协督促、工

---

① 马克曼《联邦德国的集体谈判》,中国劳动和社会保障部、德国技术合作公司:中德劳动立法合作项目成果概览(1993—1996年),第374-375页。
② 集体协商"稳就业促发展构和谐"行动计划十佳案例巡礼[N].潇湘晨报,2022-07-07.

会力推、企业和职工参与"的工作格局,推动了从行业集体协商到职企协商、链企协商、镇企协商、村企协商等全方位协商机制建设,实现"四增两减",即行业覆盖面、企业覆盖面、职工覆盖面、最低工资的增加,16年间职工流动率从61%下降到7%,行业劳动争议案件从150件减少到5件。

一、西方国家集体合同的主要条款

在西方市场经济发达的国家,劳动条件和标准的达成大多是通过集体谈判完成的。通过谈判签订的集体合同确立了劳资双方的权利义务关系。集体合同的主要条款包括工资和福利、工作时间和加班、工作规则、工作和收入保障、资历、工会保障和权利六个方面。

（一）工资和福利

工资和福利一直以来都是集体谈判中最具争议性的问题。在谈判单位内部,有关工资福利水平、分配方式以及协议期内工资调整机制等问题总会引发争论。

1.工资和福利水平。工资和福利水平是劳资冲突的首要原因之一。对劳动者而言,工资福利不仅对其特定阶段的生活水平有着重要意义,而且直接影响到其未来的收入,如养老金。在其他条件不变的情况下,尽可能争取最有利的工资福利待遇是工人在谈判中的利益所在。对于雇主来说,工资福利支出对于企业的财务状况和经营活动意义重大。在其他条件相同时,最大限度地降低工资福利待遇是其利益所在。对劳动者来说,如果其期望和公平感得到满足,他们通常会对稳定的工资福利增长感到满意。影响工资满意度的原因有很多,其中有3个主要因素:①相似职业的雇主提供的工资福利;②生活费用的增长;③在不危及企业安全的前提下,雇主具有的对工资福利作出让步的能力。从20世纪80年代开始,工人为确保企业的生存发展,实际上已对工资的增长、福利的增加作出了让步。

2.工资分配。除了对总的工资福利水平进行谈判之外,在谈判单位内部如何从整体上分配工资福利也会引发冲突和矛盾。在大多数工作场所,不同类别的工作由于复杂程度和责任大小不同,需要不同的技能和经验。根据这些差别,不同的工作可以划分为不同的类别等级,一般较高等级的工作能够分配到较高的工资。通常,企业规模越大,工作差异程度越高,工资差别也就越大,尤其是在那些已经建立起"工作阶梯体系"的企业,工人自然期望快速向更高工资水平的岗位流动。尽管雇主采用自发联合的方式与高绩效的工作模式相联系,工作阶梯将逐渐被淘汰已成为共识,但目前这种情况仍然广泛存在。

3.工资调整条款。集体合同除了规定工资分配之外,还涉及工资增长的数量和增长方式(尤其是在通货膨胀恶化情况下的工资增长及计算问题)。当通货膨胀水平较高时,如果缺乏工资调整条款,则意味着在协议期内工人的实际购买力将大大降低。为保护会员利益,工会通常采取四种做法:①谈判签订短期协议;②签订"重新调整"条款;③通过谈判确立在合同有效期内,工资定期有计划地增长;④通过谈判制定"生活费用调节"条款。管理方通常都不喜欢这些不确定性,尤其是当通货膨胀率不确定时(因为通货膨胀率通常处于较高水平),在前两种情况下,不仅工资福利的支出不确定,而且还有员工罢工的可能性。因此,管理方通常更趋于签订长期合同并规定相对固定的工资增长幅度。

4. 团队奖金。近年来,以团体为基础的有条件的薪酬计划已得到越来越多的关注,尤其是在那些高绩效的工作部门。这些制度包括团体奖金制度、获利共享制度、利润分享制度等,大部分制度都可以追溯到20世纪的头10年,它们在高绩效的工作团队中显得尤为重要。工会通常会反对这些由雇主单方决定的制度安排,因为它导致了雇员收入的不稳定,也使工会很难对此施加影响。此外,传统上,工会总是致力于通过谈判在集体合同中建立固定的工资增长机制(因此工资就能不断地获得提高),而有条件的薪酬制度特别反对这一做法。如果雇主以牺牲雇员工资增长为代价倡导这一制度,会遭到工会及其会员的强烈抵制。

(二) 工作时间和加班

大多数集体合同都规定了工人每日或每周的工作时数,以及雇主有权要求工人完成的工作等。例如,集体合同规定,标准工作日是8小时,管理方可以要求工人加班但每天不超过1小时;或者规定,每周标准工作时间是40小时,雇主要求工人加班每周不得超过5小时。另外,集体合同还对雇主可以安排工人工作或者加班的时间进行了限制,如规定雇主不得安排工人在周末工作,或在周五下午加班。集体合同还包括对雇主安排工人加班的方式进行限制的条款。集体合同一般明确规定,资深工人可以拒绝从事资历较浅的工人就能完成的加班工作。或者规定要将加班任务平均分派,不能使工人感觉到自己比本部门或地区的其他工人工作更长时间。虽然工会极力限制管理方对非自愿加班作出的安排,但对工人来说,加班往往意味着能够获得额外的收入和高于正常工资的待遇。因而,工人代表也试图通过谈判确立一些条款,获得对自愿加班作出安排的权力。

(三) 工作规则

长期以来,人们在工作场所形成了一些有关工作内容及完成方式的非正式规则和惯例。一般来说,这些规则不仅反映了作为"工资-劳动"契约中的劳动者一方要通过提供一定的劳动获取相应的工资报酬,同时也反映了不同类别的工作内容所包含的职责范围。例如,生产车间对机器设备的保养和维修,一般属于机械工的职责范围,而不属操作工的职责和义务。如果要求操作工负有维修和保养机器的职责,则不符合常规。尽管这些规则和惯例已或多或少被工人和其直接管理者接受,但在管理权力不断膨胀的情形,管理方可以堂而皇之地违反那些行之有效却没有写入集体合同中的规则。例如,管理方可以通过裁减工人而不减少总工作量的方式,"合理地"安排工作,或者在保持人数不变的前提下,提高工作定额,或重新制定、分配工作任务,使那些不熟练或不完全熟练工人能够完成以前由熟练工人才能做完的工作。

为防止管理方的这些行为,历史上工会曾试图通过谈判将涉及"工作规则"的条款列入集体合同。这些规则内容非常广泛,但一般都包括诸如最小的"人员规模",对工作定额、工作进度以及工作内容的限制。最小人员规模规定了管理方完成一定工作和任务应当投入的最少人数;工作定额和工作进度则规定了在一定时间内,个人或群体应完成的工作数量或工作进度;对工作内容的限制,则主要是按照特定职位的工作类型或级别,规定相应的工作职责范围,确保低职位的工人不会从事高职位的工人才能正常完成的工作,或者从事不是其职位正常范围内的工作。

(四)工作和收入保障

有关工作和收入保障的协议内容主要反映在工作规则和资历条款的谈判中,前者主要保护工人不受技术变革的影响,后者则主要保护资历较深的员工不被解雇。除此之外,它还反映在大量保护工会成员工作及收入的具体条款上,主要包括工作合同的转让条款、解雇通知及技术变革条款和补充失业保险。

1.工作合同的转让条款。除了集体合同有具体规定外,管理方有权将部分工作任务转包给谈判单位以外的、不受集体合同约束的工人去做,尤其是管理方可以从其他企业购买部分原材料及配件代替自己生产;或者将部分生产任务转包给其他企业和工人,而不是交给自己的工人完成。当然,在企业生产任务充足,或者不影响工人完成正常劳动定额的情况下,生产合同转让条款相对来说也就没有特别意义,但如果情况不是这样,相关条款则会产生极大的影响。因为,如果谈判单位内部的工作量减少,不仅意味着解雇工人、减少加班收入,而且使管理方能以低于本企业工人的工资福利成本完成生产任务,从而破坏了集体合同的完整性。正因为如此,工会经常通过谈判限制雇主转让工作合同。尽管限制工作合同转让的条款看上去比较常见,但其约束力却很有限。它通常只约定,只有在导致解雇或不能召回已被解雇的工人时,管理方才不能把那些能在内部完成的工作转让给其他企业。

2. 解雇通知及技术变革条款。与工作合同转让密切相关的是有关解雇和技术变革带来的问题,二者都会对劳动者产生相当不利的影响。解雇的影响显而易见,它不仅意味着劳动者会立刻丧失收入来源,而且还会给劳动者造成严重的心理创伤,使其丧失自我价值及自我认同感。

技术变革给劳动者带来的影响也很大,虽然它不会立即导致解雇,却给劳动者造成了相当大的压力和不安。劳动者常常担心,这种变革意味着他们将来会面临解雇,或者技能下降、工资级别降低;担心自己不能掌握必需的新技术,或被分配到不满意的工作岗位上。由于这些原因,工会经常会通过谈判限制管理方解雇工人或实行技术变革,或者将解雇和技术变革的影响及冲击降到最低限度。在集体谈判中,这类条款并不是很普及,效力也很有限,通常只限于雇主解雇工人时,要适当提前通知或要与工会官员磋商。

3. 补充失业保险条款。补充失业保险是在集体谈判中约定由雇主(在某些情况下也可以是工人)建立一个基金计划,用于提高被解雇工人的失业保险福利(如为常规收入的90%)。虽然工人领取失业保险的时间有限,并且领取的保险金额也与其在特定时间内缴纳的保险费有关,但毫无疑问,补充失业保险计划明显地有利于保护工人个人利益,能把解雇带来的收入损失减至最少。同时,它对雇主也有好处,因为对临时被解雇的工人来说,他们更愿意被重新招回,而不是去寻找其他工作,这可以为雇主节省招聘及培训新雇员的费用。

(五) 资历

资历通常有两种,即"福利资历"和"竞争资历"。福利资历主要用于决定雇员享有相关福利的资格地位,最常见的是休假。雇员依法享有的休假时间,按照为雇主服务的年限不同而有所区别,一般是随着工龄的增加而增加。另外,个人养老账户的建立、退休金的计发、解雇时经济补偿金的支付以及其他福利也都以雇员的资历为基础。

相对来讲,福利性资历比较简单,而且不易产生争议,而竞争性资历则相对较为复杂,它要求雇主在决定有关晋升、解雇及召回、岗位调动、工作安排、轮班、休假的选择、请假的批准以及加班等事宜时,都要考虑雇员资历问题。与福利性资历相比,竞争性资历往往是由多种因素综合决定的,其中最主要的是雇员的能力和资格。另外,许多集体合同对"资历"的认定、适用条件也作了具体限制。例如,一些协议规定,资历仅限于在本部门范围内工作的时间和经历,这样,尽管有的工人或许在其他部门已工作过多年,但也不能计算为本部门的资历。集体谈判还确定了一些非常具体的资历条款,规定只有某些职位上的工人才准许晋升到更高的职位。这类限制性规定通常为管理方所追求。因为管理方认为,那些在某一具体组织中具有一定资历的工人,对所做的工作更熟悉,而且已经融入工作群体之中,从而使他们更容易接管更高职位的工作。

(六)工会保障和权利

有时候,工会仅仅获得了承认,但并不意味着工会就能稳固地生存,或有效地为其会员服务,因为管理方可能会继续抵制工会,而工人也可能会不缴纳会费或拒绝罢工。因此,工会可能会感到内外交困,缺乏谈判改善雇用条件的力量和资源,在协议谈判过程中不能充分代表其会员利益。在集体合同中签订工会保障和权利条款,就是为了防止这些情况的发生。与工会保障紧密联系的是"会费代扣"条款。依照此条款,管理方同意代表工会定期从雇员的工资中扣减工会会费。这种制度安排不仅节省了工会官员自己直接收费所需的时间和费用,而且还可以避免工人个人不支付会费,从而确保工会更加安全,并最终有利于形成更加稳定的劳资关系。因此,一些司法判例确认了法律规定的强制性的会费代扣制度。总体来看,许多集体合同中都包含了工会"权利"的规定,如允许工会官员在工作时间从事工会事务,并为其提供被称为"超级资历"的待遇。工会官员可以利用工作时间处理不满申诉、进行谈判以及从事其他有关事务,在某些情况下甚至可以参加工会大会。在一些大企业,还允许工会官员离开其岗位,专职从事工会工作。作为回报,超级资历条款通常还规定工会官员在诸如解雇与召回、加班和轮班方面享有优惠待遇。

总之,集体谈判非常复杂,关于许多条款的争论也很激烈。这些争论不仅反映了管理权力理论面临的困境,也显示了潜在的劳资冲突的根源。

二、我国集体合同的主要条款

我国《劳动合同法》第五十一条第一款规定:"企业职工一方与用人单位通过平等协商,可以就劳动报酬、工作时间、休息休假、劳动安全卫生、保险福利等事项订立集体合同。"这一规定概括了集体合同的内容。我国规定的集体合同的条款主要包括劳动报酬、工作时间、休息休假、劳动安全与卫生、保险福利、合同期限、双方履行集体合同的权利和义务、履行集体合同发生争议时协商处理的约定、违反集体合同的责任,以及集体合同变更、解除、终止的协商程序等内容。这些内容主要分为法定条款和约定条款两类。

(一)法定条款

在劳动基准方面,法定条款是对劳动条件和劳动待遇的规定,如工资、工时、保险待遇等,它们属于强制性的规定。这部分内容对于劳动者来说是权利,对于雇主或用人单位来说是一种义务。劳动者与用人单位签订劳动合同时,可以直接把这些内容作为劳动合同的内容,如劳动报酬、工作时间、休息休假、保险福利、劳动安全卫生、合同期限以及双方需要约定的其他条款。具体来看,劳动报酬包含企业最低工资水平、工资形式、工资支付时间、加班工资及津贴、补贴、奖金及工资增长办法等;工作时间包括工作班制、每天最长工作时间、加班限制和特殊工种的工作时间等;休息休假包括年休假标准、其他休假和补假制度;保险福利包括依法参加保险种类、企业补充保险标准及福利设施的基本保障;劳动安全卫生包括劳动安全卫生责任制、劳保用品发放标准、定期健康检查和女职工的特殊保护;合同期限一般为1~3年,合同期满或双方约定的终止条件出现,集体合同即行终止。集体合同期满前两个月内,任何一方均可向对方提出重新签订或续签的要求。其他内容还包括变更、解除、终止集体合同的协商程序,双方履行集体合同的其他权利和义务。

(二)约定条款

约定条款是指在规范合同当事人关系方面,以及调整、确定工会与用人单位或雇主之间权利义务的规定。这是集体合同作为双务合同的一种体现,为当事人双方在劳动关系上的行为提供了具体规范。它们是谈判双方自主协商订立的条款,这类条款不是法律要求必须具备的条款,但只要条款本身不违法且符合双方当事人的意愿,就可以作为集体合同的条款。在国外,通常包括补偿合同、管理方关于工会事务的权利、退休雇员的退休金福利、谈判单位的范围、工会标签的使用、处理擅自改变劳动内容的问题、自助餐食堂价格、过去合同的延续、谈判小组的成员、工头的雇用等内容。约定条款一经写入合同就具有与法定条款同等的法律效力。

第三节 集体合同的具体实施

广州日弘机电有限公司工资集体协商案例[①]

广州日弘机电有限公司是日本独资汽配企业,该公司的工资集体协商工作始于2010年,至今已成功举行12次,近5年年均协商工资增长率达到12.3%。近几年,因新冠疫情和自然灾害影响,工资集体协商工作面临困难。2020年7月,工会与公司高层沟通,希望协商确定年中奖金和开展年度工资集体协商。

开展该工作的基础是广泛调研,将员工的意愿摸清摸透。工会采取不记名的全员调查方式进行员工意见调查,广泛听取职工意见。在调查中,工会了解

---

① 集体协商"稳就业促发展构和谐"行动计划十佳案例巡礼[N].潇湘晨报,2022-07-07.

到多数员工认为疫情和水灾影响已经过去,公司将逐步恢复正常生产,69%被调查员工期望本年度奖金能达到4个月工资,这些内容成为后续协商的重要依据。在具体协商过程中,公司工会主导建立了多形式多层级的沟通协商机制,探索运用线上线下相结合等方式沟通协商相关事项,通过邮件、视频会议方式与日方管理人密切沟通,达成一致的事项先行由职代会表决,遗留事项后续再当面沟通,切实克服了疫情对中外管理人员的阻隔。针对年中奖发放方案,考虑到公司上半年实际经营困难和疫情、水灾影响,本着同舟共济共渡难关的原则,职工方原则同意企业方提议。

日籍总经理和日方管理人员回到中国后,双方启动年度工资集体协商。行政方详细介绍了公司经营情况。由于疫情、水灾等原因,公司全年预亏1 100万元,同时,考虑到周边同行业涨薪率普遍下降,提出本年度工资集体协商方案为:基本工资平均增加5.5%,年度奖金全年按2个月工资合计发放(含年中奖2 000元),另以生活补贴名义发放1个月工资。职工方代表说明了员工意见调查结果,提出基本工资平均增加7%,全年按4个月工资合计发放(含年中奖2 000元),住房补贴不增加。经过4次协商会议,双方最终达成一致意见:基本工资增幅为7%,全年奖金为3.5个月工资,生活补贴为0.5个月工资,此后工资协议草案顺利提交职代会表决通过。

这场疫情背景下开展的集体协商,实现了公司和职工协商双赢的结果,成功让劳动关系双方继续携手共进,结成"命运共同体"。2020年度是自公司开展工资集体协商多年以来,基本工资增长幅度首次放缓,但职工对协商结果基本满意,表示要积极投入到复工复产工作,与公司携手共进,团结一心。

一、集体合同的订立原则

集体合同的订立要遵循相应的原则,这些原则体现了集体合同的本质,贯穿于集体谈判的过程。订立集体合同,应遵循合法、平等、合作的原则。劳动和社会保障部2004年颁布的《集体合同规定》第五条规定,进行集体协商,签订集体合同或专项集体合同,应当遵循下列原则:

(一)遵守法律、法规、规章及国家有关规定

遵守法律、法规、规章及国家有关规定,即合法原则。合法原则是进行谈判、签订协议的基本准则,其内容包括双方主体资格合法、内容合法、程序合法和形式合法。

(二)相互尊重,平等协商

平等原则要求劳资双方以平等的地位进行谈判和对话。

(三)诚实守信,公平合作

合作原则要求劳资双方在谈判过程中相互配合、相互合作。谈判双方是两个组织之间的磋商与交涉,双方利益既有差异性又有一致性,合作贯穿于签订集体合同的全过程,体现了集体合同的基本精神。

(四)兼顾双方合法权益

兼顾双方合法权益原则要求协议条款所确定的权利和义务要对等,做到互利互惠。

(五)不得采取过激行为

不得采取过激行为原则,要求双方在进行谈判、签订协议的过程中,不得采取怠工、罢工、关闭工厂等争议行为,实际上是要求谈判双方负有和平的义务。

二、集体协商代表

(一)协商代表的确定

《劳动合同法》第五十一条规定:"集体合同由工会代表企业职工一方与用人单位订立;尚未建立工会的用人单位,由上级工会指导劳动者推举的代表与用人单位订立。"这一规定明确了集体协商代表的产生办法。

我国法律规定,协商双方的代表人数应当对等,每方至少三人,并各确定一名首席代表。职工一方的协商代表由本单位工会选派。未建立工会的,由本单位职工民主推荐,并经本单位半数以上职工同意。职工一方的首席代表由本单位工会主席担任。工会主席可以书面委托其他协商代表代理首席代表。工会主席空缺的,首席代表由工会主要负责人担任。未建立工会的,职工一方的首席代表从协商代表中民主推举产生。用人单位一方的协商代表,由用人单位法定代表人指派,首席代表由单位法定代表人担任或由其书面委托的其他管理人员担任。在区域性、行业性的平等协商中,协商代表和首席代表由企业推举产生。协商代表也可以外请专业人员担任,但应由首席代表出具书面委托,并且外请代表人数不得超过本方代表的1/3。首席代表不得由非本单位人员担任。

(二)平等协商代表的职责

平等协商代表的职责主要有六项:①参加平等协商;②接受本方人员质询,及时向本方人员公布协商情况并征求意见;③提供与平等协商有关的情况和资料;④代表本方参加平等协商争议的处理;⑤监督集体合同或专项集体合同的履行;⑥法律、法规和规章规定的其他职责。

(三)平等协商代表的更换

工会可以更换职工一方的协商代表;未建立工会的,经本企业半数以上职工同意可以更换职工一方的协商代表。企业法定代表人可以更换企业一方的协商代表。

三、集体协商的程序

平等协商和签订集体合同的程序包括：提出协商要求；协商前准备；召开协商会议；形成集体合同草案；职代会审议、签字；报送、审查和公布等。

（一）提出协商要求

集体协商的任何一方均可就签订集体合同或专项集体合同以及相关事宜，以书面形式向对方提出进行集体协商的要求。一方提出进行集体协商要求的，另一方应当在收到集体协商要求之日起20天内以书面形式给予回应，无正当理由不得拒绝进行集体协商。

（二）协商前准备

协商代表在协商前应进行下列准备工作：熟悉与集体协商内容有关的法律、法规、规章和制度；了解与集体协商内容有关的情况和资料，收集用人单位和职工对协商意向所持的意见；拟定集体协商议题，集体协商议题可由提出协商一方起草，也可由双方指派代表共同起草；确定集体协商的时间、地点等事项；共同确定一名非协商代表担任集体协商记录员。记录员应保持中立、公正，并为集体协商双方保密。

（三）召开协商会议

集体协商会议由双方首席代表轮流主持，并按下列程序进行：宣布议程和会议纪律；一方首席代表提出协商的具体内容和要求，另一方首席代表就对方的要求作出回应；协商双方就商谈事项发表各自意见，开展充分讨论；双方首席代表归纳意见。谈判未达成一致或出现事先未预料的问题时，经双方同意可以暂时中止谈判，具体中止期限及下次谈判的具体时间、地点、内容由双方共同商定。

（四）形成集体合同草案

经过平等协商达成一致的，应当根据协商结果形成集体合同草案，经过双方协商代表确认，由双方首席代表签字。

（五）职代会讨论通过

《劳动合同法》第五十一条规定："集体合同草案应当提交职工代表大会或者全体职工讨论通过。"对于企业层级的集体合同草案，应提交职代会或全体职工讨论。职代会和全体职工讨论草案，应当有2/3以上职工代表或职工出席，且需经全体职工代表或职工半数以上同意方可获得通过。

（六）首席代表签字

集体合同草案经过讨论审议后，由双方首席代表签字，集体合同即告成立。

（七）报送、审查与公布

《劳动合同法》第五十四条规定："集体合同签订后应当报送劳动行政部门；劳动行政部门自收到集体合同文本之日起十五日内未提出异议的，集体合同即行生效。"集体合同签订后，应当在7日内由用人单位一方将集体合同一式三份及说明报送当地劳动行政部门。劳动行政部门对于报送的集体合同文本的内容、程序以及平等协商双方的主体资格的合法性进行审查，如果发现有违反法律、法规的内容和程序，可以指令当事人予以修改。如果未提出异议，15日之后集体合同即生效。集体合同生效后，用人单位应当将集体合同向全体职工公布。

四、行业性、区域性集体合同

行业性集体合同是指在一定区域的特定行业内由行业工会组织与企业方面代表订立的适用于整个行业的集体合同。区域性集体合同是区域性的工会联合会和区域内的企业管理委员会签订的适用于全区域劳动者的集体合同。《劳动合同法》第五十三条规定："在县级以下区域内，建筑业、采矿业、餐饮服务业等行业可以由工会与企业方面代表订立行业性集体合同，或者订立区域性集体合同。"《劳动合同法》第五十四条规定，行业性、区域性集体合同对当地本行业、本区域的用人单位和劳动者具有约束力。这些规定表明，行业性、区域性集体合同是该行业、区域内所有劳动者与企业订立的集体合同。行业性、区域性集体合同一经合法签订，即对全行业、全区域内的用人单位和劳动者具有法律约束力。

《劳动合同法》对行业性、区域性集体合同作了明确规定，为行业性、区域性集体协商的规范发展提供了依据和指导。订立行业性、区域性的集体合同要把握两个问题：①订立范围。订立行业性、区域性集体合同，要在县级以下区域内的建筑业、采矿业、餐饮服务业等行业开展，一般为小型企业或同行业企业比较集中的乡镇、街道、社区和工业园区，具备条件的地区可以根据实际情况在县（区）一级开展行业性集体协商签订集体合同。②合同内容。通过协商签订的行业性、区域性集体合同可以是综合性的，也可以是专项的。综合性的行业性、区域性集体合同的内容主要包括劳动报酬、劳动定额、工作时间、休息休假、劳动安全卫生、保险福利、女职工和未成年工的特殊劳动保护等。

订立行业性、区域性集体合同有利于调整行业内或区域内的劳动关系，切实维护行业内或区域内所有劳动者的合法权益。随着近年来我国非公有制经济的迅猛发展,非公有制企业数量迅速增加。这些企业大部分集中在乡镇、街道、社区、各类经济开发区和工业园区内,具有规模较小、管理不规范的特点,并且,由于非公有制企业中工会干部兼职的较多,他们依附于企业,没有经济上的独立权,因此,在与企业的协商中没有什么主动权,甚至有的企业还未建立工会组织,导致很多企业无法真正履行集体合同。此外,这些行业内的劳动者往往缺乏核心竞争力,很难与用人单位平等协商相关事项,而行业性集体合同则弥补了这一缺陷。行业性集体合同约定了全行业劳动条件和劳动标准的最低限,行业内所有劳动者的劳动标准都应不低于这一规定。这对于调节行业或区域内的劳动关系矛盾,必将起到重要的作用。

五、集体合同的履行、变更和终结

集体合同的履行是指集体合同生效后,当事人双方按照合同约定的各项内容,全面地完成各自承担的义务,从而使合同的权利义务得以全部实现的行为过程。集体合同的履行是集体合同制度实现的基本形式,集体合同一旦生效就具有法律效力,签约双方都要严格履行合同的约定,保证合同目的的实现。

集体合同的变更,是指因订立集体合同所依据的主客观情况发生变化,当事人依法对尚未履行或尚未完全履行的集体合同进行修改和补充的法律行为。依法订立的集体合同具有法律约束力。一般来说,除非经过双方同意,否则任何一方在合同到期前均不得修改、变更合同内容。执行合同中遇到的最主要问题是对合同条款的理解与应用。执行合同是日复一日的行动,其目的是使各方都能从中获益。根据我国的法律规定,在集体合同期限内,由于集体合同订立时所依据的客观环境和条件发生变化,致使集体合同难以履行时,集体合同任何一方均可提出变更合同的要求。签约一方就集体合同变更提出商谈时,另一方应当给予答复,并在7日内进行协商;双方协商一致对原集体合同进行修改后,应在7日内报送劳动行政部门审查。集体合同变更的情形主要包括四种:①用人单位因被兼并、解散、破产等原因,致使集体合同无法履行的;②因不可抗力等原因致使集体合同无法履行或部分无法履行的;③集体合同约定的变更或解除条件出现的;④法律、法规规定的其他情形。变更集体合同应遵守平等协商的程序。

集体合同的终结,是指合同期限届满、合同目的已经实现,或者依法解除合同等而使合同法律效力消失,即集体合同关系结束。《集体合同规定》第三十八条规定,集体合同或专项集体合同期满或双方约定的终止条件出现,即行终止。集体合同终止,必须经过一定的法定程序。一般有三种情况:①集体合同的期限届满;②集体合同当事人一方不存在;③集体合同依法或依协商解除。

六、工会监督集体合同的履行

《劳动合同法》第五十六条规定:"用人单位违反集体合同,侵犯职工劳动权益的,工会可以依法要求用人单位承担责任;因履行集体合同发生争议,经协商解决不成的,工会可以依法申请仲裁、提起诉讼。"这一规定明确了工会应当监督集体合同的履行,维护职工的合法权益。

维护职工的合法权益是工会的基本职责。通过平等协商和集体合同制度协调和改善劳动关系,是工会履行维权职责的重要方式。在集体合同制度中,工会不仅有代表和指导职工与用人单位签订集体合同的职责,而且有监督集体合同履行的职责。工会在监督集体合同的履行中,要承担的职责有下述两项:

一是要求用人单位承担职责。工会应当定期组织有关人员对集体合同的履行情况进行监督检查,发现用人单位违反集体合同,侵犯职工劳动权益时,工会应当依法要求用人单位承担责任,包括要求其停止侵权行为、赔礼道歉、赔偿损失,或者依法向劳动主管部门反映情况,由有关主管部门依法追究行政责任。对于有严重侵犯职工权益行为并构成犯罪的,还有责任向司法机关举报,依法追究用人单位的刑事责任。

二是对集体合同争议申请法律救济。在履行集体合同中,职工和用人单位因履行合同发生争议是不可避免的。一旦发生争议,当事人应当本着守法、公平、及时处理的原则,通过协商、调解、仲裁、诉讼等形式解决纠纷。经协商解决不成的,作为职工利益的代表,工会可以依法申请仲裁、提起诉讼。

第四节 集体合同的立法实践

技术创新专项集体合同激发职工创新活力[①]

成立于2010年的常州强力先端电子材料有限公司,是上市公司常州强力

---

① 集体协商健全企业薪酬激励机制十大典型案例——案例7:技术创新专项集体合同激发职工创新活力[EB/OL]. 江苏省人社厅劳动关系处,(2022-06-14). http://jshrss.jiangsu.gov.cn/art/2022/6/14/art_77261_10488090.html.

电子新材料股份有限公司的全资子公司,位于天宁区郑陆镇武澄工业园。经过20年的发展,公司拥有了自己的核心技术,已成为全球高端光刻胶材料领域的知名企业。公司目前有职工460人,其中专业技术人员占15%,生产操作人员占51%。公司是立足于产品自主研发创新的高新技术企业,创新基因已经融入公司的血液。除专业研发人员外,公司也非常关注一线职工的创新作用,但由于缺乏有效的薪酬激励手段,一线职工的积极性和创造性不足问题较为突出。

2018年5月,公司工会着手进行前期调研、可行性分析论证以及资料收集等准备工作。公司工会组织召开工会委员会会议,具体策划公司签订职工技术创新专项集体合同的宣传、动员工作,初步拟定职工技术创新专项集体合同的各项条款。在工会方和行政方开展的首次协商中,工会代表职工方提出的诉求重点聚焦在职工技术创新利润分配方式上。职工方提出:职工对现有产品生产工艺或工程改进带来利润增长的,奖励金额应为增加利润的8%,而行政方只答应奖励4%,经协商后同意将奖励标准确定为5%。针对创新型项目的激励,职工方提出以5年为限,逐年递减,以此达到长效激励的效果。公司原则上同意职工方的方案,但在利润奖励比例上尚未达成一致意见。经过第二次协商,双方最终确定对评定为创新型的项目,奖励金额和比例从产生利润的年份开始计算,连续5年内逐年递减发放。在常州市职工(劳模)技术创新专项集体合同首签仪式上,公司工会主席和总经理分别代表职工方和行政方,正式签署了常州强力先端有限公司职工技术创新专项集体合同。在职工技术创新专项集体合同中,明确设立现场型、管理型、服务型、攻关型、创新型5种类型的奖项,职工对现有产品生产工艺或工程改进带来的利润增长,奖励金额为增加利润的5%,计算周期为一年。对创新型项目,视同非个人原创项目给予奖励,奖励金额和比例从产生利润的年份开始计算,连续5年内分别奖励年增加利润的12%、10%、8%、6%、2%。

强力先端公司职工技术创新专项集体合同实施半年后,举行了首次颁奖典礼,5个项目小组获奖,共计发放奖金92 319.17元。其中1个项目被确定为创新型,参与职工将连续5年享受利润分成。看到签订集体合同后职工创新热情高涨,企业负责人认为奖励金额占利润总额5%的比例太低,主动与工会商议将比例提高到10%。年终,企业又有8个项目获得奖励,发放奖金189 221.84元。2019年12个项目获奖,发放奖金240 362元,受益职工50人;2020年9个项目获奖,发放奖金262 196元,受益职工80人,占职工总数的20%;2021年10个项目获奖,发放奖金203 900元,受益职工68人,占职工总数的17%。2021年,职工姚磊和团队成员创新实施的TM系列沉降项目,为企业增效27万元,姚磊团队年终获得奖励13 500元。职工技术创新专项集体合同的实施,让技术创新从原来的"要我做",转变成了现在的"我要做",真正实现了企业发展、职工受益的双赢格局。

强力先端公司是常州市最早签订职工技术创新专项集体合同的两个试点企业之一。公司通过协商方式集群智、聚群力,合理制定相关制度和措施,结合企业实际,设立了5种类型的奖项,拿出真金白银给予职工实实在在的激励。公司对创新型项目连续5年给予奖励,形成了对职工激励的长效机制,更好地激发了职工的创新积极性,也为我省同类协商的进一步开展提供了借鉴。

一、国外集体合同的立法实践

集体合同是18世纪末开始出现的,其产生和发展是劳动者主动为争取改善劳动条件而不断斗争的结果。第二次世界大战后,当时的集体合同不仅发展为劳动者希望得到的一种契约保障,而且也成为雇主阶层主动谋求工业和平与工业利润的目标之一。集体合同的缔结兼顾了劳资双方的利益,使劳动者生活待遇和工作效率的提高互为因果,也为劳资间经济利益的协调提供了一种有效途径。

集体合同从出现到获得法律认可经历了一个曲折的过程。18世纪末的英国已经出现了雇佣劳动者团体与工厂雇主签订团体协议的事实,工人已经懂得利用团体的力量,通过集体合同来维护自身的利益。各国政府对集体合同的态度经历了从反对、承认到保护的演变过程。19世纪初,自由竞争思潮在各国盛行,各国政府认为,集体合同有碍于自由竞争的经济政策,也有悖于契约自由的私有原则,因而持反对态度。19世纪中期,在工人运动的强大压力下,雇主无法再压制工人提出的为改善劳动条件而进行谈判的要求,开始被迫与工人进行谈判,在经历了"谈判失败—罢工—再谈判"的反复之后最终达成协议。政府认识到签订集体合同可以减少或防止罢工,避免劳资纠纷,也开始改变态度,转而承认集体合同。到了19世纪后半叶,各国政府开始从立法上对集体合同采取保护的政策。例如,英国于1871年公布了世界上第一个工会法,1875年又公布了《企业主和工人法》,允许工人团体与企业主签订契约和合同。历史地看,工业国家中社会经济矛盾的存在和劳动契约制度的不足是集体合同最初产生的直接动因;另一方面,集体合同也是工人与雇主长期斗争迫使雇主妥协让步所取得的一项重大成果。以法国、德国为代表的大陆法系国家,有关集体合同的法律规定大多是附于工会法、企业经营条例或民法等其他成文法律之中。这些国家在第一次世界大战后才开始出现单独的集体合同立法,或在劳动法典中专门列章规定。英美法系国家有关集体合同的规定最初主要通过判例的形式确定下来,法院作出的集体合同方面的典型案例成为处理此类问题的法律依据。随着政府对集体合同态度的转变和对劳动关系干预的加强,以判例法为主的英美法系各国先后制定了一些集体合同方面的成文法,而以成文法为主的大陆法系国家在处理集体合同纠纷时也开始参照过去的判例,两大法系相互靠近。从发展趋势看,单独的集体合同立法将会日益增多。

集体合同对于劳、资、政府三方都是有利的。对于劳动者来说,集体合同是他们团结自助的保障手段,一方面保证了有关工资、工作时间、劳动条件等方面法律规定的最低利益;另一方面还可以在一定条件下提高福利待遇。集体合同对于雇主来说也是有利的,至少可以在三个方面起到一定的保障作用:①集体合同中有关劳动条件的约定,使雇主得以在商定的基础上从事有计划的生产经营,不会因为劳动条件变更而妨碍雇主总体经营计划的执行;②在合同有效期内,可以避免怠工、罢工等争议行为带来的经济损失;③集体合同的订立一方面可以防止本行业的不正当竞争,另一方面由于劳动条件趋于标准化,可以降低工人流动率,吸引就业,从而有助于技术的改进和生产力的提高,有利于企业在竞争中保持发展势头。对于政府来说,集体合同的缔结使劳动争议得以避免或减少,在一定程度上促进了社会和经济秩序的稳定。

集体合同是国际劳工组织进行国际劳动立法的一项必不可少的内容。鉴于各国的条件和实际情况相差较大,国际劳工组织对集体合同方面的问题较多地采用建议书而不是公约的形式制定国际劳动标准。这些建议书构成了集体谈判和集体合同方面的基本国际劳动标准。1951年,国际劳工大会通过了《集体合同建议书》(第91号建议书)。首先,建议书要求各国根据本国情况,通过签订协定或者制定法律、法规的形式,建立适合现有条件的谈判、缔结、修改和更新集体合同的机制;其次,建议书规定了集体合同的定义;再次,关于集体合同的效力,建议书规定,集体合同应当对缔约当事者以及缔约协议双方所代表的人员都具有约束力;最后,建议书对一项集体合同扩大适用范围,如何解决由于解释协议而引起的争议,谁负责协议的监督执行,以及协议变更登记或交存等问题都作出了规定。1951年,国际劳工组织制定自愿调解和仲裁建议书,规定了集体合同纠纷的处理。1981年,国际劳工大会通过了集体谈判公约和《集体谈判建议书》(第154号公约和第163号建议书)。第154号公约要求各国采取符合国情的措施促进集体谈判,采用这些措施的目的应当是:使所有的经济活动部门中的所有雇主同所有的工人群体之间都有可能进行集体谈判;集体谈判的内容应当逐步扩大,直到把决定劳动条件和就业条件、规范工人和雇主之间的关系、规范雇主和工人之间的关系等一切事务全都包括进来;应当推动雇主组织和工人组织之间就订立集体谈判程序的规则取得一致,使解决劳动争议的机构和程序都尽可能地有利于促进集体谈判。第163号建议书着重从促进集体谈判的方法方面作出规定。建议书规定,各国主管机关应当决定哪些雇主组织和工人组织可以授予集体谈判权;在企事业单位、产业部门及其分支部门、地区或全国等各个层次都应当采取促进集体谈判的措施,以使集体谈判在任何一个层次都成为可能。建议书还强调,参加集体谈判的各方应当采取措施,使各层次的谈判人员有机会得到适当的培训。

二、我国集体合同的立法实践

新中国成立后,我国集体合同制度得到了一定发展。《共同纲领》规定,私营企业为实现劳资两利原则,应由工会代表工人与雇主订立集体契约。1950年颁布的《工会法》规定,国营及合作经营企业中,工会有代表工人职员参加生产管理及与行政方面缔结集体合同之权。20世纪50年代后,由于历史原因集体合同制度被取消。十一届三中全会后,集体合同制度得到恢复。在1983年的《中国工会章程》、1986年的《全民所有制工业职工代表大会条例》和1992年制定、2021年修改的《工会法》中,都规定工会可以代表职工与企事业单位签订集体合同,从而使曾经一度中止的集体合同制度具有了赖以恢复的法律依据。1994年颁布的《劳动法》第三章将集体合同与劳动合同并列为一章,对集体合同的内容、订立和效力作了原则性规定,确立了集体合同的法律制度,而《劳动合同法》对集体合同制度作了专节规定。此外,还有一些配套的行政规章,如《集体合同规定》(2004年)、《工会参与平等协商和签订集体合同试行办法》(1995年)、《工资集体协商试行办法》(2000年)、《关于开展区域性行业性集体协商工作的意见》(2006年)等。集体合同立法的内容,涉及集体合同订立原则、订立程序、订立内容、变更解除办法、法律效力、集体合同审查和集体合同争议的处理等内容。

事实证明,集体合同成为协调经营者与生产者之间利益关系,建设企业利益共同体的有效形式,它使企业劳动关系趋于契约化、规范化,一方面可以充分发挥工会在代表和维护职工利益方面的积极作用,另一方面也能明确用人单位在保障职工利益方面所承担的义务。集体合同从最初只是工人与雇主斗争时尝试的一种方式,已经发展成为对缓和劳资冲突、改善工人福利起着极为重要作用的一项法律制度,并且,伴随着社会经济和科技的发展,集体合同日益成为劳资双方合作的规范,成为工业和平发展的基石,成为发挥工会力量的重要途径。

【关键术语】　集体谈判　集体合同　集体合同的效力　行业性(区域性)集体合同

复习思考题

1. 试述集体合同的含义和作用。
2. 集体合同的订立包括哪些原则?
3. 简述集体合同的效力。
4. 阐述行业性、区域性集体合同的含义。
5. 集体合同中最具争议性的问题是哪些?你如何理解?
6. 我国集体合同的内容包括哪些方面?

第七章　三方协商机制

建立健全三方协商机制,发挥劳动部门、工会组织及企业的合力作用,能够减少劳动争议案件和劳动监察违法案件,促进劳动关系的和谐稳定。《劳动合同法》第五条规定:"县级以上人民政府劳动行政部门会同工会和企业方面代表,建立健全协调劳动关系三方机制,共同研究解决有关劳动关系的重大问题。"三方协商机制是一种从宏观上调控劳动关系的制度,它以市场经济为基础,以民主制度为依托,以合作、共赢为基本出发点,构建了政府与劳方、资方共同管理和处理劳动关系问题的活动平台。企业对劳动关系领域中的重大问题,除了可以通过与工会平等对话或谈判的方式予以解决外,还可以通过三方协商机制加以研究解决。

第一节　三方协商机制概述

南沙区召开 2022 年第一次劳动关系三方协商会议①

2022 年 5 月 13 日下午,广州市南沙区 2022 年劳动关系三方协商会议第一次会议在区人社局召开,区劳动关系三方成员单位和各镇(街)参加了会议。

区人社局通报了 2022 年南沙区基层调解组织建设、2021 年创建和谐劳动

---

① 南沙区召开 2022 年第一次劳动关系三方协商会议[EB/OL]. 广州市南沙区人力资源和社会保障局,(2022-05-17). http://www.gzns.gov.cn/zfxxgkml/gzsnsqrlzyhshbzj/zwdt/content/mpost_8279642.html.

关系单位情况,区总工会通报了2022年南沙区工资集体协商情况,区总工会、区工商联、区企联总结了落实广州市劳动关系"和谐同行"能力提升3年行动计划实施方案情况。

区劳动关系三方会议副召集人陈国红对劳动关系工作提出三点意见:一是各镇(街)、各部门要加强对和谐劳动关系建设的组织领导,切实增强责任感和紧迫感,发挥各自职能优势,而区级层面要加强对政策的研究、工作的部署安排调度,镇(街)要把相关工作任务抓好落实;二是提升工作质量,进一步完善工作制度、优化工作流程、健全工作台账,夯实基层协调劳动关系工作基础,建强基层劳动人事争议调解队伍,提升劳动争议调解能力,不断健全、完善具有南沙特色的多层次、宽渠道、广途径、全覆盖的基层和谐劳动关系工作体系,加强劳动保障领域信用体系建设;三是区劳动关系三方协商成员单位、各镇(街)要提高政治站位,高度重视劳动关系工作,保证完成全部指标性工作任务,进一步优化我区营商环境。

三方协商机制是市场经济条件下劳动关系处理的基本格局和制度,是社会经济政策制定和实施中的一个重要程序。在目前经济全球化的世界经济发展趋势下,三方协商作为一个原则已被多数市场经济国家所接受并付诸实施,用以协调和处理劳动关系。

一、三方协商机制的含义和特点

(一)三方协商机制的含义

根据国际劳工组织1976年第144号《三方协商促进履行国际劳工标准公约》的规定,三方协商机制是指政府(通常以劳动部门为代表)、雇主和工人之间,就制定和实施经济与社会政策而进行的所有交往和活动。即由政府、雇主和工人通过一定的组织机构和运作机制共同处理所有涉及劳动关系的问题,如劳动立法、经济与社会政策的制定、就业与劳动条件、工资水平、劳动标准、职业培训、社会保障、职业安全与卫生、劳动争议处理以及对产业行为的规范与风险防范等。

三方协商机制是市场经济条件下处理劳动关系的基本格局和制度,是社会经济政策制定和实施中的一个重要程序,它要求在制定劳动法规、调整劳动关系、处理劳动争议和参加国际劳工会议方面,要由政府、雇主和工人三方代表参加。三方协商机制的具体形式包括各种类型的谈判、协商或信息交流。信息交流是指三方互相了解彼此的情况,进行信息传递;协商是指各方在一起讨论、商量,但并不作出决策;谈判则指各方进行讨论协商之后,最终达成有约束力的协议。

我国协调劳动关系三方协商机制是指由政府劳动行政部门、雇主（企业）组织和工人组织三方代表，按照一定的制度、规则和程序，在协调劳动关系方面所形成的组织体系和运作制度。三方协商机制是有关发挥三方协商作用的组织体制、法律制度及其制度运行的总称，在不同国家其具体形式各不相同。坚持三方原则，有利于促进政、资、劳三方的合作，共同改善劳动状况，坚持社会正义。随着劳动关系运行的市场化、劳动关系类型的多样性和复杂性，仅由政府、雇主组织或工人组织来处理劳动关系的机制已不能适应经济社会发展的需要，迫切需要由代表雇主的组织和代表工人的组织通过协商共同处理劳动关系问题。由雇主组织或工人组织在经济利益或其他权利方面寻找各方都比较满意的平衡而达成协议或合作。三方协商机制的内涵表现在五个方面：①三方协商机制是专门为协调劳动关系而建立的管理体制和组织体系，通过这种体制和体系，由参与各方共同制定协商规则和协商程序，共同处理劳动关系。②三方协商机制的宗旨是通过政府、雇主组织和工人组织的合作，通过制定正确的政策和制度，促进全社会劳动关系的稳定，保障雇主和劳动者的合法权益，达到稳定社会、发展经济的目的。③三方协商机制中的政府、雇主组织和工人组织三方处于平等的地位，在相互理解、相互合作的基础上进行对话、协商和谈判。④三方协商机制的各方各自代表不同的利益主体，维护各自代表主体的利益，因此协商的过程实际上是不同利益主体之间的协调和平衡。⑤三方协商机制处理的事务都是当前在劳动关系方面的重大问题和重大事务，如有关劳动法律、法规和政策的制定与实施，特别是劳动合同、集体协议、政策和法律、法规的制定与实施及有关劳动争议的处理等。

三方协商机制的本质是在市场经济条件下，协调与平衡不同利益主体之间各自不同的利益需求，实行三方权利分享、共同协商、消除误解、增进了解、弱化争议、取得共识。在市场经济条件下，不同的利益主体有着不同的利益追求，形成了不同的利益倾向，其所关注的问题也不尽相同。雇主最关心的是企业利益的最大化，强调尽量降低生产成本，提高生产效率，增强竞争力，获取更大利润。而工人则强调劳动者权益保护，特别是希望劳动者能更多地分享企业发展的成果，提高生活水平。政府则关注经济持续发展、社会安定、政局稳定。由于上述差异和分歧，对于涉及劳动关系的重大问题难免出现分歧。在这种情况下，任何一方都不能单独作出决定。为了保证三方各自的利益，就需要一种制度和机制来解决各方的分歧，通过协商、对话和合作达到各方基本满意的目标。特别是在崇尚社会生活民主化的现代社会，更需要广泛发扬民主，通过吸收不同利益主体的意见，达到相互间的协调与平衡。三方协商机制是社会利益关系的实现方式,体现了劳动关系领域的民主化,是平衡各方利益、保持和谐统一的重要机制。

(二)三方协商机制的特点

从三方协商机制的构成和运行实践看,三方协商机制具有以下特点:

1. 主体独立。主体独立是指参与协商的三方代表即政府、雇主组织和工人组织在地位上是独立的,代表不同的利益主体。各方都有独立的发言权和表决权,不受其他方的制约。这种独立性为三方充分行使各自权利奠定了重要基础。

2. 权利平等。权利平等是三方平等协商的基础和条件,也是三方协商机制的重要特征。在涉及劳动关系重大问题的协商过程中,由于各方代表的利益主体不同,各方的要求和目的会有很大的差距。缩短这种差距,达到各方都能接受的方案,必须充分行使各方的权力,而且这种权力必须是平等的,任何一方都不能凌驾于他方之上,无权单独发号施令,指使、命令另一方。这种权利对等性对于在劳动关系中总是处于劣势和弱者地位的劳动者来说是一种保障。如果权力不对等,劳动者听命于企业,企业遵从于政府,协商谈判就不能正常进行。

3. 民主协商。民主协商是三方协商机制产生的根源,也是三方协商机制的重要特征。只有在协商过程中充分发扬民主,充分听取各方、甚至每位代表的意见,才能形成比较科学可行的方案。民主协商体现在三方友好的对话和商讨中,互相理解,互相支持,对于讨论的事项反复商量后取得共识。

4. 充分合作。三方协商机制的目的就是在民主协商的基础上达成共识,因此,在协商过程中三方要充分合作,通过友好协商、互相谅解,形成各方都能接受的方案。协商时各方要充分考虑对方的意见和共同的利益,雇主一方不能只强调生产经营而损害劳动者权益,劳动者一方也不能只强调劳动权益而影响或阻碍企业生产的发展。诚然,在劳动关系中,各方存在一定的利益取向,会发生利益冲突,但利益冲突只有在双方合作的基础上才能得到解决,各方利益也只有经过合作才能实现。

二、三方协商机制产生的社会条件

通过三方协商机制协调和处理劳动关系,是市场经济条件下经济和社会关系发展的客观要求。

三方协商机制的形成和发展经历了一个长期的过程。它是工人运动的产物,是产业民主化的一个重要组成部分和重要的表现形式。它的发展完善,既得益于社会生产力水平和现代化程度的提高,也得益于工人运动的发展壮大。

三方协商发端于 19 世纪末,至 20 世纪 20 年代初步成为一种制度。三方协商发端的直接动因是国际劳动立法运动的兴起。19 世纪下半叶,劳动立法作为国际工人运动共同的行动纲领,不仅得到了各国工人的响应,而且得到了一部分资产阶级社会活动家和政治家的关注。他们主张,为保证社会稳定,应对工人的要求给予理解和同情,并通过立法在保证雇主利益的同时适度限制其不当行为。这一主张被法国、德国和瑞士等国家的议会和政府所接受,并在 1890 年举行了第一次由各国政府派代表参加的讨论劳动事务的国际会议。1898 年 8 月,在瑞士工人联合会的倡议下,13 个国家的工人组织的代表在苏黎世举行了劳动保护首届国际代表会议。1901 年,由工人组织、学者和政府的代表在瑞士成立了国际劳动立法协会。这是一个非官方的具有三方协商色彩的关于劳动事务的国际机构。第一次世界大战爆发后,这一组织解体,但这个协会在劳工组织及国际劳工公约等方面提供了经验,并为后来的国际劳工组织所继承。

1919 年成立的国际劳工组织是劳资关系领域三方协商机制正式形成和发展的重要标志。1919 年,在美国劳联主席的主持下拟订了有关劳动问题的九项原则的宣言和国际劳工组织章程草案,经"巴黎和会"讨论通过,并编为《巴黎和约》第 13 篇,即所谓《国际劳动宪章》。国际劳工组织据此于当年成立。国际劳工组织是一个政府间的国际组织,但在组织原则上又有其独特之处,即所谓三方性的体制和三方协商的议事规则。这种体制和规则保证了会员国的政府代表、雇主代表和工人代表都有权参加该组织一切事务的讨论和决定。国际劳工组织不仅在机构组成上具有三方性的鲜明特点,而且其活动宗旨也充分体现了促进政府、资方、劳方合作,共同改善劳动状况,协调劳资关系,维护劳动权益的精神。这一原则逐步被世界各国所接受,并作为处理本国劳工事务和劳动立法的原则。提出和实行三方协商的社会条件主要源于三个方面的因素:

首先,从经济关系看,三方协商是市场经济发展到一定阶段的产物。作为三方协商的社会经济条件主要有两大因素:现代企业制度的实施和集体合同制度的实行。19 世纪末 20 世纪初,以公司制为主要形式的现代企业制度在主要的资本主义国家出现。现代企业制度要求重组各生产要素,使土地、资本、管理、劳动等都发挥其作用。这种客观要求使得劳动在生产过程中的地位得以提高。与此同时,以劳动者权益保障为基本目的的集体谈判和集体合同制度也开始兴起。从 1904 年到 1919 年,新西兰、奥地利、荷兰、德国、法国等相继颁布了集体谈判和集体合同制度的有关法律。现代企业制度和集体合同制度的实行,要求用一种新的形式来制定有关的劳动法律和社会政策。这种要求成为三方协商制度产生的社会经济条件。

其次，从政治关系看，资产阶级民主制度的发展，为三方协商的出现提供了政治条件。20世纪初，资产阶级在统治策略上发生了重大的转变，即趋向于扩大政治权利、实行改良等。三方协商之所以能被资产阶级及其政府所接受，正是由于这种方式与资产阶级自由主义的民主政治相契合。

最后，从社会关系看，劳资矛盾的激化和工人力量的增长和发展，是三方协商的社会基础。劳资矛盾的激化，迫使资产阶级政府对于劳资矛盾采取一种"建设性"的干预政策。通过三方协商来实行劳工立法，以稳定劳资关系正是这种"建设性"干预政策的一个重要内容。

三、三方协商机制的作用

三方协商机制产生的根源是劳资关系的激化和社会民主进程的加快。从三方协商机制产生发展的社会现实以及长期运行实践效果来看，政府、雇主和工会相互合作，在一定程度上缓和了劳资矛盾，减少了劳资纠纷，促进了民主进程，保护了企业和劳动者的合法权益，进而促进了经济发展和社会进步。

（一）缓解劳资矛盾，建立和谐稳定的劳动关系

劳资双方对比力量失衡是产生劳资矛盾的条件，而劳资矛盾的加深极易产生劳资纠纷。由于没有正常的渠道和途径进行疏导，势必导致罢工等对抗事件，造成劳动关系的动荡。20世纪30年代，资本主义世界爆发了严重的经济危机，造成大量企业破产和工人失业，劳资关系变得重新紧张起来。为了缓解劳资矛盾，政府采取了有效的干预措施，出面协调劳资冲突，促使劳资双方开展对话和谈判，通过有组织的交涉和谈判来解决工资、劳动条件等问题，缓和劳资矛盾。这种方式较之过去通过激烈的劳资对抗来达到目的，更易于被各方所接受。之后，随着经济的发展，产业合理化运动的兴起，以工人参与企业管理的产业民主化运动在许多国家出现。政府、劳方和资方协商处理劳资关系事务已较为普遍，协调劳资关系的方式更多样，内容更广泛。第二次世界大战之后，三方协商机制有了进一步发展，市场经济国家都设立了不同形式的三方性机构。劳动关系领域的诸多问题如工资、工时、福利、劳动条件等，都可以通过三方协商、集体谈判的方式来解决。在这种情况下，劳资间大规模的激烈对抗和冲突相对减少，取而代之的是日常的规范化、法制化、程序化的协商和谈判，并逐步形成了比较规范的体系，从而使劳资关系保持了相对稳定。

在我国，建立和谐稳定的劳动关系具有特别重要的意义。改革开放以来，我国的经济成分和所有制结构日趋多元化，劳动关系问题日趋复杂，劳动争议日趋增多。一些行业和地区的劳动关系问题比较严重，拖欠工资现象时有发生；有的企业不签订劳动合同、集体合同，忽视劳动者权益，劳资矛盾时有激化。

劳动关系是社会关系中最基本、最重要的关系之一,解决好劳动关系对企业稳定、社会稳定具有重要意义。

(二) 确立工会地位,保护劳动者合法权益

在西方资本主义产业革命时代,由于缺乏协调劳资矛盾的有效机制,劳资关系始终处于激烈对抗和冲突状态中。在劳资关系中,资方是生产资料的所有者,处于绝对优势地位,控制着生产经营管理的所有方面,资方可以任意延长工人的劳动时间,无限加大劳动强度,肆意压低工人工资。由于政府在劳资关系领域实行自由放任政策,在"竞争自由"、"契约自由"的旗号下,资本家残酷剥削和压榨工人,工人得不到应有的保护。为了反对残酷的剥削,工人开始奋力反抗,从破坏机器设备、破坏厂房,到怠工、罢工,但由于没有工人组织,形不成集体力量而屡遭失败。这一时期,资本主义各国政府的法律都严厉禁止工人组织工会和罢工。到19世纪末,三方协商机制出现后,这种局面才开始发生变化,政府开始承认工人组织,废除了歧视性的法律条文,允许结社和罢工,从而确立了工会的地位。在三方协商机制中,工会作为一方独立的主体,可以代表工人提出意见,劳动者的影响力明显增强,工人的许多权益在工会的抗争下得到保护。

(三) 促进经济发展,推动社会进步

生产力水平是衡量经济发展的标志,劳动者是生产力系统中最活跃且处于主导地位的因素。劳动关系是一个国家社会关系中最重要的关系之一,在协调劳动关系方面实行由政府、雇主和工会组成的三方协商机制,对经济发展和社会进步的促进作用表现在五个方面:①三方协商机制中确立的工会组织地位,使工会可以代表工人自由讨论,发表意见,行使职权,劳动者在劳动过程中的权益有了自己的组织保障,从而提高了全社会的生产力水平。②三方协商机制对劳资关系的协调,保护了劳动力再生产的持续进行,促进了劳动力资源的开发,从而为社会生产力的发展提供了最基本的条件。③三方协商机制协调劳资关系,维护了劳动者的物质利益和政治权利,调动了劳动者的生产积极性,从而有效地发挥了劳动者在生产力系统中的能动作用。④在三方协商机制中,能充分在涉及劳动关系的重大问题上发扬民主,充分听取各方意见,从而大大促进政策制定的民主化和科学化。通过三方充分协商共同制定涉及劳动关系的政策、制度和法令,会使劳动关系方面的法律和制度更加符合各方要求和客观实际,更加规范化。⑤在三方协商机制中,通过政府、工会和雇主的协商对话,相互合作,增进了团结,消除了对抗,为发展生产创造了良好的社会环境。

四、三方协商是国际劳工组织中的基本原则

三方协商作为一种制度,是在国际劳工组织确立并积极提倡下,才作为一个处理劳资事务的原则被各国接受的。国际劳工组织作为联合国的一个专门机构,其组织制度的独特之处即在于它的三方性原则。对此,国际劳工组织自我评价说,国际劳工组织的与众不同的优势来自它的三方性制度,这种制度使得工人代表和雇主代表能够同政府代表以平等的地位参与该组织所有问题的讨论和决策。三方性作为一项基本的原则,明确地规定在国际劳工组织的章程中,并具体体现在国际劳工组织的组织结构、议事规则和有关的公约和建议书之中。

(一)三方性原则体现在国际劳工组织的组织结构中

国际劳工组织的组织机构主要由国际劳工大会、理事会和国际劳工局组成。国际劳工大会是国际劳工组织的最高权力机关,由每个会员国各派4名代表组成,其中政府代表2人,工人代表和雇主代表各1人。理事会是国际劳工组织的执行机关,该理事会现有理事56名,其中政府理事28名,工人理事和雇主理事各14名。政府理事中有10名理事由"主要工业国"委派,其余的政府理事、工人理事及雇主理事分别在出席国际劳工大会的政府、工人和雇主的代表中选举。国际劳工局是国际劳工组织的常设工作机构,也是国际劳工大会和理事会的秘书处。除以上三个主要机构外,国际劳工组织还设有许多产业性、专门性和区域性的委员会,这些委员会除财务委员会等个别委员会外,其组织机构与国际劳工大会及理事会一样,均实行三方性原则。

(二)三方性原则体现在国际劳工组织的议事规则中

国际劳工组织在举行大会、理事会和各种委员会时,要求会员国尽可能地派遣完整的由三方组成的代表团。如果会员国的代表团的非政府代表只有雇主代表或只有工人代表时,该团的非政府代表只有发言权而没有表决权。在会议的讨论和表决中,代表团中的三方代表都享有按照各自的立场自由表达观点和投票的权利。在表决中,国际劳工大会和理事会的政府代表(2人)等于工人代表(1人)和雇主代表(1人)之和,在其他的小组委员会中,政府、雇主和工人三方的表决权是相等的。国际劳工组织的这种三方性原则在组织结构和议事规则中的实施,体现了对于劳动关系的当事各方的尊重和谋求通过协商讨论达成共识的愿望。三方性原则的实施,使得国际劳工组织作出的决定比较符合实际,比较能够兼顾到各方的利益,因而便于付诸实施。按照国际劳工组织章程的规定,实施三方性原则的目标为:"有效的集体谈判的权利,经营管理与劳动双方不断提高劳动效能的合作,以及工人和雇主的合作,以促进经济和社会发

展。"从国际劳工组织的基本指导思想来看,三方性原则的实施是为了推动工人与雇主的合作,以促进社会经济的发展。

(三)有关三方性原则规定的国际劳工公约和建议书

"三方协商"作为处理和协调劳动关系的原则,是由三方性组织或三方性机构具体实施,并由国际劳工组织首倡和全力推行的。20世纪60年代末,一些国家已兴起了劳资双方"产业一级的对话",20世纪80年代在欧洲一体化过程中又进一步发展了雇主组织与工人组织之间的对话。国际劳工组织进一步促进了三方协商机制的形成,使工会和雇主能共同参与涉及劳工的社会经济政策的制定和实施。1960年国际劳工组织通过的《公共当局、雇主组织及工人组织之间在工业部门和国家一级协商和合作建议书》(第113号建议书)规定,"应采取措施,在行业范围内和全国范围内推动公共当局与雇主组织和工人组织之间进行有效的协商与合作",而且这种协商与合作的"具体目标应是共同研究双方关心的问题,尽可能找到双方均同意的解决办法"。1976年通过的《三方协商促进履行国际劳工标准公约》和《三方协商促进履行国际劳工标准建议书》,即第144号公约和第152号建议书,对推动三方协商制度起到了积极作用。三方协商机制是基于这样一种信念,即社会经济政策实施过程中的三方合作,对于建立民主、公正并有经济效益的社会能够起到长期的作用。这一原则把工人和雇主都平等地看成是发展经济的主要力量,主张政府在调整劳动关系时,应当吸收他们双方以平等的地位参与协商和决策,因此,西方工业国家普遍推行这种机制,相应建立了不同类型的三方协调机构,并把广泛的三方性协商当成国家社会经济政策形成的一种重要形式。20世纪90年代以来,三方协商机制的实施已经成为一个世界性的趋势。

此外,有关劳动关系和集体谈判的公约和建议书,如1951年《集体协议建议书》(第91号建议书)、1981年《促进集体谈判公约》(第154号公约)和同名的建议书(第163号建议书)等,也对促进和推动三方协商制度起到了积极作用。在1983年第70届国际劳工大会上,众多的代表提出,各国就国际劳动标准问题加强三方协商,是国际劳动标准受到重视和政府就国际劳动标准作出决定时听取工人和雇主的意见的重要保证。国际劳工局局长在报告中表示,推动各国根据《三方协商促进履行国际劳工标准公约》(第144号公约)的规定,建立与加强三方协商安排,将作为国际劳工组织今后一个优先致力的目标。

第二节 三方协商机制的主要内容

引导案例

东莞工会律师:三方联调劳动争议创造职工维权"加速度"[①]

2022年8月12日上午,东莞市总工会法律服务律师团成员李召明团队作为东莞市黄江镇劳动人事争议仲裁庭调解员参与劳动争议"三方"联合调解中心调解,成功调处2起劳动争议,其中一起案件当场支付劳动报酬。

首先,为工伤职工维权"加速度"。文某仇于2021年5月入职东莞某五金公司,当年11月工作时不慎压伤左手,当地人社局认定为工伤,评定为六级伤残。文某仇向公司诉求一次性伤残就业补助金等工伤待遇24万元,但该公司不但不认可工伤等级的认定结果,还坚决拒绝支付工伤待遇。经申请,东莞市总工会派出法律服务律师团李律师开展调解工作,积极沟通。最终这家公司在一周内一次性支付劳动者20万元。文某仇9个月都催讨无果,但在三方联调机制下,只用了5个小时就达成了调解。原本遥遥无期的工伤赔付,在工会的促进下驶入快车道,这是东莞三方联调劳动争议的成功案例之一。

其次,为欠薪职工维权"加速度"。林某陶于2022年5月3日入职于深圳某橱柜公司绘图岗位,其工作地点在东莞,在林某陶工作近2个月后,用人单位却以种种理由拒不支付工资,甚至还要求林某陶承担"耽误工期的损失"。在东莞市总工会派出法律服务律师团李律师开展调解得知,用人单位没有与劳动者签订劳动合同,未给劳动者购买社保,也没有劳动者考勤记录,属于用人单位违法用工行为,通过李律师对用人单位进行劳动法法律宣传教育,用人单位认识到自己的错误,并当场向林某陶一次性支付工资1.1万元,实现了案结事了人和。

一、三方协商的级别及其内容

三方协商的级别根据协商的主体和所要解决的问题不同,依据国际劳工组织的文件和各国实施三方协商的实践,主要分为国家级的三方协商、产业一级

[①] 东莞工会律师:三方联调劳动争议创造职工维权"加速度"[EB/OL]. 东莞市总工会,(2022-08-15). http://dgzgh.dg.gov.cn/dgzgh/ghxw/202208/445f563ad1fc41e0a749e83af65b5d00.shtml.

的协商、地方一级的协商和企业一级的协商。

(一)国家级的三方协商

三方协商机制最主要和最根本的是国家一级的协商。国际劳工组织在其有关三方协商的文件中强调和侧重的也是国家一级的三方协商。代表国家参加国家一级三方协商的主体是政府的劳动部门和有关经济部门,雇主代表是全国一级的最有代表性的雇主组织,工人代表则是全国一级的最有代表性的工会组织。其协商的内容主要有三项:①有关参加国际劳工大会的事宜和批准或履行国际劳工公约或国际劳工建议书的建议;②关于国家经济和社会发展的政策和立法;③关于实施国际劳工标准和国内劳动法。通过三方协商,可以确定规范和处理各种劳动关系问题的标准和具体做法;有时三方协商还针对某些社会问题达成社会协议。因此,三方协商在一些国家也被笼统地称为社会协商。

(二)产业一级的协商

产业一级的协商是指国家一级产业的协商。产业一级的协商主体是政府的产业部门、产业的雇主协会和产业工会。协商的内容主要有三项:①产业的国际劳工标准;②产业发展的有关经济和问题;③产业的劳动关系和劳动标准。

(三)地方一级的协商

地方一级的协商主要是指地方的协商,其协商主体为地方政府的劳动部门以及有关经济部门、地方的雇主协会、地方工会。协商的内容主要是地方的社会经济政策的制定和立法,以及地方的劳动标准和劳动法规的制定。

(四)企业一级的协商

企业一级的协商过去一般并不作为三方协商的直接构成级别,只是作为国家和产业一级协商的基础和相关内容。但目前企业一级的协商越来越被人们关注,并作为三方协商的直接内容加以研究和实施。企业协商的直接主体是雇主和企业工会,政府部门一般不直接参与,但在协商遇到障碍时,政府也会出面调解。此外,有些国家规定,企业一级协商或谈判的结果要在政府有关部门登记或得到认定方为有效。这种两方协商的形式在其他级别上也会出现,比如,产业一级的集体谈判也可以看成两方的协商。除此之外,劳资双方还可以就双方关心的有关问题开展任何一级的协商,但主要是在企业一级。企业一级的协商一般有两种形式:一种是企业的集体谈判;另一种是集体谈判之外的双方就企业内有关涉及劳资关系的问题进行的灵活接触和平等协商。协商的内容主要是劳动关系和劳动标准,但有时也涉及企业经营和发展的有关问题。

一个国家的三方协商是以企业的劳资协商为基础,其核心为国家一级的协商。协商的内容,根据国家和时期的不同以及级别的不同而有所不同。所以,对于各国的具体协商应进行具体分析。

二、三方协商的职能

三方协商的职能主要体现在以下方面。

(一)磋商和咨询职能

磋商和咨询职能在三方协商中,主要是对于一个国家的劳动立法和劳工政策的制定提出意见和建议。西欧等工业化国家的三方机构,对于制定劳动法规和劳动标准享有"建议权"。在东欧一些国家,劳动立法一般也是通过三方委员会的反复磋商才通过的,如 1991 年匈牙利制定的《罢工法》和修改的《工会法》,1990 年捷克斯洛伐克制定的《集体谈判法》,波兰 1991 年开始制定的《工会法》,罗马尼亚从 1991 年起制定的《集体合同法》和《处理劳动冲突法》等,都经过了该程序。关于社会政策的制定,在一些三方协商机制比较完善的国家,在涉及就业、社会保障、职业培训等有关问题时都要听取三方委员会的意见,协商解决。磋商和咨询是三方委员会最主要、最经常的职能与工作。

(二)谈判决定职能

三方协商的谈判职能主要体现在以工资为中心的劳动标准的确定上。劳动标准特别是工资标准,直接涉及雇主和工人的切身利益,同时也直接涉及社会经济的发展政策。三方对此都会有自己的具体立场和要求,解决这一问题的基本手段便是谈判。协商或磋商与谈判之间的差别在于:协商或磋商是人们就某些重要的社会经济问题提出意见和交换看法,其结果可能会有一个比较统一的意见,也可能不会形成统一的意见。谈判则要求双方在阐明自己观点的同时必须考虑对方的意见,谈判的结果是为了取得一个共同的协议,为此,双方必须作出某些让步。当然,这种界限并不是绝对的,两者在一定的情况下可以互相转变,协商可以发展为谈判,谈判没有结果也只能限于协商。但涉及劳动标准特别是工资问题,不经过谈判很难达成一个正式的协议。在三方委员会中,国家一级和地方一级的谈判,主要是最低工资标准和劳动标准的问题;在产业和企业一级的谈判,则主要是具体的劳动条件和就业条件的问题。

(三)仲裁和协调职能

仲裁和协调职能主要是指在集体劳动争议发生时,通过三方委员会的努力,调解矛盾,化解冲突,以缓解劳资矛盾和社会不满,防止社会动乱。通常,各国的三方委员会都具有劳资矛盾调解人的权力,这一机构与政府或工会等单一的组织机构相比,其意见和态度更易于被社会接受。尤其是在社会转轨和动荡时期,三方委员会的这一作用就更加明显。

三、三方协商机制的主体

政府、雇主组织、工会是构成协调劳动关系三方协商机制的三个独立的主体。其中,政府代表国家和社会利益,雇主组织代表雇主(企业)利益,工会代表工人利益。三方协商主体的各方均有不同的作用。

(一)政府

政府是国家利益和社会利益的代表者和维护者。政府作为协调劳动关系三方协商机制中的一方代表,最关心的是国家利益和社会的安定。在三方协商机制中,政府一方一般由国家劳动行政部门代表。各国政府一般都设置了劳动(劳工)行政机构。1978年国际劳工大会通过的第150号公约《劳动行政管理:作用、职能及组织公约》和第158号同名建议书,对各国建立劳动(劳工)组织系统作了规定,提出了建议。公约规定,各会员国应以适合国情的方法,保证在其领土内组织和有效实施劳动行政机构,对其任务和职责应予适当确定;在劳动行政机构系统内应作出安排,以保证公共机关同最有代表性的雇主组织和工人组织之间的协商、合作与谈判;劳动行政机构系统应由有资格从事其被委派的活动的人员组成,他们应有独立性而不受不正当的外来影响,应具备为有效履行其职责所必需的地位、物质手段和资金来源。公约还对主管机关在劳动行政机构系统内应担负的主要职责作出了规定。建议书则就劳动行政机构系统的作用、职能和组织等问题,对公约的规定作了详细的补充说明。

各国政府设置劳动行政机构的方式有所不同,有的国家设置一个单独的专门性劳动(劳工)行政机构,如美国的劳工部、日本的劳动省等;有的国家设置两个以上机构管理劳动(劳工)事务,如牙买加设有公共服务和社会保险部,加拿大设有劳工部、就业和移民部,毛里求斯设有劳工和劳资关系部、就业部,这些机构都管理劳动(劳工)工作;有的国家将劳动事务和有关事务合并,由一个机构主管,如巴林、伊拉克等国设有劳工和社会事务部,巴基斯坦设有劳工、人力和侨民事务部,巴拉圭设有司法和劳工部;有的国家只在政府的某个部门内设有劳动机构,如泰国不设置劳动部,仅在内政部设有劳动厅。

在我国,劳动行政机构是政府中专门设立的对劳动工作实行统一管理的部门。国务院下设人力资源和社会保障部,它在国务院领导下,综合管理全国的人力资源和社会保障工作。

政府在协调劳动关系三方协商机制中发挥着重要的作用。在世界各国,由于政治体制和经济制度不同,各国的经济发展水平、历史文化传统、民主法制体制等存在一定差异,政府作为三方协商机制中的一方,其活动方式、工作目标、介入程度一般也有所不同。一般说来,政府的作用主要体现在五个方面。

1.维护国家利益。无论国家实行何种政治、经济制度,政府的根本职能就是维护国家利益。协调劳动关系三方协商机制也不例外,维护国家利益是政府参与三方协商机制的首要目标。在劳资关系中,它最关心的是国家的利益。政府必须通过对劳资关系的协调来维护国家利益,促进经济发展。在市场经济条件下,政府一般不直接介入,而是通过立法和制定社会政策来平衡劳资之间的利益,指导双方合作,保持劳动关系的协调和稳定。

2.组织作用。政府是国家权力机关的执行机关,由于协调劳动关系三方协商机制协商的都是对经济发展和社会进步有重大影响的劳资关系事务,因此,政府在三方协商机制中要发挥主导和组织作用。政府的组织作用主要有四个方面:①在三方协商机制组织机构的建立中发挥作用。政府在三方协商机制组织机构的建设、三方协商机制的组织原则、三方协商机制的协商规则的制定等方面都要起主导和组织作用。三方协商机制的办事机构一般都设在政府部门中。②在三方协商机制的协商中起组织作用。三方会议的组织、议题的确定、会议的时间协调等,一般由政府进行组织。③对三方商定事项的组织实施。对每次三方商定的重要事项,一般都由政府部门组织另两方和其他部门实施。④组织劳动关系方面的调研和检查。定期或不定期地组织三方开展劳动关系方面的联合调研与检查,特别是对劳动合同、集体合同、劳动纠纷等方面的情况进行调研与检查。

3.平衡协调作用。政府是雇主组织和工人组织两个群体利益矛盾的调节者。在市场经济条件下,国家、企业和劳动者是不同的利益主体,在经济活动中有着各自不同的利益追求,因而难免产生矛盾和冲突。在三方协商过程中,一般主要是雇主组织和工人组织对有关劳动关系问题进行协商,如在制定有关法律、法规和重大经济政策时,政府仅起协调和平衡作用。特别是在调整劳动关系和涉及劳动者根本利益的重大问题上(如制定工时制度、确定最低工资标准、确定劳动条件标准和劳动保护措施、社会保险福利制度等,雇主组织和工人组织往往意见不一致),政府要耐心听取雇主组织和工人组织双方的意见,组织双方共同讨论,促进达成一致意见。如果双方对有些问题无法达成一致,政府应采取多种方式进行协调和平衡,促使双方达成合作协议。

此外,人们一般认为,劳资双方的力量必须保持均衡,任何一方过于强大都会发生利益倾斜,不利于经济发展和社会稳定,因而主张对劳资关系实行宏观调控得到了人们的认可。如果雇主组织和工人组织双方力量的对比有较大差距,双方就不可能处于平等协商的地位,一旦双方在某一时期或某一问题上出现分歧,政府就要采取措施,使双方力量保持平衡。特别是当雇主严重侵害劳工利益或者当劳工运动危及经济发展和雇主的利益时,政府往往会行使公权力,以平衡劳资关系。

4. 监督作用。随着三方协商机制的不断完善及法制化进程的加快,西方国家逐渐形成了比较完善的协调劳动关系的制度和比较规范的法律、法规体系,劳资双方的协商方式也发展成一种有序的组织行为,解决劳资纠纷的途径实现了制度化、法律化。劳动关系的处理逐步进入雇主组织和工人组织双方按照规则和程序依法进行协商谈判、签订集体合同和劳动合同的阶段,劳动关系逐渐趋于稳定。因此,随着劳动关系的规范化运作,政府对劳动关系的直接干预程度会越来越小,而监督的作用则越来越强。在许多国家,劳资双方协商签订集体合同后,要经政府有关部门依法予以确认方能生效。有些西方国家政府劳动部门还设立专门机构对劳资协商结果进行监督、控制,通过政府确认来监督和指导集体合同的订立,确保劳资双方协商内容的公平、合理、合法、完备和可行。政府确认的方式为登记、备案、审查或批准。监督既包括日常对劳资双方履行协议情况的检查,也包括劳资双方对履行协议争议的处理和对违反协议一方的处罚;同时,还对促进失业人员就业、制定消除就业歧视的政策和措施、规范雇主的裁员等问题进行监督。

5. 服务作用。在三方协商机制中,政府的另一重要作用体现为政府的服务功能,即政府要为劳动关系的协调创造条件和提供服务。政府服务的内容一般包括四个方面:①政府通过立法,建立完善的劳资关系法律体系,为劳资关系的法律调整提供依据,制定标准;②按照国际劳工组织1981年第163号建议书的要求,政府部门对参加集体协商、集体谈判的雇主代表和工人代表的身份予以确认,并在谈判过程中提供必要的资料;③政府对劳资双方在建立劳动关系、进行合作方面给予指导帮助,提供中介、咨询服务,发布各种信息;④为劳资关系双方人员进行义务培训,组织国际间的合作与交流。

(二)雇主组织

雇主组织是指由雇主依法组成的,旨在代表、维护和增进雇主在劳动关系中的共同利益而与工会抗衡和交涉的团体。在三方协商机制中,它是雇主一方的代表。雇主组织最初是随着工会的产生,为对抗工会而形成的。早期的雇主组织就其职能而言,主要是反对工会。随着工人运动的发展和劳资关系的法制化,雇主组织的职能随之发生了变化,与工会进行协商谈判、协调劳资关系成为其主要职能。雇主组织有多种形式,其中包括行业雇主协会、职业雇主协会、雇主协会联合会、地方雇主协会和全国雇主协会。

在国际劳工组织的组织制度和法律文件中,雇主协会作为三方格局的一方与工会具有平等的地位。国际劳工组织的组织制度和活动规则一直实行三方协商机制,即各成员国代表须由政府代表2人,工人代表、雇主代表各1人组成。政府、工人、雇主三方都参加各类会议和机构,雇主代表可以和工人代表自由讨论,各自独立行使表决权。在国际劳工组织的一些公约和建议书中,雇主协会有权制定章程,自主选举代表,组织各种事务,拟订工作计划等。

各国雇主协会在劳资关系中具有重要地位并且发挥着重要的作用,各国法律对此也都作出了规定,具体内容有多项:①雇主协会必须由一定数量的雇主组成,如意大利规定,雇主协会至少须由雇用同一地方特定产业1/10以上劳动者的雇主组成;②雇主协会由雇主自愿加入,有的国家明确规定雇主有退出雇主协会的自由;③雇主协会具有公法人资格,是独立于各雇主之外的主体;④雇主协会的机构主要为会员大会和理事会,前者决定重大事项,后者处理日常事务;⑤雇主协会的活动宗旨是维护所代表的雇主在劳资关系中的利益,不得有政治目的;⑥雇主协会不得从事反工会的活动,不得制造困难,阻止雇员加入工会或参加工会活动,不得干涉工会事务、破坏工会组织的罢工,不得拒绝按规定程序与工会进行集体谈判或阻碍集体谈判的正常进行;⑦雇主协会负有协调劳资关系的法定职责;⑧雇主协会的内部组织及其活动方式。

在我国,代表企业的主体一般有三种:①多数地方以企业联合会或企业家协会为代表;②县市以下的企业方代表,由于企业联合会组织不健全,一般由外资企业、私营企业、乡镇企业、个体企业、工商联等企业协会推举代表,国有企业则以经贸部门为代表参加三方协商机制;③少数省份由经贸部门代表企业方参加三方协商机制(这在我国西部地区比较普遍)。

(三)工会

工会是由工人自愿组织起来的团体或联合体。在三方协商机制中,工会是工人的代表,以维护和改善工人的劳动条件、提高工人的经济地位、保护工人权益为目的。

现代许多国家的宪法都明确肯定了工会的合法地位,如日本宪法规定:劳动者团结的权利受保障。工会的合法地位不仅为各国国内法所确定,而且还为国际法所保障。1948年联合国《世界人权宣言》规定:"人人有维护其权益而组织和参加工会的权利。"1949年国际劳工组织在第98号公约《组织权利和集体谈判权利公约》中规定:"工会应享有充分的保护,以防止在就业方面发生任何排斥工会的歧视行为。"1966年联合国的《经济、社会、文化公约》要求缔约各国承担下述保证:①人人有权组织工会和参加其所选择的工会,以促进和保护其经济和社会利益。这种权利只受工会有关规章的限制。对这一权力的行使,除法律所规定的及在民主社会中为了国家安全或公共秩序的利益或为保护他人权利和自由所必需的限制以外,不得加以任何限制。②工会有权建立全国性的协会或联合会,有权组织或参加国际工会组织。③工会有权自由地进行工作,除法律所规定的在民主社会为了国家安全或者公共秩序的利益或者为保护他人的权利和自由所必需的限制外,不受任何限制。④有罢工权,但应按照各个国家的法律行使此项权力。

各国工会的法律地位,决定其在三方协商格局中的地位和作用。市场经济国家对工会的地位主要规定了五项内容:①工会是雇员的团体,并且必须是一定人数以上的雇员的联合,不少国家都把拥有最小限度会员人数作为成立工会的法定条件,如意大利规定,产业工会必须是被雇于特定产业的10%以上劳动者的集合,法国规定,成立工会至少要有20名会员;②工会不得有政治、经济目的,工会属于社会团体,不得有任何政治目的,也不得从事以营利为目的的经营;③工会具有社团法人资格;④工会有组织罢工、同雇主或其团体谈判和签订集体合同、监督雇主遵守劳动法等项权利;⑤工会在与雇主的关系中受到法律的特别保护,如不得随意解雇工会理事,工会依法组织罢工使雇主利益受损时,工会及其理事个人均不负损害赔偿责任等。

三方协商机制有效运作的前提是对话各方彼此独立,并且有能力适当地履行自己的职能。政府应当能够根据需要扮演不同的角色,或管理,或促进,或调整,或在必要时根据既定程序进行仲裁。其他两方,即雇主和工人组织,应合理设置机构,并具有充分的代表性和权威表达雇主和工人的主张,尤其是在企业层面,工人组织应有能力代表工作场所一级成员的利益,个体雇主及其组织应有能力开发良好的人力资源以及劳动关系政策,并在谈判磋商中代表雇主的观点。在企业一级如果没有强大的、独立的社会伙伴组织,三方协商机制就不能良好地运作。

四、三方协商机制的组织形式

成立三方性协商机构是三方协商机制顺利运行的组织保证。各国三方协商机制的具体活动基本上都是由三方性组织机构来实施的。以国际劳工组织的三方协商组织原则为基础,许多国家都设立了不同类型的三方协商组织机构,并且各国三方协商机制的组织形式也十分灵活,在不同国家有不同的做法,具体说来有以下五种:

(一)由三方代表组成常设机构

多数国家的三方协商机制都是由政府劳动行政部门、雇主组织和工人组织组成,由政府劳动部门、雇主组织和工人组织的代表组成常设机构,如法国的经济社会理事会,由政府、雇主组织、工人组织三方代表在该机构中共同讨论经济和社会政策,但也有一些国家的相关政府组织并不一定是某个固定的部门,而是会根据工作关系确定相关部门。如挪威的劳动关系三方协商机制中,政府一方就是根据协商的内容来确定相应的部门,即政府一方是由政府的不同部门做代表;在进行如工资谈判等具体问题的协商时,如果雇主组织和工人组织达不成协议,就需要由政府派调解官来协调。此外,如果需要出席国际会议,如参加国际劳工大会,则由政府的劳动行政部门代表政府参与三方协商机制。

(二)采取劳动大会形式

有的国家的三方协商机制采取劳动大会的形式,这种大会由政府组织三方召开,每隔一段时间就会针对全国性的劳动问题进行讨论,为一些重要的法律颁布作准备,并使雇主组织与工人组织达成协议。协议的内容包括劳资双方的一些共同利益,双方纠纷的解决办法,以及对有关不履行协议的惩罚措施。如印度就通过这种方法实现三方协商,协调劳资关系。

(三)成立三方专业委员会

有的国家在三方协商组织机构中还成立一些专门的三方组织,如国家就业促进委员会、国家劳资生产委员会、国家劳动关系委员会、国家工资委员会、国家社会保险委员会等。各专业委员会分别由三方代表组成,针对就业、劳动关系、工资、社会保险等专门问题进行协商讨论。如有些国家的劳资生产委员会由政府、雇主组织和工人组织各派出相同的代表人数,定期讨论有关全国性的与经济和劳动问题相关的问题,参与政策和法规的制定等。还有的国家设立专门的工资委员会,由政府、雇主组织、工人组织三方组成,每年发布工资增长的意见,供企业工资谈判时参考。此外,还有澳大利亚的全国职业安全与卫生委员会、新加坡的全国工资理事会等。

(四)设立三方劳动争议处理机构

还有更多的国家在劳动争议处理机构中设立三方代表,或由三方人员组成调解委员会、仲裁委员会、劳资关系委员会等。

(五)设立综合性的三方联系制度

在有些国家还实行综合性的三方联系制度,如日本的产业劳动恳谈会、俄罗斯的社会与劳动关系三方协调委员会、马来西亚的全国联合咨询委员会等。

为了保证三方协商机制的有效运行,各国通常还制定了一些具体的规则,如协商正常进行规则、解决协商僵局规则、协商不成的处理规则等。三方协商机制的组织机构一般可分为国家级和地方级(行业)不同的层次。

【关键术语】 三方协商机制　三方协商的级别　三方协商机制主体　政府部门　雇主组织　工人组织　民主协商　国际劳工组织　劳动大会　三方专业委员会

复习思考题

1. 什么是三方协商机制？它具有哪些特点？
2. 三方协商机制的作用是什么？
3. 政府在三方协商机制中的作用有哪些？
4. 为什么说三方协商是国际劳工组织的基本原则？
5. 试述三方协商机制的组织形式及其职能。

第八章 劳动合同争议的预防和处理

引导案例

加班费的仲裁时效应当如何认定①

张某于 2016 年 7 月入职某建筑公司从事施工管理工作,后于 2019 年 2 月离职。工作期间,张某存在加班情形,但某建筑公司未支付其加班费。2019 年 12 月,张某向劳动人事争议仲裁委员会申请仲裁,请求裁决某建筑公司依法支付其加班费,某建筑公司以张某的请求超过仲裁时效为由抗辩。张某不服仲裁裁决,诉至人民法院。

张某诉讼请求判决某建筑公司支付加班费 46 293 元。

一审法院判决:某建筑公司支付张某加班费 18 120 元。对此,张某与某建筑公司均未提起上诉,一审判决已生效。

本案争议焦点是张某关于加班费的请求是否超过仲裁时效。

《中华人民共和国劳动争议调解仲裁法》第二十七条规定:"劳动争议申请仲裁的时效期间为一年。仲裁时效期间从当事人知道或者应当知道其权利被侵害之日起计算。……劳动关系存续期间因拖欠劳动报酬发生争议的,劳动者申请仲裁不受本条第一款规定的仲裁时效期间的限制;但是,劳动关系终止的,应当自劳动关系终止之日起一年内提出。"《中华人民共和国劳动法》第四十四条规定:有下列情形之一的,用人单位应当按照下列标准支付高于劳动者正常

---

① 人社部、最高法院联合发布超时加班劳动人事争议典型案例[EB/OL]. 新浪财经,(2021-08-27). https://baijiahao.baidu.com/s? id=1709204413893370160&wfr=spider&for=pc.

工作时间工资的工资报酬……《关于工资总额组成的规定》(国家统计局令第1号)第四条规定:工资总额由下列六个部分组成:……(五)加班加点工资。仲裁时效分为普通仲裁时效和特别仲裁时效,在劳动关系存续期间因拖欠劳动报酬发生劳动争议的,应当适用特别仲裁时效,即劳动关系存续期间的拖欠劳动报酬仲裁时效不受"知道或者应当知道权利被侵害之日起一年"的限制,但是劳动关系终止的,应当自劳动关系终止之日起一年内提出。加班费属于劳动报酬,相关争议处理中应当适用特别仲裁时效。

本案中,某建筑公司主张张某加班费的请求已经超过了一年的仲裁时效,不应予以支持。人民法院认为,张某与某建筑公司的劳动合同于2019年2月解除,其支付加班费的请求应自劳动合同解除之日起一年内提出,张某于2019年12月提出仲裁申请,其请求并未超过仲裁时效。根据劳动保障监察机构在执法中调取的工资表上的考勤记录,人民法院认定张某存在加班的事实,判决某建筑公司支付张某加班费。

时效是指权利人不行使权利的事实状态持续经过法定期间,其权利即发生效力减损的制度。作为权利行使尤其是救济权行使期间的一种,时效既与当事人的实体权利密切相关,又与当事人通过相应的程序救济其权益密不可分。获取劳动报酬权是劳动权益中最基本、最重要的权益,考虑劳动者在劳动关系存续期间的弱势地位,法律对于拖欠劳动报酬争议设置了特别仲裁时效,对于有效保护劳动者权益具有重要意义。

劳动争议是用人单位与员工之间因为对薪酬、工作时间、福利、解雇及其他待遇等工作条件的主张不一致而产生的纠纷。预防和处理劳动争议,化解危机和防范风险是员工关系管理的重要内容。通过本章的学习,应了解劳动争议的含义、分类和特点,掌握劳动争议处理的原则和方法,劳动争议调解、仲裁、诉讼制度以及集体争议处理制度。

第一节 劳动争议处理概述

一、劳动争议的分类和立法意义

(一)劳动争议的分类

劳动争议也称劳资争议,是指劳资关系当事人之间因为对薪酬、工作时间、福利、解雇及其他待遇等工作条件的主张不一致而产生的纠纷。在我国,劳动争议具体指劳动者与用人单位之间,在劳动法调整范围内,因适用国家法律、法规和订立、履行、变更、终止和解除劳动合同以及其他与劳动关系直接相联系的问题而引起的纠纷。劳动纠纷是员工关系不协调的反映,只有妥善、合法、公正、及时处理劳动争议,才能维护劳动关系双方当事人的合法权益。

1. 争议主体不同。一般而言,根据争议的主体不同,劳动争议可分为个别争议和集体争议两种。

(1)个别争议:雇主与员工个人之间所发生的争议,其争议对象是私法上的权利,也是劳动合同上的内容,因而也可称为"权利争议"。

(2)集体争议:雇主与员工的团体即工会之间所发生的争议,其争议的对象是团体的利益,也就是有关集体协议的内容。集体争议是以劳动者团体即工会为主体的、在集体谈判过程中发生的争议。

2. 争议性质不同。根据劳动争议性质的不同,劳动争议可区分为权利事项争议和调整事项争议。

(1)权利事项争议:国际劳工组织认为,权利争议(或称法律争议)是指那些产生于对一项现行法律或集体协约的使用或解释(在某些国家也包括现行劳动合同)引起的争议。即劳资双方当事人基于法律、集体协议和劳动合同规定的权利义务所产生的争议,也就是劳资双方因为实现劳动法、集体协议和劳动合同所规定的既存权利义务所发生的争议。

(2)调整事项争议:劳资双方当事人对于劳动条件主张继续维持或变更的争议。

之所以将劳动争议进行这样的分类,其法律意义在于:多数国家会因争议种类的不同而设置不同的争议解决机构,并采用不同的法律程序。权利争议的处理多采用仲裁、诉讼的方法解决,因为既定权利的确认相对容易,而利益争议则由于其复杂性和专业性的特点,通常由政府或专业人士出面进行仲裁,而很少采用诉讼途径。

在我国,目前通常把劳动争议分为"一般劳动争议"和"因签订、履行集体合同发生的争议"。"一般劳动争议"是发生在特定的员工与雇主之间,因为适用国家法律、法规和订立、履行、变更、终止和解除合同等劳动权利义务而产生的争议。此外,根据劳动者一方人数的多少和争议理由是否相同,法律作出了进一步的规定,即发生劳动争议的职工一方在10人以上并有共同理由的,应当推举代表参加调解或者仲裁活动。因签订集体合同而发生的争议由劳动保障行政部门会同同级工会代表、企业代表共同进行协调;因履行集体合同而发生的劳动争议可以向劳动争议仲裁委员会提起申诉,对仲裁裁决不服的,可以向法院起诉。

(二)劳动争议立法的意义

现代意义上的劳动争议的产生源于工业革命。工业革命以后,劳资之间的关系逐渐变得异常复杂,劳资双方由于利害关系而处于对立之中,劳资之间爆发了相当规模及数量的纠纷。随着工业经济的不断发展,这些纠纷越来越多,第一次世界大战之后,劳资争议已成为各国重要的社会问题。由于劳资争议往往会引发巨大的社会风险,给劳资双方甚至整个社会带来很大危害,因此,迅速、恰当处理劳动争议,减少、缓和争议,维持社会公共秩序和生产秩序的安定就成为各国政府共同谋求解决的问题。为此,许多国家在立法上对劳资争议处理作出了规定,但由于国情不同,各国处理劳资争议的法律内容也不尽相同。

我国一向重视劳动争议的处理,为此制定了一系列有关劳动争议的法律、法规。有关劳动争议处理的法律主要是《劳动法》(1995年)和《劳动争议调解仲裁法》(2008年),其对劳动争议处理的问题和基本程序作出了规定。2008年5月1日实施的《劳动争议调解仲裁法》是一部专门处理劳动争议的程序法,它针对劳动争议处理实践中存在的突出问题对多项制度进行了修订和完善,对劳动争议的及时妥善处理具有直接意义。《劳动争议调解仲裁法》扩大了适用范围,优化了处理程序,强化了调解程序,完善了仲裁程序,加强了司法救济,延长了仲裁申请时效,缩短了处理时限。

虽然各国都制定了劳资争议处理的相关法律,但有一点必须注意,即无论这些立法如何完善和周密,仍不能绝对避免劳资争议的一再发生,同时也不能以现有的劳动立法完全解决所有的劳资争议问题,即使劳动立法最进步的国家,仍不能避免产生劳资争议问题。因此,这就需要我们对劳资争议有正确的认识。在现代社会,从事经济活动的劳动者与雇主之间存在纠纷是正常现象,如果毫无纠纷发生,则说明劳动者处于绝对弱势和被奴役的境地,这种情况必然会导致社会的停滞不前。正如美国学者皮德生在其《劳动经济学概论》中指出的,劳资争议并非一定要造成工作的停顿,既要维持罢工与开除工人的权利,同时也要采取有效措施避免争议的一再发生。对劳资纠纷采取和平的方式进行处理,不仅是政府的目标,其实也是劳动者和雇主共同企求的目标,通过劳、资、政三方努力,以实现共同目标。

二、劳动争议的范围

《劳动争议调解仲裁法》明确了劳动争议的范围。这部法律扩大了我国劳动争议处理的范围,除了通过劳动保障监察或者行政渠道能够解决的争议之外,都尽可能地纳入《劳动争议调解仲裁法》来解决,以化解矛盾。同时,将人事争议全部包括进来就把传统上的事业单位与聘用人员之间的人事关系纳入了法律的调整范围。

(一)因确认劳动关系发生的争议

因确认劳动关系发生的争议,包括是否存在劳动关系、什么时候存在劳动关系、与谁存在劳动关系等的纠纷。根据《劳动合同法》的规定,劳动关系自用工之日起建立,而不一定是从订立劳动合同时成立。这样就有可能出现在订立劳动合同前劳动关系就已经形成的情况,并因此产生劳动争议。劳动关系的确认是处理很多劳动争议的先决条件,只有在存在劳动关系的前提下,劳动者才拥有法律赋予的一系列权利,如获得劳动报酬的权利、休息休假的权利、获得劳动安全卫生保护的权利、享受社会保险和福利待遇的权利等,如果无法确认劳动关系,或劳动关系的确认发生错误,劳动者的权利主张就无法获得法律的支持。《劳动争议调解仲裁法》将确认劳动关系的争议纳入调整范围,主要是因为随着劳动力市场的进一步发展和完善,多种用工方式并存的局面开始显现,很多用工方式没有相应法律进行规范,在劳动关系的确认上很容易产生争议。一些用人单位与劳动者建立劳动关系时,没有按照法律的规定签订书面劳动合同,一旦发生纠纷,劳动者往往因为拿不出劳动合同而难以确认劳动关系。随着这类劳动争议数量的增多,在法律适用范围内增加"确认劳动关系发生的争议"成为一种必然要求。

(二)因订立、履行、变更、解除和终止劳动合同发生的争议

企业劳动合同管理涉及合同的订立、履行、变更、解除和终止各个环节。"订立"合同是指双方签订合同,建立劳动关系的过程,是劳动合同管理的第一个环节。"履行"是指劳动合同在依法订立生效之后,按照合同约定的条款,全面实际履行合同,实现劳动合同规定的权利义务的活动。"变更"是指双方当事人就已订立的劳动合同的部分条款达成修改、补充协定的法律行为。"解除和终止"是劳动合同的终结状态,"解除"是指一方或双方当事人在合同期满前,提前要求终结劳动合同的行为;"终止"则是在劳动合同期满或当事人主体有一方不存在时,劳动合同自然终结的状态。解除和终止是合同管理的最后一个环节。劳动关系从建立到履行,到终结,都不可避免地会出现争议,这些争议均属于劳动争议的受案范围,当事人可以依照《劳动争议调解仲裁法》,通过法律程序进行处理。

(三)因除名、辞退和辞职、离职发生的争议

"除名、辞退"是指用人单位单方面要求解除合同的行为;"辞职、离职"则是劳动者要求解除劳动关系的行为。无论哪一方要求终结劳动关系,都会对对方产生很大的影响。对劳动者来说,劳动关系的解除意味着劳动者丧失劳动收

人的主要途径;对用人单位来说,劳动者辞职、离职意味着人力资源的流失。在这一过程中,双方争议不可避免,因而属于劳动争议的受案范围。目前企业已采用"解除"劳动合同的方式,而不再使用"开除、除名"的方式处理员工。这一规定主要是针对事业单位而言的,事业单位还在使用像除名、辞职、辞退这样的一些人事处理方式。事业单位发生争议也适用《劳动争议调解仲裁法》。

(四)因工作时间、休息休假、社会保险、福利、培训以及劳动保护发生的争议

"工作时间"是指劳动者依法履行劳动合同的时间。依照相关规定,我国实行劳动者每日工作时间不超过8小时、平均每周工作时间不超过40小时的标准工时制度。"休息休假"是劳动者的权利,法律保障劳动者在工作时间之外享有充分的休息、休闲和娱乐时间及权利。"社会保险"是国家通过立法强制征集专门资金用于保障劳动者在丧失劳动能力或劳动机会时基本生活需求的一种物质帮助制度。我国的社会保险包括养老保险、医疗保险、工伤保险、失业保险和生育保险。社会保险争议可以分为劳动者与用人单位因为缴费而产生的争议,以及劳动者与社会保险经办机构产生的争议。《劳动争议调解仲裁法》中规定的涉及社会保险的争议一般应当是指劳动者与用人单位之间因社会保险有关问题发生的各种争议,诸如对是否参保有争议的,对未参保赔偿发生争议的,对工伤保险单位应承担的待遇发生争议的,等等。"福利、培训"是劳动者与用人单位签订劳动合同时双方自愿约定的事项,通常包括劳动者可享受到的福利、用人单位提供培训、培训服务期、违反服务期约定违约金等。"劳动保护"是法律赋予劳动者的权利,用人单位应当为劳动者提供符合国家规定的劳动安全卫生条件和必要的劳动防护用具,并将可能造成的职业伤害如实告知劳动者。工作时间、休息休假、社会保险、福利、培训及劳动保护都属于劳动标准的范畴,劳动标准与劳动者的切身利益和身心健康直接相关,也是劳动争议的多发环节。这方面的劳动争议同样在《劳动争议调解仲裁法》的调整范围内。

(五)因劳动报酬、工伤医疗费、经济补偿或者赔偿金等发生的争议

"劳动报酬"是指劳动合同约定的用人单位以货币形式支付给劳动者的报酬。取得劳动报酬是劳动者的权利,法律应予以维护。"工伤医疗费"是指劳动者遭受工伤或患职业病时,用人单位为劳动者的治疗和康复支付的相关费用。"经济补偿"是指用人单位解除或终止劳动合同,应予以劳动者经济补偿。"经济赔偿金"则是依据"损失赔偿"原则,用人单位向劳动者支付的赔偿金和劳动者向用人单位支付的赔偿金。赔偿金的数额按照法律规定的标准和实际

损失的数额确定。劳动报酬、工伤医疗费、经济补偿和赔偿金都属于劳动者与用人单位之间的金钱给付。这类劳动争议关系到劳动者和用人单位的经济利益。尤其对于劳动者来说,这类争议的解决是否公正合法,直接关系他们的生活保障甚至生命健康。此类劳动争议也属于《劳动争议调解仲裁法》的调整范围。

(六)法律、法规规定的其他劳动争议

除以上五种劳动争议事项外,法律、法规规定的其他劳动争议也应纳入《劳动争议调解仲裁法》的调整范围。

三、劳动争议处理的目的和原则

(一)劳动争议处理的目的

设定劳动争议处理制度的目的,是为了公正及时地处理劳动争议,建立和谐稳定的劳动关系,保护劳动者的合法的权益。

1. 公正及时地处理劳动争议。公正及时地处理劳动争议,保障用人单位和劳动者的合法权益,有利于平衡劳动合同双方当事人的利益,有利于建立和谐稳定的劳动关系。

2. 建立和谐稳定的劳动关系。劳动争议,特别是集体劳动争议,如果不能预防和及时有效地解决,就会引起停工、罢工,影响经济发展和社会安定。因此,事先预防和事后公正处理劳动纠纷具有重要意义。这就需要建立解决纠纷的相应机构,通过法定程序解决纠纷,使劳动关系在协调、稳定、有序的轨道上发展,促进劳动关系双方的合作与共同发展。

3. 保护劳动者合法权益。只有将劳动纠纷纳入法制的轨道,才能妥善处理劳动纠纷,切实保障双方的合法权益,发展良好的劳动关系。

(二)劳动争议处理的原则

劳动关系原则上是一种不受国家权力直接干预的私人自治关系,但如果不能及时预防和有效解决劳资间发生的各种纠纷,就可能对国家经济发展带来不利的后果。因此,事先预防和事后公正处理劳资纠纷具有重要的意义,并且需要建立解决纠纷的相应机构,通过恰当的方法解决劳资纠纷。

1. 着重调解、及时处理原则。调解是处理劳动争议的基本手段,贯穿于劳动争议处理的全过程。企业劳动争议调解委员会处理劳动争议的工作程序全部是进行调解。仲裁委员会和人民法院处理劳动争议也应当先行调解,在裁决和判决前还要为当事人提供一次通过调解解决争议的机会。调解应在当事人自愿的基础上进行,不得有丝毫的勉强或强制。调解应当依法进行,包括依照实体法和程序法,调解不是无原则的"和稀泥",对劳动争议的处理要及时。企业劳动争议调解委员会对案件调解不成,应在规定的期限内及时结案,避免当事人丧失申请仲裁的权利;劳动争议仲裁委员会对案件先行调解不成,应及时裁决;人民法院在调解不成时,应及时判决。

2. 在查清事实的基础上依法处理原则。正确处理调查取证与举证责任的关系。调查取证是劳动争议处理机构的权力和责任,举证是当事人应尽的义务和责任,两者有机结合,才能达到查清事实的目的。处理劳动争议既要依实体法,又要依程序法,而且要掌握好依法的顺序,按照"大法优于小法,后法优于先法"的顺序处理。处理劳动争议既要有原则性,又要有灵活性,坚持原则性与灵活性相结合。

3. 当事人在适用法律上一律平等原则。劳动争议当事人的法律地位平等,双方具有平等的权利和义务,任何一方当事人都不得有超越法律规定的特权。当事人双方在适用法律上一律平等、一视同仁,对任何一方都不偏袒、不歧视,对被侵权或受害的任何一方都予以同样的保护。

四、劳动争议处理的方法

劳动争议的处理方法分为一般调整方法和紧急调整方法。一般调整方法又可以具体分为协商、斡旋和调解、仲裁及审判。

(一)一般调整方法

1. 协商。协商是指争议双方采取自治的方法解决纠纷,根据双方的合意或团体协议,相互磋商,和平解决纷争。协商解决劳动纠纷不是基于法律的强制,而是基于当事人的自主选择。以协商方式解决争议的优越性在于:一是解决纠纷容易。双方当事人最熟悉纠纷的起因和争议的焦点,由双方协商解决争议有利于做到"对症下药";二是解决问题的成本低,双方可以选择彼此都方便的时间、地点和方式进行协商,既不会过多影响工作,更不必支付过多费用;三是后遗症较小,劳动争议与其他纠纷不同,双方很可能今后仍要维持劳动关系,以协商方式处理纠纷,既容易解决问题,又不至于"闹翻脸",不仅不会影响今后的合作,反而会促进双方的理解;四是有利于争议的真正解决,因为由双方自主协商,没有任何外在压力,可以充分表达当事人的内心意愿,便于协议的执行;五是影响面小,以协商方式解决纠纷,避免将争议闹得沸沸扬扬、尽人皆知。通过协商解决纠纷,要注意选择适当的时间、场所和方式,为协商顺利进行创造较好的外部条件。双方要充分表明自己的主张、要求及理由,认真听取对方的主张、观点及其依据,在"知己"的同时做到"知彼"。同时,要清楚双方主张之间的异同点,把握争议的焦点,熟悉大环境,包括国家的政策和法规、国家和地区的经济状况、单位生产经营状况,乃至自己在单位中所处的地位。反省自己的主张和要求,进行换位思考,必要时可以暂时中止协商过程,冷静思考一段时间,审时度势,作出必要的让步和妥协,以便达成协议。如不能及时达成协议,应终结协商程序,选择其他方式。

2. 斡旋和调解。斡旋是在争议双方自我协商失败的情况下,由第三者或中间人介入,互递信息,传达意思,促成其和解。斡旋分为自愿斡旋和强制斡旋:自愿斡旋是一方或双方自愿接受斡旋和解建议;强制斡旋则出现在仲裁或审判程序中,是政府使用强制手段介入劳动纠纷,以预防罢工或关闭工厂。调解是第三者或者中间人介入争议并提出建议的处理过程,促使双方达成协议。与斡旋相比,调解人的角色更加独立,可以提出解决争议的具体方案或建议,供双方参考。调解分为自愿调解和强制调解:自愿调解是当事人一方或双方自愿申请的调解;强制调解则依法律规定由调解者出面进行,不以当事人自愿与否为条件。

3. 仲裁。仲裁是仲裁机构对争议事项作出的裁决决定。仲裁裁决具有约束力,并具有强制执行的效力。仲裁分为自动仲裁、自愿仲裁和强制仲裁。自动仲裁是双方在争议发生前已在集体协议之中规定,一旦发生争议,双方以仲裁方式解决。自愿仲裁是双方在争议发生后或争议未达成和解协议时,自愿将争议提交仲裁机构处理,并服从仲裁裁决。强制仲裁是根据法律规定,双方必须将争议提交仲裁机构处理,或由仲裁机构主动介入争议处理。

4. 审判。审判是法院依照司法程序对劳动争议进行审理并作出判决的诉讼活动,是处理劳动争议的最终程序。

(二)紧急调整方法

各国劳动争议立法普遍对公益事业或紧急情况下的劳动争议采取紧急调整的方法。所谓紧急情况下的劳动争议,即对公众的日常生活不可缺少或对国民经济产生重大影响的劳动纠纷事件,如铁路、邮电、医疗、银行、广播等行业的集体纠纷,许多国家都规定了特殊的处理程序,具体方法是:①坚持优先和迅速处理的原则;②政府在必要时可采取强制仲裁,即停止或者限制影响公共利益和国民生活的争议行为,采取紧急的方法提出解决问题的方案。

五、如何预防劳动争议

(一)规章制度是国家法律、法规在企业的延伸

2021年《最高人民法院关于审理劳动争议案件适用法律问题的解释(一)》第五十条规定,用人单位根据劳动合同法第四条规定,通过民主程序制定的规章制度,不违反国家法律、行政法规及政策规定,并已向劳动者公示的,可以作

为确定双方权利义务的依据。用人单位制定的内部规章制度与集体合同或者劳动合同约定的内容不一致,劳动者请求优先适用合同约定的,人民法院应予支持。这一司法解释明确规定,只要规章制度内容合法、经过民主程序,并向劳动者公示的,即具有法律约束力,赋予企业规章制度以法律效力,可以作为法院审理劳动争议的依据,实际上是将企业的合法的规章制度视为国家法律在企业的一种延伸,因此规章制度也就是企业的"内部法"。

规章制度是企业人力资源管理的重要手段和工具,企业有权通过制定规章制度,告诉员工应当做什么、不应当做什么以及应当怎样做,对员工的行为进行合法规范。规章制度是企业规定劳动者工作行为、工资福利待遇的形式,通过制定制度实现人力资源的录用、培训、考核以及退出目标。规章制度是国家法律在本企业的具体化,合法的规章制度为处理劳动关系问题提供了标准和准则。劳动法律、法规只能对劳动关系双方的权利义务作出原则性、纲领性的规范,不可能对每个具体企业的行为规范作出详细规定,规章制度作为双方"合意"的法律,可以对法律未尽的事宜作出详细、具体的约定,明确彼此的权利和义务,规范双方在工作过程中的行为。在发生劳动争议时,规章制度也是解决纠纷的重要依据和证据,为解决纠纷提供了便利,降低了争议解决的成本,因而规章制度也是维护劳动者和用人方合法权益的法律保障。

(二) 企业规章制度应符合法律规定

《劳动合同法》第四条规定:"用人单位应当依法建立和完善劳动规章制度,保障劳动者享有劳动权利、履行劳动义务。用人单位在制定、修改或者决定有关劳动报酬、工作时间、休息休假、劳动安全卫生、保险福利、职工培训、劳动纪律以及劳动定额管理等直接涉及劳动者切身利益的规章制度或者重大事项时,应当经职工代表大会或者全体职工讨论,提出方案和意见,与工会或者职工代表平等协商确定。在规章制度和重大事项决定实施的过程中,工会或者职工认为不适当的,有权向用人单位提出,通过协商予以修改完善。用人单位应当将直接涉及劳动者切身利益的规章制度和重大事项决定公示,或者直接告知劳动者"。

与《劳动法》相比,《劳动合同法》对企业规章制度的规定的变化在于:更加强调企业制定和修改规章制度的民主程序,规定了民主程序的具体形式和要求,明确了规章制度的内涵和外延,要求企业根据自身情况制定本单位规章制度制定和修改的民主程序。按照《劳动合同法》和司法解释的规定,用人单位在制定规章制度时应当注意以下问题:

1. 明确本单位民主程序的形式和要求。2001年最高人民法院的相关司法解释并没有对民主程序的流程和形式作出具体规定,而《劳动合同法》对于直接涉及劳动者切身利益的规章制度或者重大事项的制定程序作出了具体规定。首先,规章制度应当经职工代表大会或者全体职工讨论,如企业有职工代表大会,应当将规章制度的草案提交职工代表大会讨论,充分听取职工意见;没有职工代表大会的,应将规章制度草案通过公告形式告知全体职工,由全体职工提出意见和建议。其次,企业应当充分考虑职工代表大会或者全体职工的意见和建议,对草案进行修改,有工会的与工会进行平等协商确定;没有工会的,企业应当民主选举出职工代表,并与职工代表平等协商确定。民主程序是规章制度制定和修改的必经程序,若未经过民主程序而由企业单方面制定则不具有法律效力。因此,企业应明确本单位制定和修改规章制度的民主程序和流程,将企业现有规章制度提交职代会或全体职工讨论,并将结果公示,使企业规章制度在制定程序上合法化、规范化。

2. 向全体员工公示。按照民主程序制定的规章制度,企业应当通过适当形式向全体职工公示。通常,公示可以采取五种方式:①在企业的公告栏或内部办公系统发布;②由各部门传阅,并由每个职工签字确认已经认真阅读并知晓;③将规章制度作为劳动合同的附件,由职工在劳动合同书上签字认可;④汇编成《员工手册》,向每一名员工发放;⑤组织员工进行规章制度的学习和考试考核。规章制度对劳动者具有约束力,其前提是员工必须知晓其内容和要求,因此,公示和告知是企业规章制度产生法律效力的必要条件。若企业未履行上述公示或告知程序,则规章制度没有法律效力。企业对规章制度进行公示时,要注意保留已经公示的证据,以避免法律风险,如在员工阅读规章制度后,要求其签字确认"已经阅读"并且承诺"遵守"等。

3. 内容不违反国家法律、法规及相关政策。企业规章制度的内容不得违反国家法律、法规及相关政策中的禁止性和限制性规定。规章制度只有在内容合法的前提下,在企业内部才有约束力。如果规章制度本身内容违法,侵犯了劳动者的合法权益,劳动者不仅可以不遵守,而且有权随时解除劳动合同,并要求企业支付经济补偿金。目前,企业规章制度不合法的情况较为普遍,而许多情况下企业并不知道这些情形不合法;一些企业为了解决某些实际问题而制定了一些政策,这些政策看似合理,但不合法。例如,有的企业在薪酬制度中规定,员工中途离开的,没有派发的奖金一律不再发;加班费包含在奖金中等。一些企业则是公开违法,如工时、加班、休假制度违反法定标准,规定员工在合同期内不得结婚生育,随意扣押劳动者的证件等。不合法的制度规定,不仅不能约束员工行为,还会引发员工对企业的不信任,并且,一旦因此发生争议,企业也不会得到法律的支持。《劳动合同法》第八十条规定,用人单位直接涉及劳动者切身利益的规章制度违反法律、法规规定的,由劳动行政部门责令改正,给予警告;给劳动者造成损害的,应当承担赔偿责任。因此,企业应及时对现存规章制度进行合法性审查,对不符合法律规定的条款进行修订或删除。

4.制定主体符合法律规定。规章制度在本单位范围内应当具有统一性和权威性,单位规章制度应当以用人单位名义颁布实施,企业内部任何部门、机构都不具有规章制度的制定资格,不得自行制定相关制度。通常,企业规章制度由负责人力资源管理的专门机构牵头制定,相关管理部门参与,最终须以用人单位名义发布。企业业务部门制定并以部门名义发布的规章制度,因不符合主体资格而存在法律效力风险。设立子公司的用人单位,总公司的规章制度并不当然对子公司具有法律效力,规章制度有效的前提是各子公司将总公司的规章制度按照法律规定的程序,经本公司职工代表大会或全体职工讨论,与本公司工会或者职工代表平等协商确定,并向职工公示。设立分公司的用人单位,如果分公司的员工是与总公司签订劳动合同的,总公司在制定规章制度的过程中,若分公司及其员工也参与征求意见并有代表参与平等协商,则规章制度对分公司有效;否则,则须按照分公司的方式和程序对规章制度进行确认。

(三)完善企业规章制度的技巧

制定专业、合法、有效的规章制度可以有效降低管理成本,防范劳动争议和企业败诉的风险。《劳动合同法》对企业现有的人力资源管理模式带来了全方位的深远影响,也给企业规范、完善规章制度带来了巨大挑战。抓住机遇,梳理完善制度,提升管理水平,是企业在新的法律环境下有效运用《劳动合同法》的必然选择。

1.梳理、更新、完善现行规章制度。企业内部规章制度滞后于现行法律、法规的要求,是目前很多企业存在的突出问题。《劳动合同法》对许多问题作出了新规定,改变了过去的"游戏规则",企业应根据新法对规章制度进行合法性、规范性、可操作性、协调性方面的审查,对不符合法律规定的制度进行修订和更新,避免因规章制度不合法而带来劳动争议,并通过建立有效的规章制度,发挥其在维护企业日常管理、防范管理风险方面的积极作用。例如,过去在劳动合同中可以约定违约金条款,而《劳动合同法》则对违约金作了严格限制和规范,除了培训协议和商业秘密竞业限制外,不得再约定违约金事项。另外,《劳动合同法》对劳务派遣、非全日制用工作了具体规定,企业要将用工模式纳入法律调整模式,避免不规范用工带来的法律风险。对劳动报酬、工作时间、休息休假、劳动安全卫生、保险福利、职工培训、劳动纪律以及劳动定额管理等直接涉及劳动者切身利益的规章制度进行梳理、更新和完善,健全相关各项管理制度。

2.根据法律规定细化企业相关制度。目前,许多企业在签订和履行劳动合同时，简单地照抄、照搬法律规定，而没有与企业的具体实际相结合，导致劳动合同制度难以切实执行。企业规章制度要依据法律，但又不是照抄法条，而要联系工作实际，将法律规定具体化，使其具有可操作性。例如，法律规定，当劳动者严重违反用人单位的规章制度时，企业可以解除劳动合同。但在实际操作过程中，许多企业不能具体、明确地说明劳动者违反了哪项规章制度，以及是否"严重"，从而导致针对一些行为企业认为很"严重"，但劳动者认为"不严重"或者仲裁员认为"不严重"。企业据此与员工解除劳动合同时，常因证据不足而导致败诉。为解决此类问题，企业一定要明确什么是"严重违纪"，例如，企业可以规定下列情形属于严重违反规章制度的行为：不服从管理，辱骂、殴打管理人员，或对管理人员进行打击报复的；连续旷工10天以上或一年内累计旷工达到30天以上的；试用期满后，发现应聘过程中提供的应聘资料有虚假、有隐瞒的，等等。通过这些规定，明确界定何种行为属于严重违反规章制度，既提供了明确的标准，又使得员工非常清楚企业的要求以及违反要求的后果。此外，还要在规章制度中明确录用条件、岗位职责、绩效考核标准等内容，并作出明确的规定，并使这些制度符合《劳动合同法》的要求。很多企业都规定，劳动者在试用期间被证明不符合录用条件的，用人单位可以解除劳动合同。但是何谓"不符合录用条件"，企业却没有明确说明，一旦劳动者对这一裁定不服，企业将难以提供证据来证明劳动者不符合录用条件。

3. 用语要规范和准确。企业规章制度的书写缺乏规范，普遍存在用词生硬、语句歧义等问题，导致企业规章制度变得晦涩难懂、难以理解，也就难以发挥在劳动争议处理中的重要依据作用。企业制定规章制度，切忌使用过多生疏词汇，语言应力求通俗易懂、言简意赅，避免使用容易产生歧义的语句。标点符号的运用要准确。比如，有的企业规定"有贪污，打架，盗窃的属于严重违纪的行为"。这一规定显然将标点符号用错了，三种行为之间用逗号，表示三种行为同时存在才属严重违纪，而这三种行为基本不会同时发生，所以要用顿号，即表示有其中任何一种行为都属于严重违纪行为。规章制度应像法条那样简练、清晰、明确、严谨，准确阐明用人单位和劳动者的权利义务。

4. 实事求是、切实执行。建立规章制度，其本质就是要形成规矩，建章立制。规章制度是用人单位的劳动管理宪章，是劳动管理的自治规范、行为守则，一经制定、生效，对用人单位全体成员都具有约束力，在内容与实施上相当于法律、法规的延展和具体化。所以，用人单位制定的规章制度只要不违反法律、法规的禁止性规定，劳动者就应当遵守。制定规章制度，一定要实事求是、量力而行，不能盲目求大、求全，能做到什么程度就写到什么程度，做到"写你想做的，做你所写的"。

第二节　劳动争议的时效与期限

一、劳动争议的时效

(一) 时效的一般规定

时效是指在规定的期限内,劳动争议当事人不行使申诉权,申诉权因期满而归于消灭的制度。劳动争议仲裁时效,是指劳动争议发生后,争议当事人如果不在法定的期限内向仲裁机构申请仲裁,则丧失通过仲裁程序保护自己合法权益的制度。通常,我们也把仲裁时效称作申诉时效。时效期限届满,当事人即丧失请求保护其权利的申诉权,仲裁委员会对其仲裁申请不予受理。

法律为行使申诉权规定了时间界限。根据《劳动争议调解仲裁法》第二十七条的规定,劳动争议申请仲裁的时效期间为1年。仲裁时效期间从当事人知道或者应当知道其权利被侵害之日起计算,即当事人应当从知道其权利被侵害之日起1年内,以书面形式向仲裁委员会申请仲裁。如期限届满,即丧失请求保护其权利的申诉权,仲裁委员会对其仲裁申请不予受理。这种时效的规定,是针对正常情况作出的。仲裁时效问题无论是对争议当事人还是劳动争议仲裁委员会都是非常重要的,因为法律不保护权利上的"睡眠者"。劳动法律之所以对时效作出规定,目的之一是为了稳定劳动关系。因为劳动争议发生在劳动者和用人单位之间,如果争议得不到及时解决,双方对立的情绪就得不到缓解,势必影响正常的生产经营秩序。另外,规定仲裁时效也便于及时查清事实真相,避免由于时间太长而难以收集到证据,造成人力、物力的浪费,甚至劳而无果。

对于如何理解"争议发生之日"也是一个十分重要的问题,因为它关系到时效起算日的确定。"争议发生之日"是指"知道或者应当知道权利被侵害之日"。也就是说,"争议发生之日"并不是以双方当事人产生正面冲突为标志,而是从当事人知道自己的权利被侵犯之时,在法律上就被认为是产生"争议"之日,此时也就是仲裁时效的起算之日。申诉时效的起算点不是凭空设定的,而是有证据表明当事人知道自己的权利被侵害的日期,或者根据常理可以推断当事人应当知道自己的权利被侵害的日期。

(二) 时效中断

劳动争议仲裁时效中断,是指在仲裁时效进行期间因发生一定的法定事由,使已经经过的仲裁时效期间统归无效,待时效期间中断的事由消失后,仲裁时效期间重新计算的一种时效制度。根据《劳动争议调解仲裁法》第二十七条的规定,仲裁时效中断主要有三种情形:一是当事人一方向对方当事人主张权利;二是当事人一方向有关部门请求权利救济;三是对方当事人同意履行义务。符合任何一种情况,仲裁时效即发生中断。从中断时起,仲裁时效期间重新计算。

(三)时效中止

劳动争议仲裁时效中止,是劳动争议仲裁的一方当事人在法定的仲裁申请期限内,因不可抗力或其他正当理由阻碍权利人行使请求权,仲裁程序依法暂时停止,待法定事由消灭之日起,再继续计算仲裁时效期间的一种时效制度。根据《劳动争议调解仲裁法》第二十七条的规定,时效中止主要有两种情形:一是不可抗力,即不能预见、不能避免和不能克服的客观情况,如因地震、海啸、水灾,或者因战争交通中断,当事人无法完成在仲裁时效内应当完成的行为;二是其他正当理由,即除了不可抗力之外,使权利人无法行使请求权的客观情况。从中止时效的原因消除之日起,仲裁时效期间继续计算。仲裁时效中止的时间不计入仲裁时效,而将仲裁时效中止前后的时效时间合并计算为仲裁时效期间。

(四)时效的特殊规定

《劳动争议调解仲裁法》第二十七条规定了特殊情况下的仲裁时效,即劳动关系存续期间因拖欠劳动报酬发生争议的,劳动者申请仲裁不受1年仲裁时效期间的限制,但是,劳动关系终止的,应当自劳动关系终止之日起1年内提出。对劳动关系存续期间劳动者追索劳动报酬争议的仲裁时效作出规定,是为了更好地维护劳动者的合法权益。若劳动者与用人单位已解除或终止劳动合同,因追索劳动报酬发生争议的,劳动者应当在劳动关系终止之日起1年内提出申请仲裁,超过1年的时限,仲裁委员会也将不予受理。

二、劳动争议处理的期限

(一)仲裁的程序

仲裁主要包括三个步骤:立案、裁决和结案。

当事人向仲裁委员会申请仲裁,应当提交申诉书,并按照被诉人数提交副本。《劳动争议调解仲裁法》第二十八条规定了仲裁申请书的具体内容:"申请人申请仲裁应当提交书面仲裁申请,并按照被申请人人数提交副本。仲裁申请书应当载明下列事项:

(一)劳动者的姓名、性别、年龄、职业、工作单位和住所,用人单位的名称、住所和法定代表人或者主要负责人的姓名、职务;

(二)仲裁请求和所根据的事实、理由;

(三)证据和证据来源、证人姓名和住所。

书写仲裁申请确有困难的,可以口头申请,由劳动争议仲裁委员会记入笔录,并告知对方当事人。"

仲裁委员会在规定的期限内作出受理或者不予受理的决定。根据《劳动争议调解仲裁法》的规定,劳动争议仲裁委员会收到仲裁申请之日起5日内,认为符合受理条件的,应当受理,并通知申请人;认为不符合受理条件的,应当书面通知申请人不予受理,并说明理由。劳动争议仲裁委员会受理仲裁申请后,应当在5日内将仲裁申请书副本送达被申请人。被申请人收到仲裁申请书副本后,应当在10日内向劳动争议仲裁委员会提交答辩书。劳动争议仲裁委员会收到答辩书后,应当在5日内将答辩书副本送达申请人。被申请人未提交答辩书的,不影响仲裁程序的进行。仲裁庭应当在开庭5日前,将开庭日期、地点书面通知双方当事人。当事人有正当理由的,可以在开庭3日前请求延期开庭。是否延期,由劳动争议仲裁委员会决定。申请人收到书面通知,无正当理由拒不到庭或者未经仲裁庭同意中途退庭的,可以视为撤回仲裁申请。被申请人收到书面通知,无正当理由拒不到庭或者未经仲裁庭同意中途退庭的,可以缺席裁决。当事人申请劳动争议仲裁后可以自行和解。达成和解协议的,可以撤回仲裁申请。

仲裁庭在作出裁决前,应当先行调解。调解达成协议的,仲裁庭应当制作调解书。调解书应当写明仲裁请求和当事人达成和解协议的结果。调解书由仲裁员签名,加盖劳动争议仲裁委员会印章,送达双方当事人。调解书经双方当事人签收后发生法律效力。调解不成或者调解书送达前一方当事人反悔的,仲裁庭应当及时作出裁决。仲裁庭作出裁决后,应当制作裁决书,送达双方当事人。

(二)仲裁的期限

根据《劳动争议调解仲裁法》的规定,仲裁庭裁决劳动争议案件,应当自劳动争议仲裁委员会受理仲裁申请之日起45日内结束。案情复杂需要延期的,经劳动争议仲裁委员会主任批准,可以延期并书面通知当事人,但是延长期限不得超过15日。逾期未作出仲裁裁决的,当事人可以就该劳动争议事项向人民法院提起诉讼。《劳动争议调解仲裁法》大大缩短了仲裁审理时限,自当事人向仲裁委员会提交仲裁申请之日起5日内,劳动争议仲裁委员会应决定是否受理;决定受理后,应当自受理仲裁申请之日起45日内结束;案情复杂需要延期的,经劳动争议仲裁委员会主任批准,可以延期并书面通知当事人,但是延长期限不得超过15日。此外,《劳动争议调解仲裁法》规定,对仲裁委员会逾期未作出仲裁裁决的,当事人可以就该劳动争议事项向人民法院提起诉讼。缩短仲裁审理期限,明确仲裁委员会消极不作为时的司法救济,对于保护劳动者和用人单位的合法权益,及时、快捷解决劳动争议,防止推诿和劳动争议久拖不决具有重要意义。

第三节 劳动争议证据的保护和运用

一、谁主张谁举证与用人单位举证责任

举证责任,是指当事人在仲裁、诉讼中对自己的主张加以证明,并在自己的主张最终不能得到证明时承担不利法律后果的责任。《劳动争议调解仲裁法》合理确定了劳动关系双方的举证责任,将"谁主张,谁举证"与"用人单位举证责任"结合起来,并明确了用人单位拒绝提供相关证据的法律后果。这一规定不仅继承了"谁主张,谁举证"的民法原则,而且规定了用人单位的举证责任。"谁主张,谁举证"这一罗马法中的证明责任分配规则,是符合自然正义理念的古老经验,也是世界大多数国家采用的一般意义上的举证责任规定。《劳动争议调解仲裁法》第六条规定:"发生劳动争议,当事人对自己提出的主张,有责任提供证据。"但考虑到在劳动争议案件中,大量的证据由用人单位掌握管理,劳动者在发生争议时难以提供,因此,为了保护劳动者的合法权益,《劳动争议调解仲裁法》第六条同时规定:"与争议事项有关的证据属于用人单位掌握管理的,用人单位应当提供;用人单位不提供的,应当承担不利后果。"

2021年《最高人民法院关于审理劳动争议案件适用法律问题的解释(一)》第四十二条、第四十四条进一步规定,因用人单位作出的开除、除名、辞退、解除劳动合同、减少劳动报酬、计算劳动者工作年限等决定而发生的劳动争议,用人单位负举证责任。劳动者主张加班费的,应当就加班事实的存在承担举证责任。但劳动者有证据证明用人单位掌握加班事实存在的证据,用人单位不提供的,由用人单位承担不利后果。事实上,劳动者和用人单位双方的地位在劳动争议处理程序中是不平等的,双方的维权能力不对称。突出的表现是,劳动者在劳动争议处理程序中处于弱势地位;有些与争议事项有关的证据是用人单位掌握管理的,例如人事档案、工资发放清单、考勤记录、绩效考核材料、奖金分配制度、社会保险费缴纳等,劳动者一般无法取得和提供。在这些情况下仍然坚持"谁主张,谁举证",对劳动者来说有失公平。所以,《劳动争议调解仲裁法》规定了用人单位的部分举证责任。

劳动争议举证责任的规定,按照公平、公正的原则以及现实可行的原则将举证责任在劳动关系双方之间进行了合理的分配。对劳动者而言,要更加注意保存证据。因为法律规定用人单位仅负责提供一种证据,那就是"与争议事项

有关的证据属于用人单位掌握管理的",而其他属于劳动者自己管理的证据,依然要由劳动者提供。这对用人单位而言,对其规范管理提出了更高的要求,用人单位要高度重视和完善档案管理制度,同时要加强对档案资料的保管,尤其对用人单位有利的档案资料的保管。而且,离职员工的所有档案保留至少不少于2年,以防范员工在离职后对用人单位提起劳动争议仲裁,否则,用人单位将大大增加用工成本。

二、质证和辩论

《劳动争议调解仲裁法》第三十八条规定:"当事人在仲裁过程中有权进行质证和辩论。质证和辩论终结时,首席仲裁员或者独任仲裁员应当征询当事人的最后意见。"这一规定明确了仲裁活动中的质证和辩论问题。

(一) 当事人在仲裁过程中有权进行质证

质证是双方当事人之间对彼此提供的证据的真实性、关联性、合法性以及有无证明力、证明力大小进行说明和质辩。"真实性"是证明所反映的内容应当是真实的,客观存在的;"关联性"是证据与案件事实之间存在客观联系;"合法性"是证明案件真实情况的证据必须符合法律规定的要求。质证是当事人的一项重要权利,也是仲裁庭审理过程中的一项重要内容,是查明事实、分清责任、公正仲裁的重要环节,仲裁庭可以通过当事人之间互相质证审查判断证据是否真实、可靠,从而查清案件事实,准确及时解决纠纷。质证的顺序一般是:申请人出示证据,被申请人进行质证;被申请人出示证据,申请人进行质证;第三人出示证据,申请人、被申请人对第三人出示的证据进行质证;第三人对申请人或被申请人出示的证据进行质证。案件有两个以上独立请求的,可以要求当事人逐项陈述事实和理由,逐个出示证据并分别进行调查和质证。对当事人无争议的事实无须举证、质证。经仲裁庭准许,当事人及其代理人可以就证据问题相互发问,也可以向证人、鉴定人或者勘验人发问。当事人及其代理人相互发问,或者向证人、鉴定人、勘验人发问时,发问的内容应当与案件事实有关联,不得采用引诱、威胁、侮辱等语言或者方式。对书证、物证、视听资料进行质证时,当事人有权要求出示证据的原件或者原物,但有下列情况之一的除外:"出示原件或者原物确有困难并经人民法院准许出示复制件或者复制品的;原件或者原物已不存在,但有证据证明复制件、复制品与原件或原物一致的。"视听资料应当当庭播放或者显示,并由当事人进行质证。涉及国家秘密、商业秘密和个人隐私或者法律规定的其他应当保密的证据,不得在开庭时公开质证。质证的方法,根据证据的不同而采用不同的方法。证人应当出庭作证,接受当事人的质询。证人出庭作证时,应当出示证明其身份的证件。仲裁庭应当告知其诚实作证的法律义务和作伪证的法律责任。出庭作证的证人不得旁听案件的审理。仲裁庭询问证人时,其他证人不得在场,但组织证人对质的除外。若"证人确有困难不能出庭"的,如年迈体弱或者行动不便无法出庭的,路途特别遥远、交通不便难以出庭的,因自然灾害等不可抗力的原因无法出庭的等,经仲裁庭许可,证人可以提交书面证言或者视听资料或者通过双向视听传输技术手段作证。

(二)当事人在仲裁过程中有权进行辩论

仲裁庭辩论是在庭审调查事实的基础上,双方当事人对案件事实的认定、各自的责任和适用法律等提出自己的主张。辩论是开庭审理的必经程序,也是当事人行使辩论权的重要阶段。辩论开始前,由首席仲裁员提示双方当事人不要重复事实,辩论的重点应着重在责任的分析和法律的运用上。辩论应围绕案件事实是否清楚、责任是否分明以及如何适用法律等进行。如在辩论中当事人又提出新的事实或仲裁庭认为庭审调查时尚未查清的,应终止辩论程序,恢复庭审调查程序,待查清案件事实后再恢复辩论程序。如果案件事实在庭审中暂时不能查清,应宣布休庭,待当事人举证或仲裁庭获取证据后再继续开庭,待事实查清后再恢复辩论程序。

(三)质证和辩论终结时,应当征询当事人的最后意见

为充分保证当事人发表意见的权利,质证和辩论终结时,首席仲裁员或者独任仲裁员应当征询当事人的最后意见。

三、证据的保护和运用

(一)加强举证意识,规范管理流程

在劳动争议的证据规则中,用人单位承担较大的举证责任,并对举证不能的后果作出了明确规定,"没有证据或者证据不足以证明当事人的事实主张的,由负有举证责任的当事人承担不利的法律后果"。因此,用人单位应当增强证据意识,规范管理流程,在订立、履行、变更、解除和终止劳动合同时,保留好劳动者同意的书面证据以及与企业用工有关的职工名册、工资发放、社会保险缴纳等证据材料,有些资料如加班审批单等应一式两份,由劳动者与用人单位各自保存一份。为避免劳动者对用人单位提供的证据的真实性提出异议,用人单位在行使管理权过程中形成的资料应尽量由劳动者本人签字确认,规章制度的建立和修改应按照法律规定的程序进行。

(二)注意举证时限制度

针对过去长期实行的当事人在诉讼中的各个阶段均可以随时提出新的证

据主张,导致诉讼程序的稳定性得不到应有的保障,2001年公布、2019年修改的《最高人民法院关于民事诉讼证据的若干规定》(以下简称《证据规定》),明确规定了举证时限制度。人民法院指定举证期限的,适用第一审普通程序审理的案件不得少于15日,当事人提供新的证据的第二审案件不得少于10日。适用简易程序审理的案件不得超过15日,小额诉讼案件的举证期限一般不得超过7日。自当事人收到案件受理通知书和应诉通知书的次日起算,举证期限也可由当事人协商并经法院认可。人民法院应当向当事人说明举证的要求及法律后果,促使当事人在合理期限内积极、全面、正确、诚实地完成举证。对逾期举证法院将不组织质证,也就是不能作为定案的依据,并且逾期举证提供的证据不能作为推翻原判决的新证据。举证期内提交证据材料有困难的,须由当事人提出申请并经法院决定。

(三)证据交换制度

双方当事人在开庭审理前互相交换证据,证据交换可以由当事人申请,也可以由法院依职权决定。证据交换的主持人是审判人员。

(四)界定非法取证的范围

2020年修正的《最高人民法院关于适用〈中华人民共和国民事诉讼法〉的解释》第一百零六条规定:"对以严重侵害他人合法权益、违反法律禁止性规定或者严重违背公序良俗的方法形成或者获取的证据,不得作为认定案件事实的根据。"电视暗访、私自录音录像,不一定就是非法证据,只有侵犯了他人隐私权,侵犯了国家秘密、企业商业秘密等非法方法取得的证据才成为非法取证。

第四节 劳动争议处理程序

《劳动争议调解仲裁法》规定:"发生劳动争议,当事人不愿协商、协商不成或者达成和解协议后不履行的,可以向调解组织申请调解;不愿调解、调解不成或者达成调解协议后不履行的,可以向劳动争议仲裁委员会申请仲裁;对仲裁裁决不服的,除本法另有规定的外,可以向人民法院提起诉讼。"我国劳动争议处理制度的基本体制是自愿选择协商和调解,仲裁是劳动争议诉讼的前置程序,讼诉是处理劳动争议的最终程序。

一、劳动争议协商制度

协商是劳动关系双方自主解决争议的一种方式。协商可以是双方自主协商,也可以由第三方介入进行协商。"第三方"可以是本单位人员,也可以是双方都信任的其他人,如律师等。协商的特点表现为"四性":①自愿性,通过协商解决争议是双方当事人的自愿行为,经协商达成的和解协议体现双方意志,和解协议由当事人自觉自愿履行;②灵活性,协商具有简便、灵活、快捷的特点,当事人双方可以随时就争议的具体事项进行商谈,协商方式由当事人灵活选择,与调解、仲裁和诉讼相比,协商解决劳动争议具有更大的灵活性;③选择性,协商不是处理劳动争议的法定必经程序,劳动争议发生后,当事人可以选择协商,也可以选择向调解组织申请调解或直接向劳动争议仲裁委员会申请仲裁;④平等性,在协商过程中双方当事人的地位平等。为保证协商过程的公正平等,法律允许劳动者邀请工会或第三方参与协商,共同解决劳动争议。

协商是解决劳动争议的第一个环节,其有利之处是解决争议的气氛比较平和,双方不伤和气,不丢面子;解决争议的方式最为便捷,具有简便、灵活、快捷的特点,有利于在短时间内化解矛盾;通过协商方式解决争议,还可以减轻调解机构、仲裁机构和人民法院的压力,最大限度地降低解决争议的成本,减少人力、物力和时间的消耗。

二、劳动争议调解制度

(一)劳动争议调解的概念

劳动争议调解,是指调解组织对企业与劳动者之间发生的劳动争议,在查明事实、分清是非、明确责任的基础上,依照国家劳动法律、法规,以及依法制定的企业规章和劳动合同,通过民主协商的方式,推动双方互谅互让,达成协议,消除纷争的一种活动。劳动争议调解是一种力求达成一致的过程,立足于把矛盾、纠纷化解在基层,促进劳动关系的和谐稳定。调解人不偏袒任何一方,不把自己的决定强加于当事人,而是帮助双方找到一个都可以接受的解决办法。调解劳动争议的依据是有关劳动法律、法规和依法制定的规章制度和劳动合同。

调解是一种以柔性方式化解矛盾的机制,是解决争议的一种传统方法,在我国具有悠久的历史。调解解决纠纷具有成本低、及时、灵活的益处,可以促使当事人双方尽快取得谅解,减少双方的对立情绪,防止矛盾激化,因此,调解也被称为解决纠纷的"第三条道路"和"绿色"纠纷处理机制。在解决劳动争议中引入调解机制,有利于将争议及时解决在基层,最大限度地降低当事人双方的对抗性,遏制双方矛盾激化,对解决劳动争议起着很大的作用,尤其是对于希望仍在原单位工作的员工,通过调解解决劳动争议当属首选步骤。《劳动争议调解仲裁法》在确立企业调解制度的基础之上,整合并强化了劳动争议调解制度,重申了着重调解的原则,规定了调解组织的类型、调解员的任职资格、调解的方式和调解协议的效力等。

(二)劳动争议调解的种类和机构

《劳动争议调解仲裁法》第十条第一款规定,发生劳动争议,当事人可以到下列调解组织申请调解:①企业劳动争议调解委员会;②依法设立的基层人民调解组织;③在乡镇、街道设立的具有劳动争议调解职能的组织。根据这一规定,我国的劳动争议调解组织主要包括三类,即企业劳动争议调解委员会,基层人民调解组织,在乡镇、街道设立的具有劳动争议调解职能的组织。劳动者与用人单位发生劳动纠纷后,可以根据自愿的原则,向这三种调解组织中的任何一个申请调解。

1. 企业劳动争议调解委员会。企业劳动争议调解委员会是建立在企业内部,从事劳动争议调解工作的专门组织,对发生在本单位的劳动争议案件,经当事人自愿提出调解后,在查清事实、分清是非、明确责任的基础上,运用宣传法律法规、说服教育、规劝疏导等方法,使劳动争议及时得到解决的一种活动。企业劳动争议调解委员会由职工代表和企业代表组成。职工代表由工会成员担任或由全体职工推举产生,企业代表由企业负责人指定。企业劳动争议调解委员会主任由工会成员或者双方推举的人员担任。

2. 基层人民调解组织是我国解决民间纠纷的组织。人民调解委员会是村民委员会和居民委员会下设的调解民间纠纷的群众性组织,在基层人民政府和基层人民法院指导下进行工作。人民调解委员会的任务为解决民间纠纷,并通过调解工作宣传法律、法规、规章和政策,教育公民遵纪守法,尊重社会公德。通过基层人民调解组织解决劳动争议,在企业外部提供了解决争议的途径,成本低、效率高,有利于提高劳动争议处理的总体效率,也有望节约司法资源和成本。《劳动争议调解仲裁法》规定,发生劳动争议,当事人可以向基层人民调解组织申请调解。

3. 在乡镇、街道设立的具有劳动争议调解职能的组织。在乡镇、街道设立劳动争议调解组织,是一些经济发达地区为了解决劳动争议的实际需要而设立的区域性、行业性调解组织。与企业调解委员会相比较,区域性、行业性调解组织地位超脱,调解员与企业没有利害关系,调解更具有权威性。行业性劳动争议调解组织具有熟悉行业情况,与成员单位联系紧密的优势,为及时解决劳动争议提供了便利条件。

(三)劳动争议调解的原则

劳动争议调解员应当由公道正派、群众基础较好、热心调解工作,并具有一定法律知识、政策水平和文化水平的成年公民担任。"公道正派",即要求调解员具有一定的道德力量和社会影响力,在群众中享有较高威信。调解劳动纠纷,在一定程度上需要依靠调解员的影响力和说服力。调解员应为人正派、信誉良好,且具有较好的沟通能力和亲和力,这样才有利于妥善解决劳动争议。

调解员调解劳动争议,应当充分听取双方当事人对事实和理由的陈述,耐心疏导,促其双方达成协议。充分听取双方当事人对事实和理由的陈述,即要求调解员以事实为依据,在弄清事实、分清是非的基础上开展调解工作,帮助双方解决分歧,就争议事项达成共识。只有事实清楚,矛盾焦点明确,调解工作才能"有的放矢",纠纷才能顺利解决。因此,在开展调解工作前,调解员既要听取劳动者一方对事实和理由的陈述,也要听取用人单位一方对事实和理由的陈述,不能只听一家之言,偏听偏信。此外,调解员在听取双方当事人陈述时,可以要求其提供相应的证据,以利于弄清事实。若证据不足或缺少证据,也不妨碍调解工作的进行,调解员可以主动调查了解,弄清事实,耐心疏导。耐心疏导,即要求调解员根据法律、法规和政策规定,耐心地对争议双方当事人进行说服和教育,做到以理服人,而不能以势压人。调解工作是一项耗费时间和精力的工作,这就要求调解员耐心、虚心和诚心,不厌其烦地对双方当事人进行开导和说服,从而引导争议双方以和解的方式解决纠纷。在进行劝导时,调解员也可以提出自己的意见,但不能强迫双方当事人接受自己的主张。这是因为,调解协议是双方当事人真实意思的表达,是双方自愿的结果。调解内容涉及双方当事人权利和义务的,调解员应当尊重当事人的意愿。如果强迫当事人达成调解协议,不是出于当事人的意愿,即使达成协议,也可能难以履行。

(四)劳动争议调解的期限和效力

《劳动争议调解仲裁法》第十四条规定了调解协议效力和调解期限:"经调解达成协议的,应当制作调解协议书。调解协议书由双方当事人签名或盖章,经调解员签名并加盖调解组织印章后生效,对双方当事人具有约束力,当事人应当履行。自劳动争议调解组织收到调解申请之日起十五日内未达成调解协议的,当事人可依法申请仲裁。"

双方当事人经调解达成一致意见后,调解组织应当制作调解协议书。调解协议书主要应当载明双方当事人的基本情况、纠纷简要事实、争议事项及双方责任、双方当事人的权利和义务、履行协议的期限等。调解协议书由双方当事人签名或盖章,经调解员签名并加盖调解组织印章后生效,对双方当事人具有约束力,当事人应当履行。调解协议是在双方自愿的基础上达成的,是双方意思表示一致的结果,相当于合同,具有合同的效力。经过劳动争议调解组织调解所达成的调解协议具有合同的约束力,双方当事人应当按照协议的内容履行相应的义务,享有相应的权利。这些规定强化了双方当事人的履约意识,维护了调解协议的严肃性。《劳动争议调解仲裁法》第十五条规定,达成调解协议后,一方当事人在约定期限内不履行调解协议的,另一方当事人可以依法申请仲裁。达成调解协议后，如果一方当事人不履行调解协议，劳动争议并没有得到解决，就需要其他争议解决机制发挥作用。根据《劳动争议调解仲裁法》的规定，仲裁是解决劳动争议的必经程序，如果一方当事人不履行调解协议，另一方当事人就可以依法申请仲裁，以便使劳动争议尽快得到解决。《劳动争议调解仲裁法》第十六条规定，因支付拖欠劳动报酬、工伤医疗费、经济补偿或者赔偿金事项达成的调解协议，用人单位在协议约定期限内不履行的，劳动者可持调解协议书依法向人民法院申请支付令，人民法院应当依法发出支付令。支付令是人民法院根据债权人的申请，督促债务人履行债务的程序。支付令是民事诉讼法规定的一种法律制度，在解决劳动争议中引入支付令制度，可以尽快解决劳动争议，强化调解协议的效力。

调解组织调解劳动争议，一般包括调解准备、调解开始、实施调解、调解终止等几个阶段。当事人申请调解，可以口头或书面形式向调解委员会提出申请。口头申请的，调解组织应当当场记录申请人的基本情况、申请调解的争议事项、理由和时间。调解劳动争议应当讲究效率，及时、尽快解决劳动争议。为防止劳动争议"久调不解"，《劳动争议调解仲裁法》规定，自劳动争议调解组织收到调解申请之日起 15 天内未达成调解协议的，当事人可以依法申请仲裁。也就是说，调解的期限是 15 天，在 15 天内未达成调解协议的，视为调解不成，当事人任何一方都可以向劳动争议仲裁委员会申请仲裁。

三、劳动争议仲裁制度

(一) 劳动争议仲裁的概念

仲裁也称公断，其基本含义是由一个公正的第三者对当事人之间的争议作出评断。劳动争议仲裁，是指劳动争议仲裁委员会对用人单位与劳动者之间发生的劳动争议，在查明事实、明确是非、分清责任的基础上，依法作出裁决的活动。劳动争议仲裁是处理劳动争议的一种重要方式，在及时处理劳动争议，维护当事人合法权益，化解社会矛盾方面发挥着重要的作用。劳动争议仲裁制度是处理劳动争议的核心制度，是劳动争议处理的中间环节，也是《劳动争议调解仲裁法》规定的重要制度。劳动争议仲裁具有较强的专业性，其程序与司法程序相比较为简便、及时。《劳动争议调解仲裁法》对仲裁体制和制度作了重大改变，如规定了劳动争议仲裁委员会不按行政区划层层设立，提高了劳动争议仲裁员任职条件的门槛，明确了仲裁委员会的性质和职能，规范了仲裁管辖范围，确立了仲裁不收费制度等。这些规定和变化是对我国劳动争议仲裁制度的创新、突破和完善，方便了当事人申请仲裁，进一步提高了劳动争议仲裁的效率，增强了劳动争议仲裁的公正性。

(二)仲裁机构的设立和组成

《劳动争议调解仲裁法》第十七条规定:"劳动争议仲裁委员会按照统筹规划、合理布局和适应实际需要的原则设立。省、自治区人民政府可以决定在市、县设立;直辖市人民政府可以决定在区、县设立。直辖市、设区的市也可以设立一个或者若干个劳动争议仲裁委员会。劳动争议仲裁委员会不按行政区划层层设立。"这一规定明确了劳动争议仲裁委员会的设立原则、设置权限和设立方式。仲裁委员会的设立应遵循统筹规划、合理布局和适应实际需要的原则,应根据城乡发展、区域发展、经济与社会发展等实际情况,统一筹划仲裁委员会设立的数量与层次。仲裁委员会的设立既不能太集中,也不能太分散,要以劳动争议仲裁处理的现实需要为标准,劳动争议案件较多的地区可设多个仲裁委员会,劳动争议案件较少的地区可少设仲裁委员会。这一设立原则体现了精简、高效、灵活的特点。仲裁委员会不按照行政区划在省、市、县三级层层都设立,而是仅仅在市、县、区设立。各仲裁委员会之间没有上下级隶属关系,不存在级别管辖,而是相互独立的争议处理机构。

劳动争议仲裁委员会的组成,采用"三方性"的组织原则。劳动争议仲裁委员会由劳动行政部门代表、工会代表和企业方面的代表组成。劳动争议仲裁委员会组成人员应当是单数。劳动争议仲裁委员会由三方代表组成,其有利之处在于可以使争议当事人感到公平和可靠,从而赢得社会信任,有利于仲裁活动的开展。由于三方代表分别具有不同的身份,各自具有劳动关系方面的专门知识,可以从不同的角度看待问题,能够代表和反映不同方面的认识和利益要求,从而在广泛、客观的基础上作出公正的裁决,防止发生仲裁结果的偏颇,也使裁决易于为当事人接受并得以执行。仲裁委员会的组成人员必须是单数,这样才不会出现持不同意见的仲裁员相持不下,不能取得一致的局面,仲裁委员会也才能实行少数服从多数的原则。

劳动争议仲裁委员会依法履行下列职责:①聘任、解聘专职或者兼职仲裁员;②受理劳动争议案件;③讨论重大或者疑难的劳动争议案件;④对仲裁活动进行监督。劳动争议仲裁委员会下设办事机构,负责办理劳动争议仲裁委员会的日常工作。

(三)仲裁管辖

劳动争议仲裁管辖即仲裁委员会受理劳动争议仲裁案件的具体分工和权限,管辖明确了劳动争议案件应由哪一个仲裁委员会受理,或是申请仲裁的当事人应到哪一个仲裁委员会提出申请。劳动争议仲裁管辖的确定对于当事人申请仲裁至关重要,因为当事人需向有管辖权的仲裁委员会提起申诉。《劳动争议调解仲裁法》第二十一条规定:"劳动争议仲裁委员会负责管辖本区域内发生的劳动争议。劳动争议由劳动合同履行地或者用人单位所在地的劳动争议仲裁委员会管辖。双方当事人分别向劳动合同履行地和用人单位所在地的劳动争议仲裁委员会申请仲裁的,由劳动合同履行地的劳动争议仲裁委员会管辖。"这一规定明确了仲裁委员会的管辖范围。

我国的劳动争议仲裁实行特殊地域管辖,管辖规定明确,只能由劳动者合同履行地或用人单位所在地的劳动争议仲裁委员会管辖。当管辖权发生争议时,由劳动合同履行地的仲裁委员会管辖。"劳动合同履行地",通常是指履行劳动合同义务的实际固定工作地点;"用人单位所在地",一般是指用人单位的注册地,注册地与经常营业地不一致的,以用人单位经常营业地为用人单位所在地。正确确定仲裁案件的管辖权,便于劳动争议双方正确行使申诉权,保证劳动争议得到及时解决。

(四)劳动争议仲裁中的共同当事人和第三人

劳动争议仲裁当事人,是指因劳动权利义务关系发生争议,以自己的名义向劳动争议仲裁委员会提起仲裁程序,参加仲裁活动,并受劳动争议仲裁委员会裁决约束的利害关系人。劳动争议仲裁当事人包括申诉人和被申诉人。申诉人是以自己的名义,为保护自己的合法权益向劳动争议仲裁委员会申请,提起仲裁程序的人,申诉人既可以是劳动者,也可以是用人单位。被诉人是被提起仲裁程序,经劳动争议仲裁委员会通知其应诉的人。仲裁当事人在参加仲裁活动中,既享有充分的权利,也承担着相应的义务。当事人在劳动争议仲裁中的权利主要有:有权提出仲裁申请、撤销仲裁申请及变更仲裁申请;有权委托代理人;有权参加开庭;有权申请回避;有权要求或拒绝调解及达成调解协议;有权提供证据、要求调查、勘验和鉴定;有权要求延期审理;有权向人民法院提起诉讼;有权对已生效的调解书和裁决书申请人民法院强制执行等等。劳动争议仲裁当事人的义务主要有:尊重对方当事人及其他劳动争议仲裁参加人的权利;遵守劳动争议仲裁活动程序和仲裁纪律;对案情实事求是;认真履行发生法律效力的仲裁文书等。

《劳动争议调解仲裁法》第二十二条规定:"发生劳动争议的劳动者和用人单位为劳动争议仲裁案件的双方当事人。劳务派遣单位或者用工单位与劳动者发生劳动争议的,劳务派遣单位和用工单位为共同当事人。"此条规定对共同当事人和第三人作了明确的规定。

1.共同当事人。劳务派遣单位或者用工单位与劳动者发生劳动争议的,劳务派遣单位和用工单位为共同当事人。《劳动合同法》第九十二条规定,"劳务派遣单位违反本法规,给被派遣劳动者造成损害的,劳务派遣单位与用工单位承担连带赔偿责任"。与此项规定相衔接,《劳动争议调解仲裁法》明确规定,在劳务派遣中劳务派遣单位和用工单位为共同当事人,有效防止了劳务派遣单位与用工单位相互推诿侵害劳动者合法权益的情况出现,保证了劳动争议能够得到及时解决。

2. 第三人。《劳动争议调解仲裁法》第二十三条规定:"与劳动争议案件的处理结果有利害关系的第三人,可以申请参加仲裁活动或者由劳动争议仲裁委员会通知其参加仲裁活动。"劳动争议仲裁第三人,是指与劳动争议案件处理结果有直接利害关系而参加到当事人之间已经开始的劳动争议仲裁活动中的人。"利害关系",是指仲裁委员会对劳动争议的处理结果会影响到第三人的权利得失或义务增减,第三人参加仲裁活动是为了保护自己的合法权益,第三人在仲裁中以自己名义参加仲裁,其请求可能与申诉人或被诉人相似,也可能都相反。它具有独立法律地位,最终目的是为了维护自己的合法权益。例如,用人单位招用尚未解除或者终止劳动合同的劳动者,原用人单位与劳动者发生劳动争议的,可以将新的用人单位列为第三人。

(五)仲裁人员的回避

在通常情况下,仲裁庭一旦组成,即负责所受理的劳动争议案件的处理直至结案,但如果遇到仲裁庭组成人员有应当回避的情况,就要另行组成仲裁庭。仲裁员回避,是指劳动争议仲裁员不参加与自己有利害关系或其他关系的劳动争议案件仲裁活动的法律行为。仲裁员回避主要包括两种方式:自行回避与申请回避。自行回避,是仲裁员知道自己具有应当回避的情形,向仲裁委员会提出回避申请,并说明情况,主动不参加对案件的审理或任务的执行;申请回避,是仲裁员并未主动提出回避申请,但当事人认为仲裁员存在回避情形,向仲裁委员会提出申请要求该仲裁员退出仲裁活动并即时更换人员。提出回避申请是当事人的一项重要权利,当事人认为有必要提出回避申请的,可以口头或书面两种方式提出。《劳动争议调解仲裁法》第三十三条规定:"仲裁员有下列情形之一,应当回避,当事人也有权以口头或者书面方式提出回避申请:

(一)是本案当事人或者当事人、代理人的近亲属的;

(二)与本案有利害关系的;

(三)与本案当事人、代理人有其他关系,可能影响公正裁决的;

(四)私自会见当事人、代理人,或者接受当事人、代理人的请客送礼的。

劳动争议仲裁委员会对回避申请应当及时作出决定,并以口头或者书面方式通知当事人。"

这一条款是关于仲裁员回避制度的规定。

仲裁员回避是劳动争议仲裁的一项法律制度,也是劳动争议当事人监督仲裁员的一项权利。实行回避制度,可以防止仲裁员利用职权偏袒一方、营私舞弊,有利于增强仲裁的公信力,增强当事人对仲裁的信心,保护当事人的合法权益,保障案件得到公正、合理的裁决。

(六)部分争议实行一裁终局制度

《劳动争议调解仲裁法》第四十七条规定:"追索劳动报酬、工伤医疗费、经济补偿或者赔偿金,不超过当地月最低工资标准十二个月金额的争议,除本法另有规定的外,仲裁裁决为终局裁决,裁决书自作出之日起发生法律效力。"这一规定确立了部分劳动争议案件实行一裁终局制度。

一裁终局制度,是劳动争议仲裁庭对申请仲裁的纠纷进行仲裁后,裁决立即发生法律效力,当事人不得就同一纠纷再向劳动争议仲裁委员会申请仲裁或向人民法院起诉的制度。《劳动争议调解仲裁法》规定,两类劳动争议案件实行"一裁终局":一是小额劳动争议,即劳动报酬、工伤医疗费、经济补偿或者赔偿金不超过当地月最低工资标准12个月金额的案件;二是因执行国家工作时间、休息休假、社会保险等国家标准而发生的争议。实行一裁终局处理的案件,主要是一些涉及劳动者生存权益、案情较为简单、争议标的较小的案件,从保护劳动者角度确立了快速解决的制度。这类案件专业性较强,有明确的法律标准,便于仲裁员及时、公正地作出裁决。一裁终局处理争议的制度,缩短了劳动争议案件的处理周期,可以让大量的劳动争议案件在仲裁阶段就得到彻底解决,无须拖延到诉讼阶段,同时,也防止了当事人恶意诉讼、案件久拖不决的情形。一裁终局制度有利于提升劳动争议处理工作效率,减轻当事人负担,提高劳动争议仲裁的权威性和法律效力。

对一裁终局裁决不服,劳动者可向法院提起诉讼。《劳动争议调解仲裁法》第四十八条规定,劳动者对一裁终局案件的裁决不服的,可以自收到仲裁裁决书之日起15日内向人民法院提起诉讼。劳动者对一裁终局裁决不服的,可以在15日内向人民法院提起诉讼,也可以选择不诉讼,选择权完全掌握在劳动者手中,期满劳动者不起诉的,视为放弃诉权,裁决书对劳动者发生法律效力。用人单位对一裁终局案件的裁决享有申请撤销权。根据《劳动争议调解仲裁法》第四十九条的规定,用人单位有证据证明一裁终局案件的仲裁裁决有下列情形之一,可以自收到仲裁裁决书之日起30日内向劳动争议仲裁委员会所在地的中级人民法院申请撤销裁决:①适用法律、法规确有错误的;②劳动争议仲裁委员会无管辖权的;③违反法定程序的;④裁决所根据的证据是伪造的;⑤对方当事人隐瞒了足以影响公正裁决的证据的;⑥仲裁员在仲裁该案时有索贿受贿、徇私舞弊、枉法裁决行为的。人民法院经组成合议庭审查核实裁决有前款规定情形之一的,应当裁定撤销。仲裁裁决被人民法院裁定撤销的,当事人可以自收到裁定书之日起15日内就该劳动争议事项向人民法院提起诉讼。

对一裁终局以外的仲裁裁决不服,当事人可向人民法院提起诉讼。《劳动争议调解仲裁法》第五十条规定,当事人对一裁终局规定以外的其他劳动争议案件的仲裁裁决不服的,可以自收到仲裁裁决书之日起 15 日内向人民法院提起诉讼;期满不起诉的,裁决书发生法律效力。当事人提起诉讼应当注意不能超过诉讼时效。仲裁裁决发生法律效力即具有强制执行力,若一方当事人逾期不履行,另一方当事人可以向人民法院申请执行,维护自身的合法权益。

《劳动争议调解仲裁法》仍保持了"一调一裁两审,仲裁前置"的模式。对于一裁终局以外的其他劳动争议案件,当事人不愿协商或协商不成的,可以先向调解组织申请调解;不愿调解或调解不成的,可向仲裁委员会申请仲裁;若对仲裁裁决不服,在诉讼时效内可向人民法院提起诉讼,寻求司法救济。

(七)仲裁调解和仲裁裁决

仲裁委员会处理劳动争议应当先行调解。仲裁庭在处理劳动争议案件时,只有在调解不成的情况下,才应当及时地作出仲裁裁决。《劳动争议调解仲裁法》第四十二条规定:"仲裁庭在作出裁决前,应当先行调解。调解达成协议的,仲裁庭应当制作调解书。调解书应当写明仲裁请求和当事人协议的结果。调解书由仲裁员签名,加盖劳动争议仲裁委员会印章,送达双方当事人。调解书经双方当事人签收后发生法律效力。调解不成或者调解书送达前,一方当事人反悔的,仲裁庭应当及时作出裁决。"这一规定确认了仲裁调解和仲裁裁决制度。

先行调解是劳动争议仲裁的必经程序,也是劳动争议仲裁的基本原则之一。仲裁调解是在仲裁员的主持下,双方当事人通过自愿协商、互谅互让达成协议,从而解决劳动争议的方式。仲裁调解应当遵循事实清楚、自愿、合法的原则。事实清楚是调解的基础和前提,只有查明事实、分清是非,才能明确当事人的责任,抓住争议关键,促使当事人互谅互让,达成调解协议,口服心服地解决争议。能否进行调解,能否达成协议,完全取决于双方当事人自愿,不能有任何勉强。在仲裁中贯彻先行调解原则,体现了简便、灵活、易行、迅速的特点,有利于缓和、改善双方矛盾,使争议双方以平和的方式迅速解决争议。

仲裁裁决是仲裁庭作出的、对当事人具有拘束力的、具体解决争议的决定。仲裁庭对调解不能达成协议或者调解书送达前当事人反悔的,应当及时裁决。对"一裁终局"范围的劳动争议,劳动者对仲裁裁决不服的,自收到裁决书之日起 15 日内可以向人民法院起诉;用人单位有证据证明仲裁裁决违法或存在错误的,可以自收到仲裁裁决书之日起 30 日内向劳动争议仲裁委员会所在地的中级人民法院申请撤销裁决。对"一裁终局"范围以外的劳动争议,当事人对仲裁裁决不服的,可以自收到仲裁裁决书之日起 15 日内向人民法院提起诉讼。

期满不起诉的,裁决书发生法律效力。裁决书一旦发生法律效力,当事人不得就同一劳动争议事项向人民法院提起诉讼,也不得再向仲裁机构申请仲裁。当事人对发生法律效力的裁决书,应当依照规定的期限履行。一方当事人逾期不履行,另一方当事人可以申请人民法院强制执行。《劳动争议调解仲裁法》第五十一条规定:"当事人对发生法律效力的调解书、裁决书,应当依照规定的期限履行。一方当事人逾期不履行的,另一方当事人可以依照民事诉讼法的有关规定向人民法院申请执行。受理申请的人民法院应当依法执行。"这一条款明确了发生法律效力的调解书、裁决书的履行和申请执行的规定。

(八)先行裁决和先予执行制度

《劳动争议调解仲裁法》第四十三条规定:"仲裁庭裁决劳动争议案件时,其中一部分事实已经清楚,可以就该部分先行裁决。"先行裁决,是指劳动争议仲裁庭在仲裁过程中可以对部分事实已经清楚的案件先行作出仲裁裁决,其他未裁决部分待相关事实进一步查明后,通过后续裁决来解决。一般情况下,仲裁庭在查明事实后对全部仲裁请求作出裁决。但在仲裁过程中,由于种种客观原因仲裁庭可能一时难以查清全部争议事实。规定先行裁决程序,对涉及劳动者基本生活、部分事实清楚的仲裁请求先行作出裁决,可以缓解劳动者燃眉之急,有利于及时保护劳动者的合法权益。先行裁决后,整个案件并没有结束,仲裁庭接下来再对其他请求事项进行裁决。先行裁决的效力是终局的,与终局裁决一样具有法律约束力。仲裁庭在以后的终局裁决中,不得对先行裁决的结果进行变更,也不得对部分先行裁决的事项再进行裁决。先行裁决与最终裁决的内容要保持一致,不能相互矛盾。

对部分劳动争议案件可以裁决先予执行。先予执行,是指对追索劳动报酬、工伤医疗费、经济补偿或者赔偿金的给付之诉在作出裁决之前,裁定一方当事人履行一定义务,并立即执行的制度。《劳动争议调解仲裁法》第四十四条规定,仲裁庭对追索劳动报酬、工伤医疗费、经济补偿或者赔偿金的案件,根据当事人的申请,可以裁决先予执行,移送人民法院执行。仲裁庭裁决先予执行的,应当符合下列条件:①当事人之间权利义务关系明确;②不先予执行将严重影响申请人的生活。劳动者申请先予执行的,可以不提供担保。这一规定明确了先予执行制度。仲裁和诉讼都是一种事后救济途径,如果所有的劳动争议案件都只有在仲裁结束、诉讼结束后才能执行,在劳动者急需帮助的情况下,可能会出现"正义来得过迟"的问题。规定部分劳动争议案件可以裁决先予执行,目的是考虑生活困难的当事人尤其是劳动者在期待权利保障过程中的救急性措施,以解决劳动者生产和生活之需,及时保障劳动者的合法权益。先予执行只限于特定劳动争议案件,即对追索劳动报酬、工伤医疗费、经济补偿或者赔偿金的案件,其他类型的劳动争议案件不适用先予执行。先予执行需要当事人提出申请,仲裁庭才能作出先予执行的裁决。先予执行带有强制性,仲裁庭裁决先予执行的,最终要移送人民法院执行。

(九)仲裁不收费制度

《劳动争议调解仲裁法》第五十三条规定:"劳动争议仲裁不收费。劳动争议仲裁委员会的经费由财政予以保障。"此项规定明确了劳动争议仲裁不收费。过去,劳动争议当事人申请仲裁,应当向劳动争议仲裁委员会交纳仲裁费,仲裁费包括案件受理费和处理费两部分,处理费主要内容包括鉴定费、勘验费、差旅费以及证人误工补助等。案件受理费各地收费标准不一。劳动者提起仲裁,交纳的仲裁费少则几百元,多则上千元。2008年5月1日《劳动争议调解仲裁法》实施后,劳动争议仲裁委员会的经费由财政予以保障,无论是劳动者还是用人单位,申请仲裁将不需交纳任何费用。

四、劳动争议诉讼制度

(一)劳动争议诉讼的概念和种类

劳动争议诉讼,是指当事人不服劳动争议仲裁委员会的裁决,在规定的期限内向人民法院起诉,人民法院依照民事诉讼程序,依法对劳动争议案件进行审理的活动。此外,劳动争议的诉讼,还包括当事人一方不履行仲裁委员会已发生法律效力的裁决书或调解书,另一方当事人申请人民法院强制执行的活动。我国《劳动法》第八十三条规定:"劳动争议当事人对仲裁裁决不服,可以自收到仲裁裁决书之日起十五日内向人民法院提起诉讼。一方当事人在法定期限内不起诉又不履行仲裁裁决的,另一方当事人可以申请人民法院强制执行。"

劳动争议诉讼是处理劳动争议的最终程序,它通过司法程序保证了劳动争议的最终彻底解决。由人民法院参与处理劳动争议,从根本上将劳动争议处理工作纳入了法制轨道,有利于保障当事人的诉讼权,有助于监督仲裁委员会的裁决,有利于生效的调解协议、仲裁裁决和法院判决的执行。

根据《劳动争议调解仲裁法》的规定,劳动争议诉讼有以下三类。

1.对被撤销的仲裁委员会裁决的起诉。根据《劳动争议调解仲裁法》的规定,当事人对一裁终局裁决以外的裁决不服的,可以自收到仲裁裁决书之日起15日内向人民法院提起诉讼;期满不起诉的,裁决书发生法律效力。当事人对发生法律效力的裁决书,应当依照规定的期限履行。用人单位对一裁终局裁决不服,须先申请撤销,其仲裁裁决被人民法院裁定撤销的,当事人可以自收到裁定书之日起15日内就该劳动争议事项向人民法院提起诉讼。

2. 仲裁委员会不予受理的劳动争议,当事人可以向人民法院提起诉讼。根据《劳动争议调解仲裁法》的规定,劳动争议仲裁委员会收到仲裁申请之日起5日内,认为符合受理条件的,应当受理,并通知申请人;认为不符合受理条件的,应当书面通知申请人不予受理,并说明理由。对劳动争议仲裁委员会不予受理的劳动争议或者逾期未作出决定的,申请人可以就该劳动争议事项向人民法院提起诉讼。

3. 仲裁委员会逾期未作出仲裁裁决的劳动争议,当事人可以向人民法院提起诉讼。根据《劳动争议调解仲裁法》第四十三条的规定,仲裁委员会裁决劳动争议案件,应当自受理仲裁申请之日起45日内结束。案情复杂需要延期的,经劳动争议仲裁委员会主任批准,可以延期并书面通知当事人,但是延长期限不得超过15日。逾期未作出仲裁裁决的,当事人可以就该劳动争议事项向人民法院提起诉讼。

(二)人民法院受理的劳动争议案件范围

关于劳动争议案件的受理范围,根据2021年1月1日实施的《最高人民法院关于审理劳动争议案件适用法律问题的解释(一)》第一条对此进一步明确规定:"劳动者与用人单位之间发生的下列纠纷,属于劳动争议,当事人不服劳动争议仲裁机构作出的裁决,依法提起诉讼的,人民法院应予受理:

(一)劳动者与用人单位在履行劳动合同过程中发生的纠纷;

(二)劳动者与用人单位之间没有订立书面劳动合同,但已形成劳动关系后发生的纠纷;

(三)劳动者与用人单位因劳动关系是否已经解除或者终止,以及应否支付解除或者终止劳动关系经济补偿金发生的纠纷;

(四)劳动者与用人单位解除或者终止劳动关系后,请求用人单位返还其收取的劳动合同定金、保证金、抵押金、抵押物发生的纠纷,或者办理劳动者的人事档案、社会保险关系等移转手续发生的纠纷;

(五)劳动者以用人单位未为其办理社会保险手续,且社会保险经办机构不能补办导致其无法享受社会保险待遇为由,要求用人单位赔偿损失发生的纠纷;

(六)劳动者退休后,与尚未参加社会保险统筹的原用人单位因追索养老金、医疗费、工伤保险待遇和其他社会保险待遇而发生的纠纷;

(七)劳动者因为工伤、职业病,请求用人单位依法给予工伤保险待遇发生的纠纷;

(八)劳动者依据劳动合同法第八十五条规定,要求用人单位支付加付赔偿金发生的纠纷;

(九)因企业自主进行改制发生的纠纷。"

同时,《最高人民法院关于审理劳动争议案件适用法律问题的解释(一)》第二条明确了下列纠纷不属于劳动争议:

"(一)劳动者请求社会保险经办机构发放社会保险金的纠纷;

(二)劳动者与用人单位因住房制度改革产生的公有住房转让纠纷;

(三)劳动者对劳动能力鉴定委员会的伤残等级鉴定结论或者对职业病诊断鉴定委员会的职业病诊断鉴定结论的异议纠纷;

(四)家庭或者个人与家政服务人员之间的纠纷;

(五)个体工匠与帮工、学徒之间的纠纷;

(六)农村承包经营户与受雇人之间的纠纷。"

(三)劳动诉讼案件的管辖

劳动争议案件的诉讼管辖,是指各级法院之间以及同级法院之间受理第一审劳动争议案件的分工和权限。

劳动争议案件由用人单位所在地或者劳动合同履行地的基层人民法院管辖。劳动合同履行地不明确的,由用人单位所在地的基层人民法院管辖。通常,劳动争议当事人不服仲裁裁决可向仲裁委员会所在地的人民法院提起诉讼。但如果有涉外因素或根据案件性质、繁简程度、影响范围,对于难度大、影响范围广的案件也可由中级人民法院或高级人民法院作为第一审法院进行审理,而不是由作出仲裁裁决的仲裁委员会同级的基层人民法院管辖。当事人双方就同一仲裁裁决分别向有管辖权的人民法院起诉的,后受理的人民法院应当将案件移送给先受理的人民法院。

(四)劳动诉讼案件的当事人

劳动者与用人单位均不服劳动争议仲裁机构的同一裁决,向同一人民法院起诉的,人民法院应当并案审理,双方当事人互为原告和被告,对双方的诉讼请求,人民法院应当一并作出裁决。在诉讼过程中,一方当事人撤诉的,人民法院应当根据另一方当事人的诉讼请求继续审理。

用人单位招用尚未解除劳动合同的劳动者,原用人单位与劳动者发生的劳动争议,可以列新的用人单位为第三人。原用人单位以新的用人单位侵权为由向人民法院起诉的,可以列劳动者为第三人。

原用人单位以新的用人单位和劳动者共同侵权为由向人民法院起诉的,新的用人单位和劳动者列为共同被告。

劳动者在用人单位与其他平等主体之间的承包经营期间,与发包方和承包方双方或者一方发生劳动争议,依法向人民法院起诉的,应当将承包方和发包方作为当事人。

(五)劳动争议诉讼时效

根据《劳动法》和《劳动争议调解仲裁法》的规定,劳动争议当事人对仲裁裁决不服的,自收到裁决书之日起15日内,可以向人民法院起诉。当事人在法定期限内既不起诉、又不履行仲裁裁决的,另一方当事人可以申请人民法院强制执行。

人民法院审理劳动争议案件,对下列情形,视为"劳动争议发生之日":

1. 在劳动关系存续期间产生的支付工资争议,用人单位能够证明已经书面通知劳动者拒付工资的,书面通知送达之日为劳动争议发生之日。用人单位不能证明的,劳动者主张权利之日为劳动争议发生之日。

2. 因解除或者终止劳动关系产生的争议,用人单位不能证明劳动者收到解除或者终止劳动关系书面通知时间的,劳动者主张权利之日为劳动争议发生之日。

3. 劳动关系解除或者终止后产生的支付工资、经济补偿金、福利待遇等争议,劳动者能够证明用人单位承诺支付的时间为解除或者终止劳动关系后的具体日期的,用人单位承诺支付之日为劳动争议发生之日。劳动者不能证明的,解除或者终止劳动关系之日为劳动争议发生之日。

拖欠工资争议,劳动者申请仲裁时劳动关系仍然存续,用人单位以劳动者申请仲裁超过时效为由主张不再支付的,人民法院不予支持,但用人单位能够证明劳动者已经收到拒付工资的书面通知的除外。

第五节 集体争议处理制度

引导案例

北京市一中院成功调解37起群体性涉农劳动争议案①

2022年12月底,北京市第一中级人民法院成功调解了北京市海淀区西北旺镇农民张某某、贾某某等37人分别与北京市海淀区西北旺镇某村村民委员会之间的劳动争议案,因给付解除劳动关系的经济补偿金而发生纠纷的37位村民与村委会在法官的主持下握手言和,37名农民工共计获得解决补偿金26万余元。

张某某、贾某某等37人是20世纪80年代或90年代就到原北京市海淀区

---

① 北京市一中院成功调解37起群体性涉农劳动争议案[EB/OL]. 华律网,(2022-12-28). https://www.66law.cn/laws/41306.aspx.

某印刷厂工作的职工,但因种种原因,张某某等人一直没有与该印刷厂签订书面劳动合同。后来,印刷厂在不同的时间以生产任务不足为由分别让张某某等37人回家等候通知,之后一直没有音信。

2006年5月,印刷厂经北京市工商行政管理局海淀分局核准,办理了企业注销登记。北京市海淀区西北旺镇某村村委会在印刷厂企业注销登记申请表中承诺:债权债务已清偿完毕,没有拖欠职工工资和税款,如有未尽事宜由该村村委会承担。

2006年12月,张某某等人以要求村委会向其支付解除劳动关系的经济补偿金为由向北京市海淀区劳动争议仲裁委员会提出申诉,仲裁委员会以张某某等人的申诉不属于受理范围为由,决定不予受理。于是张某某等人起诉到法院。

一中院受理了上述案件后,考虑到这些案件具有涉农、群体性纠纷等特殊性,如果不能妥善处理,可能引发群体性冲突,为此承办法官细致耐心地做了大量的沟通、说服和协调工作。张某某等人认为,既然村委会承诺如有未尽事宜由其承担全部责任,现双方的劳动关系因印刷厂的注销已经实际解除,村委会应给予他们37人相应的经济补偿。而村委会一方则认为,张某某等人与印刷厂没有书面合同,根本不存在劳动关系。

该案承办法官耐心、细致地做起双方当事人的思想工作。法官告诉村委会的代理人,虽然张某某等37人没有与印刷厂签订书面劳动合同,但通过已查明的事实可以认定二者之间已经形成了事实上的劳动关系。法官也多次与张某某等人谈心,希望他们体谅村委会一次性向37人支付高额经济补偿的困难,希望他们可以作出适当的让步。经过承办法官不厌其烦地晓之以理、明之以道,双方最终达成调解,由村委会一次性给付张某某等37人经济补偿金共计26万余元。至此,这37起涉及人数众多、影响较大的涉农案件以调解的方式得到了圆满的解决,拿到经济补偿款的农民和从诉累中解脱出来的村委会对承办法官"以人为本、认真负责"的工作态度给予了由衷的赞赏。

一、集体争议的含义

集体争议的本质,是劳动者依据团结权进行团体交涉,进而行使争议权,以达到改善劳动条件的目的。为达到这一目的,劳动者的争议权最终将落实在与雇主签订的集体协议中,因此争议权行使的目的在于缔结集体协议,凡不以缔结或修订集体协议为目的的行为,均不得称之为"集体争议"。集体争议是法律上具有特定含义和意义的专有名词,并不是一切冲突、械斗、纠纷都可以称为集体争议行为的。各国对劳资集体争议介入的程度不同,因而也就形成了制度上的差异。市场经济国家大多采用当事人自主解决原则,国家处于援助地位。解决争议遵循的原则是诚实原则、自主性原则和政府积极合作原则。

世界各国劳资争议处理的方法各异。总的来说,无非是尽量避免当事人双方的激烈对抗,多以各种机制尽可能防止或限制公开冲突。比如,对争议权的主体进行限制,规定军队、警察及公营事业不能行使争议权;限制对国民日常生活重要的公用事业单位的争议权的行使。再如,德国法律规定只有工会才有罢工权,不承认工会会员的罢工权;有些国家规定权利事项不得罢工,只能遵循司法途径解决,只有利益争议(调整事项)才允许罢工;规定合同期内的和平义务;规定冷却期间进行强制调解、斡旋及实情调查,等等。

二、我国集体争议的处理

集体争议的产生与集体谈判、集体协议的发展密切相关,是工会与雇主、雇主组织因参与集体谈判、签订和履行集体协议而发生的争议。如果一个国家调整劳动关系不是通过集体谈判或者主要不是通过集体谈判,则集体谈判和集体协议制度就不会发展起来,处理集体争议的法律制度也就不会完善起来。2004年劳动和社会保障部颁布的《集体合同规定》将集体争议具体分为"因集体协商发生的争议"和"因履行集体合同发生的争议"两类。前者通过行政调解程序解决,后者则主要依据个别劳动争议的处理程序来解决,即协商、仲裁和诉讼。

(一)因集体协商发生的争议处理

2004年颁布的《集体合同规定》明确规定,集体协商过程中发生争议,双方当事人不能协商解决的,当事人一方或双方可以书面向劳动保障行政部门提出协调处理申请;未提出申请的,在劳动保障行政部门认为必要时也可以主动进行协调处理。劳动保障行政部门应当组织同级工会和企业组织等三方面的人员,共同协调处理集体协商争议。集体协商争议处理实行属地管辖,具体管辖范围由省级劳动保障行政部门规定。中央管辖的企业以及跨省、自治区、直辖市用人单位因集体协商发生的争议,由劳动保障部指定的省级劳动保障行政部门组织同级工会和企业组织等三方面的人员协调处理,必要时,劳动保障部也可以组织有关方面协调处理。协调处理集体协商争议,应当自受理协调处理申请之日起30日内结束协调处理工作。期满未结束的,可以适当延长协调期限,但延长期限不得超过15日。

协调处理集体协商争议应当按照以下程序进行:受理协调处理申请;调查了解争议的情况;研究制定协调处理争议的方案;对争议进行协调处理;制作

《协调处理协议书》。《协调处理协议书》应当载明协调处理申请、争议的事实和协调结果,双方当事人就某些协商事项不能达成一致的,应将继续协商的有关事项予以载明。《协调处理协议书》由集体协商争议协调处理人员和争议双方首席代表签字盖章后生效。争议双方均应遵守生效后的《协调处理协议书》。我国现行规定中的"因集体协商发生的争议处理",实际上就是国际上通常所说的"利益争议",是在签订或变更集体协议过程中当事人双方就如何确定合同条款所发生的争议,其标的是在合同中如何设定尚未确定的利益。它往往表现为集体谈判出现僵局或破裂,罢工、闭厂是其最激烈的形式,将这类争议的处理程序规定为"行政调解",基本符合利益争议的通行处理方法,但现实中,仍有两个重要问题没有解决:①在《协调处理协议书》无法达成的情况下,争议如何处理没有相关法律规定;②《协调处理协议书》达成后,如果一方拒绝执行,法律尚未作出规定,亦即在现有法律框架下,《协调处理协议书》尚不具备可执行性。这两个问题不解决,谈判协商过程中的争议也就无法解决,集体协商争议制度发展就会受到很大限制。政府会同其他机构协调因集体协商发生的争议,应当秉承劳资双方利益共享的理论和原则,将劳动者利益与资方利益结合起来,使劳动者能够分享企业发展的成果。

将集体协商谈判中的争议处理纳入法制轨道,通过法律明确在何种情况下谈判双方可以提起集体争议调解、由谁负责处理、通过调停或斡旋达成的协议是否具有可执行性,以及在无法达成一致时能否强制调解或仲裁,采取产业行动的申请和报告,对超过合法范围的产业行动的法律制裁等,这些对于建立和完善集体协商谈判争议处理制度极为重要。

(二)因履行集体合同发生的争议处理

因履行集体合同发生的争议,是指在履行集体合同过程中当事人双方就如何将协议条款付诸实施所发生的争议,其标的是实现协议中已经设定并表现为权利义务的利益。它通常是由于解释协议条款有分歧或违约所致。

我国法律、法规规定,因履行集体合同发生的争议,当事人协商解决不成的,可以依法向劳动争议仲裁委员会申请仲裁,对仲裁裁决不服的可以在法定期限内向人民法院提起诉讼。因履行集体合同发生的争议,是以工会作为主体的、以既存权利义务为标的的争议,在处理程序上适用法律规定的个别劳动争议处理程序,但其自身有两个特点:①不适用基层调解。因履行集体合同产生的争议,不适用企业基层调解程序,当事人双方不能自行协商解决的,可以向仲裁机构申请仲裁。②适用我国劳动争议处理程序中关于集体争议仲裁的特别规定。具体包括:在管辖方面,县级仲裁委员会认为有必要可以将争议报请上一级仲裁委员会处理;在受理方面,仲裁委员会应当自收到申诉书之日起 3 日内作出受理或不予受理的决定,受理通知书送达或受理布告公布后,当事人不得有激化矛盾的行为;在仲裁组织方面,仲裁委员会应当在作出受理决定的同时,组成特别仲裁庭;在仲裁方式方面,仲裁庭应按照就地、就近的原则进行处理,开庭场所可设在发生争议的企业或其他便于及时办案的地方。仲裁庭应先行调解,或者促成双方召开协商会议,在查明事实的基础上促使当事人自愿达成协议。调解或协商未能达成协议的,应及时裁决,并制作裁决书送达当事人或用布告形式公布;在仲裁期限方面,仲裁庭处理争议,应当自组成仲裁庭之日起15日内结束;案情复杂需要延期的,经报仲裁委员会批准可适当延期,但延长的期限不得超过15日;在其他方面,仲裁委员会对受理的争议及其处理结果,应及时向当地政府汇报。

【关键术语】 劳动争议 个别争议 集体争议 协商 斡旋 调解 仲裁 诉讼 时效 举证责任

复习思考题

1. 试述劳动争议的概念、种类和特征。
2. 处理劳动争议的目的是什么?
3. 处理劳动争议的方法有哪些?
4. 处理劳动争议应坚持哪些基本原则?
5. 试述劳动争议调解制度。
6. 试述劳动争议仲裁制度的主要内容。
7. 劳动争议诉讼制度有哪些新的规定?
8. 如果你是人力资源部经理,你应当如何预防劳动争议的发生?
9. 结合人力资源管理实践,谈谈处理劳动争议的经验和技巧。

第九章 劳动合同监督检查

监督检查是保障劳动合同法贯彻落实的重要手段。现行《劳动合同法》的显著特征是加强了劳动监察的作用,增加了监督检查的部门,扩大了劳动监察的范围。

第一节 劳动监察概述

某生态农业旅游有限公司拖欠农民工工资案①

2022年1月18日,张家界市永定区人力资源和社会保障局(以下简称"人社局")接到投诉,称某生态农业旅游有限公司(以下简称"C公司")拖欠70名农民工工资共计829 350元。

经立案调查查明:该70名农民工在C公司开发的某养老院项目从事挡土墙工作,被拖欠工资共计829 350元。2022年1月21日,永定区人社局向C公司下达了劳动保障监察限期整改指令书,要求该公司支付拖欠70人工资829 350元,该公司逾期未履行支付工资义务。2022年1月27日,永定区人社局向张家界市人社局申请对C公司的相关银行账户依法进行查询,查询发现该公司银行账户金额为零,可能涉嫌转移财产。2022年1月28日,永定区人社局将C公司法定代表人朱某、项目负责人罗某及项目承包人梁某以涉嫌拒不支付

---

① 张家界市人力资源和社会保障网,http://rs.zjj.gov.cn/c8393/20220811/i692616.html。

劳动报酬罪依法移送公安机关处理。2022年4月22日,永定区人社局向C公司依法作出行政处理处罚,该公司未履行相关义务,下一步将依法向法院申请强制执行。

本案件调查事实清楚,经人社部门依法向用人单位下达了《劳动保障监察限期整改指令书》后,用人单位依然未履行支付工资义务,为依法维护农民工的合法权益,人社部门根据《保障农民工工资支付条例》第四十条依法对用人单位的银行账户进行查询,发现用人单位可能涉嫌转移财产。根据《最高人民法院关于审理拒不支付劳动报酬刑事案件适用法律若干问题的解释》(法释〔2013〕3号)第二条,依法移送公安机关以拒不支付劳动报酬罪追究相关人员的刑事责任。

相关法规如下:

1.《保障农民工工资支付条例》第四十条:人力资源社会保障行政部门在查处拖欠农民工工资案件时,需要依法查询相关单位金融账户和相关当事人拥有房产、车辆等情况的,应当经设区的市级以上地方人民政府人力资源社会保障行政部门负责人批准,有关金融机构和登记部门应当予以配合。

2.《最高人民法院关于审理拒不支付劳动报酬刑事案件适用法律若干问题的解释》(法释〔2013〕3号)第二条:以逃避支付劳动者的劳动报酬为目的,具有下列情形之一的,应当认定为刑法第二百七十六条之一第一款规定的"以转移财产、逃匿等方法逃避支付劳动者的劳动报酬":

(1)隐匿财产、恶意清偿、虚构债务、虚假破产、虚假倒闭或者以其他方法转移、处分财产的;

(2)逃跑、藏匿的;

(3)隐匿、销毁或者篡改账目、职工名册、工资支付记录、考勤记录等与劳动报酬相关的材料的;

(4)以其他方法逃避支付劳动报酬的。

一、劳动监察的含义

劳动监察又称劳动检查,是指劳动行政机关及其他特定行政机关对劳动法执行情况的监督检查,是法定专门机关代表国家对劳动法的遵守情况依法进行的检查、纠正、处罚等一系列的监督活动的总称。劳动监察是政府对劳动关系进行监督、检查和干预的主要手段,作为一种国家责任,可以降低劳动者的维权成本,及时纠正用人单位侵犯劳动者权益的违法行为,是有效维护劳动者权益的重要手段。劳动监察是劳动执法的核心内容,是劳动执法活动的具体化、制度化。劳动监察的主体主要是劳动监察机构和监察人员;劳动监察的对象是用人单位和劳动就业服务机构;劳动监察的内容是劳动法律、法规和规章的执行情况;劳动监察的手段是劳动监督、劳动检查和劳动处罚。《劳动合同法》增强了劳动合同制度监督检查的力度,增加了劳动合同监督检查的部门、扩大了劳动监察的范围、加重了企业违法的法律责任。在监督检查部门方面,《劳动合同法》明确了建设、卫生、安全生产监督管理等有关主管部门具有监督管理的职责权限。在劳动监察范围方面,《劳动合同法》将"规章制度的执行情况"、"用人单位与劳动者解除劳动合同的情况"以及"劳务派遣单位和用工单位遵守劳务派遣有关规定的情况"等也都列入了监察范围。

近代社会劳动监察制度的建立以英国1802年的《学徒健康与道德法》为标志。1947年,国际劳工大会通过了《工商业劳动监察公约》(第81号)和相应的《劳动监察建议书》,形成了劳动监督检查方面的基本文件。许多国家已经批准了该公约及建议书,并在本国的立法中系统规定了劳动监察制度。1994年通过的《劳动法》设有"监督检查"专章,进一步明确了劳动监察的机构和职责。2004年发布、2022年修正的人力资源社会保障部《劳动保障监察条例》进一步明确了劳动保障监察的机构和职责,为劳动保障监察工作提供了更具操作性的法律依据。现行《劳动合同法》第六章专门规定了劳动合同制度实施的监督检查。

二、劳动保障监察与劳动争议仲裁的区别

劳动保障监察和劳动争议仲裁都是处理劳动关系事项和维护劳动者权益的方式,其共同目的都是为了促进和谐劳动关系、防范和化解劳动争议,两者的区别表现在下述方面:

(一)机构组成及性质不同

劳动争议仲裁委员会由劳动行政部门、同级工会组织和用人单位三方面的代表组成,体现了三方性,具有准司法性质。劳动保障监察机构则是劳动保障行政部门的行政职能机构或依法成立的事业组织,属于具体行政行为中的行政执法行为。

(二)处理方式和目的不同

劳动争议仲裁因当事人申诉而开始,它以处理纠纷、解决争议为目的。劳动保障监察除了接受任何组织或个人的举报以及劳动者投诉外,还要主动进行巡视检查,它以查处、纠正违法行为,督促守法为目的。

(三)适用依据不同

劳动争议仲裁的法律依据,既可以是法律强制性规范,也可以是双方合法

有效的合同约定或企业规章制度。劳动保障监察的依据则必须是国家法律法规等强制性规范,不得以合同约定或内部规章制度作为处理依据。

(四)处理形式不同

劳动争议仲裁只能对争议进行调解和裁决,无权对当事人进行处罚。劳动保障监察则有权对违法行为实施行政处理和行政处罚。

(五)救济途径不同

劳动争议当事人不服仲裁裁决,可以按照有关规定向人民法院提起民事诉讼。行政相对人不服劳动保障监察的处理决定,可申请行政复议或提起行政诉讼。

(六)申请强制执行主体不同

劳动争议调解书和仲裁书生效后,一方当事人不执行,另一方可以向人民法院申请强制执行。劳动保障监察作出行政处理决定或行政处罚,行政相对人不申请行政复议也不提起行政诉讼,又不履行的,劳动保障行政部门可以向人民法院申请强制执行。

三、劳动行政部门的监督管理职责

《劳动合同法》第七十三条规定:"国务院劳动行政部门负责全国劳动合同制度实施的监督管理。县级以上地方人民政府劳动行政部门负责本行政区域内劳动合同制度实施的监督管理。县级以上各级人民政府劳动行政部门在劳动合同制度实施的监督管理工作中,应当听取工会、企业方面代表以及有关行业主管部门的意见。"

这一规定明确了劳动行政部门负责劳动合同制度实施监督管理的职责,并规定了劳动行政部门监督检查的权力。

(一)劳动行政部门负责劳动合同制度实施的监督管理

根据《劳动合同法》的规定,劳动行政部门负责劳动合同制度实施的监督管理,具体分为两个层次:一是国务院劳动行政部门,即国务院承担劳动行政工作的职能部门,亦即人力资源和社会保障部,负责全国范围内劳动合同制度实施的监督管理;二是县级以上地方人民政府劳动行政部门,包括县、自治县、市辖区人民政府劳动行政部门,自治州、设区的市的人民政府劳动行政部门,以及省、自治区、直辖市人民政府劳动行政部门,负责本行政区域内劳动合同制度实施的监督管理。

监督管理的内容十分广泛,如宣传劳动合同法律、法规和规章,督促用人单位贯彻执行;检查用人单位遵守劳动合同法律、法规和规章的情况;受理对违反劳动合同法律、法规或者规章的行为的举报、投诉;依法纠正和查处违反劳动合同法律、法规或者规章的行为等。国务院劳动行政部门作为国家最高行政机关的职能部门,还应当依照法律、行政法规的规定,制定劳动合同、集体合同制度的实施规范,指导地方劳动行政部门依法履行监督管理职责等。

(二)劳动行政部门开展监督管理工作应当听取有关方面的意见

工会是代表劳动者利益的组织,负有维护劳动者合法权益、监督用人单位履行劳动合同的职责。企业方面的代表作为实际用工单位的组织,代表企业的利益,负有贯彻执行劳动合同制度的责任。有关行业主管部门,负有在各自职责范围内,对本行业的用人单位执行劳动合同制度情况进行监督管理的职责。各级人民政府劳动行政部门在劳动合同制度实施的监督管理工作中,应当听取工会、企业方面代表以及有关行业主管部门的意见。对于工会、企业方面代表以及有关行业主管部门的意见,劳动行政部门应当认真研究,依法处理。

四、其他机构的监督责任

《劳动合同法》第七十六条规定:"县级以上人民政府建设、卫生、安全生产监督管理等有关主管部门在各自职责范围内,对用人单位执行劳动合同制度的情况进行监督管理。"这一规定明确了建设、卫生、安全生产监督管理等其他主管部门的监督管理职责。

劳动合同制度的实施涉及许多领域、行业,除了劳动行政部门负有管理职责外,还涉及其他有关主管部门的职责。这一规定对建设、卫生、安全生产监督管理等其他主管部门的监督管理职责作出了规定。

有关主管部门应当在各自的职责范围内,依据有关法律、行政法规的规定,对用人单位执行劳动合同制度的情况进行监督管理。如根据建筑法的规定,建设行政主管部门负责建筑安全生产的管理,并依法接受劳动行政主管部门对建筑安全生产的指导和监督;建筑施工企业必须依法加强对建筑安全生产的管理,执行安全生产责任制度,采取有效措施,防止伤亡和其他安全生产事故的发生。根据职业病防治法的规定,卫生行政部门负责职业病防治的监督管理工作,有关部门在各自的职责范围内负责职业病防治的有关监督管理工作;用人单位应当为劳动者创造符合国家职业卫生标准和卫生要求的工作环境和条件,并采取措施保障劳动者获得职业卫生保护。根据安全生产法的规定,负责安全生产监督管理的部门依法对安全生产工作实施综合监督管理,有关部门依法在各自的职责范围内对有关的安全生产工作实施监督管理;生产经营单位必须遵守安全生产的法律、法规,加强安全生产管理,建立、健全安全生产责任制度,完善安全生产条件,确保安全生产等。建设、卫生、安全生产监督管理等有关主管部门,应当切实履行法定职责,认真做好对用人单位执行劳动合同制度的情况进行监督管理的工作。

五、工会在劳动合同制度实施中的职责

《劳动合同法》第七十八条规定:"工会依法维护劳动者的合法权益,对用人单位履行劳动合同、集体合同的情况进行监督。用人单位违反劳动法律、法规和劳动合同、集体合同的,工会有权提出意见或者要求纠正;劳动者申请仲裁、提起诉讼的,工会依法给予支持和帮助。"这一规定明确了工会在劳动合同制度实施中的三项职责。

(一)维护劳动者合法权益和监督用人单位履行劳动合同、集体合同的情况

工会是劳动者利益的代表者,依法维护劳动者合法权益是工会的基本职责。劳动者的合法权益,主要体现在劳动者与用人单位订立的劳动合同是否符合法律有关保护劳动者权益的规定,体现在劳动者是否真正享受了国家法律以及劳动合同、集体合同约定的权利,体现在用人单位是否切实履行了法律规定以及合同约定的义务。因此,工会应当帮助、指导劳动者与用人单位依法订立和履行劳动合同,代表职工与用人单位订立集体合同,并对用人单位履行劳动合同、集体合同的情况进行监督。

(二)对用人单位违法行为有权提出意见或者要求纠正

工会对用人单位履行劳动合同、集体合同的情况进行监督时,发现用人单位存在违反劳动法律、法规和劳动合同、集体合同行为的,工会有权提出意见或者要求纠正。根据《劳动合同法》的规定,工会有权对用人单位制定的劳动规章制度提出意见;有权对用人单位单方面解除劳动合同提出意见;有权对用人单位违反集体合同侵犯职工劳动权益承担责任提出意见;有权要求用人单位纠正违反法律、行政法规或者劳动合同约定单方面解除劳动合同等。此外,根据工会法的规定,工会有权要求企业、事业单位纠正违反职工代表大会制度和其他民主管理制度的行为;有权要求企业、事业单位采取措施纠正克扣职工工资、不提供劳动安全卫生条件、随意延长劳动时间、侵犯女职工和未成年工特殊权益以及其他严重侵犯职工劳动权益的行为;有权对企业违章指挥、强令工人冒险作业或者生产过程中存在明显重大事故隐患和职业危害提出解决建议;有权对职工因工伤亡事故和其他严重危害职工健康问题的调查处理提出意见等。

(三)支持和帮助劳动者申请仲裁或者提起诉讼

劳动者认为用人单位侵犯其劳动权益而申请劳动争议仲裁或者向人民法

院提起诉讼的,工会应当依法给予支持和帮助,如包括提供法律咨询、帮助劳动者起草法律文书等,也可以对经济特别困难的劳动者给予经济上的帮助。根据民事诉讼法的有关规定,工会作为同劳动者有关的社会团体,还可以推荐有关人员接受劳动者委托,作为诉讼代理人参加诉讼活动,并有权调查、搜集证据和查阅案件材料,行使诉讼代理人的权利,有效地依法维护劳动者的合法权益。

第二节 劳动监察的内容

劳动监察《员工离职证明》[①]

2022年7月中旬,叶某至上海市徐汇区人力资源和社会保障局执法大队(以下简称"徐汇大队")投诉,称自己已离职,但A公司出具的员工离职证明不符合规定,要求A公司重新出具。接到案件后,徐汇大队依法对A公司实施劳动监察。

经查,A公司于2022年7月8日向叶某出具员工离职证明:"兹有叶某……自2019年5月27日起由A公司聘用,现因辞职,根据相关法律规定,于2022年7月8日解除劳动合同。叶某有如下未办理完结事宜:叶某在2022年4月至7月期间,实际出勤25天及请假7天,未出勤36天。公司已全额支付叶某2个月工资。叶某要求公司支付4—7月间全额工资(包括未出勤天数)。经过多次沟通,双方仍未能就未出勤天数工资结算达成一致。"

双方对离职证明上所述事实均无异议。但叶某认为,关于自己的出勤情况及工资主张事项即使是事实也不应写于离职证明上,要求予以删除。A公司则认为,既然法律法规并没有对解除或者终止劳动合同的书面证明中的内容作禁止性规定,且增加的内容是客观事实的描述,并不存在虚构诽谤等行为,可以增加。

由于A公司出具的员工离职证明中,未写明劳动合同期限、工作岗位、在本单位的工作年限等3项法定内容,徐汇大队要求用人单位重新出具。对于用人单位在员工离职证明中所书写的其他内容,因是客观事实,故未要求用人单位予以删除。

根据《劳动合同法实施条例》第二十四条规定,用人单位出具的解除、终止

---

① 上海人事经理研究中心:案例分析—劳动监察—员工离职证明,2022-12-09。

劳动合同的证明,应当写明劳动合同期限、解除或者终止劳动合同的日期、工作岗位、在本单位的工作年限等4项内容。A公司于2022年7月8日出具的员工离职证明中,并没有列明与叶某签订的劳动合同期限、叶某的工作岗位及在本单位的工作年限,存在一定瑕疵,理应依法重新出具。

本案争议的焦点在于,用人单位在解除或者终止劳动合同的书面证明中,除法律法规规定的基本要素外,是否可以增加其他内容?判断的标准主要是看离职证明载明的内容是否具有客观性。如果离职证明上记载了不实的情况,对劳动者再就业产生直接影响,并造成一定损害的,根据《劳动合同法》第八十九条之规定,用人单位应当承担赔偿责任。同时,根据《中华人民共和国民法典》第一千零二十四条的规定,民事主体享有名誉权。任何组织或者个人不得以侮辱、诽谤等方式侵害他人的名誉权。因此,如果所书写的内容存在侵犯劳动者名誉权的行为,劳动者也可以通过民事争议的途径维护自身合法权益。

一、劳动保障监察的范围

《劳动合同法》第七十四条规定:"县级以上地方人民政府劳动行政部门依法对下列实施劳动合同制度的情况进行监督检查:

(一)用人单位制定直接涉及劳动者切身利益的规章制度及其执行的情况;

(二)用人单位与劳动者订立和解除劳动合同的情况;

(三)劳务派遣单位和用工单位遵守劳务派遣有关规定的情况;

(四)用人单位遵守国家关于劳动者工作时间和休息休假规定的情况;

(五)用人单位支付劳动合同约定的劳动报酬和执行最低工资标准的情况;

(六)用人单位参加各项社会保险和缴纳社会保险费的情况;

(七)法律、法规规定的其他劳动监察事项。"

这一规定明确了劳动监察机构在劳动合同制度实施中的监督检查范围,包括劳动合同订立、履行、解除和终止等各个方面,明确了劳动监察的范围,具体包括下述各项情况:

第一,用人单位制定直接涉及劳动者切身利益的规章制度及其执行的情况。主要包括用人单位应当依法建立和完善直接涉及劳动者切身利益的规章制度,保障劳动者享有劳动权利、履行劳动义务。法律对用人单位制定和执行劳动规章制度提出了明确的要求,用人单位制定和执行规章制度必须符合法律规定。

第二,用人单位与劳动者订立和解除劳动合同的情况。用人单位和劳动者应当依法订立劳动合同,严格履行劳动合同约定的义务,解除劳动合同必须依法进行。

第三,劳务派遣单位和用工单位遵守劳务派遣有关规定的情况。《劳动合同法》对劳务派遣作了专门规定,劳务派遣单位和用工单位须严格遵守有关规定。

第四,用人单位遵守国家关于劳动者工作时间和休息休假规定的情况。国家关于劳动者工作时间和休息休假的规定,既是劳动合同应当约定的事项,也是法律保护的劳动者权利,用人单位应当严格执行国家关于劳动者工作时间和休息休假的规定。

第五,用人单位支付劳动合同约定的劳动报酬和执行最低工资标准的情况。用人单位能否按照国家规定和劳动合同约定及时、足额支付劳动报酬,直接体现了用人单位是否履行了主要义务,劳动者是否享有了主要权利。

第六,用人单位参加各项社会保险和缴纳社会保险费的情况。参加社会保险和缴纳社会保险费,是用人单位和劳动者的法定义务,也是劳动者享有的重要权利。

第七,法律、法规规定的其他劳动监察事项。例如,有关用人单位是否遵守禁止使用童工规定的情况以及是否对女职工、未成年工进行特殊劳动保护的情况等。

二、劳动监察的措施

《劳动合同法》第七十五条规定:"县级以上地方人民政府劳动行政部门实施监督检查时,有权查阅与劳动合同、集体合同有关的材料,有权对劳动场所进行实地检查,用人单位和劳动者都应当如实提供有关情况和材料。

劳动行政部门的工作人员进行监督检查,应当出示证件,依法行使职权,文明执法。"

这一规定明确了劳动行政部门监督检查职权和执法行为规范。为了规范劳动行政部门实施监督检查的行为,明确劳动行政部门可以采取的调查、检查措施,对劳动行政部门监督检查职权和执法行为规范进行规定非常必要。

(一)监督检查职权

1.查阅与劳动合同、集体合同有关的材料。劳动行政部门实施监督检查,是针对实施劳动合同制度的情况,即企业、个体经济组织、民办非企业单位以及其他用人单位执行劳动合同法的情况等,进行监督检查。用人单位是否执行劳动合同法的规定的关键之一就在于用人单位和劳动者订立的劳动合同以及集体合同是否符合法律规定。因此,劳动行政部门实施监督检查时,有权查阅与劳动合同、集体合同有关的材料,要求企业提供与调查、检查事项有关的文件资料,并作出解释和说明,必要时还可以发出调查询问书。用人单位和劳动者应当予以配合,如实提供有关情况和材料。

2. 对劳动场所进行实地检查。工作内容、工作地点、劳动保护以及劳动条件等事项,直接关系到劳动者的生命安全和人身健康,法律、行政法规都作出了一系列强制性规定,这些事项也是劳动合同的必备条款。如果只是查阅劳动合同或者集体合同等书面材料,将难以判断用人单位是否严格执行了法律的规定。因此,劳动行政部门实施监督检查时,有权对劳动场所进行实地检查,有权进入企业的劳动场所进行检查,可以采取记录、录音、录像、照相或者复制等方式收集有关情况和资料,用人单位和劳动者都应当予以配合,如实提供有关情况和材料。

(二)监督检查的行为规范

劳动行政部门的工作人员进行监督检查,应当出示证件,依法行使职权,文明执法。劳动保障监察员应当忠于职守,秉公执法,勤政廉洁,保守秘密;任何组织或者个人对劳动保障监察员的违法、违纪行为都有权向劳动保障行政部门或者有关机关检举、控告。劳动保障监察员进行调查、检查时不得少于2人,并应当佩戴劳动保障监察标志,出示劳动保障监察证件;劳动保障监察员办理的劳动保障监察事项与本人或者其近亲属有直接利害关系的,应当回避等。

劳动监察人员在履行监察公务时还应依法履行下列义务:①出示证件,秉公执法,不滥用职权,不徇私情;②不得向他人泄露案情,保守在检查过程中知悉的商业秘密;③进入劳动场所进行实地检查时,应当遵守相关的生产纪律和规章制度;④为举报人保密。

三、劳动者权益的救济渠道

当劳动者合法权益受到侵犯时,有权通过合法的途径寻求救济。《劳动合同法》第七十七条规定:"劳动者合法权益受到侵害的,有权要求有关部门依法处理,或者依法申请仲裁、提起诉讼。"这一规定指出了劳动者权益受到侵害时的两条救济渠道。

(一)依法申请仲裁、提起诉讼

根据《劳动合同法》及《劳动争议调解仲裁法》的规定,劳动者在其合法权益受到侵害时,可以依照法律规定的条件和程序,向劳动争议仲裁机构提出仲裁申请,通过劳动争议仲裁机构依法作出裁决来维护自己的合法权益。劳动者对仲裁裁决不服的,可以依法向人民法院提起诉讼,通过人民法院依法作出裁决来维护自己的合法权益。

(二)有权要求有关部门依法处理

劳动者在其合法权益受到侵害时,有权向有关部门投诉、举报,请求有关部门切实履行法定职责,依照法律规定处理侵害劳动者合法权益的违法行为,维护劳动者的合法权益。

四、劳动合同违法行为的举报制度

《劳动合同法》第七十九条规定:"任何组织或者个人对违反本法的行为都有权举报,县级以上人民政府劳动行政部门应当及时核实、处理,并对举报有功人员给予奖励。"

对违法行为进行举报,是群众监督、社会监督的一种重要形式。《劳动保障监察条例》进一步明确规定,任何组织或者个人对违反劳动保障法律、法规或者规章的行为都有权向劳动保障行政部门举报;劳动保障行政部门应当为举报人保密;对举报属实,为查处重大违反劳动保障法律、法规或者规章的行为提供主要线索和证据的举报人给予奖励。《劳动合同法》强调了任何组织和个人对违反劳动合同法的行为有权举报,劳动行政部门应当及时核实、处理,并对举报有功人员给予奖励。

劳动保障监察等法律、法规和部门规章明确规定了劳动行政部门执行监察的程序、时限和措施,具体程序包括下述五项:

(一)立案受理

劳动行政部门及监察机构通过各种检查方式,发现用人单位有违反劳动法律、法规行为需要调查处理的,应当予以立案。对符合如下条件的投诉,劳动行政部门应当在接到投诉之日起5个工作日内依法受理,并于受理之日立案查处:(一)违反劳动保障法律的行为发生在两年内的;(二)有明确的被投诉用人单位,且投诉人的合法权益受到侵害是被投诉用人单位违反劳动保障法律的行为所造成的;(三)属于劳动保障监察职权范围并由受理投诉的劳动保障行政部门管辖。

(二)调查取证

对已立案的案件,劳动行政部门应当全面、客观、公正地开展调查、检查,依照法律程序收集有关证据,正确行使调查、检查权。

(三)作出处理

劳动行政部门应当自立案之日起60个工作日内完成调查。确因案件复杂,在60个工作日内不能调查终结的,经劳动行政部门负责人批准可以延长

30个工作日。调查终结后,根据调查、检查的结果,对依法应当受到行政处罚的用人单位,依法作出行政处罚决定。对应当改正未改正的,依法责令改正或者作出相应的行政处理决定,行政处理决定的内容主要是清偿财产,如支付拖欠劳动者的工资、缴纳社会保险费等。对用人单位及其他组织在法定期限内不履行行政处理决定,劳动行政部门可依法申请人民法院强制执行。对情节轻微且已改正的,撤销立案。在监察过程中发现违法案件不属于劳动保障监察事项的,应当及时移送有关部门处理。涉嫌犯罪的,应当依法移送司法机关。

(四)制作处理或处罚决定书

劳动行政部门作出处理或处罚决定,应当制作处理或处罚决定书并加盖劳动行政部门的印章。处理或处罚决定书应当载明以下具体情况:当事人姓名、住址等基本情况;劳动行政部门认定的违法事实;适用的法律、法规和规章;处理或处罚决定的履行日期或者期限;当事人依法享有的申请行政复议或者提起行政诉讼的权利;作出处理或处罚决定的行政机关的名称及日期。

(五)文书送达

劳动行政处理或处罚决定书应当在宣告后当场交付当事人;当事人不在场的,劳动行政部门应当在7日内依照《民事诉讼法》的有关规定,将劳动保障行政处理或处罚决定书送达当事人。

【关键术语】　劳动监察　劳动监察机构　监督检查权

复习思考题

1.什么是劳动监察?
2.劳动监察机构和监察员享有的权利和承担的义务有哪些?
3.劳动监察与劳动仲裁的区别是什么?
4.劳动保障监察的范围包括哪些方面?

第十章 违反《劳动合同法》的法律责任

 引导案例

违法解除劳动合同需承担法律责任①

王某某于 2018 年 3 月 27 日入职某咨询公司,任高级经理一职。王某某下属图某在一次消防改造项目中于同一天向公司提交了两家不同公司出具的维保改造说明,导致工程最终由一家没有资质的单位施工,给公司造成巨大损失。2020 年 7 月 23 日该咨询公司以严重违反员工手册为由向王某某提出解除劳动合同。咨询公司称其与王某某解除劳动合同的制度依据为员工手册第八章第三条规定——员工有下列情形之一的,按严重违纪行为处理:管理人员出现管理失职,包括但不限于未予下属必要的培训、对下属所犯的错误未能作出应有的正确指示,反而利用职务之便包庇纵容下属的行为。王某某认为其已经向公司汇报,并已获批,不存在失职行为。

北京市第三中级人民法院认为,咨询公司主张王某某存在严重违反员工手册的行为并以此为由与其解除劳动关系,具体系认为王某某作为管理人员出现管理失职等情形。但在案证据显示王某某对更换施工主体的情况已向公司领导进行汇报,无法就此得出王某某存在明知其下属失职却利用职务之便进行包庇纵容的不当行为,咨询公司提交的证据不足以证明其解除事由的合法性及合理性,其行为构成违法解除,应向王某某支付违法解除劳动合同赔偿金。法院对一审法院判决咨询公司自判决书生效之日起 7 日内支付王某某违法解除劳

---

① 北京市第三中级人民法院(2022)京 03 民终 7339 号判决。

动合同赔偿金 167 141.65 元予以认可。

通过本案可以看出,法院对于管理失职的解除认定较为严格,首先要明确王某某的工作职责是否包括对下属行为的管理;其次要明确在管理中是否有工作失误,包括是否包庇纵容下属的失职行为(这里法院认定了王某某已经向公司领导汇报,因此没有包庇下属的行为);最后,失职行为与损失之间是否有直接因果关系。王某某的行为不能证明直接造成了公司的损失。因此,最终认定该公司解除不合法。

本案也提醒我们,对于员工严重失职的解除需要更加慎重处理,证据方面对公司的举证责任要求很高,《最高人民法院关于审理劳动争议案件适用法律若干问题的解释(一)》第十三条规定,"因用人单位作出的开除、除名、辞退、解除劳动合同、减少劳动报酬、计算劳动者工作年限等决定而发生的劳动争议,用人单位负举证责任"。从法院判案角度,首先要求公司要有员工职责说明材料,比如,负有管理下属职责,对下属的工作是否做到必要监管,是否做过相关岗位培训,有的过失行为是否已经提出批评指正等;其次,要确认下属的违纪行为是否已经形成并给公司造成了何种损失,领导是否有监管不利的责任;再次,损失的金额大小,是否可以提供材料证明;最后,损失与领导的管理不当是否存在因果关系。如果具备了上述的证明材料,对于用人单位而言才能提供完整的证据链证明公司解除合法。否则就如本案,在某一环节,劳动者能够提供排除失职责任的证据,则公司将承担违法解除的后果。

第一节 违反劳动合同法律责任概述

一、违反劳动合同法律责任的概念和特点

劳动合同法律责任,是指由劳动合同法律规定的,对劳动合同违法行为人所采取的以补偿受到损害的合法利益、恢复被破坏的劳动合同法律关系或者秩序、维护劳动合同制度正常运行为目的,并与一定的制裁措施相联系的国家强制措施。法律责任是通过国家强制力迫使违法行为人承担不利的法律后果,它只能由国家专门机关在法律规定的权限范围内对违法者施行。劳动合同法律责任是劳动合同法律制度的重要组成部分。具体而言,违反劳动合同法律责任,是指依据劳动法律、法规的规定,用人单位、劳动者、劳动行政部门或者其他有关主管部门及其工作人员,因违反《劳动合同法》所应承担的法律后果。它以违法行为存在为前提,以法律制裁为必然结果。《劳动合同法》与其他法律

一样,由国家立法机关依照法定程序制定颁布实施,具有国家强制性。规定法律责任的目的,是为了保证《劳动合同法》确立的劳动合同制度的贯彻实施,维护依法建立的劳动关系,保护劳动者的合法权益,确保法律的各项规定得到严格的贯彻执行,维护法律的权威性和严肃性。

违反劳动合同法律责任有以下特点:

(一)承担法律责任的主体广泛

《劳动合同法》用专章对违法行为所承担的法律后果作了全面系统的规定,明确了用人单位、劳动者违反劳动合同法规定应当承担的法律责任,同时还明确了劳动行政部门和其他有关主管部门及其工作人员不履行法定职责或者违法行使职权应当承担的法律责任。

(二)承担法律责任的核心要件是违法事实

法律关系主体实施违法行为,是其承担法律责任的前提。没有违法的法律事实,就不存在承担法律责任的问题。是否属于违法行为,应以国家法律规定为依据。

(三)法律责任的本质是一种惩罚

法律责任是一种消极的法律后果,是一种法律上的惩罚。

(四)法律责任由有权的国家机关依法实施

法律责任体现了法律规范的国家强制力,它只能由有权的国家机关依法予以追究。只有在法律规范中明确规定了具体的法律责任,才能保证法律关系主体权利义务的实现。法律责任的基本形式,要根据法律调整和违法行为人所侵害的社会关系的性质、特点以及侵害的程度等多种因素来确定。劳动关系主体实施违法行为,应承担的法律责任包括行政责任、民事责任和刑事责任。

二、违反劳动合同责任的种类

根据劳动法律、法规的规定,我国违法行为的法律责任种类包括行政责任、民事责任和刑事责任三种。

(一)违反劳动合同的行政责任

行政责任是指用人单位或劳动者实施《劳动合同法》规定的禁止行为,引起行政上必须承担的法律后果,其性质属于轻微违法、失职或违反内部纪律,依法给予的行政制裁。其制裁形式有行政处分、行政处罚、治安管理处罚。

1.行政处分。行政处分是指用人单位和国家行政管理机关对其工作人员违反劳动法律、法规,情节轻微,不够追究刑事责任而给予的一种行政制裁。其具体形式包括警告、通报批评、记过、记大过、降级、降职、撤职、留用察看、开除等,这些行政处分依次从轻到重,具体裁量时,要根据违法行为人违法情节的轻重分别给予处理。我国劳动法规定可以给予行政处分的情形主要是:劳动行政部门或有关部门工作人员滥用职权,玩忽职守,徇私舞弊,不构成犯罪的给予行政处分,以及其他法律、法规规定的可以给予行政处分的人员和应当给予行政处分的违法行为。

2. 行政处罚。行政处罚是指劳动行政机关对违反劳动法律、法规规定,但尚未构成犯罪的用人单位和其他组织及个人所给予的行政制裁。劳动行政部门作出行政处罚,必须按照法定程序进行。根据《劳动法》、《劳动合同法》等劳动法律、法规,劳动行政部门对违反劳动法律、法规行为的处理形式有以下五种:

(1)警告。警告是指劳动行政部门对违反劳动法律、法规的公民、法人或者其他组织提出告诫,使其认识本身的违法行为并主动纠正的一种处罚。警告不是单纯的制裁,而是以影响违法者声誉为内容,促其纠正违法,避免再犯为目的的处罚。警告一般适用于违反劳动行政管理法规程度轻微,对社会危害程度不大的行为。警告既可以对公民个人适用,也可以适用于法人或其他组织;既可以单处,也可以并处。警告处罚虽然不涉及违法者的人身自由、财产权利和行为能力等,但通过对其声誉施加影响,可以达到防止其继续或重新违法的处罚目的。

(2)罚款。罚款是指行政机关依法强制违法行为人在一定期限内缴纳一定数量货币的行政处罚行为。罚款是一种财产罚,通过处罚使当事人在经济上受到损失,警示其今后不再进行违法行为。依照法律、法规规定,可以实施罚款的违法行为主要有:用人单位无特殊原因违法延长工作时间;安全设施和劳动卫生条件不符合国家规定;非法雇用未满16周岁的未成年人;违反女职工和未成年工的特殊保护规定,侵犯其合法权益;用人单位无理阻挠劳动行政部门、有关部门及其工作人员行使监督检查权,打击报复检举人等。罚款的具体办法和数额,由单项劳动法律、法规或地方法规规定。

(3)责令改正。责令改正是对违反劳动法律、法规或者规章的用人单位给予的必须纠正其违法行为的一种强制性措施。对于经调查发现用人单位存在违反劳动法律、法规或者规章的行为,如未依法与劳动者签订劳动合同且没有主动改正的,由劳动行政部门依法责令改正。

(4)责令停产整顿。责令停产整顿是指对违法者给予一种在一定时间内停止生产以纠正其违法行为的一种处罚,其特点是必须停止生产。《劳动法》第九十二条规定的责令停产整顿处罚者有:用人单位劳动安全卫生设施和劳动卫生条件不符合国家规定,或者未向劳动者提供必要的劳动保护用品和劳动保护设施,情节严重的。

(5)吊销营业执照。吊销营业执照是指对违法者给予的终止生产经营资格的严厉处罚,其直接法律后果是取消法人资格,停止一切生产经营活动,用人单位随之消亡。《劳动法》第九十四条规定,用人单位非法雇用未满16周岁的未成年人,情节严重的,由工商行政管理部门吊销营业执照。

3.治安管理处罚。治安管理处罚是指行使治安管理处罚权的公安机关,依照《治安管理处罚条例》给予用人单位的一种特殊的行政处罚。它一般分为警告、罚款、拘留三种处罚方式。《劳动法》第九十六条规定,用人单位以暴力、威胁或者非法限制人身自由的手段强迫劳动、侮辱、体罚、殴打、搜查和拘禁劳动者,情节不构成犯罪的,由公安机关对责任人员处以15日以下的拘留、罚款或者警告的处罚。

(二)违反劳动合同的民事责任

违反劳动合同的民事责任,是指劳动关系当事人一方违反劳动合同法的规定或双方的约定而应承担的经济责任。在劳动法律关系中,一方当事人所享有的权利就是另一方需要履行的相应义务。如果一方当事人不履行义务,或不能完全履行义务,给对方当事人造成损失的,应当承担经济清偿或者赔偿责任。违反劳动法律的民事责任分为两种:一是违反劳动合同所应承担的民事责任即违约责任;另一种是侵害劳动者权利的民事责任即赔偿责任。违约责任产生的基础是双方协议或合同约定,因此,没有约定就不会有违约责任的产生。违约责任的构成要件包括两个:双方在劳动合同中有约定;违约责任的约定不违反法律规定。赔偿责任是企业或劳动者因违反合同约定或因自己的故意或过失,给对方造成实际损失时支付对方一定数量的货币的责任形式。赔偿责任的构成要件有四个:当事人违反劳动法律、法规;给对方造成了实际损失;责任方存在故意或过失;这种故意、过失与损失之间存在因果关系。另外,劳动合同法还规定了连带责任,即用人单位招用尚未解除劳动合同的劳动者,对原用人单位造成经济损失的,该用人单位应当依法承担连带赔偿责任。

(三)违反劳动合同的刑事责任

违反劳动合同的刑事责任,是指用人单位或劳动者严重违反劳动法律、法规,造成严重后果,触犯刑律、构成犯罪应承担的法律责任。刑事责任是由国家司法机关追究的、严重违法并构成了犯罪的行为,追究刑事责任的方式是判处刑罚。我国劳动法律规定应当追究刑事责任的行为主要有七个方面:①用人单位对事故隐患不采取措施,致使发生重大事故,造成劳动者生命和财产损失的,对责任人员追究刑事责任;②用人单位强迫劳动者违章冒险作业,发生重大伤亡事故,造成严重后果的,依法追究刑事责任;③用人单位以暴力威胁或非法限制人身自由的手段强迫劳动及侮辱、体罚、殴打、搜查劳动者,情节严重,构成犯罪的,依法追究刑事责任;④用人单位无理阻挠劳动行政部门、有关部门及其工作人员行使监督检查权,打击报复举报人员,构成犯罪的,依法追究刑事责任;⑤劳动行政部门或者有关部门的工作人员滥用职权、玩忽职守、徇私舞弊,构成犯罪的,依法追究刑事责任;⑥国家工作人员和社会保险基金经办机构的工作人员挪用社会保险基金,构成犯罪的,依法追究刑事责任;⑦违反法律、法规应当追究刑事责任的其他行为。

第二节　用人单位的法律责任

一、用人单位规章制度违法的法律责任

《劳动合同法》第八十条规定:"用人单位直接涉及劳动者切身利益的规章制度违反法律、法规规定的,由劳动行政部门责令改正,给予警告;给劳动者造成损害的,应当承担赔偿责任。"这一规定明确了用人单位规章制度违反法律、法规规定应承担的法律责任。

在实践中,一些用人单位通常认为,制定规章制度属于自主经营权的范畴,法律不能也不应予以干涉。但实际上,如果企业规章制度违法或是制定程序没有经过民主环节和公示环节,企业制定的规章制度依然是没有法律效力的。同时,规章制度本身内容也要符合法律、法规规定,需要根据法律变化及时进行调整和修改,以避免规章制度失效的情况产生。

(一)违法的规章制度应予改正

规章制度,是指用人单位根据本单位的生产经营情况,依法制定的确保本单位正常生产经营秩序的行为规则。劳动规章制度的范围很广泛,包括劳动报酬、工作时间、休息休假、劳动安全卫生、保险福利、职工培训、劳动纪律和劳动定额等。劳动法律规定,用人单位应当依法建立和完善劳动规章制度,保障劳动者享有劳动权利、履行劳动义务。

用人单位在制定直接涉及劳动者切身利益的规章制度和重大事项时,必须依法进行,即应当经职工代表大会或者全体职工讨论,提出方案和意见,与工会或者职工代表平等协商确定。规章制度的内容不得违法,对用人单位规章制度违反法律、法规规定的,由劳动行政部门责令改正。

(二)由劳动行政部门对用人单位给予处罚

用人单位直接涉及劳动者切身利益的规章制度违反法律、法规规定的,除了应当改正外,还必须予以处罚。

(三)给劳动者造成损害的应承担赔偿责任

用人单位规章制度违反法律、法规规定,给劳动者造成损害的,用人单位还必须承担赔偿责任。赔偿责任是一种民事责任,以损失填补为原则,损失多少赔偿多少。用人单位承担赔偿责任,前提条件是用人单位规章制度违法并已经给劳动者造成了实际损害。承担赔偿责任的范围,应当包括劳动者所遭受的全部实际损失。

二、订立劳动合同违法的法律责任

(一)订立劳动合同违反法律规定

根据《劳动合同法》第八十一、八十二、八十六条的规定,用人单位订立劳动合同违反法律规定主要有五种情形:①未按照规定订立书面劳动合同;②提供的劳动合同文本未载明劳动合同的必备条款;③未将劳动合同文本交付劳动者;④因用人单位过失订立无效劳动合同;⑤违反法律规定,不签订无固定期限劳动合同。针对用人单位订立劳动合同违反规定的具体违法情形,《劳动合同法》规定了相应的法律责任:

1. 责令改正。《劳动合同法》第八十一条规定:"用人单位提供的劳动合同文本未载明本法规定的劳动合同必备条款或者用人单位未将劳动合同文本交付劳动者的,由劳动行政部门责令改正。"

2. 赔偿责任。赔偿主要有四种形式:①用人单位提供的劳动合同文本未载明本法规定的劳动合同必备条款或者用人单位未将劳动合同文本交付劳动者,给劳动者造成损害的,应当承担赔偿责任;②自用工之日起超过1个月不满1年未与劳动者订立书面劳动合同的,用人单位应当向劳动者每月支付2倍的工资;③用人单位违法,不与劳动者订立无固定期限劳动合同的,自应当订立无固定期限劳动合同之日起向劳动者每月支付2倍的工资;④因用人单位原因订立的书面劳动合同被确认无效,给劳动者造成损害的,用人单位应当承担赔偿责任。

(二)违法约定试用期的责任

试用期是用人单位和劳动者相互了解、选择而约定的考察期,是劳动合同期限中一段特殊的期限。试用期的问题,是劳动合同立法中普遍关注的重点问题之一。为了确保劳动合同试用期的法律规定得到切实执行,有必要对违法约定试用期的法律后果作出规定。《劳动合同法》第八十三条规定:"用人单位违反本法规定与劳动者约定试用期的,由劳动行政部门责令改正;违法约定的试用期已经履行的,由用人单位以劳动者试用期满月工资为标准,按已经履行的超过法定试用期的期间向劳动者支付赔偿金。"根据法律规定,用人单位违反规定约定试用期的,承担以下两种法律责任:①责令改正。用人单位违反规定与劳动者约定试用期的,由劳动行政部门责令改正。劳动行政部门在依法履行监督检查、受理举报等职责时,应当认真核实劳动合同中有关试用期的约定是否存在违法情形,一经查实,应当责令用人单位改正。用人单位应当及时改正,依照法律规定重新约定试用期。②赔偿金。用人单位违反规定与劳动者约定试用期,违反约定的试用期已经履行的,由用人单位以劳动者试用期满月工资为标准,按照已经履行的超过法定试用期的期间向劳动者支付赔偿金。

(三)扣押劳动者证件、档案等物品及要求提供担保的责任

《劳动合同法》第八十四条规定:"用人单位违反本法规定,扣押劳动者居民身份证等证件的,由劳动行政部门责令限期退还劳动者本人,并依照有关法律规定给予处罚。

用人单位违反本法规定,以担保或者其他名义向劳动者收取财物的,由劳动行政部门责令限期退还劳动者本人,并以每人五百元以上二千元以下的标准处以罚款;给劳动者造成损害的,应当承担赔偿责任。

劳动者依法解除或者终止劳动合同,用人单位扣押劳动者档案或者其他物品的,依照前款规定处罚。"

这一规定明确了用人单位扣押劳动者证件、档案等物品及要求提供担保的责任。

1. 用人单位扣押劳动者居民身份证等证件的法律责任。用人单位和劳动者作为劳动合同的双方当事人,具有平等的法律地位。但是,现实生活中,有的用人单位在招用劳动者时,利用自己的优势地位,非法扣押劳动者的居民身份证或者其他证件。为了维护劳动者的合法权益,规范用人单位招用劳动者的行为,法律规定不得扣押劳动者的居民身份证或者其他证件。违反这一规定承担两种法律责任:①由劳动行政部门责令限期退还劳动者本人。用人单位应当按照劳动行政部门限定的期限,将其非法扣押的居民身份证或者其他证件予以退还。②依照有关法律规定给予处罚。《劳动合同法》只是原则规定了要给予处理,而没有具体规定处罚的种类、幅度。根据居民身份证管理的有关法律规定,非法扣押他人居民身份证的,由公安机关给予警告,并处200元以下罚款,有违法所得的,没收违法所得。

2. 用人单位以担保或者其他名义向劳动者收取财物的法律责任。针对有的用人单位在招用劳动者时要求劳动者提供担保或者收取财物的情况,法律规定用人单位在招用劳动者时,不得要求劳动者提供担保或者以其他名义向劳动者收取财物,并设定了相应的法律责任:①由劳动行政部门责令限期退还。用人单位应当在劳动行政部门限定的期限内予以退还。②由劳动行政部门给予罚款处罚。用人单位违反法律规定,以担保或者其他名义向劳动者收取财物

的,由劳动行政部门实施罚款,处罚的标准为每名劳动者500元以上2000元以下。③用人单位应当承担赔偿责任。用人单位以担保或者其他名义向劳动者收取财物,给劳动者造成损害的,还应当承担赔偿责任,赔偿劳动者因此遭所受的损失。如用人单位收取的劳动者的财物被损坏的,就应当予以赔偿。

3.用人单位扣押劳动者档案或者其他物品的法律责任。劳动关系双方都有权根据法律规定或者合同约定解除或者终止劳动合同。实践中,一些用人单位在劳动合同依法解除或者终止后,不积极为劳动者办理档案等转移手续,有的甚至扣押劳动者的物品,损害了劳动者的合法权益。为此,劳动合同法明确规定了用人单位在解除或者终止劳动合同后的义务,如出具证明、办理档案转移手续等,并规定了用人单位扣押档案或者其他物品的法律责任,即由劳动行政部门责令用人单位限期办理劳动者档案转移等手续,退还扣押物品,并给予罚款处罚。因扣押劳动者档案或者其他物品给劳动者造成损害的,如物品在扣押期间灭失的,用人单位还应当承担赔偿责任。

(四)招用与其他用人单位保持劳动关系的劳动者

《劳动合同法》第九十一条规定:"用人单位招用与其他用人单位尚未解除或者终止劳动合同的劳动者,给其他用人单位造成损失的,应当承担连带赔偿责任。"这一规定明确了用人单位招用与其他用人单位保持劳动关系的劳动者所承担的法律后果。用人单位招用劳动者时,应当仔细审核其各种证件和材料,包括"解除或终止劳动合同证明"。若招用与其他用人单位尚未解除或者终止劳动合同的劳动者,给其他用人单位造成损失的,应当承担连带赔偿责任。所谓连带赔偿责任,是指依照法律规定或者合同约定多数责任人之间具有连带关系,受损人有权要求多数责任人中的任何一人向其赔偿损失,多数责任人中的任何一人都有向受损人赔偿全部损失的责任。1995年,国家劳动部颁发的《违反〈劳动法〉有关劳动合同规定的赔偿办法》进一步明确了连带赔偿责任的赔偿范围和责任者应当承担的赔偿份额。用人单位招用尚未解除劳动合同的劳动者,对原用人单位造成经济损失的,除该劳动者承担直接赔偿责任外,该用人单位应当承担连带赔偿责任。其连带赔偿的份额不低于对原用人单位造成经济损失总额的70%。

三、履行劳动合同违法的法律责任

(一)侵害劳动者工资报酬权益的责任

《劳动合同法》第八十五条规定:"用人单位有下列情形之一的,由劳动行政部门责令限期支付劳动报酬、加班费或者经济补偿;劳动报酬低于当地最低工资标准的,应当支付其差额部分;逾期不支付的,责令用人单位按应付金额百

分之五十以上百分之一百以下的标准向劳动者加付赔偿金:

(一)未按照劳动合同的约定或者国家规定及时足额支付劳动者劳动报酬的;

(二)低于当地最低工资标准支付劳动者工资的;

(三)安排加班不支付加班费的;

(四)解除或者终止劳动合同,未依照本法规定向劳动者支付经济补偿的。"

劳动合同法列举了用人单位侵害劳动者有关工资报酬的四种情形。根据这一规定,用人单位侵害劳动者有关工资报酬合法权益应当承担以下两种法律责任:一是责令限期改正。用人单位侵害劳动者有关工资报酬合法权益的,由劳动行政部门责令限期支付劳动报酬、加班费或者经济补偿。劳动报酬低于当地最低工资标准的,应当支付其差额部分。二是赔偿金。用人单位逾期不支付的,由劳动行政部门责令用人单位按应付金额50%以上100%以下的标准向劳动者加付赔偿金。

(二)强迫劳动和违反劳动安全卫生规范的责任

《劳动合同法》第八十八条规定:"用人单位有下列情形之一的,依法给予行政处罚;构成犯罪的,依法追究刑事责任;给劳动者造成损害的,应当承担赔偿责任:

(一)以暴力、威胁或者非法限制人身自由的手段强迫劳动的;

(二)违章指挥或者强令冒险作业危及劳动者人身安全的;

(三)侮辱、体罚、殴打、非法搜查或者拘禁劳动者的;

(四)劳动条件恶劣、环境污染严重,给劳动者身心健康造成严重损害的。"

这一规定列举了用人单位强迫劳动者违反劳动安全卫生规范的四种违法情形,并对此规定了三种法律责任形式:①行政处罚,主要是治安管理处罚。行使治安管理处罚权的只能是国家公安机关,处罚的根据是《治安管理处罚法》。治安管理处罚一般分为警告、罚款、拘留。②刑事责任。用人单位强迫劳动和违反劳动安全卫生规范的行为,可能构成强迫劳动罪、重大责任事故罪。如《刑法》第一百三十四条规定,在生产、作业中违反有关安全管理的规定,因而发生重大伤亡事故或者造成其他严重后果的,处3年以下有期徒刑或者拘役;情节特别恶劣的,处3年以上7年以下有期徒刑。强令他人违章冒险作业,因而发生重大伤亡事故或者造成其他严重后果的,处5年以下有期徒刑或者拘役;情节特别恶劣的,处5年以上有期徒刑。《刑法》第二百四十四条规定,用人单位违反劳动管理法规,以限制人身自由方法强迫职工劳动,情节严重的,对直接责任人员处3年以下有期徒刑或者拘役,并处或者单处罚金。③赔偿责任。用人单位强迫劳动和违反劳动安全卫生规范的行为,给劳动者造成损害的,用人单位应当承担赔偿责任。

四、违法解除和终止劳动合同的责任

（一）违法解除或者终止劳动合同

用人单位违反《劳动合同法》规定解除或者终止劳动合同主要有四种情形:①未与劳动者协商一致而解除劳动合同;②不符合法定可以解除或者终止劳动合同而解除劳动合同,或者未按照《劳动合同法》规定的程序解除劳动合同;③劳动者具有用人单位不得解除或者终止劳动合同的条件时解除劳动合同;④违反解除劳动合同应遵循的法定程序,如通知工会、提前30天以书面形式通知劳动者等。

《劳动合同法》对用人单位违法解除或者终止劳动合同的行为有两种处理方式:①继续履行。用人单位违反规定解除或者终止劳动合同,劳动者要求继续履行劳动合同的,用人单位应当继续履行。②支付赔偿金后劳动合同解除。用人单位违法解除或终止劳动合同后,劳动者不要求继续履行劳动合同或者劳动合同已经不能继续履行的,用人单位依法支付赔偿金后,劳动合同解除。用人单位支付赔偿金的标准是法律规定的经济补偿金标准的2倍。

（二）违反规定未向劳动者出具解除或者终止劳动合同书面证明

劳动合同解除或者终止证明书又称离职证明书,即劳动者离职后,用人单位向劳动者出具的,即劳动者在该用人单位工作经历以及双方劳动关系不再存续的证明。由用人单位向劳动者出具离职证明书,许多国家的法律都对此作了规定。《劳动合同法》明确了用人单位应当出具解除或终止劳动合同证明书的法定义务。

《劳动合同法》第八十九条规定:"用人单位违反本法规定未向劳动者出具解除或者终止劳动合同的书面证明,由劳动行政部门责令改正;给劳动者造成损害的,应当承担赔偿责任。"这一规定明确了用人单位未出具解除或终止劳动合同书面证明的法律责任有两种:①行政责任。劳动行政部门可以对用人单位是否出具解除或终止劳动合同书面证明的情况实施劳动监察,对未向劳动者出具解除或终止合同书面证明的,由劳动行政部门予以责令改正。②赔偿责任。如果用人单位未依法给劳动者出具解除或者终止劳动合同的书面证明,劳动者因此而遭受损害的,例如,未能及时足额享受失业保险待遇、再就业受到不利影响的,由用人单位向劳动者承担赔偿责任。

五、劳务派遣单位违法的法律责任

劳务派遣单位违反《劳动合同法》的规定,主要是指违反了下列规定:

(一)劳务派遣单位未经许可经营派遣业务的责任

《劳务派遣行政许可实施办法》第三十一条规定,任何单位和个人违反《中华人民共和国劳动合同法》的规定,未经许可,擅自经营劳务派遣业务的,由人力资源社会保障行政部门责令停止违法行为,没收违法所得,并处违法所得1倍以上5倍以下的罚款;没有违法所得的,可以处5万元以下的罚款。

(二)劳务派遣单位违反劳务派遣规定的责任

《劳务派遣暂行规定》第二十条规定,劳务派遣单位、用工单位违反劳动合同法和劳动合同法实施条例有关劳务派遣规定的,按照劳动合同法第九十二条规定执行。这一规定明确了劳务派遣单位与用工单位违法用工法律责任的规定。根据《劳动合同法》第九十二条的规定,劳务派遣单位、用工单位违反劳动合同法和劳动合同法实施条例有关劳务派遣规定的,由劳动行政部门进行处罚,包括责令停止违法行为、限期改正、没收违法所得、罚款、吊销其劳务派遣业务经营许可证等措施。对于用工单位给被派遣劳动者造成损害的,劳务派遣单位与用工单位承担连带赔偿责任。

《劳务派遣行政许可实施办法》第三十二条规定,劳务派遣单位违反《中华人民共和国劳动合同法》有关劳务派遣规定的,由人力资源社会保障行政部门责令限期改正;逾期不改正的,以每人5 000元以上1万元以下的标准处以罚款,并吊销其《劳务派遣经营许可证》。

(三)劳务派遣单位涂改、倒卖、出租、出借以及违法获得《劳务派遣经营许可证》的责任

《劳务派遣行政许可实施办法》第三十三条规定,劳务派遣单位有下列情形之一的,由人力资源社会保障行政部门处1万元以下的罚款;情节严重的,处1万元以上3万元以下的罚款:①涂改、倒卖、出租、出借劳务派遣经营许可证,或者以其他形式非法转让《劳务派遣经营许可证》的;②隐瞒真实情况或者提交虚假材料取得劳务派遣行政许可的;③以欺骗、贿赂等不正当手段取得劳务派遣行政许可的。

(四)劳务派遣单位违法解除或终止合同的责任

《劳务派遣暂行规定》第二十一条规定,劳务派遣单位违反本规定解除或者终止被派遣劳动者劳动合同的,按照劳动合同法第四十八条、第八十七条规

定执行。

(五)劳务派遣单位违法约定试用期的责任

《劳务派遣暂行规定》第二十三条规定,劳务派遣单位违反本规定第六条规定的,按照《劳动合同法》第八十三条规定执行。规定了劳务派遣单位违法约定试用期的法律责任。

《劳务派遣暂行规定》第六条规定:"劳务派遣单位可以依法与被派遣劳动者约定试用期。劳务派遣单位与同一被派遣劳动者只能约定一次试用期。"该规定与劳动合同制关于试用期的规定相一致。因此,劳务派遣单位违反试用期规定的法律责任与劳动合同制中用人单位违反试用期的法律责任也应一致,即违法约定的试用期已经履行的,由用人单位以劳动者试用期满月工资为标准,按已经履行的超过法定试用期的期间向劳动者支付赔偿金。

六、用工单位违法派遣用工的法律责任

(一)假外包、真派遣的责任

《劳务派遣暂行规定》第二十七条规定,用人单位以承揽、外包等名义,按劳务派遣用工形式使用劳动者的,按照本规定处理。此条规定了对于"假外包、真派遣"等情形的处理方式。劳务派遣与服务外包以及承揽在一定程度上具有相似性,《劳动合同法》修正案出台之后,很多劳务派遣公司开始在酝酿如何将劳务派遣用工变换一种形式以规避法律规定,而首当其冲的就是采用服务外包或承揽的方式。因此,为了避免劳务派遣单位假借服务外包或承揽之名行劳务派遣之实,规定用人单位以承揽、外包等名义,按劳务派遣用工形式使用劳动者的,需要按照劳务派遣处理,防止了劳务派遣的非法变种。

(二)超比例使用派遣用工的责任

《劳务派遣暂行规定》第二十八条规定,用工单位在本规定施行前使用被派遣劳动者数量超过其用工总量10%的,应当制定调整用工方案,于本规定施行之日起2年内降至规定比例。但是,《全国人民代表大会常务委员会关于修改〈中华人民共和国劳动合同法〉的决定》公布前已依法订立的劳动合同和劳务派遣协议期限届满日期在本规定施行之日起2年后的,可以依法继续履行至期限届满。

用工单位应当将制定的调整用工方案报当地人力资源社会保障行政部门备案。用工单位未将本规定施行前使用的被派遣劳动者数量降至符合规定比例之前,不得新用被派遣劳动者。

这一规定明确了《劳务派遣暂行规定》在实施过程中如何进行过渡安排,

也明确了劳务派遣用工比例不得超过用工单位总用工数的10%。在本《规定》颁布时,肯定会存在一些用工单位实际劳务派遣用工比例超过了10%,对于此情况,为了保障用工关系的稳定性,并考虑到劳务派遣用工一般以2年为一合同期的特点,确定了超出用工比例的用工单位需要在《劳务派遣暂行规定》施行2年内将劳务派遣用工比例降到10%以下。

(三)违法退回被派遣劳动者的责任

《劳务派遣暂行规定》第二十四条规定,用工单位违反本规定退回被派遣劳动者的,按照《劳动合同法》第九十二条第二款规定执行。本条规定了违法退回被派遣劳动者的法律责任。《劳动合同法》第六十五条第二款以及《劳务派遣暂行规定》第十二条明确规定了在哪些情况下用工单位可将被派遣劳动者退回劳务派遣单位,在非上述可退回情形下,用工单位退回被派遣劳动者的,均属违法退回,用工单位和劳务派遣单位需要按照《劳动合同法》第九十二条第二款的规定承担法律责任,即由劳动行政部门责令限期改正,逾期不改正的,以每人5 000元以上1万元以下的标准处以罚款,对劳务派遣单位,吊销其劳务派遣业务经营许可证。用工单位给被派遣劳动者造成损害的,劳务派遣单位与用工单位承担连带赔偿责任。

(四)违反辅助性范围确定程序的责任

《劳务派遣暂行规定》第二十二条规定,用工单位违反本规定第三条第三款规定的,由人力资源社会保障行政部门责令改正,给予警告;给被派遣劳动者造成损害的,依法承担赔偿责任。《劳务派遣暂行规定》第三条第三款规定了辅助性范围确定的程序,要求用工单位决定使用被派遣劳动者的辅助性岗位,应当经职工代表大会或者全体职工讨论,提出方案和意见,与工会或职工代表平等协商确定,并在用工单位内公示。如果用工单位违反这一程序规定,则由人力资源社会保障行政部门责令改正,给予警告;给被派遣劳动者造成损害的,依法承担赔偿责任。

第三节 劳动者的法律责任

为防止劳动者任意解除劳动合同给用人单位造成损害,《劳动合同法》第九十条规定:"劳动者违反本法规定解除劳动合同,或者违反劳动合同中约定的保密义务或者竞业限制,给用人单位造成损失的,应当承担赔偿责任。"

一、劳动者违法解除劳动合同的法律责任

劳动合同一经依法订立,即具法律效力,用人单位和劳动者都应当按照劳

动合同的约定,全面履行各自的义务,任何一方违反劳动合同的约定,都应当依法承担相应的法律责任。根据《劳动合同法》的规定,劳动合同订立后,劳动者可以解除劳动合同,但必须符合法律的规定。我国法律规定劳动者解除合同的条件有两个:①提前通知。劳动者提前30天以书面形式通知用人单位,可以解除劳动合同。劳动者在试用期内提前3天通知用人单位,可以解除劳动合同。但双方协商一致,或者用人单位违法时,劳动者解除劳动合同无须提前通知。②劳动者应当按照双方约定办理工作交接。如果劳动者没有依法提前通知,或不按约定办理工作交接手续,即为违法解除劳动合同,给用人单位造成损失的,应当承担赔偿责任。

二、劳动者违反保密协议和竞业限制的法律责任

用人单位与劳动者可以在劳动合同中约定保守用人单位商业秘密和与知识产权相关的事项,对负有保密义务的劳动者,用人单位可以在劳动合同或者保密协议中与劳动者约定竞业限制条款,劳动者违反约定的,应当按照约定向用人单位支付违约金。竞业限制人员在解除或者终止劳动合同后2年内不得有竞业限制行为。劳动者应当严格履行劳动合同关于保密义务或者竞业限制的约定。如果劳动者违反劳动合同中约定的保密义务或者竞业限制的,即构成违反劳动合同约定的行为。

劳动者违反劳动合同或保密协议中约定的竞业限制条款,对用人单位造成经济损失的,应当依法承担赔偿责任。所谓"造成损失"是指客观上有损失后果的存在,即由于劳动者的行为,导致用人单位在经济上产生了损失。其损失分为直接损失和间接损失:直接损失是指财产上的直接减少;间接损失是指失去了预期可以获得的利益,即可得利益损失。

我国法律规定,劳动者违反保密协议和竞业限制条款的法律责任有三种:①违约责任。劳动者违反竞业限制约定的,应当按照约定向用人单位支付违约金。②赔偿责任。劳动者违反保密义务和竞业限制义务,给用人单位造成损失的,应当承担赔偿责任。赔偿责任以造成的损失为限。被侵害的经营者的损失难以计算的,赔偿额为侵权人在侵权期间因侵权所获得的利润,侵权者并应承担被侵害的经营者因调查该经营者侵害其合法权益的不正当竞争行为所支付的合理费用。③刑事责任。劳动者违反保密和竞业限制义务,情节严重,构成犯罪的,承担刑事责任。《刑法》第二百一十九条规定,违反约定或者违反权利人有关保守商业秘密的要求,披露、利用或者允许他人使用其所掌握的商业秘密,造成重大损失的,处3年以下有期徒刑或拘役,造成特别严重后果的,处3年以上7年以下有期徒刑。

三、劳动者违反培训协议的法律责任

按照《劳动合同法》的规定,用人单位可以与劳动者约定培训协议,合理约定服务期以及劳动者违反服务期应承担的违约责任。未满服务期解除或终止劳动合同的劳动者,应当承担违约责任,违约金不得超过服务期尚未履行部分所应分摊的培训费用。

用人单位与劳动者约定了服务期,劳动者因为用人单位违法而解除劳动合同的,不属于违反服务期的约定,用人单位不得要求劳动者支付违约金。

因为劳动者严重违纪,用人单位与劳动者解除约定服务期的劳动合同的,劳动者应当按照劳动合同的约定向用人单位支付违约金。

四、因劳动者原因签订无效劳动合同的责任

《劳动合同法》第八十六条规定:"劳动合同依照本法第二十六条规定被确认无效,给对方造成损害的,有过错的一方应当承担赔偿责任。"这一条款规定了劳动合同无效而导致的法律责任。劳动合同无效,可能是因为用人单位产生,也可能是因为劳动者原因导致。因为劳动者的原因,例如,劳动者采用欺诈、胁迫的手段或者乘人之危,使用人单位在违背其真实意思的情况下订立或者变更劳动合同而导致劳动合同被确认无效,由此给用人单位造成损害的,劳动者应当承担赔偿责任。

第四节　其他主体的法律责任

一、政府有关部门的法律责任

《劳动合同法》第九十五条规定:"劳动行政部门和其他有关主管部门及其工作人员玩忽职守、不履行法定职责,或者违法行使职权,给劳动者或者用人单位造成损害的,应当承担赔偿责任;对直接负责的主管人员和其他直接责任人员,依法给予行政处分;构成犯罪的,依法追究刑事责任。"《劳务派遣行政许可实施办法》第三十条规定,人力资源社会保障行政部门有下列情形之一的,由其上级行政机关或者监察机关责令改正,对直接负责的主管人员和其他直接责任人员依法给予处分;构成犯罪的,依法追究刑事责任:①向不符合法定条件的申请人发放《劳务派遣经营许可证》,或者超越法定职权发放《劳务派遣经营许可证》的;②对符合法定条件的申请人不予行政许可或者不在法定期限内作出准予行政许可决定的;③在办理行政许可、实施监督检查工作中,玩忽职守、徇私

舞弊,索取或者收受他人财物或者谋取其他利益的;④不依法履行监督职责或者监督不力,造成严重后果的。许可机关违法实施行政许可,给当事人的合法权益造成损害的,应当依照《国家赔偿法》的规定给予赔偿。这一规定明确了劳动行政部门等主管部门及其工作人员违法行为的法律责任。

劳动行政部门和其他有关主管部门对劳动合同制度实施负有监督管理职责,劳动行政部门和其他有关主管部门及其工作人员应当切实依法履行职责,维护用人单位和劳动者的合法权益。劳动行政部门和其他有关主管部门及其工作人员玩忽职守、不履行法定职责,或者违法行使职权,给劳动者或者用人单位造成损害的,应当承担如下法律责任:

(一)依法承担赔偿责任

行政机关及其工作人员在行使行政职权时,有违法侵犯他人人身权和财产权的行为的,受害人有要求赔偿的权利,如行政机关违法实施罚款、吊销许可证和执照、责令停产停业、没收财物等行政处罚,违法对财产采取查封、扣押、冻结等行政强制措施,违反国家规定征收财物、摊派费用等造成财产损害的违法行为,被侵害人可依据国家赔偿法的规定请求赔偿。具体赔偿标准按照国家赔偿法及其有关规定执行。

(二)对直接负责的主管人员及其他直接责任人员依法给予行政处分

根据公务员法的规定,公务员因违法违纪应当承担纪律责任的,应依法给予处分。违纪行为情节轻微,经批评教育后改正的,可以免予处分。处分分为警告、记过、记大过、降级、撤职、开除。公务员在受处分期间不得晋升职务和级别,其中受记过、记大过、降级、撤职处分的,不得晋升工资档次。受处分的期间为:警告,6个月;记过,12个月;记大过,18个月;降级、撤职,24个月。受撤职处分的,按照规定降低级别。公务员受开除以外的处分,在受处分期间有悔改表现,并且未再发生违纪行为的,处分期满后,由处分决定机关解除处分并以书面形式通知本人;解除处分后,晋升工资档次、级别和职务不再受原处分的影响。但是,解除降级、撤职处分的,不视为恢复原级别、原职务。

(三)依法追究刑事责任

根据刑法规定,国家机关工作人员滥用职权或者玩忽职守,致使公共财产、国家和人民利益遭受重大损失的,处3年以下有期徒刑或者拘役;情节特别严重的,处3年以上7年以下有期徒刑。国家机关工作人员徇私舞弊,犯前述罪的,处5年以下有期徒刑或者拘役;情节特别严重的,处5年以上10年以下有期徒刑。

二、无合法经营资格的用人单位的法律责任

《劳动合同法》第九十三条规定:"对不具备合法经营资格的用人单位的违法犯罪行为,依法追究法律责任;劳动者已经付出劳动的,该单位或者其出资人应当依照本法有关规定向劳动者支付劳动报酬、经济补偿、赔偿金;给劳动者造成损害的,应当承担赔偿责任。"这一规定明确了对不具备合法经营资格的用人单位的法律责任问题。

(一)对违法犯罪行为依法追究法律责任

企业、个体经济组织以及其他组织都必须依法开展经营活动,国家严禁任何组织和个人从事非法经营活动。合法经营的前提是依法取得相应的经营资格,其标志之一就是依法领取营业执照。任何单位和个人都不得违反法律、法规规定从事无照经营。无照经营包括:应当取得而未依法取得许可证或者其他批准文件和营业执照,擅自从事经营活动的无照经营行为;已经依法取得许可证或者其他批准文件,但未依法取得营业执照,擅自从事经营活动的无照经营行为;已经办理注销登记或者被吊销营业执照,以及营业执照有效期届满后未按照规定重新办理登记手续,擅自继续从事经营活动的无照经营行为;超出核准登记的经营范围、擅自从事应当取得许可证或者其他批准文件方可从事的经营获得的违法经营行为。对不具备合法的经营资格的用人单位的违法犯罪行为,依法追究法律责任。

(二)向劳动者支付劳动报酬、经济补偿、赔偿金

不具备合法经营资格的用人单位,除了依法追究其违法犯罪行为的法律责任外,对其招用的劳动者已经付出劳动的,还必须依照劳动合同法规定向劳动者支付劳动报酬、经济补偿、赔偿金。向劳动者支付劳动报酬有两种情形:①由该单位支付。该单位因非法从事经营,被依法处理后还有财产的,仍然要履行支付劳动报酬等义务,而不能以被处理为借口拒不支付。②由该单位的出资人支付。该单位被依法处理后没有财产的,向劳动者支付劳动报酬的义务由其出资人履行,即由该单位的投资者向劳动者支付劳动报酬等。

(三)给劳动者造成损害的,应当承担赔偿责任

不具备合法经营资格的用人单位给劳动者造成损害的,应当承担赔偿责任,赔偿劳动者因此遭受的损失。

三、个人承包违法经营损害劳动者权益的责任

《劳动合同法》第九十四条规定:"个人承包经营违反本法规定招用劳动

者,给劳动者造成损害的,发包的组织与个人承包经营者承担连带赔偿责任。"这一规定明确了个人承包经营违反劳动合同法规定,损害劳动者权益的赔偿责任。

个人承包某一企业或者组织进行承包经营后,与劳动者订立劳动合同,建立劳动关系的,如果发生个人承包经营者违反劳动合同法规定,给劳动者造成损害的,应当承担赔偿责任。

个人承包经营者违反法律规定招用劳动者,给劳动者造成损害的,由发包的组织与个人承包经营者承担连带赔偿责任。这意味着,劳动者在权益受到损害时可以直接对发包的组织和个人承包经营者中的任何一方要求全部的赔偿,也可以同时要求发包方和个人承包经营者共同承担赔偿责任。发包的组织和个人承包经营者不得以另一方尚未承担赔偿责任为由而拒绝对劳动者进行赔偿。设立这种连带赔偿责任主要是为了进一步维护劳动者的权益,使劳动者遭受的损失得到有效的赔偿。

发包组织在赔偿了劳动者的损失后,认为个人承包经营者有违反承包经营合同规定的对劳动者的义务的规定,从而造成了发包一方的损失,可依承包经营合同向个人承包经营者提出损害赔偿的要求。

【关键术语】 法律责任　违约责任　责令停产整顿　行政处罚　赔偿责任　连带责任

复习思考题

1. 什么是违反劳动合同的法律责任?其特点和种类包括哪些?
2. 具体说明用人单位的违法责任内容。
3. 具体说明劳动者的违法责任内容。
4. 个人承包经营违法损害劳动者权益,其法律责任如何承担?
5. 无合法经营资格的用人单位的法律责任是什么?

附 录

附录一 中华人民共和国劳动合同法

中华人民共和国主席令
第七十三号

《全国人民代表大会常务委员会关于修改〈中华人民共和国劳动合同法〉的决定》已由中华人民共和国第十一届全国人民代表大会常务委员会第三十次会议于 2012 年 12 月 28 日通过,现予公布,自 2013 年 7 月 1 日起施行。

中华人民共和国主席 胡锦涛
2012 年 12 月 28 日

目 录

第一章 总 则
第二章 劳动合同的订立
第三章 劳动合同的履行和变更
第四章 劳动合同的解除和终止
第五章 特别规定
  第一节 集体合同
  第二节 劳务派遣
  第三节 非全日制用工
第六章 监督检查

第七章　法律责任
第八章　附　则

第一章　总　则

第一条　为了完善劳动合同制度,明确劳动合同双方当事人的权利和义务,保护劳动者的合法权益,构建和发展和谐稳定的劳动关系,制定本法。

第二条　中华人民共和国境内的企业、个体经济组织、民办非企业单位等组织(以下称用人单位)与劳动者建立劳动关系,订立、履行、变更、解除或者终止劳动合同,适用本法。

国家机关、事业单位、社会团体和与其建立劳动关系的劳动者,订立、履行、变更、解除或者终止劳动合同,依照本法执行。

第三条　订立劳动合同,应当遵循合法、公平、平等自愿、协商一致、诚实信用的原则。

依法订立的劳动合同具有约束力,用人单位与劳动者应当履行劳动合同约定的义务。

第四条　用人单位应当依法建立和完善劳动规章制度,保障劳动者享有劳动权利、履行劳动义务。

用人单位在制定、修改或者决定有关劳动报酬、工作时间、休息休假、劳动安全卫生、保险福利、职工培训、劳动纪律以及劳动定额管理等直接涉及劳动者切身利益的规章制度或者重大事项时,应当经职工代表大会或者全体职工讨论,提出方案和意见,与工会或者职工代表平等协商确定。

在规章制度和重大事项决定实施过程中,工会或者职工认为不适当的,有权向用人单位提出,通过协商予以修改完善。

用人单位应当将直接涉及劳动者切身利益的规章制度和重大事项决定公示,或者告知劳动者。

第五条　县级以上人民政府劳动行政部门会同工会和企业方面代表,建立健全协调劳动关系三方机制,共同研究解决有关劳动关系的重大问题。

第六条　工会应当帮助、指导劳动者与用人单位依法订立和履行劳动合同,并与用人单位建立集体协商机制,维护劳动者的合法权益。

第二章　劳动合同的订立

第七条　用人单位自用工之日起即与劳动者建立劳动关系。用人单位应当建立职工名册备查。

第八条　用人单位招用劳动者时,应当如实告知劳动者工作内容、工作条件、工作地点、职业危害、安全生产状况、劳动报酬,以及劳动者要求了解的其他情况;用人单位有权了解劳动者与劳动合同直接相关的基本情况,劳动者应当如实说明。

第九条 用人单位招用劳动者,不得扣押劳动者的居民身份证和其他证件,不得要求劳动者提供担保或者以其他名义向劳动者收取财物。

第十条 建立劳动关系,应当订立书面劳动合同。

已建立劳动关系,未同时订立书面劳动合同的,应当自用工之日起一个月内订立书面劳动合同。

用人单位与劳动者在用工前订立劳动合同的,劳动关系自用工之日起建立。

第十一条 用人单位未在用工的同时订立书面劳动合同,与劳动者约定的劳动报酬不明确的,新招用的劳动者的劳动报酬按照集体合同规定的标准执行;没有集体合同或者集体合同未规定的,实行同工同酬。

第十二条 劳动合同分为固定期限劳动合同、无固定期限劳动合同和以完成一定工作任务为期限的劳动合同。

第十三条 固定期限劳动合同,是指用人单位与劳动者约定合同终止时间的劳动合同。

用人单位与劳动者协商一致,可以订立固定期限劳动合同。

第十四条 无固定期限劳动合同,是指用人单位与劳动者约定无确定终止时间的劳动合同。

用人单位与劳动者协商一致,可以订立无固定期限劳动合同。有下列情形之一,劳动者提出或者同意续订、订立劳动合同的,除劳动者提出订立固定期限劳动合同外,应当订立无固定期限劳动合同:

(一)劳动者在该用人单位连续工作满十年的;

(二)用人单位初次实行劳动合同制度或者国有企业改制重新订立劳动合同时,劳动者在该用人单位连续工作满十年且距法定退休年龄不足十年的;

(三)连续订立二次固定期限劳动合同,且劳动者没有本法第三十九条和第四十条第一项、第二项规定的情形,续订劳动合同的。

用人单位自用工之日起满一年不与劳动者订立书面劳动合同的,视为用人单位与劳动者已订立无固定期限劳动合同。

第十五条 以完成一定工作任务为期限的劳动合同,是指用人单位与劳动者约定以某项工作的完成为合同期限的劳动合同。

用人单位与劳动者协商一致,可以订立以完成一定工作任务为期限的劳动合同。

第十六条　劳动合同由用人单位与劳动者协商一致,并经用人单位与劳动者在劳动合同文本上签字或者盖章生效。

劳动合同文本由用人单位和劳动者各执一份。

第十七条　劳动合同应当具备以下条款:

(一)用人单位的名称、住所和法定代表人或者主要负责人;

(二)劳动者的姓名、住址和居民身份证或者其他有效身份证件号码;

(三)劳动合同期限;

(四)工作内容和工作地点;

(五)工作时间和休息休假;

(六)劳动报酬;

(七)社会保险;

(八)劳动保护、劳动条件和职业危害防护;

(九)法律、法规规定应当纳入劳动合同的其他事项。

劳动合同除前款规定的必备条款外,用人单位与劳动者可以约定试用期、培训、保守秘密、补充保险和福利待遇等其他事项。

第十八条　劳动合同对劳动报酬和劳动条件等标准约定不明确,引发争议的,用人单位与劳动者可以重新协商;协商不成的,适用集体合同规定;没有集体合同或者集体合同未规定劳动报酬的,实行同工同酬;没有集体合同或者集体合同未规定劳动条件等标准的,适用国家有关规定。

第十九条　劳动合同期限三个月以上不满一年的,试用期不得超过一个月;劳动合同期限一年以上不满三年的,试用期不得超过二个月;三年以上固定期限和无固定期限的劳动合同,试用期不得超过六个月。

同一用人单位与同一劳动者只能约定一次试用期。

以完成一定工作任务为期限的劳动合同或者劳动合同期限不满三个月的,不得约定试用期。

试用期包含在劳动合同期限内。劳动合同仅约定试用期的,试用期不成立,该期限为劳动合同期限。

第二十条　劳动者在试用期的工资不得低于本单位相同岗位最低档工资或者劳动合同约定工资的百分之八十,并不得低于用人单位所在地的最低工资标准。

第二十一条　在试用期中,除劳动者有本法第三十九条和第四十条第一项、第二项规定的情形外,用人单位不得解除劳动合同。用人单位在试用期解除劳动合同的,应当向劳动者说明理由。

第二十二条　用人单位为劳动者提供专项培训费用,对其进行专业技术培训的,可以与该劳动者订立协议,约定服务期。

劳动者违反服务期约定的,应当按照约定向用人单位支付违约金。违约金的数额不得超过用人单位提供的培训费用。用人单位要求劳动者支付的违约金不得超过服务期尚未履行部分所应分摊的培训费用。

用人单位与劳动者约定服务期的,不影响按照正常的工资调整机制提高劳动者在服务期期间的劳动报酬。

第二十三条 用人单位与劳动者可以在劳动合同中约定保守用人单位的商业秘密和与知识产权相关的保密事项。

对负有保密义务的劳动者,用人单位可以在劳动合同或者保密协议中与劳动者约定竞业限制条款,并约定在解除或者终止劳动合同后,在竞业限制期限内按月给予劳动者经济补偿。劳动者违反竞业限制约定的,应当按照约定向用人单位支付违约金。

第二十四条 竞业限制的人员限于用人单位的高级管理人员、高级技术人员和其他负有保密义务的人员。竞业限制的范围、地域、期限由用人单位与劳动者约定,竞业限制的约定不得违反法律、法规的规定。

在解除或者终止劳动合同后,前款规定的人员到与本单位生产或者经营同类产品、从事同类业务的有竞争关系的其他用人单位,或者自己开业生产或者经营同类产品、从事同类业务的竞业限制期限,不得超过二年。

第二十五条 除本法第二十二条和第二十三条规定的情形外,用人单位不得与劳动者约定由劳动者承担违约金。

第二十六条 下列劳动合同无效或者部分无效:

(一)以欺诈、胁迫的手段或者乘人之危,使对方在违背真实意思的情况下订立或者变更劳动合同的;

(二)用人单位免除自己的法定责任、排除劳动者权利的;

(三)违反法律、行政法规强制性规定的。

对劳动合同的无效或者部分无效有争议的,由劳动争议仲裁机构或者人民法院确认。

第二十七条 劳动合同部分无效,不影响其他部分效力的,其他部分仍然有效。

第二十八条 劳动合同被确认无效,劳动者已付出劳动的,用人单位应当向劳动者支付劳动报酬。劳动报酬的数额,参照本单位相同或者相近岗位劳动者的劳动报酬确定。

第三章 劳动合同的履行和变更

第二十九条 用人单位与劳动者应当按照劳动合同的约定,全面履行各自的义务。

第三十条　用人单位应当按照劳动合同约定和国家规定,向劳动者及时足额支付劳动报酬。

用人单位拖欠或者未足额支付劳动报酬的,劳动者可以依法向当地人民法院申请支付令,人民法院应当依法发出支付令。

第三十一条　用人单位应当严格执行劳动定额标准,不得强迫或者变相强迫劳动者加班。用人单位安排加班的,应当按照国家有关规定向劳动者支付加班费。

第三十二条　劳动者拒绝用人单位管理人员违章指挥、强令冒险作业的,不视为违反劳动合同。

劳动者对危害生命安全和身体健康的劳动条件,有权对用人单位提出批评、检举和控告。

第三十三条　用人单位变更名称、法定代表人、主要负责人或者投资人等事项,不影响劳动合同的履行。

第三十四条　用人单位发生合并或者分立等情况,原劳动合同继续有效,劳动合同由承继其权利和义务的用人单位继续履行。

第三十五条　用人单位与劳动者协商一致,可以变更劳动合同约定的内容。变更劳动合同,应当采用书面形式。

变更后的劳动合同文本由用人单位和劳动者各执一份。

第四章　劳动合同的解除和终止

第三十六条　用人单位与劳动者协商一致,可以解除劳动合同。

第三十七条　劳动者提前三十日以书面形式通知用人单位,可以解除劳动合同。劳动者在试用期内提前三日通知用人单位,可以解除劳动合同。

第三十八条　用人单位有下列情形之一的,劳动者可以解除劳动合同:

(一)未按照劳动合同约定提供劳动保护或者劳动条件的;

(二)未及时足额支付劳动报酬的;

(三)未依法为劳动者缴纳社会保险费的;

(四)用人单位的规章制度违反法律、法规的规定,损害劳动者权益的;

(五)因本法第二十六条第一款规定的情形致使劳动合同无效的;

(六)法律、行政法规规定劳动者可以解除劳动合同的其他情形。

用人单位以暴力、威胁或者非法限制人身自由的手段强迫劳动者劳动的,或者用人单位违章指挥、强令冒险作业危及劳动者人身安全的,劳动者可以立即解除劳动合同,不需事先告知用人单位。

第三十九条 劳动者有下列情形之一的,用人单位可以解除劳动合同:

(一)在试用期间被证明不符合录用条件的;

(二)严重违反用人单位的规章制度的;

(三)严重失职,营私舞弊,给用人单位造成重大损害的;

(四)劳动者同时与其他用人单位建立劳动关系,对完成本单位的工作任务造成严重影响,或者经用人单位提出,拒不改正的;

(五)因本法第二十六条第一款第一项规定的情形致使劳动合同无效的;

(六)被依法追究刑事责任的。

第四十条 有下列情形之一的,用人单位提前三十日以书面形式通知劳动者本人或者额外支付劳动者一个月工资后,可以解除劳动合同:

(一)劳动者患病或者非因工负伤,在规定的医疗期满后不能从事原工作,也不能从事由用人单位另行安排的工作的;

(二)劳动者不能胜任工作,经过培训或者调整工作岗位,仍不能胜任工作的;

(三)劳动合同订立时所依据的客观情况发生重大变化,致使劳动合同无法履行,经用人单位与劳动者协商,未能就变更劳动合同内容达成协议的。

第四十一条 有下列情形之一,需要裁减人员二十人以上或者裁减不足二十人但占企业职工总数百分之十以上的,用人单位提前三十日向工会或者全体职工说明情况,听取工会或者职工的意见后,裁减人员方案经向劳动行政部门报告,可以裁减人员:

(一)依照企业破产法规定进行重整的;

(二)生产经营发生严重困难的;

(三)企业转产、重大技术革新或者经营方式调整,经变更劳动合同后,仍需裁减人员的;

(四)其他因劳动合同订立时所依据的客观经济情况发生重大变化,致使劳动合同无法履行的。

裁减人员时,应当优先留用下列人员:

(一)与本单位订立较长期限的固定期限劳动合同的;

(二)与本单位订立无固定期限劳动合同的;

(三)家庭无其他就业人员,有需要扶养的老人或者未成年人的。

用人单位依照本条第一款规定裁减人员,在六个月内重新招用人员的,应当通知被裁减的人员,并在同等条件下优先招用被裁减的人员。

第四十二条 劳动者有下列情形之一的,用人单位不得依照本法第四十条、第四十一条的规定解除劳动合同:

（一）从事接触职业病危害作业的劳动者未进行离岗前职业健康检查，或者疑似职业病病人在诊断或者医学观察期间的；

（二）在本单位患职业病或者因工负伤并被确认丧失或者部分丧失劳动能力的；

（三）患病或者非因工负伤，在规定的医疗期内的；

（四）女职工在孕期、产期、哺乳期的；

（五）在本单位连续工作满十五年，且距法定退休年龄不足五年的；

（六）法律、行政法规规定的其他情形。

第四十三条 用人单位单方解除劳动合同，应当事先将理由通知工会。用人单位违反法律、行政法规规定或者劳动合同约定的，工会有权要求用人单位纠正。用人单位应当研究工会的意见，并将处理结果书面通知工会。

第四十四条 有下列情形之一的，劳动合同终止：

（一）劳动合同期满的；

（二）劳动者开始依法享受基本养老保险待遇的；

（三）劳动者死亡，或者被人民法院宣告死亡或者宣告失踪的；

（四）用人单位被依法宣告破产的；

（五）用人单位被吊销营业执照、责令关闭、撤销或者用人单位决定提前解散的；

（六）法律、行政法规规定的其他情形。

第四十五条 劳动合同期满，有本法第四十二条规定情形之一的，劳动合同应当续延至相应的情形消失时终止。但是，本法第四十二条第二项规定丧失或者部分丧失劳动能力劳动者的劳动合同的终止，按照国家有关工伤保险的规定执行。

第四十六条 有下列情形之一的，用人单位应当向劳动者支付经济补偿：

（一）劳动者依照本法第三十八条规定解除劳动合同的；

（二）用人单位依照本法第三十六条规定向劳动者提出解除劳动合同并与劳动者协商一致解除劳动合同的；

（三）用人单位依照本法第四十条规定解除劳动合同的；

（四）用人单位依照本法第四十一条第一款规定解除劳动合同的；

（五）除用人单位维持或者提高劳动合同约定条件续订劳动合同，劳动者不同意续订的情形外，依照本法第四十四条第一项规定终止固定期限劳动合同的；

（六）依照本法第四十四条第四项、第五项规定终止劳动合同的；

（七）法律、行政法规规定的其他情形。

第四十七条 经济补偿按劳动者在本单位工作的年限,每满一年支付一个月工资的标准向劳动者支付。六个月以上不满一年的,按一年计算;不满六个月的,向劳动者支付半个月工资的经济补偿。

劳动者月工资高于用人单位所在直辖市、设区的市级人民政府公布的本地区上年度职工月平均工资三倍的,向其支付经济补偿的标准按职工月平均工资三倍的数额支付,向其支付经济补偿的年限最高不超过十二年。

本条所称月工资是指劳动者在劳动合同解除或者终止前十二个月的平均工资。

第四十八条 用人单位违反本法规定解除或者终止劳动合同,劳动者要求继续履行劳动合同的,用人单位应当继续履行;劳动者不要求继续履行劳动合同或者劳动合同已经不能继续履行的,用人单位应当依照本法第八十七条规定支付赔偿金。

第四十九条 国家采取措施,建立健全劳动者社会保险关系跨地区转移接续制度。

第五十条 用人单位应当在解除或者终止劳动合同时出具解除或者终止劳动合同的证明,并在十五日内为劳动者办理档案和社会保险关系转移手续。

劳动者应当按照双方约定,办理工作交接。用人单位依照本法有关规定应当向劳动者支付经济补偿的,在办结工作交接时支付。

用人单位对已经解除或者终止的劳动合同的文本,至少保存二年备查。

第五章 特别规定

第一节 集体合同

第五十一条 企业职工一方与用人单位通过平等协商,可以就劳动报酬、工作时间、休息休假、劳动安全卫生、保险福利等事项订立集体合同。集体合同草案应当提交职工代表大会或者全体职工讨论通过。

集体合同由工会代表企业职工一方与用人单位订立;尚未建立工会的用人单位,由上级工会指导劳动者推举的代表与用人单位订立。

第五十二条 企业职工一方与用人单位可以订立劳动安全卫生、女职工权益保护、工资调整机制等专项集体合同。

第五十三条 在县级以下区域内,建筑业、采矿业、餐饮服务业等行业可以由工会与企业方面代表订立行业性集体合同,或者订立区域性集体合同。

第五十四条 集体合同订立后,应当报送劳动行政部门;劳动行政部门自收到集体合同文本之日起十五日内未提出异议的,集体合同即行生效。

依法订立的集体合同对用人单位和劳动者具有约束力。行业性、区域性集体合同对当地本行业、本区域的用人单位和劳动者具有约束力。

第五十五条 集体合同中劳动报酬和劳动条件等标准不得低于当地人民政府规定的最低标准;用人单位与劳动者订立的劳动合同中劳动报酬和劳动条件等标准不得低于集体合同规定的标准。

第五十六条 用人单位违反集体合同,侵犯职工劳动权益的,工会可以依法要求用人单位承担责任;因履行集体合同发生争议,经协商解决不成的,工会可以依法申请仲裁、提起诉讼。

第二节 劳务派遣

第五十七条 经营劳务派遣业务应当具备下列条件:
(一)注册资本不得少于人民币二百万元;
(二)有与开展业务相适应的固定的经营场所和设施;
(三)有符合法律、行政法规规定的劳务派遣管理制度;
(四)法律、行政法规规定的其他条件。

经营劳务派遣业务,应当向劳动行政部门依法申请行政许可;经许可的,依法办理相应的公司登记。未经许可,任何单位和个人不得经营劳务派遣业务。

第五十八条 劳务派遣单位是本法所称用人单位,应当履行用人单位对劳动者的义务。劳务派遣单位与被派遣劳动者订立的劳动合同,除应当载明本法第十七条规定的事项外,还应当载明被派遣劳动者的用工单位以及派遣期限、工作岗位等情况。

劳务派遣单位应当与被派遣劳动者订立二年以上的固定期限劳动合同,按月支付劳动报酬;被派遣劳动者在无工作期间,劳务派遣单位应当按照所在地人民政府规定的最低工资标准,向其按月支付报酬。

第五十九条 劳务派遣单位派遣劳动者应当与接受以劳务派遣形式用工的单位(以下称用工单位)订立劳务派遣协议。劳务派遣协议应当约定派遣岗位和人员数量、派遣期限、劳动报酬和社会保险费的数额与支付方式以及违反协议的责任。

用工单位应当根据工作岗位的实际需要与劳务派遣单位确定派遣期限,不得将连续用工期限分割订立数个短期劳务派遣协议。

第六十条 劳务派遣单位应当将劳务派遣协议的内容告知被派遣劳动者。

劳务派遣单位不得克扣用工单位按照劳务派遣协议支付给被派遣劳动者的劳动报酬。

劳务派遣单位和用工单位不得向被派遣劳动者收取费用。

第六十一条 劳务派遣单位跨地区派遣劳动者的,被派遣劳动者享有的劳动报酬和劳动条件,按照用工单位所在地的标准执行。

第六十二条 用工单位应当履行下列义务：

(一)执行国家劳动标准,提供相应的劳动条件和劳动保护;

(二)告知被派遣劳动者的工作要求和劳动报酬;

(三)支付加班费、绩效奖金,提供与工作岗位相关的福利待遇;

(四)对在岗被派遣劳动者进行工作岗位所必需的培训;

(五)连续用工的,实行正常的工资调整机制。

用工单位不得将被派遣劳动者再派遣到其他用人单位。

第六十三条 被派遣劳动者享有与用工单位的劳动者同工同酬的权利。用工单位应当按照同工同酬原则,对被派遣劳动者与本单位同类岗位的劳动者实行相同的劳动报酬分配办法。用工单位无同类岗位劳动者的,参照用工单位所在地相同或者相近岗位劳动者的劳动报酬确定。

劳务派遣单位与被派遣劳动者订立的劳动合同和与用工单位订立的劳务派遣协议,载明或者约定的向被派遣劳动者支付的劳动报酬应当符合前款规定。

第六十四条 被派遣劳动者有权在劳务派遣单位或者用工单位依法参加或者组织工会,维护自身的合法权益。

第六十五条 被派遣劳动者可以依照本法第三十六条、第三十八条的规定与劳务派遣单位解除劳动合同。

被派遣劳动者有本法第三十九条和第四十条第一项、第二项规定情形的,用工单位可以将劳动者退回劳务派遣单位,劳务派遣单位依照本法有关规定,可以与劳动者解除劳动合同。

第六十六条 劳动合同用工是我国的企业基本用工形式。劳务派遣用工是补充形式,只能在临时性、辅助性或者替代性的工作岗位上实施。

前款规定的临时性工作岗位是指存续时间不超过六个月的岗位;辅助性工作岗位是指为主营业务岗位提供服务的非主营业务岗位;替代性工作岗位是指用工单位的劳动者因脱产学习、休假等原因无法工作的一定期间内,可以由其他劳动者替代工作的岗位。

用工单位应当严格控制劳务派遣用工数量,不得超过其用工总量的一定比例,具体比例由国务院劳动行政部门规定。

第六十七条 用人单位不得设立劳务派遣单位向本单位或者所属单位派遣劳动者。

第三节 非全日制用工

第六十八条 非全日制用工,是指以小时计酬为主,劳动者在同一用人单位一般平均每日工作时间不超过四小时,每周工作时间累计不超过二十四小时的用工形式。

第六十九条 非全日制用工双方当事人可以订立口头协议。

从事非全日制用工的劳动者可以与一个或者一个以上用人单位订立劳动合同;但是,后订立的劳动合同不得影响先订立的劳动合同的履行。

第七十条 非全日制用工双方当事人不得约定试用期。

第七十一条 非全日制用工双方当事人任何一方都可以随时通知对方终止用工。终止用工,用人单位不向劳动者支付经济补偿。

第七十二条 非全日制用工小时计酬标准不得低于用人单位所在地人民政府规定的最低小时工资标准。

非全日制用工劳动报酬结算支付周期最长不得超过十五日。

第六章 监督检查

第七十三条 国务院劳动行政部门负责全国劳动合同制度实施的监督管理。

县级以上地方人民政府劳动行政部门负责本行政区域内劳动合同制度实施的监督管理。

县级以上各级人民政府劳动行政部门在劳动合同制度实施的监督管理工作中,应当听取工会、企业方面代表以及有关行业主管部门的意见。

第七十四条 县级以上地方人民政府劳动行政部门依法对下列实施劳动合同制度的情况进行监督检查:

(一)用人单位制定直接涉及劳动者切身利益的规章制度及其执行的情况;

(二)用人单位与劳动者订立和解除劳动合同的情况;

(三)劳务派遣单位和用工单位遵守劳务派遣有关规定的情况;

(四)用人单位遵守国家关于劳动者工作时间和休息休假规定的情况;

(五)用人单位支付劳动合同约定的劳动报酬和执行最低工资标准的情况;

(六)用人单位参加各项社会保险和缴纳社会保险费的情况;

(七)法律、法规规定的其他劳动监察事项。

第七十五条 县级以上地方人民政府劳动行政部门实施监督检查时,有权查阅与劳动合同、集体合同有关的材料,有权对劳动场所进行实地检查,用人单位和劳动者都应当如实提供有关情况和材料。

劳动行政部门的工作人员进行监督检查,应当出示证件,依法行使职权,文明执法。

第七十六条　县级以上人民政府建设、卫生、安全生产监督管理等有关主管部门在各自职责范围内,对用人单位执行劳动合同制度的情况进行监督管理。

第七十七条　劳动者合法权益受到侵害的,有权要求有关部门依法处理,或者依法申请仲裁、提起诉讼。

第七十八条　工会依法维护劳动者的合法权益,对用人单位履行劳动合同、集体合同的情况进行监督。用人单位违反劳动法律、法规和劳动合同、集体合同的,工会有权提出意见或者要求纠正;劳动者申请仲裁、提起诉讼的,工会依法给予支持和帮助。

第七十九条　任何组织或者个人对违反本法的行为都有权举报,县级以上人民政府劳动行政部门应当及时核实、处理,并对举报有功人员给予奖励。

第七章　法律责任

第八十条　用人单位直接涉及劳动者切身利益的规章制度违反法律、法规规定的,由劳动行政部门责令改正,给予警告;给劳动者造成损害的,应当承担赔偿责任。

第八十一条　用人单位提供的劳动合同文本未载明本法规定的劳动合同必备条款或者用人单位未将劳动合同文本交付劳动者的,由劳动行政部门责令改正;给劳动者造成损害的,应当承担赔偿责任。

第八十二条　用人单位自用工之日起超过一个月不满一年未与劳动者订立书面劳动合同的,应当向劳动者每月支付二倍的工资。

用人单位违反本法规定不与劳动者订立无固定期限劳动合同的,自应当订立无固定期限劳动合同之日起向劳动者每月支付二倍的工资。

第八十三条　用人单位违反本法规定与劳动者约定试用期的,由劳动行政部门责令改正;违法约定的试用期已经履行的,由用人单位以劳动者试用期满月工资为标准,按已经履行的超过法定试用期的期间向劳动者支付赔偿金。

第八十四条　用人单位违反本法规定,扣押劳动者居民身份证等证件的,由劳动行政部门责令限期退还劳动者本人,并依照有关法律规定给予处罚。

用人单位违反本法规定,以担保或者其他名义向劳动者收取财物的,由劳动行政部门责令限期退还劳动者本人,并以每人五百元以上二千元以下的标准处以罚款;给劳动者造成损害的,应当承担赔偿责任。

劳动者依法解除或者终止劳动合同,用人单位扣押劳动者档案或者其他物品的,依照前款规定处罚。

第八十五条 用人单位有下列情形之一的,由劳动行政部门责令限期支付劳动报酬、加班费或者经济补偿;劳动报酬低于当地最低工资标准的,应当支付其差额部分;逾期不支付的,责令用人单位按应付金额百分之五十以上百分之一百以下的标准向劳动者加付赔偿金:

(一)未按照劳动合同的约定或者国家规定及时足额支付劳动者劳动报酬的;

(二)低于当地最低工资标准支付劳动者工资的;

(三)安排加班不支付加班费的;

(四)解除或者终止劳动合同,未依照本法规定向劳动者支付经济补偿的。

第八十六条 劳动合同依照本法第二十六条规定被确认无效,给对方造成损害的,有过错的一方应当承担赔偿责任。

第八十七条 用人单位违反本法规定解除或者终止劳动合同的,应当依照本法第四十七条规定的经济补偿标准的二倍向劳动者支付赔偿金。

第八十八条 用人单位有下列情形之一的,依法给予行政处罚;构成犯罪的,依法追究刑事责任;给劳动者造成损害的,应当承担赔偿责任:

(一)以暴力、威胁或者非法限制人身自由的手段强迫劳动的;

(二)违章指挥或者强令冒险作业危及劳动者人身安全的;

(三)侮辱、体罚、殴打、非法搜查或者拘禁劳动者的;

(四)劳动条件恶劣、环境污染严重,给劳动者身心健康造成严重损害的。

第八十九条 用人单位违反本法规定未向劳动者出具解除或者终止劳动合同的书面证明,由劳动行政部门责令改正;给劳动者造成损害的,应当承担赔偿责任。

第九十条 劳动者违反本法规定解除劳动合同,或者违反劳动合同中约定的保密义务或者竞业限制,给用人单位造成损失的,应当承担赔偿责任。

第九十一条 用人单位招用与其他用人单位尚未解除或者终止劳动合同的劳动者,给其他用人单位造成损失的,应当承担连带赔偿责任。

第九十二条 违反本法规定,未经许可,擅自经营劳务派遣业务的,由劳动行政部门责令停止违法行为,没收违法所得,并处违法所得一倍以上五倍以下的罚款;没有违法所得的,可以处五万元以下的罚款。

劳务派遣单位、用工单位违反本法有关劳务派遣规定的,由劳动行政部门责令限期改正;逾期不改正的,以每人五千元以上一万元以下的标准处以罚款,对劳务派遣单位,吊销其劳务派遣业务经营许可证。用工单位给被派遣劳动者造成损害的,劳务派遣单位与用工单位承担连带赔偿责任。

第九十三条 对不具备合法经营资格的用人单位的违法犯罪行为,依法追究法律责任；劳动者已经付出劳动的，该单位或者其出资人应当依照本法有关规定向劳动者支付劳动报酬、经济补偿、赔偿金；给劳动者造成损害的，应当承担赔偿责任。

第九十四条 个人承包经营违反本法规定招用劳动者，给劳动者造成损害的，发包的组织与个人承包经营者承担连带赔偿责任。

第九十五条 劳动行政部门和其他有关主管部门及其工作人员玩忽职守、不履行法定职责，或者违法行使职权，给劳动者或者用人单位造成损害的，应当承担赔偿责任；对直接负责的主管人员和其他直接责任人员，依法给予行政处分；构成犯罪的，依法追究刑事责任。

第八章 附则

第九十六条 事业单位与实行聘用制的工作人员订立、履行、变更、解除或者终止劳动合同，法律、行政法规或者国务院另有规定的，依照其规定；未作规定的，依照本法有关规定执行。

第九十七条 本法施行前已依法订立且在本法施行之日存续的劳动合同，继续履行；本法第十四条第二款第三项规定连续订立固定期限劳动合同的次数，自本法施行后续订固定期限劳动合同时开始计算。

本法施行前已建立劳动关系，尚未订立书面劳动合同的，应当自本法施行之日起一个月内订立。

本法施行之日存续的劳动合同在本法施行后解除或者终止，依照本法第四十六条规定应当支付经济补偿的，经济补偿年限自本法施行之日起计算；本法施行前按照当时有关规定，用人单位应当向劳动者支付经济补偿的，按照当时有关规定执行。

第九十八条 本法自2013年7月1日起施行。

附录二 中华人民共和国劳动合同法实施条例

中华人民共和国国务院令

第 535 号

《中华人民共和国劳动合同法实施条例》已经 2008 年 9 月 3 日国务院第 25 次常务会议通过，现予公布，自公布之日起施行。

总理　温家宝

2008 年 9 月 18 日

第一章　总　则

第一条　为了贯彻实施《中华人民共和国劳动合同法》(以下简称劳动合同法)，制定本条例。

第二条　各级人民政府和县级以上人民政府劳动行政等有关部门以及工会等组织，应当采取措施，推动劳动合同法的贯彻实施，促进劳动关系的和谐。

第三条　依法成立的会计师事务所、律师事务所等合伙组织和基金会，属于劳动合同法规定的用人单位。

第二章　劳动合同的订立

第四条　劳动合同法规定的用人单位设立的分支机构，依法取得营业执照或者登记证书的，可以作为用人单位与劳动者订立劳动合同；未依法取得营业执照或者登记证书的，受用人单位委托可以与劳动者订立劳动合同。

第五条　自用工之日起一个月内，经用人单位书面通知后，劳动者不与用人单位订立书面劳动合同的，用人单位应当书面通知劳动者终止劳动关系，无需向劳动者支付经济补偿，但是应当依法向劳动者支付其实际工作时间的劳动报酬。

第六条　用人单位自用工之日起超过一个月不满一年未与劳动者订立书面劳动合同的，应当依照劳动合同法第八十二条的规定向劳动者每月支付两倍的工资,并与劳动者补订书面劳动合同;劳动者不与用人单位订立书面劳动合同的,用人单位应当书面通知劳动者终止劳动关系,并依照劳动合同法第四十七条的规定支付经济补偿。

前款规定的用人单位向劳动者每月支付两倍工资的起算时间为用工之日起满一个月的次日,截止时间为补订书面劳动合同的前一日。

第七条　用人单位自用工之日起满一年未与劳动者订立书面劳动合同的,自用工之日起满一个月的次日至满一年的前一日应当依照劳动合同法第八十二条的规定向劳动者每月支付两倍的工资,并视为自用工之日起满一年的当日已经与劳动者订立无固定期限劳动合同,应当立即与劳动者补订书面劳动合同。

第八条　劳动合同法第七条规定的职工名册,应当包括劳动者姓名、性别、公民身份号码、户籍地址及现住址、联系方式、用工形式、用工起始时间、劳动合同期限等内容。

第九条　劳动合同法第十四条第二款规定的连续工作满10年的起始时间,应当自用人单位用工之日起计算,包括劳动合同法施行前的工作年限。

第十条　劳动者非因本人原因从原用人单位被安排到新用人单位工作的,劳动者在原用人单位的工作年限合并计算为新用人单位的工作年限。原用人单位已经向劳动者支付经济补偿的,新用人单位在依法解除、终止劳动合同计算支付经济补偿的工作年限时,不再计算劳动者在原用人单位的工作年限。

第十一条　除劳动者与用人单位协商一致的情形外,劳动者依照劳动合同法第十四条第二款的规定,提出订立无固定期限劳动合同的,用人单位应当与其订立无固定期限劳动合同。对劳动合同的内容,双方应当按照合法、公平、平等自愿、协商一致、诚实信用的原则协商确定;对协商不一致的内容,依照劳动合同法第十八条的规定执行。

第十二条　地方各级人民政府及县级以上地方人民政府有关部门为安置就业困难人员提供的给予岗位补贴和社会保险补贴的公益性岗位,其劳动合同不适用劳动合同法有关无固定期限劳动合同的规定以及支付经济补偿的规定。

第十三条　用人单位与劳动者不得在劳动合同法第四十四条规定的劳动合同终止情形之外约定其他的劳动合同终止条件。

第十四条　劳动合同履行地与用人单位注册地不一致的,有关劳动者的最低工资标准、劳动保护、劳动条件、职业危害防护和本地区上年度职工月平均工资标准等事项,按照劳动合同履行地的有关规定执行;用人单位注册地的有关标准高于劳动合同履行地的有关标准,且用人单位与劳动者约定按照用人单位注册地的有关规定执行的,从其约定。

第十五条 劳动者在试用期的工资不得低于本单位相同岗位最低档工资的80%或者不得低于劳动合同约定工资的80%,并不得低于用人单位所在地的最低工资标准。

第十六条 劳动合同法第二十二条第二款规定的培训费用,包括用人单位为了对劳动者进行专业技术培训而支付的有凭证的培训费用、培训期间的差旅费用以及因培训产生的用于该劳动者的其他直接费用。

第十七条 劳动合同期满,但是用人单位与劳动者依照劳动合同法第二十二条的规定约定的服务期尚未到期的,劳动合同应当续延至服务期满;双方另有约定的,从其约定。

第三章 劳动合同的解除和终止

第十八条 有下列情形之一的,依照劳动合同法规定的条件、程序,劳动者可以与用人单位解除固定期限劳动合同、无固定期限劳动合同或者以完成一定工作任务为期限的劳动合同:

(一)劳动者与用人单位协商一致的;

(二)劳动者提前30日以书面形式通知用人单位的;

(三)劳动者在试用期内提前3日通知用人单位的;

(四)用人单位未按照劳动合同约定提供劳动保护或者劳动条件的;

(五)用人单位未及时足额支付劳动报酬的;

(六)用人单位未依法为劳动者缴纳社会保险费的;

(七)用人单位的规章制度违反法律、法规的规定,损害劳动者权益的;

(八)用人单位以欺诈、胁迫的手段或者乘人之危,使劳动者在违背真实意思的情况下订立或者变更劳动合同的;

(九)用人单位在劳动合同中免除自己的法定责任、排除劳动者权利的;

(十)用人单位违反法律、行政法规强制性规定的;

(十一)用人单位以暴力、威胁或者非法限制人身自由的手段强迫劳动者劳动的;

(十二)用人单位违章指挥、强令冒险作业危及劳动者人身安全的;

(十三)法律、行政法规规定劳动者可以解除劳动合同的其他情形。

第十九条 有下列情形之一的,依照劳动合同法规定的条件、程序,用人单位可以与劳动者解除固定期限劳动合同、无固定期限劳动合同或者以完成一定工作任务为期限的劳动合同:

(一)用人单位与劳动者协商一致的;

(二)劳动者在试用期间被证明不符合录用条件的;

(三)劳动者严重违反用人单位的规章制度的;

(四)劳动者严重失职,营私舞弊,给用人单位造成重大损害的;

(五)劳动者同时与其他用人单位建立劳动关系,对完成本单位的工作任务造成严重影响,或者经用人单位提出,拒不改正的;

(六)劳动者以欺诈、胁迫的手段或者乘人之危,使用人单位在违背真实意思的情况下订立或者变更劳动合同的;

(七)劳动者被依法追究刑事责任的;

(八)劳动者患病或者非因工负伤,在规定的医疗期满后不能从事原工作,也不能从事由用人单位另行安排的工作的;

(九)劳动者不能胜任工作,经过培训或者调整工作岗位,仍不能胜任工作的;

(十)劳动合同订立时所依据的客观情况发生重大变化,致使劳动合同无法履行,经用人单位与劳动者协商,未能就变更劳动合同内容达成协议的;

(十一)用人单位依照企业破产法规定进行重整的;

(十二)用人单位生产经营发生严重困难的;

(十三)企业转产、重大技术革新或者经营方式调整,经变更劳动合同后,仍需裁减人员的;

(十四)其他因劳动合同订立时所依据的客观经济情况发生重大变化,致使劳动合同无法履行的。

第二十条 用人单位依照劳动合同法第四十条的规定,选择额外支付劳动者一个月工资解除劳动合同的,其额外支付的工资应当按照该劳动者上一个月的工资标准确定。

第二十一条 劳动者达到法定退休年龄的,劳动合同终止。

第二十二条 以完成一定工作任务为期限的劳动合同因任务完成而终止的,用人单位应当依照劳动合同法第四十七条的规定向劳动者支付经济补偿。

第二十三条 用人单位依法终止工伤职工的劳动合同的,除依照劳动合同法第四十七条的规定支付经济补偿外,还应当依照国家有关工伤保险的规定支付一次性工伤医疗补助金和伤残就业补助金。

第二十四条 用人单位出具的解除、终止劳动合同的证明,应当写明劳动合同期限、解除或者终止劳动合同的日期、工作岗位、在本单位的工作年限。

第二十五条 用人单位违反劳动合同法的规定解除或者终止劳动合同,依照劳动合同法第八十七条的规定支付了赔偿金的,不再支付经济补偿。赔偿金的计算年限自用工之日起计算。

第二十六条 用人单位与劳动者约定了服务期,劳动者依照劳动合同法第三十八条的规定解除劳动合同的,不属于违反服务期的约定,用人单位不得要求劳动者支付违约金。

有下列情形之一,用人单位与劳动者解除约定服务期的劳动合同的,劳动者应当按照劳动合同的约定向用人单位支付违约金:

(一)劳动者严重违反用人单位的规章制度的;

(二)劳动者严重失职,营私舞弊,给用人单位造成重大损害的;

(三)劳动者同时与其他用人单位建立劳动关系,对完成本单位的工作任务造成严重影响,或者经用人单位提出,拒不改正的;

(四)劳动者以欺诈、胁迫的手段或者乘人之危,使用人单位在违背真实意思的情况下订立或者变更劳动合同的;

(五)劳动者被依法追究刑事责任的。

第二十七条 劳动合同法第四十七条规定的经济补偿的月工资按照劳动者应得工资计算,包括计时工资或者计件工资以及奖金、津贴和补贴等货币性收入。劳动者在劳动合同解除或者终止前12个月的平均工资低于当地最低工资标准的,按照当地最低工资标准计算。劳动者工作不满12个月的,按照实际工作的月数计算平均工资。

第四章 劳务派遣特别规定

第二十八条 用人单位或者其所属单位出资或者合伙设立的劳务派遣单位,向本单位或者所属单位派遣劳动者的,属于劳动合同法第六十七条规定的不得设立的劳务派遣单位。

第二十九条 用工单位应当履行劳动合同法第六十二条规定的义务,维护被派遣劳动者的合法权益。

第三十条 劳务派遣单位不得以非全日制用工形式招用被派遣劳动者。

第三十一条 劳务派遣单位或者被派遣劳动者依法解除、终止劳动合同的经济补偿,依照劳动合同法第四十六条、第四十七条的规定执行。

第三十二条 劳务派遣单位违法解除或者终止被派遣劳动者的劳动合同的,依照劳动合同法第四十八条的规定执行。

第五章 法律责任

第三十三条 用人单位违反劳动合同法有关建立职工名册规定的,由劳动行政部门责令限期改正;逾期不改正的,由劳动行政部门处2000元以上2万元以下的罚款。

第三十四条 用人单位依照劳动合同法的规定应当向劳动者每月支付两

倍的工资或者应当向劳动者支付赔偿金而未支付的,劳动行政部门应当责令用人单位支付。

第三十五条 用工单位违反劳动合同法和本条例有关劳务派遣规定的,由劳动行政部门和其他有关主管部门责令改正;情节严重的,以每位被派遣劳动者1000元以上5000元以下的标准处以罚款;给被派遣劳动者造成损害的,劳务派遣单位和用工单位承担连带赔偿责任。

第六章 附 则

第三十六条 对违反劳动合同法和本条例的行为的投诉、举报,县级以上地方人民政府劳动行政部门依照《劳动保障监察条例》的规定处理。

第三十七条 劳动者与用人单位因订立、履行、变更、解除或者终止劳动合同发生争议的,依照《中华人民共和国劳动争议调解仲裁法》的规定处理。

第三十八条 本条例自公布之日起施行。

参考文献

[1] 程延园.集体谈判制度研究[M].北京:中国人民大学出版社,2004.

[2] 程延园.劳动关系[M].2版.北京:中国人民大学出版社,2021.

[3] 程延园.员工关系管理[M].2版.上海:复旦大学出版社,2022.

[4] 程延园.人力资源管理面临的法律环境和挑战[J].新人力,2008(2).

[5] 程延园,等.依法建立和规范企业规章制度[J].人力资源开发与管理,2008(6).

[6] 程延园.劳动合同法实施条例之细化[J].中国劳动,2008(10).

[7] 程延园.中华人民共和国劳动合同法实施条例适用指南[M].北京:中国人事出版社,2008.

[8] 程延园.劳动合同法及实施条例之HR应对[M].北京:中国人民大学出版社,2008.

[9] 程延园.《劳动合同法及实施条例》理解与应用[M].北京:中国劳动社会保障出版社,2008.

[10] 郭军.修正后的《工会法》解析与适用手册[M].北京:红旗出版社,2001.

[11] 黄越钦.劳动法新论[M].台湾:翰芦图书出版有限公司,2000.

[12] 林海权.双重劳动关系法律问题研究[J].中国劳动关系学院学报,2007(1).

[13] 林燕玲.国际劳工标准[M].北京:中国工人出版社,2002.

[14] 刘军,刘小禹,白新文,等.雇佣关系变迁及其影响因素的实证检验[J].经济科学,2007(2).

[15] 许建宇.劳动合同的定性及其对立法的影响[J].中国劳动关系学院学报,2005(6).

[16] 杨体仁,李丽林.市场经济国家劳动关系:理论、制度、政策[M].北京:中国劳动社会保障出版社,2000.

[17] 姜颖.劳动合同法论[M].北京:法律出版社,2006.

[18] 左祥琦.学好用好劳动合同法[M].北京:北京大学出版社,2007.

[19] 王全兴.劳动合同法条文精解[M].北京:中国法制出版社,2007.

[20]陆敬波.劳动合同法 HR 应用指南[M].北京:中国社会科学出版社,2007.

[21]王桦宇.劳动合同法实务操作与案例精解[M].北京:中国法制出版社,2008.

[22]国务院法制办公室.中华人民共和国劳动合同法(实用版)[M].北京:中国法制出版社,2013.

[23]全国人大.中华人民共和国劳动合同法(最新修正版)[M].北京:法律出版社,2013.

[24]全国人大法工委.中华人民共和国劳动合同法解读与案例[M].北京:人民出版社,2013.

[25]常凯,乔健.WTO:劳工权益保障[M].北京:中国工人出版社,2001.

[26]程延园,等.我国劳动争议的发展变化与劳动关系调整[J].经济理论与经济管理,2003(1).

[27]丹尼尔·奎因·米尔斯.劳工关系[M].5版.北京:机械工业出版社,2000.

[28]董保华.劳动关系调整的法律机制[M].上海:上海交通大学出版社,2000.

[29]班小辉.超越劳动关系:平台经济下集体劳动权的扩张及路径[J].法学,2020(8).

[30]常凯,等.国际比较雇佣关系:国家规制与全球变革[M].6版.朱飞,等译.北京:中国劳动社会保障出版社,2016.

[31]陈晓燕.签了集体合同,谁也不能任性违约[N].工人日报,2018-03-14.

[32]吴清军.集体协商与"国家主导"下的劳动关系治理:指标管理的策略与实践[J].社会学研究,2012(3):66-89.

[33]孟泉.劳动关系经典理论研究[M].北京:中国工人出版社,2021.

[34]燕晓飞.中国职工状况研究报告[M].北京:社会科学文献出版社,2020.